U0906546

图书在版编目（CIP）数据

乌鲁木齐统计年鉴. 2018 / 乌鲁木齐市统计局编
北京：中国统计出版社, 2018.8
ISBN 978-7-5037-8500-9
Ⅰ.①乌… Ⅱ.①乌… Ⅲ.①统计资料—乌鲁木齐—2018—年鉴 Ⅳ.①C832.451-54
中国版本图书馆CIP数据核字(2018)第130842号

乌鲁木齐统计年鉴-2018

作　　者 / 乌鲁木齐市统计局
责任编辑 / 陈越月
装帧设计 / 张晋庆
出版发行 / 中国统计出版社
地　　址 / 北京市丰台区西三环南路甲6号 邮政编码/100073
电　　话 / 邮购（010）63376909 书店（010）68783171
网　　址 / http://csp.stats.gov.cn
印　　刷 / 新疆新华华龙印务有限责任公司
经　　销 / 新华书店
开　　本 / 890mm × 1240mm 1/16
字　　数 / 828千字
印　　张 / 35.25印张
版　　别 / 2018年8月第1版
版　　次 / 2018年8月第1版印刷
定　　价 / 350元

如有印装差错，由本社发行部调换。

《乌鲁木齐统计年鉴2018》编辑委员会

汤文 摄

编者说明

一、《2018年乌鲁木齐统计年鉴》（以下简称《年鉴》）是一本资料全面系统的、信息高度密集的全方位反映乌鲁木齐市国民经济、社会和科技发展状况的大型工具书，本书全面系统地汇集了2017年乌鲁木齐市经济和社会各方面的数据，以及历史重要年份的主要统计数据。《年鉴》是党政领导和各部门了解“市情”、“市力”、进行定量分析、宏观调控、微观策划、科学决策的重要依据，也是社会各界了解乌鲁木齐市经济、社会状况的指南。

二、本《年鉴》内容分为二大部分：（一）文字部分，即由乌鲁木齐市2018年政府工作报告、2017年乌鲁木齐市国民经济和社会发展统计公报及新疆维吾尔自治区2017年国民经济和社会发展统计公报等组成；（二）统计资料部分，即由2016年乌鲁木齐社会与经济发展统计资料和主要指标的历年数据组成，在资料内容上分为十八个部分：1、综合；2、基本单位；3、国民经济核算；4、就业；5、固定资产投资；6、财政、金融、保险；7、人民生活和物价；8、农业；9、工业和能源；10、建筑业；11、交通运输、邮电通信业；12、国内贸易、对外经济贸易和旅游；13、规模以上服务业；14、教育、文化和科技；15、城市公用事业及环境保护；16、卫生、社会福利、体育及其他；17、区县主要经济指标；18、附录。为了方便读者正确使用资料，每一部分资料后附有主要统计指标解释。

三、本《年鉴》收录的统计数据，以2017年为主，为方便读者使用，部分主要指标还列入了建国以来主要年份的统计数据。

四、本《年鉴》所使用的计量单位均采用国家法定计量单位。

五、本《年鉴》部分数据由于统计口径和计算方法等原因，有的资料不尽相同，我们在表后加了注释，使用时请注意。

六、本《年鉴》使用符号说明：“#”表示其中项；“空”表示没有或未掌握该指标数据。

七、读者在使用统计资料时，凡与以前资料有出入的，均以本《年鉴》为准。

八、《乌鲁木齐统计年鉴》自1996年公开出版以来，受到社会各界的广泛关注和支持，对此我们深表谢意。由于时间仓促，错误和不足之处在所难免，竭诚欢迎广大读者对本《年鉴》的结构、指标体系提出宝贵意见，使《乌鲁木齐统计年鉴》更趋于完美，更好地为社会服务。

目 录
Utiliztion

特 载
Special Article

一、综合
Chapter1 General Survey

二、基本单位

Chaper2 Basic Unit

三、国民经济核算

Chapter3 National Accounts

四、就业

Chapter4 Population and Employment

五、固定资产投资

Chapter5 Investment in Fixed Assets

六、财政、金融、保险

Chapter6 Government Finance Financial Intermediation and Insurance

七、人民生活和物价

Chapter7 Level of Peoples Livelihood and Price Indices

八、农业

Chapter8 Agriculture

九、工业和能源
Chapter9 Industry and Energy

十、建筑业

Chapter10 Construction

十一、交通运输、邮电通信业

Chapter11 Transportation, Postal and Telecommunications Services

十二、国内贸易、对外经济贸易和旅游

Chapter12 Domestic Trade, Foreign Trade and Economic and Economic Cooperation, Tourism

十三、规模以上服务业
Chapter13 The Service Industry above Designated Size

十四、教育、文化及科技
Chapter14 Education and Culture

十五、城市公用事业及环境保护

Chapter15 Urban Public Utilities and Environment Protections

十六、卫生、社会福利、体育和其他

Chapter16 Health, Welfare, Sports and other

十七、区县主要经济指标

Chapter17 Main Economic Indicators by Region

附录

Appendix

特　载
Special　Article

资料整理:潘世锦　高思梅

政府工作报告

——2018年1月15日在乌鲁木齐市第十六届人民代表大会第二次会议上

市长　伊力哈木·沙比尔

各位代表：

现在，我代表市十六届人民政府，向大会报告工作，请予审议，并请各位政协委员、列席代表提出意见。

2017年工作回顾

刚刚过去的一年，是全市上下向着更高水平小康社会奋力迈进，不断开创现代化国际城市新局面的关键一年。一年来，在自治区党委、自治区人民政府和市委的坚强领导下，在市人大、市政协的监督支持下，我们以迎接党的十九大、学习宣传贯彻党的十九大精神为主要任务，深入贯彻以习近平同志为核心的党中央治疆方略，紧紧围绕社会稳定和长治久安总目标，全面落实自治区党委、自治区人民政府和市委的决策部署，坚持稳中求进工作总基调，积极适应经济发展新常态，贯彻新发展理念，全力抓好反恐维稳、经济发展、城市建设"三件大事"，首府各项事业取得显著成绩，圆满完成市十六届人大一次会议确定的各项目标任务。特别是通过不懈努力成功创建全国文明城市，城市文明达到了一个新高度，首府有了一个含金量最高、综合性最强、影响力最大的城市品牌，为全面建成更高水平小康社会奠定了坚实基础。

一、社会稳定基础更加巩固

一年来，我们广泛动员、紧紧依靠各族干部群众，通过扎实工作和艰苦努力，圆满完成了党的十九大首府安保维稳任务和重要敏感时间节点安保工作，确保了社会大局持续稳定，各族群众的安全感显著提升。

（一）严打专项行动不断深入。我们坚决落实自治区党委反恐维稳"组合拳"，坚持严打力度不减、势头不变、措施不松，深入开展"挖存量、减增量、铲土壤"专项行动，严格落实实有人口、暴恐音视频、危爆物品"三项清理"措施，严厉打击"三非"活动，深入推进"去极端化"工作，全面完成各级职业技能教育培训中心建设，不断完善管理运行机制，在清人、清物、清思想上持续发力。突出"防回流、打派遣"专项行动，强化25个环乌铁路、公路、机场检查站"护城河"作用，筑牢和把好第一道关口，对暴恐分子形成了强大震慑。

（二）社会面防控不断强化。我们按照"1分钟"处置圈硬要求，不断加强全市1328个便民警务站建设，构筑起以便民警务站为依托的社会面防控网。全面加强人员密集场所安防措施，构筑起以社会单位尤其是学校、医院、商场等人员密集场所为主的内部自保网。对全市3797个居民小区实行封闭式管理，构筑起居民小区封闭式管理网。

（三）基层基础不断夯实。我们坚定不移把"抓基层、打基础"作为实现总目标的长远之计和固本之举，积极推行社区阵地标准化建设，落实考核奖惩和激励保障机制，不断激发社区工作活力。扎实开展"访惠聚"活动，全力抓好维护稳定和服务群众工作，不断筑牢维护稳定的基层基础。

（四）民族团结宗教和睦不断加强。大力开展马克思主义"五观""三个离不开"和"五个认同"宣传教育，认真学习贯彻《新疆若干历史问题研究座谈纪要》精神，不断筑牢中华民族共同体意识。命名民族团结大院（小区）480个，建成"民族团结之家"1065个。认真开展"民族团结一家亲"活动，全市150余万各族干部职工和基层群众互相结对认亲，特别是在民族团结"结亲周"活动期间，积极与结对亲戚同吃同住同学习同劳动，促进了各族干部群众交往交流交融。出台优惠政策，加快构建各民族相互嵌入式的社会结构和社区环境。依法加强宗教事务管理，充分发挥爱国宗教人士和驻村管寺管委会作用，创新开展"七进两有"工程和"九配备"工作，积极引导宗教与社会主义社会相适应。

反恐维稳的实践再次告诉我们：只要我们紧紧依靠各族人民群众，以总目标为指引，坚定不移、持之以恒地抓好以习近平同志为核心的党中央治疆方略的贯彻落实，抓好自治区党委反恐维稳"组合拳"的贯彻落实，就一定能够开创首府社会稳定和长治久安新局面，迎来首府更加美好的明天。

二、经济持续健康快速发展

预计全年实现地区生产总值2700亿元，增长8%；完成全社会固定资产投资2020亿元,增长25.7%;社会消费品零售总额1317亿元,增长6.5%;实现全口径外贸进出口总额917亿元,增长5%;一般公共预算收入400.7亿元,增长8.4%,突破400亿元大关;城镇居民人均可支配收入36993元,增长8.2%;农村居民人均可支配收入17790元,增长9%;居民消费价格上涨3%。

(一)固定资产投资规模创历史新高。我们始终坚持把投资作为拉动经济增长的主要动力,围绕补短板、添动能,突出现代化国际城市和丝绸之路经济带核心区"五大中心"建设,大力开展精准招商,谋划做实重点项目库,以服务强度换落地速度,形成"储备一批、建设一批、竣工一批"的良性循环。我们出台了一批振兴实体经济、拓宽融资渠道、激发社会领域投资活力的政策措施,积极开展集中联审联批,探索了一条抓项目、促投资的新路子,确保了老城区改造提升、轨道交通等651项重点项目顺利实施,固定资产投资首次跨越2000亿元大关,创历年最好。

(二)"三去一降一补"持续深入。围绕供给侧结构性改革,抓好五大任务落实,化解钢铁落后产能180万吨,关停煤矿17家、去产能148万吨;采取货币化安置等措施,有效推进房地产去库存;全面落实国家、自治区各项减免税政策,清理规范涉企收费38项,惠及企业8.5万家,累计减轻企业负担17.3亿元。行政审批、国资国企、财税金融、生态环保等领域薄弱环节不断加强,有效弥补了制约经济社会发展的短板。

(三)新型工业化步伐加快。实现工业增加值630亿元,增长10%。产业集群发展稳步推进,装备制造、新能源、新材料等产业已培育骨干企业40余家、相关配套企业80余家。工业绿色化发展迈出坚实步伐,经济技术开发区(头屯河区)获批国家绿色园区,金风科技获批国家绿色供应链示范企业,新特能源、新疆众和、阜丰生物3家企业获批国家绿色工厂。产品技术水平明显提升,数字化抽油机达到国际领先水平,2.5兆瓦风力发电机组、光伏逆变器、高压玻璃钢油管等产品达到国内领先水平。"丝绸之路号"地铁列车成功下线,填补了新疆轨道交通装备制造业空白,广汽自主品牌新疆项目主体完工。获批全国产融合作试点城市,产业、金融创新发展优势显著增强。

(四)现代服务业持续发展。软件信息、电子商务等新兴业态加速集聚,新增国家级电子商务示范企业1家,新疆软件园绿谷创新中心正式运营。城市共同配送网络体系不断完善,发展配送点1000余家,城市连锁便利店增长30%以上。特色餐饮集群化、品牌化发展取得新进展,新增餐饮钻级酒家28家、餐饮名店22家、餐饮老字号11家。成功举办第七届乌鲁木齐国际食品餐饮博览会等123个展会,签约1644亿元。丝绸之路经济带旅游集散中心试运营,丝绸之路国际度假区被认定为"国家体育旅游示范基地"。全年接待国内外游客3300万人次,实现旅游总收入450亿元,均增长30%。

(五)农业农村工作再上新水平。农业种植结构不断优化,高附加值农产品种植面积稳步增加,完成设施农业提质增效3000亩。高标准基本农田建设稳步推进,完成全域永久基本农田划定工作。农产品风险监测合格率达99.3%,农产品质量安全监管水平不断提高。全面启动水西沟"冰雪特色小镇"、安宁渠"记忆休闲小镇"、达坂城"王洛宾情意小镇"建设。新建农村公路100公里,实施饮水安全巩固提升项目3个,乌鲁木齐县集镇区实现清洁能源供暖全覆盖。

(六)科技支撑作用显著增强。"双创示范"城市建设加快推进,新认定国家级高新技术企业32家、自治区级"专精特新"企业17家,新增自治区级企业技术中心4家、市级创新型(试点)企业58家。设立生态环境与污染治理、轨道交通等重大科技专项,建立小微企业创业创新先导区9个,新建众创空间等新型孵化载体60个。鼓励和保护知识产权,全年专利申请5600余件。顺利通过国家创新型试点城市建设验收,经济技术开发区(头屯河区)获批全疆首家国家知识产权示范园区,高新技术产业开发区(新市区)获批国务院第二批大众创业万众创新示范基地。

面对稳定发展两个"三期叠加"严峻形势,全市固定资产投资、财政收入实现新突破,经济实现持续快速健康发展,实属不易。这是全市各族干部群众用辛勤汗水换来的,用不服输的斗志、敢担当的魄力拼出来的,用改革创新、连续作战的精神奋斗出来的。这再次证明,任何艰难险阻都阻挡不了我们昂首前行的步伐!

三、城市建设日新月异

我们围绕打造现代化国际城市,以接受中央环保督察为契机,坚持高标准规划、高水平建设、高质量管理、高优质服务,着力推进"树上山、水进城、地变绿、煤变气、天变蓝、城变美"六项重点工作,加强生态修复和城市修补,我市被列为全国第三批生态修复、城市修补试点城市,人居环境和城市品质全面提升，美丽首府建设迈出坚实步伐。

（一）城市规划建设管理水平不断提升。高标准启动城市总体规划（2016—2035 年）修编，被国家住建部确定为城市总体规划编制试点城市。深入推进主体功能区规划实施，调整完善土地利用总体规划。高起点编制老城区改造提升规划，促进老城提品位。突出抓好城市新区、临空经济示范区、城南经贸合作区规划，促进新区出形象。着力完善国际陆港区、南山国际旅游区、水磨沟区工业园、甘泉堡经济技术开发区、特色金融服务区规划，促进特色产业集聚发展。智慧城市建设加快推进，组建大数据局，优化整合数字化城市管理平台。制定城市管理新标准，完善环境综合治理四级网络管理模式。城区生活垃圾无害化处理率达 98.7%。无线城市建设取得新进展，布设无线接入点 2.1 万个，全面建成"光网城市"。

（二）城市基础设施建设日趋完善。实施克南高架东延二期、米东大道二期等 61 项重要路网工程。轨道交通 1 号线北段试通车，2、3、4 号线建设有序推进。建成苏州路西延、艾丁湖路综合管廊。完成老旧供热管网改造 178 公里，新建燃气管网 226 公里。大黑沟固废综合处理厂建设，河西、七道湾污水处理厂提标改造，乌鲁木齐河防洪工程加快推进。建成装配式建筑产业基地 6 家，全疆首个装配式项目东进场路高架启动建设，完成装配式建筑 100 万平方米。

（三）老城区改造提升力度空前。投入 870 亿元，完成 21.7 万余户、1730 余万平方米老城区改造征收任务，29 个重点改造片区征收工作已全部完成，征收量为历年棚户区改造征收总和的 3.6 倍。改造提升市政管网 90 公里、道路 20 公里。实施珠江路东延、新市路片区路网完善等工程，有效改善了老城区交通环境。棚户区改造扎实推进，新开工房屋 6170 套，面积近 71 万平方米，复工房屋 2.5 万套，面积 392 万平方米。老城区特色更加鲜明、公共服务设施更加完善，赋予了老城区新功能、新活力，探索出一条加快老城区转型升级的新路径。

（四）城市靓化亮点纷呈。投入 60 亿元，大力实施以建筑节能保温为主的靓化工程，完成 50 条街区、1721 栋建筑外立面改造和靓化提升，铺设道路 82 万平方米，线缆入地 75 公里。强化杆线整治、门头牌匾、户外广告、公共厕所、垃圾运输、环境卫生治理，拆除违法建筑 242 万平方米。建设路靓化示范街等城市街区旧貌换新颜，城市形象更加靓丽，让各族群众切身感受到了经济社会发展给首府城市面貌带来的巨大变化，获得感、幸福感、自豪感显著提升。

（五）城市生态绿化建设加快推进。新增绿地 1.8 万亩、花园式单位 20 个。完成森林抚育 1 万亩、大苗基地建设 1100 亩、退耕还林 6000 亩、裸露荒山绿化 6129 亩。新建小游园及街旁绿地 101 块、小绿道 9 条，启动大湾片区棚户区、东大梁片区二道湾公园绿化景观改造提升工程。十七户湿地公园、和平渠大寨闸公园"水进城"先导工程加快推进，柴窝堡国家湿地公园正式挂牌。国家生态园林城市创建工作取得新成效。

（六）大气污染治理深入推进。强化"控煤、控尘、控污、控车"协同治理，强力推进"煤变气"工程，拆改燃煤供热设施 3.2 万台、工业锅炉 393 台。淘汰"黄标车"1.5 万余辆，升级改造建筑垃圾运输车 1150 辆。完成 7 家电厂 15 台机组超低排放改造，整治"散乱污"企业 4121 家，关停 2294 家。实施高铁片区新能源供热示范项目，新增风电采暖装机 85 兆瓦，完成既有建筑节能改造 80 万平方米。空气质量持续改善，细颗粒物（PM2.5）和可吸入颗粒物（PM10）平均浓度较同期分别下降 6.6% 和 8.6%。

（七）城市生态修复取得新进展。加强水源地综合整治，完善河长制组织体系，严格落实水资源管理"三条红线"，严格执行饮用水保护和取水许可制度。落实水污染总量减排，集中治理工业集聚区废水。编制土壤污染治理与修复规划，推进矿产资源开发治理与修复，关闭非法砂场、碎石场 107 家，私挖滥采行为得到有效遏制。启动环鹏公司后峡工业生产基地搬迁工作，一号冰川、柴窝堡湖等重点水源涵养区生态修复治理不断加强。

实践告诉我们，只要我们始终坚持在保护中有序发展、在发展中有效保护，切实把发展建立在生态环境安全的基础上，就一定会建成天蓝地绿水清的美丽首府！

四、民生改善取得新成效

（一）安全惠民再提升。平安首府建设深入开展，"平安细胞"工程建设扎实推进。国家食品安全示范城市创建取得阶段性成效，食品药品监管不断强化。粮食安全工作持续加强。电梯应急处置服务平台建设加快推进，1.5 万部电梯实行电子监管。车用气瓶电子标签系统实现封闭运行。安全生产形势持续稳定好转，应急管理能力和自然灾害综合保障能力逐步增强，各类突发事件和自然灾害得到有效应对和处置。

（二）就业惠民再加强。城镇新增就业 11.9 万人，转移农村富余劳动力7371人次，城镇登记失业率为3.03%。培育创业孵化基地6家，扶持创业企业2413家，带动就业3.5万人。发放各类就业补贴和小额担保贷款4.5亿元，惠及劳动者6.8万人。开展职业培训11.9万人。全市最低工资标准提高到每月1620元，为1.26万名农民工解决拖欠工资1.86亿元。

（三）教育惠民再深入。全面实行农村3年、城镇2年学前免费教育，统一城乡义务教育“两免一补”政策，实施普通高中和中等职业教育免学费政策，免除各类教育费用8.9亿元，惠及近37万名学生。投入3.44亿元新建农村幼儿园42所，1.69万农村适龄幼儿实现学前免费教育。全面普及和推广国家通用语言文字教学，巩固义务教育均衡发展成果，推动优质教育资源北扩和普通高中扩容提质，市第1中学新校区全面投入使用，市第130中学、15小学北校区等10所新建中小学招生办学。推进职业教育现代化，促进人才培养与岗位需求有效衔接。

（四）医疗惠民再强化。实施全民健康体检工程，实现常住人口全覆盖。医药卫生体制改革加速推进，公立医院以药补医格局彻底打破。新型医联体、分级诊疗模式初步形成，市属医院与北京、上海等25家知名医院、疆内114家医院建立专科联盟。投入5116万元建成一批基层医疗服务设施，实现乡镇卫生院、村卫生室标准化建设全覆盖。建成全民健康云数据中心，实现区域内医疗机构数据共享。取消三级医疗机构定点选择限制，基本用药目录增加药品2500余种，让群众就医看病更方便。艾滋病、结核病等重大传染病防控取得新进展。中医民族医药事业健康发展。人口和计划生育服务管理不断加强，两孩政策平稳实施。

（五）社保惠民再提高。连续13年提高企业退休人员养老金，人均每月达3014元，惠及26万人。城乡居民基础性养老金标准增加至每人每月180元，3.68万城乡居民受益。全面实施城镇职工大病保险制度、门诊统筹制度，减轻群众经济负担9000余万元。与31个省、自治区、直辖市医疗机构实现异地就医直接结算。落实工伤保险费率动态调整机制。深入推进全民参保计划，超额完成养老、医疗、工伤、失业、生育保险扩面提标任务。

（六）扶贫惠民再夯实。城市低保和农村低保标准分别提高到每人每月450元和280元，城市低保对象中“三无”人员全部纳入供养特困人员范围。发放救助金1.7亿元，救助困难人员10.5万人次，向困难学生发放营养膳食补贴238万元，兜住兜牢困难群众生活底线。开展疆内对口协作扶贫，实施产业、教育、医疗和就业精准帮扶。

（七）安居惠民再升级。投入6亿元，完善“两居”工程配套基础设施。筹集专项资金1.28亿元，建设安居富民房5003户。将住房保障申请家庭人均月收入标准调整到2850元，住房保障覆盖面进一步扩大。完善和创新保障性住房摇号分配方式，解决9000余户中低收入家庭住房问题，实现保障房分配常态化。

（八）暖心惠民再持续。新设立许可养老机构2个，新建农村幸福互助院9个、社区老年人日间照料中心6个。为4.5万余名80周岁以上老年人发放高龄津贴3105万元。深入开展双拥共建活动，落实退役士兵创业扶持政策，发放各类慰问、优抚金1.2亿元。办理法律援助案件2619件。新建立体停车库15处，鼓励企事业单位面向社会提供错峰停车服务，进一步缓解停车难问题。坚持“公交优先”发展战略，更新公交车404辆，优化调整公交线路15条，新增出租车700辆。投放政府储备肉3200吨、蔬菜5万吨，居民基本生活品价格保持稳定。

（九）文化惠民再深化。投入5000万元，扶持奖励优秀文化体育产业项目。发行文化惠民卡1万张，举办惠民演出300余场，放映公益电影1.1万场。新增市级文化产业示范基地21家、特色文化街区2条、文化产业示范园区4个、国家体育产业示范基地1家。为212个社区配备公共体育设施，举办首届戏曲艺术节和市第四届运动会。成功创建国家文化消费试点城市。新闻出版、质监、气象、地震、地方志、档案等工作取得新进展，妇女儿童、残疾人和红十字事业取得新成绩。

“九大惠民工程”的生动实践告诉我们：只要永远把人民对美好生活的向往作为奋斗目标，永远与人民同呼吸、共命运、心连心，多谋民生之利、多解民生之忧，就一定会不断凝共识、汇众智、聚众力，凝聚起实现总目标的磅礴力量！

五、改革开放实现新突破

（一）重点领域改革全面深化。“放管服”改革力度不断加大，“一门式、一网式”政务服务模式和“互联网+政务服务”加快推进，“两集中、两到位”改革稳步实施，“减证便民”专项行动扎实推进。房地产交易实现一站式办理。深化商事制度改革，全面实施企业登记“多证合一、一照一码”，各类市场主体增长12.3%。大力推广政府与社会资本合作模式，落地项目30个，总投资1470亿元。国资国企改革持续推进，国有企业产权多元化、资本证券化取得新成效，完成新疆城建重大资产重组。成立城市建设发展基金和产业引导基金，市级国有小额贷款公司设立工作加快推进，国有融资性担保公司资本实力得到提升。企业上市取得新进展，3家企业成功上市。深化城市管理体制改革，完成供热、燃气等22项管理职能划转，大城管格局初步形成。

（二）丝绸之路经济带核心区"五大中心"建设加快推进。我们坚持把抓好丝绸之路经济带核心区"五大中心"建设，作为扩大对外开放的重中之重。交通枢纽中心辐射带动作用显著增强。乌鲁木齐国际机场改扩建工程加速推进，航空、铁路、公路等重大基础设施不断完善，内外联通"动脉"进一步畅通。商贸物流中心配套服务能力显著提升。全国首趟集拼集运中欧班列和全疆首列铁海联运班列成功开行，中欧、中亚、中俄班列全年开行600余列。综合保税区运行机制不断完善，丝绸之路经济带创新驱动发展试验区建设加快推进。启动跨境电商综合试验区申报工作，启用乌鲁木齐国际机场跨境电子商务分拣清关中心，机场进口冰鲜水产品指定口岸通过国家验收。国际贸易服务区一期主体完工，已注册企业23家。跨境电子商务公共服务平台上线运营。金融服务中心市场主体日趋多元。启动绿谷金融港建设，中亚五国金融投资服务中心加快推进。跨境贸易与投资人民币结算试点工作有序开展，新疆黄金交易中心即将组建成立。文化科教中心基础进一步夯实。市文化中心"六馆"、奥林匹克体育中心等一批公共文化体育项目扎实推进。医疗服务中心集聚效应初见成效。新疆国际健康产业园、国际医疗综合体项目相继启动。成功举办丝绸之路国际健康产业博览会及各类"丝绸之路健康论坛"34个。跨境远程医疗服务平台已连接3个国家24家医院，跨境医疗旅游推介平台辐射18个国家，全年接待外籍患者近4000人次。

六、政府自身建设全面加强

我们把坚持党的领导作为做好政府工作的根本保证，牢固树立全心全意为人民服务的宗旨，坚持依法履行政府职责，确保党中央、自治区党委和市委的决策部署得到不折不扣的贯彻落实。自觉接受市人大及其常委会的依法监督和市政协的民主监督，积极听取各民主党派、工商联、无党派人士和人民团体意见，办理自治区、市人大代表议案、建议和政协提案395件，办复率100%。政务公开工作步入制度化、规范化轨道，相关工作经验在全疆推广，政府工作透明度不断提升。"两学一做"学习教育常态化制度化，"学、转、促"专项活动扎实开展，持续向"三股势力""两面人"发声亮剑。持之以恒贯彻落实中央八项规定、自治区党委和市委十条规定，坚决纠正"四风""四气"，持续开展作风建设"三项治理"，干部作风不断改善。依法治市工作持续深化，信访和行政调解工作机制进一步完善。行政监察、审计监督工作扎实推进，严肃查处违纪违法案件，反腐倡廉取得新成效。

各位代表，回顾一年来的工作，成绩来之不易。我们深深感到：在社会稳定的基础扎牢之后，首府经济发展活力、动力得到了进一步激发，市民的安全感、幸福感、自豪感也得到了大幅提升。所有这一切，是以习近平同志为核心的党中央治疆方略英明引领的结果，是自治区党委、自治区人民政府和市委正确领导的结果，是全市各族人民共同努力和各方面大力帮助支持的结果。在此，我代表市人民政府，向全市广大工人、农民、干部和知识分子、兵团职工，向各民主党派、无党派人士，向人民团体和社会各界人士，向驻乌人民解放军和武警部队指战员、公安干警，向中央驻乌单位、所有援乌干部，向人大代表、政协委员表示衷心的感谢并致以崇高的敬意！

在肯定成绩的同时，我们也清醒地看到工作中还存在着问题和不足：一是新疆处于暴力恐怖活跃期、反分裂斗争激烈期、干预治疗阵痛期"三期叠加"的态势没有根本改变，落实总目标的任务依然艰巨而繁重。二是发展不平衡不充分的一些突出问题尚未解决，发展质量和效益还不高，构建现代化经济体系，实现提质与增量同步发展还任重道远。三是实体经济支撑力不足，特别是高新技术产业支撑作用不明显，新产业新业态尚未形成规模，产业转型升级缓慢。四是基础设施建设相对滞后，城市规划建设管理与国际化水准尚有较大差距。五是基本公共服务优质化、均等化程度不高，就业、教育、医疗和社会保障等领域还有不少短板，住房、环境保护等方面工作还需进一步加强完善。六是一些干部作风漂浮、政策棚架，"四风""四气"还不同程度存在。面对这些问题，我们必须迎难而上、敢于担当，以创新的思维、必胜的勇气，下大力气来解决。

2018年主要工作

2018年，是我们全面贯彻党的十九大精神的开局之年，是改革开放40周年，是决胜全面建成更高水平小康社会、实施"十三五"规划承上启下的关键一年，也是我们巩固社会稳定和长治久安新胜利的重要一年。

2018 年全市工作总体要求是:高举中国特色社会主义伟大旗帜,深入学习贯彻党的十九大精神,以习近平新时代中国特色社会主义思想为指导,认真学习贯彻习近平新时代中国特色社会主义经济思想,贯彻落实以习近平同志为核心的党中央治疆方略,牢固树立社会稳定和长治久安总目标,全面落实自治区党委经济工作会议各项部署,坚定市委确定的奋斗目标和工作思路不动摇,打好反恐维稳"组合拳",坚持稳中求进工作总基调,坚持新发展理念,紧扣社会主要矛盾变化,按照高质量发展的要求,统筹推进"五位一体"总体布局和协调推进"四个全面"战略布局,坚持以供给侧结构性改革为主线,统筹推进稳增长、促改革、调结构、惠民生、防风险各项工作,推动质量变革、效率变革、动力变革,奋力开创和谐稳定新局面,奋力开创改革发展新局面,奋力开创民生改善新局面,奋力开创民族团结新局面,奋力开创宗教和谐新局面,奋力开创意识形态领域工作新局面,奋力开创生态良好新局面,努力建设团结和谐、繁荣富裕、文明进步、安居乐业的中国特色社会主义美丽首府。

2018 年全市经济社会发展主要预期目标是:地区生产总值增长 7.5%,固定资产投资增长 15%,社会消费品零售总额增长 7.5%,力争外贸进出口总额增长 15%,一般公共预算收入增长 7.5%,城镇居民人均可支配收入增长 9%,农村居民人均可支配收入增长 10%,城镇登记失业率控制在 3.7% 以内,居民消费价格涨幅控制在 4% 左右。

我们深深感到,实现上述目标,必须积极适应新时代、聚焦新要求、落实新部署,坚持稳中求进工作总基调,坚持贯彻落实新发展理念,坚持以供给侧结构性改革为主线,坚持以创新引领发展,坚持以人民为中心的发展思想,坚持以总目标为统领,以钉钉子精神做实做细做好各项工作。

一、全力确保社会大局持续稳定

反暴恐、保平安、求幸福,是各族干部群众的共同心声和强烈愿望,更是党中央赋予我们的神圣职责。我们必须时刻聚焦总目标,坚决落实自治区党委、市委反恐维稳工作的决策部署,全力推进维稳常态化,筑牢反恐维稳的铜墙铁壁,奋力开创首府和谐稳定新局面。

(一)推动反恐维稳工作常态化。暴恐分子是各族人民的公敌。我们要强化"打防管建"各项措施落实,在任何时候都要保持对暴恐分子的严打高压态势。进一步深化"挖存量、减增量、铲土壤"专项行动,强化"一体化联合作战平台"运用,切实把暴恐分子挖干净、清干净、打干净。继续做好"三项清理"工作,进一步提升职业技能教育培训中心规范化管理水平。坚持专门机关和发动群众相结合,健全完善协调联动机制,突出抓好便民警务站运行、社区管理、重点人员管控,织密织牢社会面防控、人员密集场所内保、居民小区封闭式管理防护网,构建无缝隙、无盲区、无空白的群防群治格局。进一步完善铁路、公路、机场检查站查控机制,绝不给暴恐分子任何可乘之机。

(二)加强基层治理体系和治理能力建设。以提升基层社会治理社会化、法治化、智能化、专业化水平为着力点,增强管委会(街道、乡镇)、社区(村)统筹辖区社会面防控能力,将便民警务站、社区警务室、社会单位内保力量、小区保安、"十户联保""双联户"等各类维稳力量紧紧团结凝聚起来,实现对区域内人、事、物的统一管理,做到协调联动、一体互动,形成强大反恐维稳合力。

(三)扎实做好意识形态领域反分裂斗争。统筹好国内国际两个大局、疆内疆外两个战场、网上网下两条战线,深入开展马克思主义"五观""五个认同"和新疆历史、民族发展史、宗教演变史宣传教育,全面贯彻《新疆若干历史问题研究座谈纪要》精神,引导各族群众牢固树立国家意识、公民意识、中华民族共同体意识。持续深入开展发声亮剑活动,弘扬主旋律、传播正能量。扎实推进"去极端化"工作,加大"三非"治理力度,严格出版物审查,加强网络监管,确保意识形态领域安全。

(四)广泛宣传动员各族群众。深入做好"宣传群众、帮助群众、组织群众"三件事。深入推进"访惠聚"工作,大力开展党的十九大精神和国家政策法律知识宣传,不断增强各族群众的法律意识和社会主义道德观念。大力开展群众帮扶工作,让各族群众深切感受到党和政府的温暖。广泛动员组织基层群众,形成打防暴恐活动的强大合力。我们坚信,各族群众是反恐维稳可依靠的重要力量,只要不断增强做好群众工作的本领,始终同人民想在一起、干在一起,就一定会让暴恐分子葬身于人民战争的汪洋大海,就一定会夺取社会稳定和长治久安新胜利!

二、促进实体经济转型升级

党的十九大作出了"贯彻新发展理念,建设现代化经济体系"的战略部署,这是实现更高质量、更有效率、更加公平、更可持续发展的必由之路。我们要按照"一产上水平、二产抓重点、三产大发展"的要求,以供给侧结构性改革为主线,进一步加大招商引资力度,加快构建"大企业顶天立地、小企业铺天盖地”的产业格局，奋力开创经济发展新局面。

（一）坚定不移走新型工业化道路。围绕化工产业集群，重点打造米东区精细化工小微企业园、甘泉堡化工产业配套园，加快推进华泰重工绿色生产技术和应用项目建设。支持化工产业技术改造升级，依托石油资源优势和现有产业基础，发展石油下游产业和精细化工产品，加快打造石油化工集群、绿色煤化工集群和先进氯碱集群。围绕先进装备制造产业集群，打造经济技术开发区（头屯河区）装备制造配套产业园，重点培育风电装备、汽车及零部件、轨道交通、农业机械、纺织机械和高性能钢铁产品等产业链，大力推进卓郎智能纺机装备制造等项目建设，促进工业技术改造，推动制造业向价值链中高端延伸。围绕新材料产业集群，打造甘泉堡新材料产业园、达坂城区新型建筑产业园和建筑新材料产业园，做大做强硅（铝）基新材料、高分子材料等产业，培育新材料产业基地。围绕智慧安防产业集群，打造高新技术产业开发区（新市区）智慧安防产业园，引进国际先进技术企业，成立国内最大的智慧安防产业联盟，积极搭建社会安全风险感知与防控国家实验室、国家级超算中心、中国特种汽车研究院等国家级研发平台，全力打造具有创新活力和全球市场竞争力的智慧安防产业。围绕轻工制品产业集群和纺织产业集群，打造经济技术开发区（头屯河区）消费品工业小微企业园，积极推进水磨沟区工业园建设。加快乌鲁木齐国际纺织品服装商贸中心建设，构建纺织服装产品交易和集散平台。

（二）促进现代服务业实现大发展。加快构建差异化、特色化、便利化的现代商贸服务体系，优化提升商贸服务业，重点打造沙依巴克区商贸服务产业园。加快推进电子商务和跨境电商发展，在综合保税区打造全疆首个跨境电商公共服务中心。围绕特色餐饮集群建设，加快特色餐饮企业转型，构建满足多样化消费需求的特色餐饮服务体系。围绕商贸物流产业集群，重点打造国际商贸物流产业园区、甘泉堡工业物流园、天山区城市物流产业园。以国际陆港区、临空经济示范区为重点，提升中欧班列、多式联运、国际航空物流综合配套服务能力。加快现代金融服务体系建设，积极引入各类金融机构，加快绿谷金融港项目建设，推动重大金融产业项目实施。做大做强旅游业，积极开展全域旅游示范市建设，加快推进南山国际旅游区建设，打造旅游集散服务综合体，做优精品线路，打造特色品牌，力争将首府建成国际知名的运动休闲度假旅游目的地和国家级生态旅游示范区。大力发展信息服务业，加快新疆软件园云计算基地建设，推进新疆深圳信息合作示范园、物联网科技产业园、新疆工业云和大数据创新中心、丝路声谷等项目落地。办好第六届中国—亚欧博览会和第五届丝绸之路经济带城市合作发展论坛。支持健康服务业发展，加快国际健康产业园和全疆首家医养结合综合服务园等项目建设，推动医养一体化快速发展。

（三）促进农村农业发展上水平。把握农村发展规律，顺应城乡融合发展大趋势，坚持新型城镇化和乡村振兴两手抓，充分发挥新型工业化、信息化、城镇化对乡村振兴的辐射带动作用，积极推动基础设施向农村延伸、公共服务向农村拓展、产业向农村合理布局。以服务城市、满足城乡居民生活需求为重点，扎实推进种植业、养殖业结构调整，大力发展现代畜牧业，壮大特色农业和设施农业，推动农业高质量发展，不断增加绿色优质农产品供给。以推进农业产业化经营、发展农副产品精深加工为主攻方向，发展和引进一批带动力强的农副产品深加工龙头企业，促进农村一二三产融合发展，促进农牧民增收。

（四）强化科技创新驱动。强力推进乌昌石国家自主创新示范区、国家创新型城市和“双创示范”城市建设。围绕先进装备制造、新能源、新材料、现代服务、公共安全等领域，以国际科技合作中心为核心，推进新疆高端人才创新创业大厦、科技领军人才创新驱动中心等基地建设，打造高新技术产业开发区（新市区）创新创意小微产业园、环保产业园，加快推进检验检测认证产业园建设，营造良好创新创业环境。促进科技与金融深度融合，实施“旅游＋科技”发展战略。加强工程技术研究中心、重点实验室建设，培育高新技术企业、创新型（试点）企业60家，企业技术中心、产学研联合开发示范基地6家，力争新增“专精特新”企业15家。进一步加大知识产权保护力度，保持专利申请量持续稳步增长。

三、加快完善现代化国际城市功能

（一）强化规划的引领调控。以新发展理念统筹推进城市规划编制试点工作，修编完善主体功能区规划，科学划定市域“三区三线”空间格局，确定开发强度和管控措施，破解城乡二元结构，提升生态系统治理能力，促进区域协调发展。积极推动“多规合一”，调整优化重大产业、区域交通布局和生态环境保护区域，形成人口、经济、资源环境合理布局的空间开发格局。依法加强城市规划管理，坚决维护规划的严肃性。

（二）高水平推进城市建设。完善城市“三环十五射”路网骨架，增强首府重点区域和新区基础设施配套能力，科学有序拓展城市发展空间。实施华光街东延、东进场高架等道路建设，建成克南高架二期项目。新建西二环快速路、绕城高速东线观园路立交至达坂城公路，完成南山旅游公路主线工程。优化市域路网，打通丁字路、断头路50条，续建地下综合管廊50公里。轨道交通1号线建成并投入运营，加快2、3、4号线建设。建成空港长途汽车综合客运枢纽。

（三）高质量推进城市精细化管理。以提高城市管理执法数字化、网络化、智慧化水平为目标，深入推进智慧城市建设，完善数字化城市管理平台功能，让城市管理更智能。以推进“厕所革命”为重点，完善市政设施功能，让城市服务更便利。加强城市主干道沿线环境整治，积极推进环卫作业服务市场化，加快大黑沟生活垃圾焚烧发电项目建设，持续推进背街小巷、老旧小区、城乡结合部环境卫生治理，让市容市貌更洁净。进一步明确城市管理和执法职责边界，把严格规范公正文明执法要求，落实到城市管理执法全过程，让城市管理更文明。

四、加快推进美丽首府建设

党的十九大报告指出：“必须树立和践行绿水青山就是金山银山的理念。”我们要坚持新发展理念，加快推进“树上山、水进城、地变绿、煤变气、天变蓝、城变美”六项重点工作，推进生态修复、城市修补工作，坚决打好污染防治攻坚战，努力让首府天更蓝、地更绿、水更清、城更美，不断满足各族人民日益增长的优美生态环境需要。

（一）大力推进“树上山”，打造城市绿肺。全力推进雅玛里克山等9个裸露荒山绿化项目，完成绿化总面积约1.5万亩。继续推进荒山绿化提升改造公园建设，完成平顶山公园绿化工作，通过山体绿化及基础设施完善、服务设施建设，完善公园游憩功能，改善首府生态环境和市民休闲环境。

（二）大力推进“水进城”，打造城市水景。合理利用再生水和生态湿地资源，实施再生水北水南调，沟通主要河湖水系，打造水绿融合的复合型生态廊道。按照6条主水系、7条支水系格局，推进“三河、五带、十湖、多点”水生态景观建设，建成河湖水系连通工程一期、大寨闸和十七户湿地先导工程，整治、新挖河道125公里，新建水景观865公顷。初步实现200米见绿、500米亲水、5千米畔河、1万米见湖。

（三）大力推进“地变绿”，打造城市绿脉。按照“宜树则树、宜花则花、宜草则草”的原则，大力开展街道社区、背街小巷、居民小区等绿化美化工作。新增、改造绿地1.3万亩，新建小游园100个、小绿道8条，创建花园式单位20个。完成森林抚育1万亩，建设大苗基地2900亩。加快东绕城生态圈绿化工程建设，加大公园绿地建设改造力度，建成区内绿化覆盖率提高到41%以上，绿地率提高到38%以上，人均公园绿地面积增至11.5平方米以上。让百姓“开窗见景、出门见绿”，打造“接触到绿、享受到荫、观赏到景”的宜居环境。

（四）大力推进“煤变气”，打造电气化首府。积极推进电采暖供热工程，着力提高公共机构及民用领域电气化水平，优化供热能源结构，持续减少煤炭消耗。加快实施50吨及以下工业燃煤锅炉电气化改造，在交通运输和旅游领域积极开展电能替代工作。完成燃煤小锅炉电气化改造，拆改城乡结合部自采暖燃煤供热设施1.9万台，逐步实现城市周边区域清洁能源全覆盖。

（五）大力推进“天变蓝”，打好蓝天保卫战。严格落实“控煤、控尘、控污、控车”措施，提高能源使用效率，强化资源环保准入约束。加快园区环保设施建设，推进园区淘汰落后产能。完善石化等重点行业挥发性有机物监测监控体系建设。加大施工、道路、运输扬尘的防治力度。加强散煤和“散乱污”企业清理整治。加大充电基础设施建设，积极推广新能源汽车应用。继续实施机动车尾气排放增量控制，强化重污染天气应对措施，严格落实区域联防联控，完成10万千瓦及以上燃煤发电机组超低排放改造。加快达坂城区清洁能源规模化示范基地建设，积极推进清洁能源规模化循环利用，为打赢蓝天保卫战奠定坚实基础。

（六）大力推进“城变美”，打造魅力城区。按照“两年见效”目标，全力推进老城区改造提升，完成9.5万户征收任务，积极构建“6中心、6园”多中心、组团式发展格局。进一步加强配套市政基础设施建设，完善公共服务配套，增加绿地空间，确保老城区改造提升工作取得阶段性成效。加快推进以建筑节能保温为主的靓化工程，进行以建筑屋顶隔热、防水、防凌为主的“平改坡”改造，力争完成主城区所有街道靓化任务，实现街道清新亮丽、环境洁净有序。全面建成水西沟“冰雪特色小镇”、安宁渠“记忆休闲小镇”、达坂城“王洛宾情意小镇”，年底前实现开门迎客。大力开展“城市病”环境综合整治，提升城市整体环境品质。我们就是要通过一条街道接着一条街道地整治提升，一茬压着一茬地干，努力在建设美丽首府上取得新突破，实现城乡面貌焕然一新。

五、奋力开创民生改善新局面

党的十九大报告指出：“增进民生福祉必须多谋民生之

利、多解民生之忧。”我们要始终把首府各族人民利益摆在至高无上的地位,通过持续推进“九大惠民工程”,让改革发展成果更多更公平惠及首府各族市民,使人民获得感、幸福感、安全感更加充实、更有保障、更可持续。

(一)继续实施安全惠民工程。深化安全生产领域改革,狠抓重点行业领域安全监管,保障电梯等重点特种设备使用安全,坚决防范遏制重特大安全生产事故。大力实施食品安全战略,加强食品药品监管,确保人民群众饮食用药安全。加强洪涝、地质灾害等防灾减灾工作,完善监测预警、救援救助机制,提升突发事件应急处置能力和保障水平,确保人民群众生命财产安全。

(二)继续实施就业惠民工程。坚持就业优先战略和积极就业政策,加快公共就业服务体系建设,抓好重点群体就业创业。新增城镇人员就业10万人以上,大中专毕业生就业率达85%以上,农村富余劳动力转移就业6500人次。实施“万人技能培训计划”,完成培训9万人,新增创业人员4000人以上。完善政府、工会、企业共同参与的协商机制,全面构建和谐劳动关系。

(三)继续实施教育惠民工程。围绕办好人民满意的教育,持续加大教育投入力度。积极推进市第20中学、第23中学等新校区建设,不断扩大优质教育资源供给。抓好少数民族国家通用语言文字教育,办好特殊教育,促进民办教育健康发展。深化职业教育改革,提高职业教育的社会服务能力。

(四)继续实施医疗惠民工程。加快推进“健康首府”建设,完善全民健康体检长效机制,科学指导群众健康生活。全面深化医药卫生体制改革,健全现代医院管理制度,完善医联体、分级诊疗制度。加强基层医疗卫生服务体系和全科医生队伍建设,不断提升基层医疗卫生服务能力。加快推进儿童医院北院、国际医疗综合体等项目建设。加强与北京市卫生医疗领域合作,提升重点专科诊疗服务水平。统筹做好人口和计划生育工作。

(五)继续实施社保惠民工程。按照兜底线、织密网、建机制的要求,进一步完善统筹城乡的社会保障体系。认真落实全民参保计划。提高城乡居民基础养老标准,完善城镇职工基本医疗保险、大病保险、门诊统筹制度,实施城镇职工大病保险补充办法,进一步减轻重大疾病患者经济负担。稳步推进医保支付方式改革,基本实现跨省异地就医直接结算。不断健全城乡社会救助体系,继续提高城乡低保标准,积极做好各类专项救助。推进普惠型社会福利体系建设,扎实做好儿童福利和残疾人关爱工作。

(六)继续实施扶贫惠民工程。持续巩固脱贫成果,打好精准脱贫攻坚战。加快推进包村定点对口帮扶、南疆和田地区及克州扶贫惠民工程建设,有组织、成建制、多渠道转移安置南疆富余劳动力。进一步完善医疗救助制度,做好医疗、教育等各类专项救助,实现特困供养人员医疗救助费用全部兜底。

(七)继续实施安居惠民工程。加快建立多主体供应、多渠道保障、租购并举的住房制度,积极发展住房租赁市场。继续实施好农村安居、游牧民定居和城镇保障性安居工程,建设安居富民房1100户,积极推进农村危房改造,切实保障困难家庭住房需求,努力实现“住有所居”。

(八)继续实施暖心惠民工程。鼓励社会资本举办非营利性“医养结合”机构,完善社区养老机构设施和服务功能,满足多层次、多样化的健康养老服务需求。实施早餐惠民工程,建成早(快)餐网点1200个。积极推进慢行网络建设,逐步形成“一主、一辅、一环、十射”慢行网络结构。加快完善公交基础设施功能,优化调整公交线路20条。继续扩大公交优惠换乘范围,逐步覆盖全市180余条公交线路,降低市民出行成本。加快公共停车场建设,严查违章占道停车行为,把人行道还给行人。不断拓展法律援助范围,完善四级便民服务网络。巩固提升全国双拥模范城创建成果,更加注重军民融合,加强军政军民团结。

(九)继续实施文化惠民工程。不断完善文化体育设施,推进文化中心“六馆”、奥林匹克体育中心、京剧团新剧场等项目建设,规划建设城市“十分钟文化圈”。推进文化惠民卡增质扩面,开展惠民文化消费季主题活动。实施传统戏曲文化传承工程,全年举办惠民演出300场。继续实施公益电影放映工程,更好地满足各族群众文化需求。加快促进体育产业发展,广泛开展全民健身活动,构建覆盖全市的全民健身服务网络。推动统计、外事、工商、质监、人防、气象、档案、红十字、新闻出版、史志编纂等各项社会事业加快发展。

六、积极促进民族团结和宗教和谐

党的十九大报告指出:“深化民族团结进步教育,筑牢中华民族共同体意识,加强各民族交往交流交融,促进各民族像石榴籽一样紧紧抱在一起。”“全面贯彻党的宗教工作基本方针,坚持我国宗教的中国化方向,积极引导宗教与社会主义社会相适应。”我们要全面贯彻党的民族政策和宗教工作基本方针，不断开创首府民族团结和宗教和谐新局面。

民族团结是各族人民的生命线。我们要始终高举各民族大团结旗帜，准确把握新形势下民族工作的特点和规律，大力培育和践行社会主义核心价值观，筑牢中华民族共同体意识。深入开展民族团结宣传教育，推进“民族团结一家亲”和民族团结联谊活动制度化、常态化、长效化。扎实开展全国民族团结进步示范市创建，广泛宣传民族团结先进典型事迹，把民族团结教育贯穿到学校教育、家庭教育、社会教育各个环节和各个方面。积极创造条件，推动建立各民族相互嵌入式的社会结构和社区环境，使各族群众学习在一起、生活在一起、工作在一起，促进各民族共同团结奋斗、共同繁荣发展。

全面落实党的宗教工作基本方针，坚持保护合法、制止非法、遏制极端、抵御渗透、打击犯罪的基本原则，依法保障信教群众的正常宗教需求，尊重各族群众习俗，稳步拓宽信教群众正确掌握宗教知识的合法渠道。巩固驻村管寺工作成果，完善“七进两有”工程和“九配备”工作，进一步规范宗教活动服务管理，加强爱国宗教人士培养培训，积极引导宗教与社会主义社会相适应。

七、全面深化重点领域改革和对外开放

党的十九大报告指出：“实现中华民族伟大复兴，必须合乎时代潮流、顺应人民意愿，勇于改革开放，让党和人民事业始终充满奋勇前进的强大动力。”我们要更加自觉地投身改革创新时代潮流，坚持社会主义市场经济改革方向，压茬拓展重点领域和关键环节改革，深度参与国家“一带一路”建设，不断开创首府改革开放新局面。

（一）深化供给侧结构性改革。积极推进要素市场化配置改革，继续推进“三去一降一补”，提高供给体系质量，促进经济结构调整优化。持续推动钢铁、煤炭、电力、水泥等行业化解过剩产能，加大“僵尸企业”处置力度，促进落后产能退出。加快推进商品房去库存工作，推动房地产业健康发展。着力解决企业融资成本过高问题，积极实施贷款贴息等政策，切实降低企业杠杆率。加强对政府债务风险和金融风险的防控，坚决打好防范化解重大风险攻坚战。加大减税、降费、降低要素成本力度，进一步减轻企业负担。立足增强发展后劲，改善群众生活，着力补齐基础设施、公共服务、生态保护等方面短板。

（二）深化改革激发活力。扎实推进国资国企、财税金融、价格机制、投融资体制等重点领域改革。建立健全与供给侧结构性改革相适应的产业、土地、金融、财税、环保、价格等政策体系和长效机制。进一步放宽非公有制经济市场准入，推进建立公平竞争审查制度，努力消除各种隐性壁垒，营造公平竞争的市场环境。以混合所有制改革为突破口，积极推动央企属地注册，支持央企参与地方国企整合重组。推进投融资领域改革，大力推行政府和社会资本合作模式，做大用好各类投资基金，运用市场机制筹集城市建设资金，形成政府主导、市场运作、社会参与的多元投资格局。深化商事制度改革，推动更深层次的“多证合一”登记制度改革，进一步推进证照分离，打造具有国际竞争力的营商环境。加快推进以“放管服”为重点的行政审批制度改革，规范优化政务服务事项，提高行政审批效率，推动经济工作的着力点由“抓项目”向“抓环境”转变。进一步深化兵地融合，加强兵地人才交流，推动兵地协同发展。

（三）积极构建“五大中心”对外开放平台。聚焦“五通”，进一步完善“五大中心”规划政策体系，抓紧制定“五大中心”7项建设方案，积极争取将一批项目列入国家“一带一路”重大项目储备库。强化交通枢纽中心聚散功能，优化提升乌鲁木齐新客站服务功能，加快推进乌鲁木齐国际机场改扩建工程，充分发挥轨道交通高效便捷优势，构建现代综合立体交通体系。强化商贸物流中心交换功能，以加快建设国际陆港区为突破口，统筹推进综合保税区、空港物流园、中欧班列集结中心、城南经贸合作区等项目建设，大力促进投资和贸易自由化、便利化，以货物流带动人流、资金流，实现集货、建园、发展产业，构建现代物流全新模式。强化金融服务中心对外开放服务功能，积极推进人民币对周边国家货币直接挂牌和交易，不断拓宽跨境人民币结算业务范围，利用黄金市场功能，推动丝绸之路经济带沿线城市黄金实物循环，切实提升金融服务核心区建设的支撑保障能力。强化科教文化中心交流功能，积极推进丝绸之路经济带创新驱动发展试验区建设，加快建设中国—中亚科技合作中心、国家技术转移东部中心新疆分中心。围绕先进装备制造、高新技术产业、现代服务业等领域，重点建设一批示范带动力强、具备区域辐射能力的国际产业合作示范基地。积极争取新疆艺术学院丝绸之路艺术交流中心、中国新疆国际青年交流学院等项目落地建设。强化医疗服务中心合作功能，深化跨境远程医疗服务平台、跨境医疗旅游推介平台应用，建成乌鲁木齐国际医院、友爱医院，打造具有国际服务水平的重点医疗机构。

八、大力发展社会主义先进文化

“文化自信是一个国家、一个民族发展中更基本、更深沉、更持久的力量。”党的十九大从关系国家命运、关系民族发展的战略高度，向全党、全国人民发出了“坚定文化自信，推动社会主义文化繁荣兴盛”的号令。我们要把中国特色社会主义文化作为激励首府各族人民奋勇前进的强大精神力量，用中国特色社会主义文化引领人、教育人、塑造人，筑牢首府各族人民精神家园。

（一）大力弘扬社会主义核心价值观。坚持物质文明建设和精神文明建设“两手抓、两手都要硬”的战略方针，加强社会主义精神文明建设，为实现总目标提供有力的思想引领、精神支撑、智力支持。积极培育和践行社会主义核心价值观，加强理想信念教育，不忘本来、吸收外来、面向未来，把社会主义核心价值观融入社会发展方方面面，转化为人们的情感认同和行为习惯。持续深入地开展党的十九大精神和习近平新时代中国特色社会主义思想的学习宣传教育，强化“四个意识”，坚定“四个自信”，在全社会树牢中国特色社会主义理想信念。

（二）努力建设更高水平的文明城市。以成功创建全国文明城市为新起点，不断巩固全国文明城市创建成果，把党的十九大精神和以习近平同志为核心的党中央治疆方略融入文明城市建设全过程。加强社会公德、职业道德、家庭美德、个人品德建设，大力弘扬道德新风尚，提高各领域各行业文明服务水平，营造诚实守信的良好社会氛围。引导各族群众牢固树立马克思主义“五观”，坚定共产主义远大理想和中国特色社会主义共同理想，激励各族干部群众为实现党的十九大确定的目标任务而不懈奋斗。

（三）促进文化事业和文化产业蓬勃发展。围绕打造城市文化品牌，提升文艺原创力，不断推出文艺精品，增强首府文化艺术吸引力。进一步完善现代文化管理机制，稳步推进全市文化体制改革。鼓励和引导社会资本投资文化产业，积极创新文化生产经营机制，加快建设水磨沟区文化产业园，培育一批文化产业示范基地、文化产业示范园区和特色街区，壮大文化产业新业态。推广文化消费新模式，落实“互联网+”和“文化+”，搭建文化消费信息公共服务平台，构建线上、线下相结合的文化消费服务体系，培育文化消费新热点。

九、着力推进政府职能转变，建设清廉高效政府

我们要牢记使命，敢于担当，不断加强政府自身建设，全面提升依法履职能力和水平，努力建设人民满意的服务型政府。

（一）坚持党的领导。永远听党话、跟党走，在党的领导下认真履行政府职责，牢固树立政治意识、大局意识、核心意识和看齐意识，在政治立场、政治方向、政治原则、政治道路上同以习近平同志为核心的党中央保持高度一致，坚定信仰、忠诚践行习近平新时代中国特色社会主义思想，毫不动摇、百折不挠、不折不扣落实党中央、自治区党委和市委的决策部署。

（二）坚持依法行政。深入贯彻全面依法治市要求，尊崇法治、敬畏法律、依法行政，建设法治政府，促进首府治理体系和治理能力现代化。严格落实普法责任制，筑牢普法工作基石。依法接受人大及其常委会的监督，自觉接受人民政协的民主监督，认真听取人大代表、政协委员、民主党派、无党派人士和各人民团体意见。畅通问政渠道，主动接受社会舆论和群众监督，保障群众知情权、参与权和监督权。建设符合首府发展需求的高水平智库，落实重大问题集体决策、专家咨询、社会公示和听证制度，提高政府决策的科学化、民主化、法治化水平。

（三）坚持清正廉洁。巩固“三严三实”专题教育和“两学一做”学习教育成果，深入开展“不忘初心、牢记使命”主题教育。坚持不懈抓好中央八项规定和自治区党委、市委十条规定落实，驰而不息纠正“四风”“四气”，坚决查处“两面人”“两面派”。加强执法监察、效能监察和审计监督，加大行政问责力度，强化对行政权力的制约和监督，坚决纠正侵害群众利益的不正之风，积极营造风清气正的政治生态。

（四）坚持真抓实干。把履职尽责、落实见效贯穿工作始终，牢记“作风不实是我们最大的敌人”，真抓实干，敢于开拓，勇于担当，坚持把工作的着力点放在研究解决影响发展的重大问题上、放在解决群众关注的热点难点问题上。坚决整治行政不作为、乱作为、慢作为等问题，确保各项工作任务落实到位。严格监督考核，加强激励约束，强化失职追责，推动各级干部全面履职，担当尽责。建立容错纠错免责机制，为敢于担当、踏实做事、不谋私利的干部撑腰鼓劲，激发广大干部干事创业的积极性。

各位代表，党的十九大绘就的美好蓝图激励着我们，新时代的神圣使命召唤着我们，让我们更加紧密地团结在以习近平同志为核心的党中央周围，坚持以习近平新时代中国特色社会主义思想为指引，在自治区党委、自治区人民政府和市委的坚强领导下，把握新机遇、迎接新挑战、增创新优势、开创新局面，为建设团结和谐、繁荣富裕、文明进步、安居乐业的首府，在新时代谱写好中华民族伟大复兴中国梦的乌鲁木齐篇章而努力奋斗！

名词解释

1. 七进两有："七进"即水、电、路、气、讯、广播电视、文化书屋进清真寺；"两有"即主麻清真寺有净身设施、有水冲式厕所。

2. 九配备：清真寺配备医药服务、电脑、储物柜、饮水机、鞋套机、消防设施、天然气、电子显示屏、空调设施。

3. 专精特新：专业化、精细化、特色化、新颖化。

4."散乱污"企业：不符合产业政策和产业布局规划、不能达标排放、影响居民生活、造成环境污染的企业。

5. 两免一补：对城乡义务教育学生免除学杂费、免费提供教科书，对家庭经济困难寄宿生补助生活费。

6."放管服"改革：简政放权、放管结合、优化服务改革。

7."两集中、两到位"改革："两集中"即具有行政审批职能的部门要把本部门的审批事项向一个处室集中，成立行政审批处室，行政审批处室向市政务服务中心集中，整建制进驻市政务服务中心；"两到位"即行政审批事项进驻市政务服务中心到位，进驻部门对进驻市政务服务中心的首席代表授权到位。

8. 五大中心：交通枢纽中心、商贸物流中心、金融中心、科教文化中心、医疗服务中心。

9. 三项治理：治理"四风"及隐形变异"四风"问题、党政机关干部不作为问题、基层干部损害群众利益问题。

10. 三非：非法宗教活动、非法宗教宣传品、非法宗教网络传播。

11. 三区：适建区、限建区、禁建区。

12. 三线：生态保护红线、永久基本农田、城镇开发边界三条控制线。

13. 三河、五带、十湖、多点："三河"即和平渠、水磨河、四道岔排洪渠；"五带"即天山区水景观带、城北景观带、东部山区景观带、丝路新区景观带、王家沟景观带；"十湖"即九家湾水库、城北湿地、和平园、九道湾水库、大寨闸、二道湾水库、白鸟湖、再生水调蓄池、康普水库、十七户湿地；"多点"即在整体城市景观格局下，打造丰富体验的景观节点。

14. 城市慢行系统：把步行、自行车、公交车等慢速出行方式作为城市交通的主体，有效解决快慢交通冲突、慢行主体行路难等问题，引导居民采用"步行+公交""自行车+公交"的出行方式。

15. 一主、一辅、一环、十射："一主"即两纵三横的主要慢行通廊，"一辅"即成环成网的辅助慢行通廊，"一环"即绕城高速绿化带，"十射"即十条郊野慢行通廊。

16. 五通：政策沟通、道路联通、贸易畅通、货币流通和民心相通。

17. 四个自信：中国特色社会主义道路自信、理论自信、制度自信、文化自信。

2017年乌鲁木齐市国民经济和社会发展统计公报

乌鲁木齐市统计局

二〇一八年四月

2017年,全市上下深入贯彻以习近平同志为核心的党中央治疆方略,紧紧围绕社会稳定和长治久安总目标,全面贯彻落实中央、自治区的决策部署,坚持稳中求进工作总基调,积极适应经济发展新常态,贯彻新发展理念,全市经济稳中有进,实现了平稳健康发展。

一、综合

初步核算,全年实现地区生产总值(GDP)2743.82亿元,按可比价计算,比上年增长8.1%。其中,第一产业增加值29.62亿元,增长2.7%;第二产业增加值827.63亿元,增长7.4%;第三产业增加值1886.57亿元,增长8.4%。二、三产业分别拉动经济增长2.2个和5.9个百分点;三次产业结构为1.1:30.2:68.7。

2013—2017年地区生产总值及增速

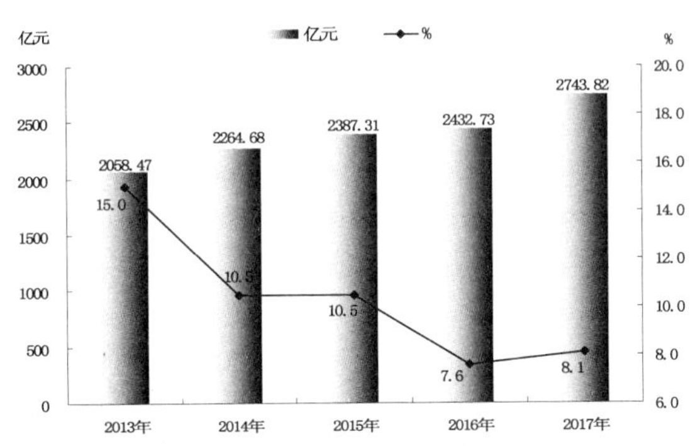

2013—2017年三次产业增加值占地区生产总值比重

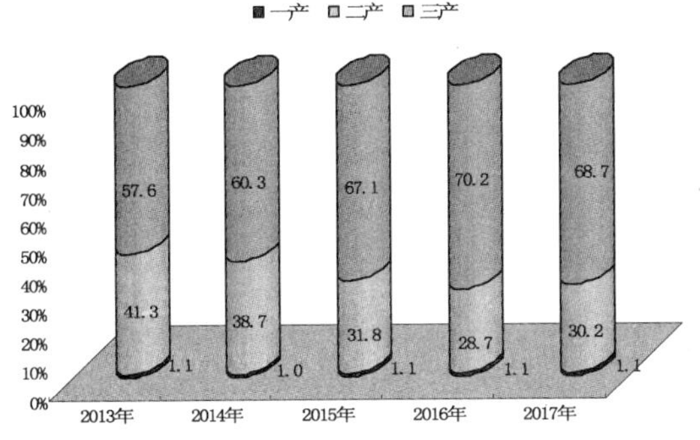

全年居民消费价格比上年上涨2.8%。其中,食品烟酒类、居住类、生活用品及服务类、教育文化及娱乐类和医疗保健类分别上涨4.7%、0.1%、1.8%、5.4%和8.2%;衣着类、交通和通讯类、其他用品和服务类分别下降0.2%、0.3%和0.4%(见表1)。

表1 2017年居民消费价格变动情况

指 标	涨跌幅度(%)
居民消费价格	2.8
食品烟酒	4.7
#食品	1.4
茶及饮料	2.3
烟酒	2.1
在外餐饮	12.9
衣着	-0.2
居住	0.1
生活用品及服务	1.8
交通和通信	-0.3
教育文化和娱乐	5.4
医疗保健	8.2
其他用品及服务	-0.4

据国家统计局70个大中城市住宅销售价格资料显示,全市新建住宅价格比上年同月上涨6.1%,新建商品住宅价格上涨6.6%,二手住宅价格上涨9.6%。

据国家统计局新疆调查总队资料显示,全年工业生产者出厂价格比上年上涨13.7%,其中,轻工业上涨2.5%,重工业上涨15.4%。工业生产者购进价格比上年上涨12.8%。

全年乌鲁木齐地区用电量322.84亿千瓦时,比上年增长 16.0%。其中，全行业用电 303.28 亿千瓦时，增长 17.0%；城乡居民生活用电 19.56 亿千瓦时，增长 2.5%（见表 2）。

表 2　2017 年用电量及变动情况

指　　标	绝对数（亿千瓦时）	比上年增长（%）
全社会用电量	322.84	16.0
全行业用电	303.28	17.0
第一产业	2.10	9.9
第二产业	264.27	18.0
#工业	260.31	18.1
#制造业	170.79	23.1
第三产业	36.91	10.5
城乡居民生活用电	19.56	2.5

二、农业

全年完成农林牧渔业总产值 59.77 亿元，按可比价计算，比上年增长 3.5%，其中，农业产值 29.94 亿元，下降 1.4%；林业产值 2.73 亿元，增长 6.1%；畜牧业产值 23.41 亿元，增长 3.9%；渔业产值 0.99 亿元，增长 6%；农林牧渔服务业产值 2.70 亿元，增长 3.9%。

全年农作物播种面积 76.02 万亩，下降 4.0%。其中，粮食 20.71 万亩，下降 8.8%；棉花 0.62 万亩，增长 10.1%；油料 5.43 万亩，增长 8.9%；蔬菜（含薯类）30.66 万亩，下降 6.6%。

全年粮食产量 10.60 万吨，下降 6.9%；棉花 0.08 万吨，增长 13.7%；油料 1.10 万吨，增长 10.9%；蔬菜（含薯类）95.77 万吨，下降 1.9%。

年末牲畜存栏 83.36 万头（只），比上年下降 9.3%；其中羊存栏 65.57 万头（只），下降 1.2%。年末肉类总产量 8.00 万吨，增长 14.2%，其中，牛肉产量 2.32 万吨，下降 3.6%；羊肉产量 1.96 万吨，增长 18.6%；猪肉产量 1.91 万吨，下降 8%。禽蛋产量 0.74 万吨，下降 19.7%。牛奶产量 6.89 万吨，下降 14.2%。水产品产量 0.83 万吨，下降 2.9%。

年末农业机械总动力 38.31 万千瓦，下降 0.4%。拥有大中型拖拉机 0.37 万台，增长 1.6%；小型拖拉机 0.22 万台，下降 13.6%。化肥施用量（实物量）4.77 万吨，增长 7.8%。农村用电量 2.62 亿千瓦时，下降 2.3%。

全面启动水西沟“冰雪特色小镇”、安宁渠“记忆休闲小镇”、达坂城“王洛宾情意小镇”建设。新建农村公路 100 公里，实施饮水安全巩固提升项目 3 个，乌鲁木齐县集镇区实现清洁能源供暖全覆盖。

三、工业和建筑业

全年实现全部工业增加值 643.62 亿元，按可比价计算，比上年增长 8.6%。其中，规模以上工业实现增加值 602.81 亿元，增长 9.5%。在规模以上工业中，按轻重工业划分，轻工业增加值 56.67 亿元，下降 17.8%；重工业 546.14 亿元，增长 13.8%。按隶属关系划分，中央企业工业增加值 449.96 亿元，增长 16.7%；地方企业 152.85 亿元，下降 6.4%。按企业规模划分，大型企业工业增加值 481.74 亿元，增长 11.1%；中型企业 63.30 亿元，下降 3.7%；小型企业 54.51 亿元，增长 15.2%；微型企业 3.26 亿元，下降 1.7%。按石油非石油工业划分，石油工业增加值 209.62 亿元，增长 9.9%；非石油工业 393.19 亿元，增长 9.4%。

2013—2017 年工业增加值及增速

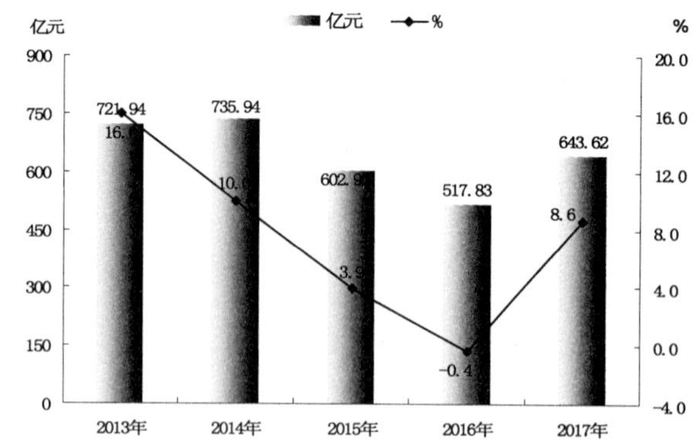

在支柱行业中，石油工业增加值 209.62 亿元，增长 9.9%；电力工业 152.83 亿元，增长 20.7%；装备制造工业 44.01 亿元，下降 13.9%；化学工业 63.41 亿元，增长 33.5%；烟草工业 27.91 亿元，下降 12.8%；煤炭工业 27.94 亿元，增长 15.9%；钢铁工业 14.96 亿元，增长 20.1%；有色金属工业 8.94 亿元，增长 24.3%。

2017 年规模以上工业增加值中十大重点产业增加值的比重(%)

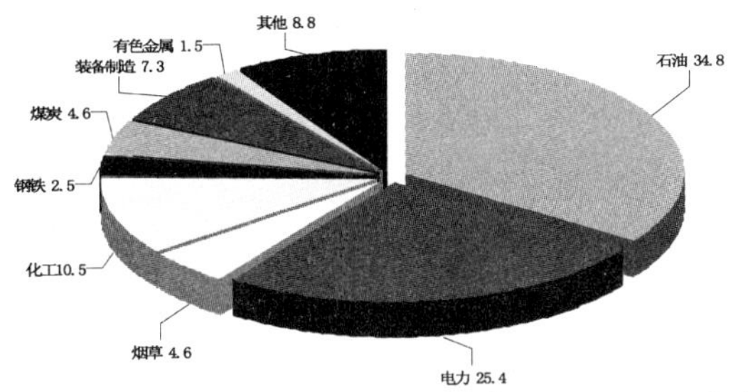

全年规模以上工业企业产品销售率 99.4%,比上年提高 0.7 个百分点。完成工业品出口交货值 40.75 亿元,增长 77.1%。实现主营业务收入 2327.52 亿元,增长 24.6%;利润总额 65.46 亿元,增长 4.7 倍;税金总额 199.88 亿元,增长 22.4%;亏损企业亏损额 25.77 亿元,下降 65.6%。

规模以上工业企业经济效益综合指数为 129.4%。其中,资产负债率 63.5%,总资产贡献率 7.3%,成本费用利润率 3.1%,流动资产周转次数 1.7 次,资本保值增值率 106.5%,全员劳动生产率 7.70 万元/人。

全年实现建筑业增加值 187.83 亿元,比上年增长 3.8%。建筑企业完成总产值 828.04 亿元,增长 30.2%。建筑房屋施工面积 3366.14 万平方米,下降 10.9%;竣工面积 878.11 万平方米,下降 23.4%。建筑企业按施工产值计算的全员劳动生产率人均 40.98 万元,增长 67.7%。

四、固定资产投资及房地产

全年完成固定资产投资(不含农户,下同)2020.15 亿元,比上年增长 25.6%。其中,第一产业投资 22.42 亿元,增长 10.6%;第二产业投资 356.77 亿元,与上年基本持平,其中,工业投资 332.52 亿元,增长 7.0%;第三产业投资 1640.96 亿元,增长 33.3%。

2013—2017 年固定资产投资额及增速

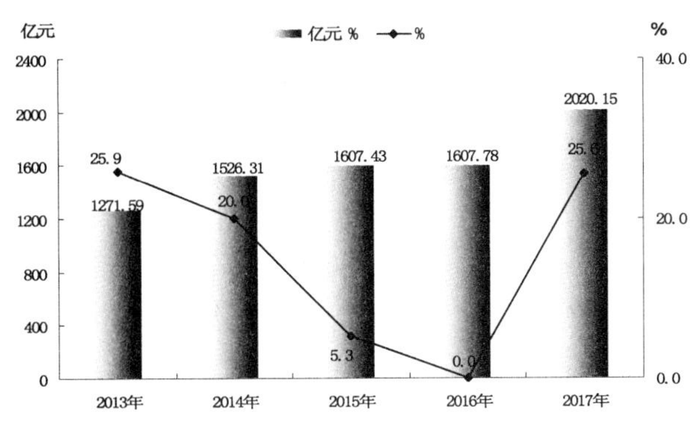

在固定资产投资中,国有及国有控股投资 1444.21 亿元,增长 23.8%,占固定资产投资的比重为 71.5%;民间投资 568.66 亿元,增长 7.8%,占固定资产投资的比重为 28.1%;基础设施投资 1026.26 亿元,增长 45.6%,占固定资产投资的比重为 50.8%。

2017 年按领域分固定资产投资(不含农户)及其占比

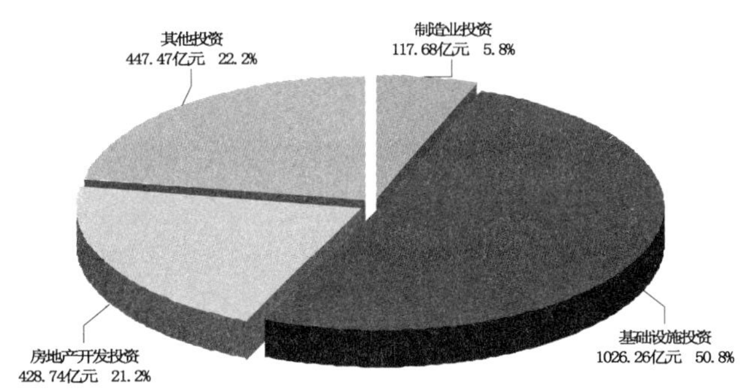

在固定资产投资中,房地产开发投资 428.74 亿元,增长 18.3%,其中,住宅投资 247.90 亿元,增长 23.5%。商品房施工面积 4210.97 万平方米,增长 5.9%;房屋竣工面积 495.58 万平方米,增长 20.3%。商品房销售面积 622.73 万平方米,增长 4.6%;销售额 411.38 亿元,增长 10.4%。

五、国内贸易

全年实现社会消费品零售总额 1317.12 亿元,比上年增长 6.5%。按行业划分,批发和零售业零售额 1167.99 亿元,增长 6.1%;住宿和餐饮业零售额 149.13 亿元,增长 9.4%。按经营地划分,城镇消费品零售额 1311.27 亿元,增长 6.4%;乡村消费品零售额 5.85 亿元,增长 12.8%。按消费形态划分,餐饮收入 151.71 亿元,增长 12.2%;商品零售 1165.41 亿元,增长 5.8%。

2013—2017 年社会消费品零售总额及增速

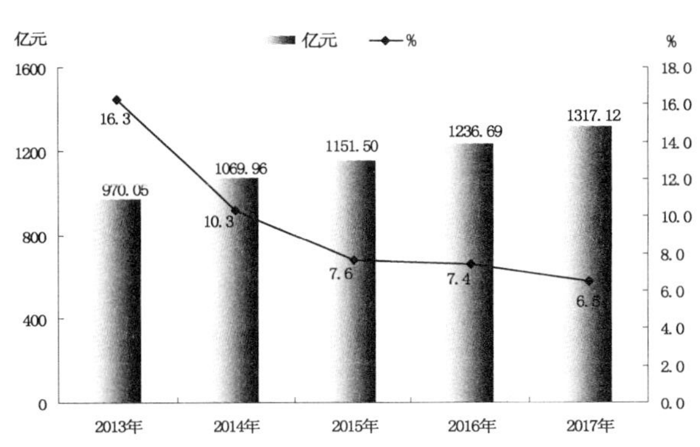

按商品类别划分，限额以上批发零售贸易业零售额中，家具类增长40.7%，文化办公用品增长11.6%，石油及制品类增长10.8%，中西药品类增长6.2%，汽车类增长1.4%，金银珠宝类下降1.2%，服装、鞋帽、针纺织品类下降3.2%，日用品类下降3.5%，粮油、食品类下降6.1%，通讯器材类下降9.9%。

城市共同配送网络体系不断完善，发展配送点1000余家。特色餐饮集群化、品牌化发展取得新进展，新增餐饮钻级酒家28家，餐饮名店22家、餐饮老字号11家。

六、对外经济和旅游

据海关统计资料显示，全年实现外贸进出口总额460.34亿元，比上年增长45.2%，其中，出口360.67亿元，增长33.3%；进口99.67亿元，增长1.2倍。

2013—2017年外贸进出口总额及增速

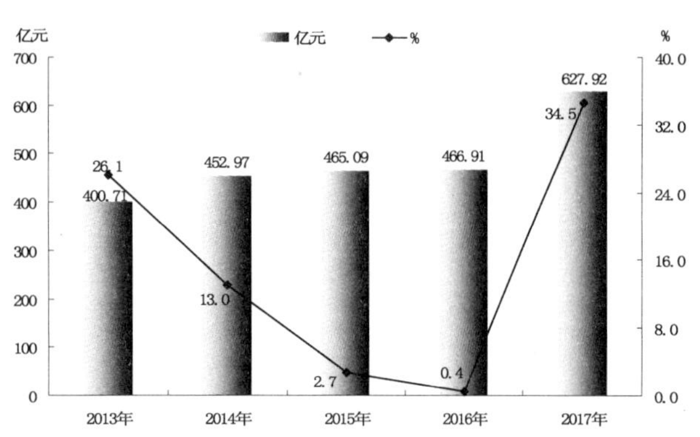

从贸易对象国看：对哈萨克斯坦进出口总额179.68亿元，增长85.0%；吉尔吉斯斯坦86.57亿元，增长10.6%；塔吉克斯坦29.37亿元，增长40.4%；乌兹别克斯坦28.74亿元，增长62.8%；俄罗斯联邦23.26亿元，下降2.3%；美国16.96亿元，增长59.7%；印度9.66亿元，增长3.8倍。

表3　2017年货物进出口总额及变动情况

指　　标	绝对数（亿元）	比上年增长（%）
货物进出口总额	460.34	45.2
货物出口额	360.67	33.3
其中：一般贸易	113.28	31.2
边境小额贸易	239.37	38.9
加工贸易	1.30	38.7
其中：机电产品	104.69	47.5
服装及衣着附件	89.88	30.6
鞋　类	42.34	22.7
纺织纱线、织物及制品	34.35	17.3
风力发电机组	10.34	1.8倍
货物进口额	99.67	1.2倍
其中：一般贸易	96.12	1.3倍
边境小额贸易	1.85	27.0
加工贸易	1.05	47.0
其中：铜矿砂及其精矿	15.57	28.4倍
农产品	14.63	1.1倍
机电产品	13.18	-9.2
未锻轧铜及铜材	10.38	5.1倍
纸　浆	7.43	1.5倍

全年实施招商引资项目311项，其中新增项目131项。区外到位资金1023.66亿元，比上年增长38.0%。新备案外商投资项目42个，实际利用外资577万美元，下降97.6%。成功举办第七届乌鲁木齐国际食品餐饮博览会等123个展会，签约1644亿元。

全年接待国内外游客（含一日游）3302.64万人次，较上年增长30.4%，其中国外游客32.12万人次，增长1.0%。全年实现旅游总收入449.90亿元，增长32.2%，其中国际旅游收入12.14亿元，增长1.1%。

七、交通、邮电

年末全市公路总里程2942公里。按技术等级分，高速公路270公里，一级公路153公里，二级公路267公里，三级公路887公里，四级公路1158公里，等外公路207公里。等级公路里程2735公里，占公路总里程的93.0%。

年末各种机动车保有量105.50万辆，比上年增长11.8%。其中私人汽车保有量88.30万辆，增长13.5%；年末私人轿车保有量85.28万辆，增长13.5%。

全年货运周转量356.81亿吨公里，比上年增长20.3%。其中，铁路86.98亿吨公里，增长26.9%；公路267.23亿吨公里，增长18.6%；民航2.60亿吨公里，下降4.1%。

全年客运周转量350.68亿人公里，比上年增长2.9%。其中，铁路40.26亿人公里，增长3.9%；公路22.08亿人公里，下降26.2%；民航288.34亿人公里，增长5.9%。

全年实现邮电业务总收入68.65亿元，比上年下降7.7%，其中，邮政业务收入5.40亿元，下降43.1%；电信业务收入63.25亿元，下降2.5%。

年末全市固定电话用户129.07万户，比上年末增加1.58万户。固定电话普及率每百人55.3部。年末移动电话用户485.63万户，减少17.86万户，其中，3G移动电话用户350.28万户，增加50万户。移动电话普及率每百人208.5部。互联网宽带接入用户133.08万户，增加21.64万户。

八、财政、金融、保险

全年完成地方财政收入627.92亿元，比上年增长34.5%。其中，一般公共预算收入400.78亿元，增长8.4%；政府性基金预算收入227.14亿元，增长1.3倍。在一般公共预算收入中，增值税（含改征增值税）、企业所得税、个人所得税和城市维护建设税分别增长47.1%、12.1%、5.0%和12.6%；契税、营业税和耕地占用税分别下降4.6%、96.6%和61.3%。

2013—2017年地方财政收入及增速

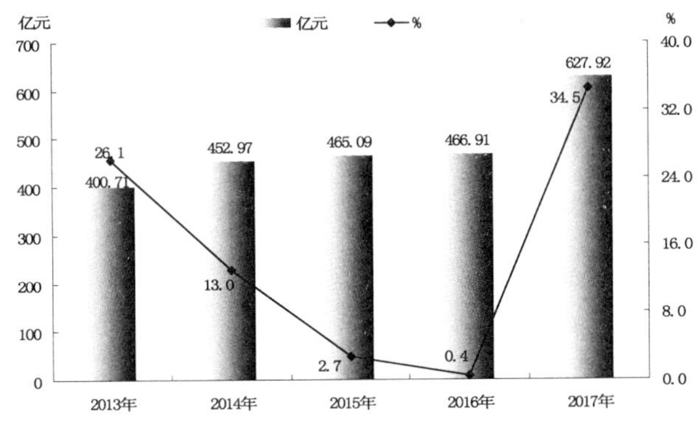

全年地方财政支出557.45亿元，比上年增长7.0%。其中，一般公共预算支出458.58亿元，增长9.8%；政府性基金预算支出98.87亿元，下降4.3%。全年财政用于民生领域支出331.21亿元，占一般公共预算支出的比重为72.2%。

年末金融机构（含外资）人民币各项存款余额8320.71亿元，比上年末增长12.3%。其中，企业存款2904.26亿元，增长10.4%；住户存款2600.39亿元，增长13.3%；政府存款2623.94亿元，增长10.1%。

年末金融机构各项贷款余额6235.78亿元，比上年末增长17.9%，其中，短期贷款1818.90亿元，增长29.7%；中长期贷款3447.83亿元，增长17.4%。

年末全市拥有保险机构218个，保险机构各项保费收入182.17亿元，比上年增长21.2%，其中，财产险44.53亿元，增长12.2%；人身险137.64亿元，增长24.4%。全年支付各类保险赔款及给付53.54亿元，比上年增长14.9%，其中，财产险21.36亿元，增长7.7%；人身险32.18亿元，增长20.3%。

九、教育和科学技术

年末共有普通高等学校22所；全年招生5.95万人，增长4.4%；在校生19.39万人，增长0.4%；毕业生4.42万人，下降1.8%。

中等职业教育学校29所；全年招生2.01万人，下降23.2%；在校生6.17万人，下降2.1%；毕业生1.53万人，下降3.3%。

普通高中56所；全年招生2.17万人，下降1.2%；在校生6.59万人，下降1.3%；毕业生2.19万人，增长0.1%。

初中99所；全年招生3.60万人，增长6.6%；在校生10.16万人，增长1.2%；毕业生3.36万人，下降1.8%。

小学130所；全年招生3.90万人，下降2.2%；在校生22.07万人，下降0.3%；毕业生3.38万人，增长9.6%。

特殊教育学校4所；全年招生168人，增长1.8倍；在校生464人，增长9.2%；毕业生127人，增长4.1%。

幼儿园469所；全年招生4.22万人，增长27.8%；在园幼儿10.07万人，增长18.4%；毕业幼儿2.90万人，增长10.3%。

小学学龄儿童净入学率100%；小学毕业升入初中升学率100%；初中毕业升入高中阶段升学率64.5%。

全年投入市级教育经费72.14亿元，比上年增长0.5%；其中，落实各类城乡义务教育保障资金2.71亿元。免除各类教育费用8.9万元，惠及近37万名学生。新（改扩）建中小学校32所，新建公办幼儿园43所，1.69万农村适龄幼儿实现学前免费教育。

年末拥有各类科研机构78个，各类重点实验室72个，其中，国家级 1 个，自治区级 47 个，市级 24 个。批准成立的工程技术研究中心 70 个，其中国家级 3 个，自治区级 22 个，市级 45 个。通过市级认定科技企业孵化器 18 家。其中，获得自治区级认定 15 家，通过国家级认定备案 7 家。培育各级创新型(试点)企业 206 家。其中，高新技术企业 100 家，在主板成功上市 12 家，新三板挂牌 22 家。

全年专利申请量 6080 件，比上年增长 5.4%；专利授权总量 3571 件，其中，实用新型 2382 件，占专利授权量的比重为 66.7%。技术市场登记技术合同 406 份，合同成交金额 2.31 亿元，其中，技术交易额 2.24 亿元。

十、文化、卫生和体育

全市共有文化馆 10 个，公共图书馆 7 个，博物馆 2 个。年末广播综合人口覆盖率 93.5%；电视综合人口覆盖率 94.0%。发行文化惠民卡 1 万张，举办惠民演出 300 余场，放映公益电影 1.1 万场。年末，拥有市级文化产业示范基地 78 家、特色文化街区 8 条、文化产业示范园区 4 个。

年末全市医疗卫生机构 1757 个，比上年末增长 0.8%。其中：医院 127 个，基层医疗卫生机构 1597 个，专业公共卫生机构 29 个，其他卫生机构 4 个。卫生机构床位数 3.08 万张，增长 4.7%，其中医院床位数 2.75 万张，基层医疗卫生机构床位数 0.27 万张，平均每千人拥有床位数 8.44 张。卫生技术人员 3.85 万人，增长 0.4%，其中执业(助理)医师 1.45 万人，注册护士 1.69 万人；全年总诊疗 2387.06 万人次。疾病预防控制中心 11 个。卫生监督检验机构 10 个。乡镇卫生院 27 个，拥有床位 380 张，乡镇卫生院卫生技术人员 500 人。

拥有国家体育产业示范基地 1 家；丝绸之路国际度假区被认定为“国家体育旅游示范基地”。为 212 个社区配备公共体育设施。成功举办市第四届运动会。参加在德国举行的 2017 年第一届射击世界青年锦标赛，取得男子 50 米手枪慢射 60 发项目个人冠军，并在决赛中打破个人青年世界纪录。

十一、人口与人民生活

据公安年报资料显示，全市年末总人口 222.61 万人，其中，城镇人口 198.20 万人，乡村人口 24.41 万人。全年人口出生率 12.87‰，死亡率 15.36‰，自然增长率 -2.49‰。

全年城镇居民人均可支配收入 37028 元，比上年增长 8.3%。其中，工资性收入 22664 元，增长 8.3%；经营净收入 2556 元，增长 2.1%；财产净收入 2534 元，增长 8.2%；转移净收入 9274 元，增长 10.2%。城镇居民人均消费支出 31473 元，增长 12.7%；其中食品烟酒 8567 元，占消费支出的比重为 27.2%。

农村居民人均可支配收入 17839 元，比上年增长 9.1%。其中，工资性收入 5386 元，增长 13.3%；经营净收入 7233 元，增长 4.8%；财产净收入 2225 元，增长 19.4%；转移净收入 2995 元，增长 5.7%。农村居民人均消费支出 19580 元，增长 12.4%；其中食品烟酒 5038 元，占消费支出的比重为 25.7%。

十二、劳动就业和社会保障

城镇新增就业 11.9 万人，转移农村富余劳动力 7371 人次，城镇登记失业率为 3.03%。发放各类就业补贴和小额担保贷款 4.5 亿元，惠及劳动者 6.8 万人。开展职业培训 11.9 万人。全市最低工资标准提高到每月 1620 元。

年末参加城镇职工基本养老保险 126.80 万人，比上年增加 2.63 万人，其中，在职人员 99.32 万人，增加 1.75 万人；离退休人员 27.48 万人，增加 8832 人。参加城乡居民基本养老保险 11.19 万人，减少 3197 人。城乡居民养老保险参保率 98.4%。

参加基本医疗保险 211.72 万人，比上年增加 5.69 万人；其中，城镇职工 122.01 万人，增加 2.30 万人；城乡居民 89.71 万人，增加 3.40 万人。参加失业保险 82 万人，增加 3.15 万人。参加工伤保险 77.73 万人，增加 6288 人；其中，参加工伤保险农民工 19.55 万人。参加生育保险 72.69 万人，增加 3.56 万人。

连续第 13 年提高企业退休人员养老金，人均每月达 3014 元，惠及 26 万人。城乡居民基础性养老金标准增加至每人每月 180 元，3.68 万城乡居民受益。

城市低保和农村低保标准分别提高到每人每月 450 元和 280 元。发放救助金 1.7 亿元，救助困难人员 10.5 万人次。年末城市居民最低生活保障人数 1.73 万人，乡村居民最低生活保障人数 4449 人。年末全市拥有社会福利院 38

个,社会福利院床位数6308张,比上年增加709张。

十三、城市建设、环境保护和安全生产

实施克南高架东延二期、米东大道二期等61项重要路网工程。轨道交通1号线北段试通车,2、3、4号线建设有序推进。完成老旧供热管网改造178公里,新建燃气管网226公里。建成装配式建筑产业基地6家,全疆首个装配式项目东进场路高架启动建设,完成装配式建筑100万平方米。

大力实施以建筑节能保温为主的靓化工程,完成50条街区、1721栋建筑外立面改造和靓化提升,铺设道路82万平方米,线缆入地75公里。

新增绿地1.8万亩、花园式单位20个。完成森林抚育1万亩、大苗基地建设1100亩、退耕还林6000亩、裸露荒山绿化6129亩。新建小游园及街旁绿地101块、小绿道9条,启动大湾片区棚户区、东大梁片区二道湾公园绿化景观改造提升工程。城区生活垃圾无害化处理率达98.7%。无线城市建设取得新进展,布设无线接入点2.1万个,全面建成“光网城市”。

营业性客货运输车辆6.57万辆。其中,出租汽车1.30万辆;城市公交车辆0.44万辆。每万人拥有公共汽车17.03标台。新开通7条公交线路,优化调整公交线路13条。公交营运线路达188条;运营线路总长度3266公里。

强力推进“煤变气”工程,拆改燃煤供热设施3.2万台、工业锅炉393台。淘汰“黄标车”1.5万余辆,升级改造建筑垃圾运输车1150辆。实施高铁片区新能源供热示范项目,新增风电采暖装机85兆瓦,完成既有建筑节能改造80万平方米。空气质量持续改善,细颗粒物(PM2.5)和可吸入颗粒物(PM10)平均浓度较同期分别下降6.6%和8.6%。

全年共发生各类生产经营性安全事故694起,死亡104人。亿元GDP安全生产事故死亡人数0.038人,工矿商贸企业就业人员十万人生产安全事故死亡人数2.162人,道路交通万车死亡人数1.837人,煤矿百万吨死亡人数0.385人。

注释:

[1]本公报中数据为初步统计数。

[2]地区生产总值(GDP)、总产值及各产业增加值绝对数按现价计算,增长速度按可比价格计算。

[3]规模以上工业数据为不含兵团数。

[4]乌鲁木齐地区用电量包含自备电厂用电量。

[5]医疗卫生机构数不含兵团、武警、军队驻乌医疗卫生机构。

[6]科学技术资料为乌鲁木齐地区、不含兵团数据。

资料来源:

本公报中主要经济指标数据来源于乌鲁木齐市统计局、国家统计局乌鲁木齐调查队、兵团农十二师驻乌团场,其他数据来源于相关部门。其中,住宅销售价格数据来源于国家统计局;工业生产者出厂价格、购进价格数据来源于国家统计局新疆调查总队;用电量数据来源于市电业局;农业机械动力来源于市农业机械管理局;林业数据来源于市林业局(园林管理局);牧业数据来源于市农牧局;货物进出口数据来源于乌鲁木齐海关、市商务局;招商引资数据来源于市招商局;利用外资数据来源于市商务局;公路里程数据来源于自治区公路管理局;旅游数据来源于市旅游局;铁路客货运周转量数据来源于自治区统计局;公路客货运周转量数据来源于市道路运输管理局;民航客货运周转量数据来源于新疆机场集团,民用汽车数据来源于市公安局车管所;电信业务数据来源于自治区通信管理局;财政数据来源于市财政局;金融信贷数据来源于中国人民银行乌鲁木齐中心支行;保险业数据来源于中国保监会新疆监管局;教育数据来源于自治区教育厅和市教育局;科技数据来源于市科技局;博物馆、公共图书馆、文化馆数据来源于市文化局;广播、电视、电影数据来源于市广播电影电视局;卫生数据来源于市卫生计生委;体育数据来源于市体育局;年末总人口数据来源于市公安局;就业与社会保障数据来源于市人力资源和社会保障局;最低生活保障及社会福利院数据来源于市民政局;城市建设相关数据来源于市建委;营业性客货运输车辆数据来源于市交通局;环境治理数据来源于市环保局;安全生产数据来源于市安全生产监督管理局。

新疆维吾尔自治区2017年国民经济和社会发展统计公报

2017年，在以习近平同志为核心的党中央坚强领导下，自治区党委、人民政府团结带领全区各族人民，以习近平新时代中国特色社会主义思想为指导，深入贯彻落实党的十九大精神，主动适应经济进入新时代的要求，聚焦总目标，打好组合拳，坚持稳中求进工作总基调，坚定不移贯彻落实新发展理念，坚持以提高发展质量和效益为中心，以供给侧结构性改革为主线，统筹推进稳增长、促改革、调结构、惠民生、防风险各项工作，经济社会呈现提质增效、稳中向好态势，转型发展加快推进，民生保障持续增强，社会事业全面进步，生态环境显著改善，为决胜全面建成小康社会奠定坚实的基础。

一、综合

初步核算，全年地区生产总值（GDP）10920.09亿元，比上年增长7.6%。其中，第一产业增加值1691.63亿元，增长5.6%；第二产业增加值4291.95亿元，增长5.9%；第三产业增加值4936.51亿元，增长9.8%。第一产业增加值占地区生产总值的比重为15.5%，第二产业增加值比重为39.3%，第三产业增加值比重为45.2%，第三产业成为拉动经济增长的第一动力。全年人均生产总值45099元，比上年增长5.8%。

年末全区常住人口2444.67万人，比上年末增加46.59万人，其中，城镇常住人口1207.18万人，占总人口比重（常住人口城镇化率）为49.38%，比上年末提高1.03个百分点。全年出生率为15.88‰；死亡率为4.48‰；自然增长率为11.40‰。

年末全区就业人员1307.64万人，比上年增长3.5%。全年城镇新增就业47.56万人，就业困难人员实现就业5.85万人。年末城镇登记失业率为3.41%。

全年居民消费价格（CPI）比上年上涨2.2%。工业生产者出厂价格（PPI）上涨13.7%。工业生产者购进价格上涨12.8%。固定资产投资价格上涨3.5%。农业生产资料价格上涨0.8%。

供给侧结构性改革扎实推进。全区完成钢铁去产能570万吨目标任务，“地条钢”依法全面取缔，不达标企业逐步被淘汰。煤炭去产能1163万吨，超额完成全年目标任务。年末全区规模以上工业企业产成品存货周转天数10.7天，比上年减少1.2天。全年全区商品房待售面积比年初减少99.59万平方米；规模以上工业企业原煤库存量比年初降低45.3%。全区规模以上工业企业资产负债率62.7%，比上年下降1.4个百分点。全区规模以上工业企业每百元主营业务收入中的成本78.86元，比上年降低1.81元。全年基础设施类投资增长42.4%，增速比上年提高57.5个百分点，其中，交通运输、仓储和邮政业投资增长1.4倍，水利、环境和公共设施管理业投资增长47.7%，信息传输、计算机服务和软件业投资增长13.4%。

新动能新产业新业态加快成长。全年全区规模以上工业战略性新兴产业增加值比上年增长9.2%，高技术制造业增加值增长38.8%，分别占规模以上工业增加值的为5.1%和1.5%。全年规模以上服务业中，战略性新兴服务业营业收入184.05亿元，比上年增长7.9%。高技术服务业营业收入417.92亿元，增长10.3%。全年工业技术改造投资250.35亿元，增长33.8%。全年疆内企业通过网络（国内第三方电子商务交易平台）出售商品实现的零售额为76.7亿元，比上年增长53.4%。新疆本地消费者通过网购实现的网上零售额为569.1亿元，增长29.8%，占同期新疆社会消费品零售总额18.7%，比上年提高3.3个百分点。

企业效益明显改善。全年规模以上工业企业实现利润736.92亿元，比上年增长1.0倍。按经济类型划分，国有及国有控股企业实现利润373.95亿元，比上年增长13.6倍；股份有限公司254.01亿元，增长14.7倍；外商及港澳台商投资企业32.31亿元，增长61.1%；私营企业165.43亿元，增长0.2%。按工业三大门类划分，采矿业实现利润188.89亿元，由上年净亏损122.98亿元转为盈利188.89亿元；制造业471.23亿元，增长10.0%；电力、热力、燃气及水生产和供应业76.80亿元，增长40.8%。

二、农业

全年全区粮食种植面积3433.64万亩，比上年下降

4.7%。其中,小麦种植面积1792.43万亩,下降7.3%;玉米种植面积1369.34万亩,下降0.6%。棉花种植面积3326.20万亩,增长2.9%。油料种植面积360.50万亩,增长0.1%。甜菜种植面积109.41万亩,下降5.4%。

全年粮食产量1447.60万吨,比上年减产4.3%。夏粮产量651.90万吨,减产10.4%;小麦产量649.85万吨,减产10.1%。秋粮产量795.70万吨,增产1.4%;玉米产量691.54万吨,增产4.2%。全年棉花产量456.60万吨,增产8.7%。油料产量71.20万吨,减产0.3%。甜菜产量530.68万吨,减产4.4%。

年末牲畜存栏4946.45万头(只),比上年增长3.4%;牲畜出栏4447.37万头(只),增长0.4%。全年猪牛羊禽肉产量153.73万吨,比上年增长2.1%。其中,羊肉产量58.24万吨,下降0.1%;牛肉产量43.04万吨,增长1.3%;猪肉产量35.80万吨,增长5.6%;禽肉产量16.65万吨,增长4.6%。禽蛋产量37.37万吨,增长3.4%。生牛奶产量160.36万吨,增长2.7%。

年末农业机械总动力2148.82万千瓦,比上年增长4.2%。拥有大中型拖拉机68.26万台,增长1.3%;小型拖拉机23.07万台,下降2.7%。农作物耕种收综合机械化水平84.41%,机耕率99.36%,机播率94.39%,机收率54.50%。化肥施用量(折纯)250.74万吨,增长0.2%。农村用电量109.2亿千瓦时,增长1.0%。

三、工业和建筑业

全年全部工业增加值3229.09亿元,比上年增长6.1%。规模以上工业增加值3059.57亿元,增长6.4%。在规模以上工业中,按经济类型划分,国有控股企业增加值1924.05亿元,增长8.4%;集体企业增加值2.27亿元,增长24.1%;股份制企业增加值2800.39亿元,增长5.1%;外商及港澳台商投资企业增加值71.38亿元,增长11.4%;私营企业增加值452.53亿元,增长1.8%。按工业三大门类划分,采矿业完成增加值848.18亿元,增长4.3%;制造业增加值1749.69亿元,增长4.5%;电力、热力、燃气及水生产和供应业增加值461.70亿元,增长17.7%。按轻重工业划分,轻工业增加值377.58亿元,增速为零;重工业增加值2681.99亿元,增长7.5%。按石油、非石油行业划分,石油工业增加值1087.86亿元,增长5.5%;非石油工业增加值1971.71亿元,增长7.0%。

在自治区重点监测的十大产业中,石油工业增加值1087.86亿元,增长5.5%;有色工业285.67亿元,增长2.1%;电力工业403.82亿元,增长19.7%;化学工业318.36亿元,增长12.9%;钢铁工业35.25亿元,增长22.6%;建材工业147.82亿元,增长8.5%;煤炭工业163.25亿元,增长7.0%;纺织工业104.99亿元,增长19.8%;农副食品加工工业96.69亿元,下降1.1%;装备制造工业73.00亿元,下降20.0%。六大高耗能行业增加值增长11.1%,占规模以上工业增加值的比重为55.0%。

全年规模以上工业企业产品销售率98.6%,比上年提高0.5个百分点。完成工业品出口交货值96.70亿元,增长39.2%。

全年实现建筑业增加值1160亿元,增长5.6%。

四、固定资产投资

全年固定资产投资(不含农户)(下同)11795.64亿元,比上年增长20.0%。在固定资产投资中,第一产业投资552.33亿元,增长13.3%;第二产业投资3237.74亿元,下降15.1%,其中,工业投资3195.06亿元,下降13.1%;第三产业投资8005.57亿元,增长44.9%。

全年固定资产投资中,基础设施投资5313.90亿元,增长42.4%,占固定资产投资的比重为45.1%;民间投资3416.85亿元,增长1.3%,占固定资产投资的比重为29.0%;民生投资2493.33亿元,增长6.7%,占固定资产投资的比重为21.1%。六大高耗能行业投资1367.10亿元,下降28.0%,占固定资产投资的比重为11.6%。

全年房地产开发投资1037.86亿元,比上年增长12.4%。其中,住宅投资588.25亿元,增长13.4%;办公楼投资66.14亿元,增长14.8%;商业营业用房投资284.95亿元,增长6.9%。

五、国内贸易

全年社会消费品零售总额3044.58亿元,比上年增长7.7%。按经营地划分,城镇消费品零售额2760.64亿元,增长7.5%;乡村消费品零售额283.94亿元,增长10.6%。按消费形态划分，商品零售额2637.97亿元，增长7.3%；餐饮收入额406.61亿元，增长10.9%。按规模划分，限额以上单位消费品零售额1314.39亿元，增长5.2%；限额以下单位消费品零售额1730.19亿元，增长9.8%。

在限额以上企业商品零售额中，按商品类别划分，粮油、食品类零售额比上年增长5.8%，饮料类增长6.4%，烟酒类增长2.6%，服装、鞋帽、针纺织品类下降0.5%，化妆品类增长7.9%，金银珠宝类下降1.1%，日用品类增长2.7%，家用电器和音像器材类下降4.0%，中西药品类增长7.5%，家具类增长35.5%，通讯器材类增长18.5%，建筑及装潢材料类增长23.7%，五金、电料类增长22.5%，汽车类下降0.3%，石油及制品类增长12.4%。

六、对外经济

全年货物进出口总额206.60亿美元，比上年增长17.1%。其中，出口177.29亿美元，增长13.8%；进口29.31亿美元，增长42.6%。货物进出口差额（出口减进口）147.98亿美元，比上年增加9.36亿美元。

全年拥有165个贸易伙伴国家和地区，其中，对哈萨克斯坦进出口额94.21亿美元，增长49.3%；吉尔吉斯斯坦42.04亿美元，增长6.8%；塔吉克斯坦10.82亿美元，下降14.2%；俄罗斯12.06亿美元，下降9.3%；美国4.69亿美元，下降55.1%。

按登记注册类型划分，国有企业进出口26.44亿美元，增长19.0%；集体企业2.36亿美元，增长1.5倍；外商投资企业1.45亿美元，下降25.9%；私营企业176.27亿美元，增长16.6%。

全年合同使用外商直接投资项目数165个，增长1.2倍；外商直接投资合同金额14.37亿美元，增长1.9倍；实际利用外商直接投资1.96亿美元，下降51.1%。

七、交通、邮电和旅游

全年货物运输量8.45亿吨，比上年增长17.3%。货物运输周转量2288.09亿吨公里，增长20.5%。

全年旅客运输量30101.21万人，比上年下降13.9%。旅客运输周转量644.19亿人公里，下降1.6%。

年末铁路营业里程6244.36公里，增长1.3%；民航通航里程31.89万公里，增长14.0%；公路线路年末里程18.53万公里，增长1.8%，其中，高速公路4578公里，增长4.2%。

年末全区民用汽车保有量365.56万辆（包括三轮汽车和低速货车），比上年末增长10.8%，其中，私人汽车保有量301.74万辆，增长12.6%。

全年完成邮政行业业务总量32.52亿元，比上年增长18.3%。邮政业全年完成邮政函件业务1468.39万件，包裹业务101.7万件，快递业务量9042.35万件，快递业务收入18.95亿元。全年完成电信业务总量335.40亿元，比上年增长33.0%。年末全区固定电话用户数475万户，下降3.3%；移动电话用户2252.3万户，增长5.6%。电话普及率113.5部/百人，其中，固定电话普及率20.1部/百人，移动电话普及率95.4部/百人。互联网宽带用户569.9万户，增长21.7%。

全年全区接待游客10725.51万人次，比上年增长32.4%；旅游总消费1821.97亿元，增长30.1%。其中，接待国内游客10490.69万人次，增长32.8%；国内旅游消费1751.60亿元，增长30.7%。入境游客234.82万人次，增长17.1%；入境旅游消费10.54亿美元，增长17.0%。

八、财政和金融

全年全口径财政收入2858亿元，比上年增长21.9%。地方财政收入1913.1亿元，增长16.9%。其中，一般公共预算收入1465.5亿元，增长12.8%。税收收入943.3亿元，增长8.5%。全年地方财政支出4946.8亿元，增长9.9%。其中，一般公共预算支出4641.2亿元，增长12.2%。

年末金融机构（含外资）人民币各项存款余额21257.4亿元，比上年增长13.4%。其中，非金融企业存款余额6357.7亿元，增长10.7%；住户存款余额8402.5亿元，增长12.1%。年末金融机构（含外资）人民币各项贷款余额16871亿元，比上年增长15.9%。其中，短期贷款4959.5亿元，增长20.3%；中长期贷款10103.9亿元，增长18.2%。个人消费贷款2132.3亿元，增长17.2%。其中，个人住房贷款1603亿元，增长13.3%。

年末拥有境内上市公司52家，比上年增长9.6%。总股本866.78亿股，增长23.2%；股票市价总值7523.35亿元，增长20.3%。全年通过发行、配售股票共筹集资金443.79

亿元,增长63.5%。拥有法人证券公司2家,证券营业部102家,证券交易额17701.16亿元,增长22.1%。拥有期货公司2家,期货营业部8家,期货交易额8908.68亿元,下降3.7%。

全年保险公司各项保费收入523.77亿元,比上年增长19.1%。其中,寿险收入259.80亿元,增长21.0%;财产险收入169.91亿元,增长10.8%;健康险收入77.85亿元,增长35.2%;意外伤害险收入16.21亿元,增长14.3%。

全年各类保险赔款及给付支出173.39亿元,增长11.9%。其中,财产险赔款89.09亿元,增长6.5%;寿险给付50.67亿元,增长6.1%;健康险赔款及给付26.72亿元,增长37.0%;意外伤害险赔款及给付6.92亿元,增长71.3%。

九、居民收入消费和社会保障

全年全区居民人均可支配收入19975元,比上年增长8.8%,扣除价格因素,实际增长6.5%。按常住地分,城镇居民人均可支配收入30775元,比上年增长8.1%,扣除价格因素,实际增长5.6%。其中,工资性收入20716元,增长8.0%;经营净收入3180元,增长8.1%;财产净收入1352元,增长5.7%;转移净收入5527元,增长9.0%。农村居民人均可支配收入11045元,比上年增长8.5%,扣除价格因素,实际增长6.5%。其中,工资性收入2796元,增长10.7%;经营净收入6036元,增长7.0%;财产净收入233元,增长4.5%;转移净收入1979元,增长10.5%。

全区居民人均消费支出15087元,比上年增长7.3%,扣除价格因素,实际增长4.9%。按常住地分,城镇居民人均消费支出22797元,增长7.4%,扣除价格因素,实际增长4.9%;农村居民人均消费支出8713元,增长5.3%,扣除价格因素,实际增长3.4%。

年末全区共有64.8万人享受城市居民最低生活保障,207.1万人享受农村居民最低生活保障。参加城镇职工基本养老保险人数478.18万人,比上年末增加14.87万人。参加城乡居民基本养老保险人数590.63万人,增加51.05万人。参加基本医疗保险人数1866.89万人,增加1179.34万人。其中,参加职工基本医疗保险人数399.20万人,增加12.58万人;参加城乡居民基本医疗保险人数1467.69万人,增加1166.76万人。参加失业保险人数244.22万人,增加10.6万人。参加工伤保险人数265.12万人,增加7.85万人,其中,参加工伤保险的农民工42.09万人。参加生育保险人数260.42万人,增加12.42万人。

十、教育、科学技术和体育

年末共有普通高等学校42所。全年研究生教育招生8039人,比上年增长19.4%;在学研究生21329人,增长11.0%;毕业生5636人,增长1.1%。普通本专科招生10.80万人,增长12.6%;在校生34.60万人,增长8.2%;毕业生7.87万人,增长6.8%。

中等职业教育学校160所,全年招生8.55万人,比上年下降3.9%;在校生23.87万人,增长1.5%;毕业生6.43万人,增长17.1%。

普通高中355所,全年招生19.73万人,比上年增长2.3%;在校生56.71万人,增长5.5%;毕业生16.19万人,增长12.1%。

初中1039所,全年招生30.88万人,比上年增长4.4%;在校生90.18万人,增长0.8%;毕业生30.06万人,下降0.9%。

普通小学3523所,全年招生43.34万人,比上年增长7.0%;在校生228.63万人,增长5.9%;毕业生30.90万人,增长4.0%。

特殊教育学校28所,全年招生836人,比上年增长43.6%;在校生3612人,增长16.3%;毕业生386人,增长10.3%。

幼儿园7778所,全年招生75.99万人,比上年增长62.4%;在校生144.72万人,增长57.4%;毕业生40.99万人,增长13.3%。

小学学龄儿童净入学率99.91%;小学毕业生升入初中升学率99.96%;初中阶段适龄少年净入学率99.06%;初中毕业升入高中阶段升学率94.50%。

全年自治区级科技计划项目495个,自治区重大科技专项7个,自治区重大研发专项21个,自治区科技成果转化示范专项118个。年末拥有县以上部门属研究与技术开发机构118个。其中,自然科学研究与技术开发机构93个,科技信息与文献机构7个,社会与人文科学领域研究与技术开发机构7个，转制科学研究与技术开发机构11个。重点实验室54个，其中，国家重点实验室1个。工程技术研究中心78个，其中国家级5个，已挂牌的自治区级工程技术中心73个。拥有高新技术企业540个；高新技术工业园区19个，其中国家级2个，自治区级17个。生产力促进中心75个，其中，国家级示范中心9个。星创天地29个，其中，国家级19个。众创空间49个，其中，国家级23个。科技企业孵化器23个，其中，国家级9个。

全年受理专利申请14260项，其中，受理发明专利申请3270项。获得专利授权8094项，其中，获得发明专利授权950项。登记技术合同468项，技术合同成交金额5.76亿元，其中，技术交易额5.67亿元。

全区运动健儿在国际比赛中荣获金牌16枚，银牌6枚，铜牌3枚。在全国比赛中荣获金牌56枚，银牌54枚，铜牌66枚。

十一、卫生和社会服务

年末共有医疗卫生机构15682个，其中，医院、卫生院1632个，妇幼保健院（所、站）91个，专科疾病防治院（所、站）3个。医院、卫生院拥有床位13.80万张，增加1646张。卫生技术人员14.71万人，增加2667人，其中，执业医师和执业助理医师5.26万人，注册护士5.89万人。疾病预防控制中心121个，疾病预防控制中心卫生技术人员3827人。乡镇卫生院925个，拥有床位2.33万张，乡镇卫生院卫生技术人员2.13万人。

年末各类收养性社会服务机构及设施2181个，其中，综合性社区服务中心218个。全年销售福利彩票46.12亿元，增长9.9%；筹集公益金13.62亿元，增长8.0%。

十二、资源、环境和安全生产

全区已发现矿种142种。查明资源储量的矿种98种，其中，能源矿产7种，金属矿产34种，非金属矿产57种。新增查明资源储量34种。

全年完成造林面积25.53万公顷，其中，退耕还林面积8.15万公顷。森林覆盖率4.87%。自治区级以上自然保护区29个，其中，国家级自然保护区15个，自治区级自然保护区14个，保护区总面积1968万公顷。

全区水、风、太阳能等清洁能源发电量占全部发电量的21.3%，比上年上升2.5个百分点。重点耗能工业企业单位吨原煤生产综合能耗下降2.3%，单位油气产量综合能耗下降6.0%，单位电解铝综合能耗下降1.2%，炼焦工序单位能耗下降6.8%，每千瓦时火力发电煤耗下降0.6%。

全年在监测的19个城市中，空气质量超过国家Ⅱ级以上标准城市3个；城市空气质量好于Ⅱ级的优良天数占69.0%，首府乌鲁木齐市空气质量好于Ⅱ级的优良天数占66.0%。在监测的78条河流169个断面中，Ⅰ～Ⅲ类优良水质断面比例为98.2%，比上年提高0.6个百分点；Ⅳ～Ⅴ类轻中度污染水质断面比例为0.6%，降低0.6个百分点；劣Ⅴ类重度污染水质断面比例为1.2%，与上年持平。在监测的31座湖库中，Ⅰ～Ⅲ类优良水质的湖库比例为71.0%，Ⅳ～Ⅴ类轻中度污染水质湖库比例为12.9%，劣Ⅴ类重度污染水质的湖库比例为16.1%。

全年共发生各类生产经营性安全事故1100起，比上年下降12.3%；死亡611人，下降12.2%。亿元GDP生产安全事故死亡人数0.056人，下降22.2%；工矿商贸十万从业人员生产安全事故死亡人数2.219人，下降12.9%；道路交通万车死亡人数3.865人，下降0.3%；煤矿百万吨死亡人数0.057人，下降67.8%。

注释：

[1]本公报中数据为初步统计数。

[2]地区生产总值（GDP）、总产值及各产业增加值绝对数按现价计算，增长速度按可比价格计算。

[3]科技、卫生、文化、劳动就业、社会保障及环境数据不含兵团。

[4]在居民收入消费和社会保障中，参加城乡居民基本医疗保险人数增加较多，一是原参加新型农村合作医疗人员并入城乡居民基本医疗保险参保人员统计；二是开展全民参保登记，基本医疗保险覆盖面进一步扩大。

1

综 合

Chapter1 General Survey

资料整理:潘世锦 刘艳梅 高思梅

1—1 行政区划

（2017年末）

单位：个

地名	乡	镇	街道办事处	居民委员会	村民委员会	乡、镇、街道名称
乌鲁木齐市	**12**	**10**	**82**	**869**	**175**	
市辖区	9	7	82	855	138	
天山区			16	191	1	燕儿窝、胜利路、团结路、解放南路、和平路、解放北路、东门、新华北路、新华南路、青年路、幸福路、碱泉、延安路、红雁、南草滩、东泉路
沙依巴克区			17	184	1	长江路、和田街、扬子江路、友好南路、水泥厂街、炉院街、八一、西山、雅玛里克山、友好北路红庙子、平顶山、长胜东、长胜西、长胜南、环卫路、骑马山路
高新技术开发区（新市区）	4	1	20	149	23	北京路、二工、三工、石油新村、迎宾路、喀什东路、天津路、银川路、杭州路、南纬路、北站东路、中亚南路、中亚北路、友谊路、嵩山街、高新街、长春中路、鲤鱼山、正杨路、百园路安宁渠镇、二工乡、地窝堡乡、青格达湖乡、六十户乡
水磨沟区			14	156	5	水磨沟、六道湾、苇湖梁、新民路、八道湾、南湖南路、南湖北路、七道湾、榆树沟、石人子沟、华光街、振安街、水塔山、龙盛街
经济技术开发区（头屯河区）			5	83	6	头屯河、火车西站、乌昌路、王家沟、北站西路
达坂城区	3	1	3	17	21	艾维尔沟、乌拉泊、盐湖、达坂城镇、东沟乡、西沟乡、阿克苏乡
米东区	2	5	7	75	81	卡子湾、地磅、石化、米东南路、古牧地西路、古牧地东路、永祥街、古牧地镇、铁厂沟镇、长山子镇、三道坝镇、羊毛工镇、芦草沟乡、柏杨河哈萨克族乡
乌鲁木齐县	3	3		14	37	水西沟镇、板房沟镇、永丰乡、萨尔达坂乡、甘沟乡、托里乡

1—2　自然资源

位置：乌鲁木齐市位于亚欧大陆腹地，地处北天山北坡，准噶尔盆地南缘，地处东经 86°37′33″～88°58′24″，北纬 42°45′32″～44°08′00″。

面积：全市面积按新区划调整后为 13788 平方公里，其中建成区面积 438.06 平方公里。海拔 680 米～920 米。自然坡度 12‰～15‰。

冰川河流：永久性积雪面积 164 平方千米，固定储量 73.9亿立方米。水资源总量约为 12.41 亿立方米，其中地表水资源量 11.84 亿立方米。

气候：乌鲁木齐市属于中温带半干旱大陆性气候区。年平均气温 8.3℃，年降水量 25.8mm，年平均日照时数 222.3 小时。

1—3　城市平均气温、降水量、日照时数

（2017 年）

月　　份	平均气温（摄氏度）	降水量（毫米）	日照时数（小时）
全年月平均	**8.3**	**25.8**	**222.3**
一月	-11.3	4.7	129.6
二月	-8.0	32.4	160.5
三月	-2.8	7.6	132.2
四月	11.1	62.2	205.8
五月	18.7	38.6	325.9
六月	23.1	40.7	295.2
七月	26.7	3.7	350.4
八月	22.2	22.0	318.7
九月	17.1	8.0	281.5
十月	7.5	20.0	232.4
十一月	1.6	40.0	152.3
十二月	-6.9	29.8	83.4

1—4 国有土地使用权出让、划拨情况

项 目	2005年	2010年	2012年	2013年
国有土地使用权出让				
出让地块(宗)	1061	1035	686	955
协议	779	863	540	735
招标				
拍卖	14		1	8
挂牌交易	268	172	145	212
出让面积(公顷)	627.66	1073.27	788.73	1776.39
土地使用权出让总收入(万元)	88427	409668	401040	881665
国有土地使用权划拨				
划拨地块(宗)	261	226	203	178
划拨面积(公顷)	254.81	841.37	632.96	294.33

项 目	2014年	2015年	2016年	2017年
国有土地使用权出让				
出让地块(宗)	869	716	552	472
协议	727	504	428	323
招标				
拍卖				
挂牌交易	142	212	124	149
出让面积(公顷)	1339.87	1153.98	537.25	591.42
土地使用权出让总收入(万元)	515798	1094223	858413	3027075
国有土地使用权划拨				
划拨地块(宗)	205	114	145	161
划拨面积(公顷)	1445.83	558.22	998.12	218.16

1—5 主要年份国民经济主要指标

指 标	1950 年	1955 年	1965 年	1978 年	1980 年
人口(万人)					
年末常住人口					
地区生产总值(当年价、万元)		**17771**	**39453**	**86153**	**112446**
第一产业		1214	2098	4723	5649
第二产业		5220	20067	37851	55763
第三产业		11337	17288	43579	51034
主要产品产量					
工业产品产量					
原煤(万吨)	2.85	21.73	178.21	368.7	374.21
发电量(亿千瓦时)		0.31	2.26	9.47	10.07
汽油(万吨)					8.21
塑料制品(万吨)				0.29	0.19
水泥(万吨)		1.59	22.54	35.77	39.86
成品钢材(万吨)		0.66	3.95	6.83	8.59
棉布(万米)		2826	6888	7176	7847
固定资产投资完成额(万元)	**350**	**11707**	**10064**	**25760**	**38389**
第一产业	257	79	619	595	2184
第二产业	12	6367	5512	20221	20965
第三产业	81	5261	3933	4944	15240
本年新增固定资产	108	13706	8726	19565	27513
交通运输、邮电业					
公路货物运输量(万吨)	11	180	612	1085	1307

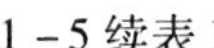

1－5 续表 1

指　　标	1990 年	1995 年	2000 年	2005 年	2010 年
人口（万人）					
年末常住人口					311.26
地区生产总值（当年价、万元）	**634562**	**1859640**	**2898465**	**5857034**	**13027147**
第一产业	21151	62357	70529	130947	186918
第二产业	303608	702786	1040230	2252464	5934955
第三产业	309803	1094497	1787706	3473623	6905274
主要产品产量					
工业产品产量					
原煤（万吨）	650.14	924.92	860.07	1203.27	2169.25
发电量（亿千瓦时）	24.85	27.43	51.02	101.05	181.19
汽油（万吨）	43.86	56.62	73.25	94.59	116.51
塑料制品（万吨）	1.79	3.77	4.86	9.12	31.00
水泥（万吨）	96.29	166.04	264.69	280.44	476.16
成品钢材（万吨）	28.33	65.47	130.34	308.84	753.67
棉布（万米）	9564	9126	6982	1530	578.43
固定资产投资完成额（万元）	**138786**	**919280**	**1250455**	**2131195**	**4830248**
第一产业	3015	4012	1439	14034	53986
第二产业	69913	412379	266510	753675	1710480
第三产业	65858	502889	982506	1363486	3065782
本年新增固定资产	112339	522514	1121883	1462157	3003642
交通运输、邮电业					
公路货物运输量（万吨）	1963	2664	6437	8257	13140

1－5 续表2

指　　标	2011 年	2012 年	2013 年	2014 年
人口(万人)				
年末常住人口	321.21	335.00	346.00	353.00
地区生产总值(当年价、万元)	**16215843**	**18954206**	**20584716**	**22646800**
第一产业	202163	218498	226434	235787
第二产业	7458323	8099657	8500177	8755677
第三产业	8555356	10636050	11858105	13655336
主要产品产量				
工业产品产量				
原煤(万吨)	1930	2316	1545	1186
发电量(亿千瓦时)	241	255	259	284
汽油(万吨)	79	66	60	97
塑料制品(万吨)	27	40	63	58
水泥(万吨)	552	342	436	313
成品钢材(万吨)	792	914	896	823
棉布(万米)	444	584	359	21
固定资产投资完成额(万元)	**6351243**	**10102899**	**12715924**	**15263119**
第一产业	25424	55807	54480	71583
第二产业	2274335	4711451	3957987	4167154
第三产业	4051484	5335641	8703457	11024382
本年新增固定资产	3399199	6845112	6504512	10146269
交通运输、邮电业				
公路货物运输量(万吨)	14472	16142	17853	14851

1－5 续表 3

指　　标	2015 年	2016 年	2017 年
人口(万人)			
年末常住人口	355.00	351.96	350.40
地区生产总值(当年价、万元)	**23873124**	**24589766**	**27306455**
第一产业	265262	281353	250021
第二产业	7582317	7040837	8237981
第三产业	16025545	17267576	18818453
主要产品产量			
工业产品产量			
原煤(万吨)	1230	1002	784
发电量(亿千瓦时)	283	267	287
汽油(万吨)	128	113	143
塑料制品(万吨)	55	33	25
水泥(万吨)	268	318	349
成品钢材(万吨)	603	564	637
棉布(万米)	70	65	63
固定资产投资完成额(万元)	**16074304**	**16077843**	**20201471**
第一产业	57732	202685	224247
第二产业	4268755	3568868	3567675
第三产业	11747817	12306290	16409549
本年新增固定资产	7445705	11460698	7832662
交通运输、邮电业			
公路货物运输量(万吨)	14739	14938	17145

1－5续表8

指　　标	速度指标(%)					
	指数(2017年为以下各年)		平均增长速度			
	2010年	2015年	“十五”时期	“十一五”时期	“十二五”时期	“十三五”时期前两年
人口						
年末常住人口					2.66	-0.65
地区生产总值(当年价、万元)	**220.90**	**116.32**	**11.78**	**12.52**	**13.69**	**7.85**
第一产业	142.85	103.42	10.08	7.37	6.67	1.70
第二产业	186.45	109.45	10.70	13.56	11.24	4.62
第三产业	248.12	119.78	12.64	11.97	15.68	9.45
主要产品产量						
工业产品产量						
原煤(万吨)	36.15	63.74	6.95	12.51	-10.73	-20.16
发电量(亿千瓦时)	158.56	101.41	14.65	12.39	9.33	0.70
汽油(万吨)	122.22	111.72	5.25	4.26	1.90	5.70
塑料制品(万吨)	80.65	45.45	13.42	28.11	11.81	-32.58
水泥(万吨)	73.32	130.22	1.16	11.17	-10.86	14.12
成品钢材(万吨)	84.48	105.64	18.83	19.53	-4.36	2.78
棉布(万米)	10.90	90.00	-26.18	-17.68	-34.44	-5.13
固定资产投资完成额(万元)	**418.23**	**125.68**	**11.25**	**17.78**	**27.18**	**12.11**
第一产业	415.38	388.43	57.70	30.92	1.35	97.09
第二产业	208.58	83.58	23.11	17.78	20.07	-8.58
第三产业	535.25	139.68	6.77	17.59	30.82	18.19
本年新增固定资产	260.77	105.20	5.44	15.49	19.91	2.57
交通运输、邮电业						
公路货物运输量(万吨)	130.48	116.32	5.11	9.74	2.32	7.85

1－5 续表 4

指　　标	1950 年	1955 年	1965 年	1978 年	1980 年
公路货物周转量(万吨公里)	805	15792	39378	82823	96824
公路旅客运输量(万人)	8	44	143	190	180
公路客运周转量(万人公里)	10872	16352	24612	58107	46027
邮电业务总收入(万元)	33	147	485	910	1167
社会消费品零售总额(万元)	**3497**	**14331**	**22757**	**45302**	**63802**
#国有经济	370	10660	20453	40233	50748
财政、金融(万元)					
地方财政收入	264	4661	8639	13153	14347
#工商税收	255	4280	7934	11177	12063
地方财政支出	71	631	2186	10309	11200
金融机构存款余额	1271	16979	51806	131872	156643
#住户存款	31	1948	5869	16214	24727
金融机构贷款余额	126	14354	24546	63571	74027
物价(%)					
居民消费价格总指数			97.4	99.6	105.1
城乡人民生活(元)					
城镇居民人均可支配收入				446	530
城镇居民人均生活消费支出				389	469
农村居民人均可支配收入	151	163	112	158	242
教育、卫生					
高等学校在校学生(人)	336	2125	5360	6579	9453
普通中等职业学校在校学生(人)	294	2616	4419	5507	6435
普通中学在校学生(人)	1034	4587	19032	105407	102574
小学在校学生(人)	10894	17444	89858	165127	173147
卫生机构数(个)	11	76	179	494	478
#医院	2	5	27	51	56
卫生机构床位数(张)	170	684	3515	7760	8553
#医院	165	195	2653	6195	7080
卫生技术人员(人)	163	1257	3307	10144	11391
#医生	49	431	1311	3565	4098

1－5 续表5

指　　标	1990 年	1995 年	2000 年	2005 年	2010 年
公路货物周转量(万吨公里)	226746	267156	359593	840018	1842100
公路旅客运输量(万人)	825	875	805	1966	2676
公路客运周转量(万人公里)	104487	102696	122237	396815	586400
邮电业务总收入(万元)	6643	35592	191234	487274	450966
社会消费品零售总额(万元)	**297736**	**810636**	**1265431**	**2403308**	**5636665**
#国有经济	185148	375987	295862	143307	195985
财政、金融(万元)					
地方财政收入	82681	141296	287654	607671	1975743
#工商税收	76988	119681	237602	430205	1270432
地方财政支出	46023	139805	223115	524749	2082271
金融机构存款余额	671400	2339247	6072345	10400700	35892900
#住户存款	289889	1247555	2548648	5957300	12410500
金融机构贷款余额	687223	1858728	5435565	7282200	20654000
物价(%)					
居民消费价格总指数	105.2	117.4	100.7	99.5	102.7
城乡人民生活(元)					
城镇居民人均可支配收入	1650	4593	7252	9605	14402
城镇居民人均生活消费支出	1359	3616	5644	7052	10239
农村居民人均可支配收入	894	2135	3398	4249	7471
教育、卫生					
高等学校在校学生(人)	19722	28136	45029	94932	127139
普通中等职业学校在校学生(人)	15444	27770	68207	35967	91006
普通中学在校学生(人)	87928	66822	88330	136843	166373
小学在校学生(人)	104098	128112	169051	189680	193869
卫生机构数(个)	681	694	1127	1478	1768
#医院	59	80	71	134	139
卫生机构床位数(张)	12167	13587	14114	17750	24204
#医院	9847	11173	11697	16169	21128
卫生技术人员(人)	16356	18378	18317	19875	28639
#医生	6794	8085	9163	9470	10908

1－5 续表6

指　　标	2011 年	2012 年	2013 年	2014 年
公路货物周转量(万吨公里)	2039300	2288000	2534800	2121448
公路旅客运输量(万人)	2915	3194	3481	2170
公路客运周转量(万人公里)	642000	645000	768600	392081
邮电业务总收入(万元)	513400	585425	655300	631600
社会消费品零售总额(万元)	**6950278**	**8343507**	**9700498**	**10699649**
#国有经济	613270	735024	850423	935017
财政、金融(万元)				
地方财政收入	2642249	3177363	4007126	4529667
#工商税收	1720625	2041847	2405482	2623578
地方财政支出	2997068	3638926	4500998	5161532
金融机构存款余额	40833400	48152200	56221400	62416100
#住户存款	14855700	17357200	19760700	20735300
金融机构贷款余额	25429000	33297300	39384200	45023300
物价(%)				
居民消费价格总指数	104.5	103.4	103.5	102.8
城乡人民生活(元)				
城镇居民人均可支配收入	16141	18385	24095	26890
城镇居民人均生活消费支出	11756	13785	15548	21614
农村居民人均可支配收入	8436	10032	11723	13306
教育、卫生				
高等学校在校学生(人)	131222	135954	146066	172388
普通中等职业学校在校学生(人)	92879	88209	82119	67917
普通中学在校学生(人)	166612	168909	169403	170816
小学在校学生(人)	197244	200248	198708	202295
卫生机构数(个)	1685	1691	1682	1726
#医院	143	143	136	142
卫生机构床位数(张)	25453	25579	25983	27636
#医院	22504	22589	22835	24834
卫生技术人员(人)	30402	31418	32961	33783
#医生	11420	12037	12902	12990

1－5 续表 7

指　　标	2015 年	2016 年	2017 年
公路货物周转量(万吨公里)	2168765	2254158	2672285
公路旅客运输量(万人)	2012	1805	1467
公路客运周转量(万人公里)	338500	299125	220795
邮电业务总收入(万元)	638800	671375	686511
社会消费品零售总额(万元)	**11515000**	**12366940**	**13171211**
#国有经济	998760	1060653	1119606
财政、金融(万元)			
地方财政收入	4650895	4669058	6279186
#工商税收	2642107	2568371	2681826
地方财政支出	5442455	5208570	5574466
金融机构存款余额	69846000	74066010	83207081
#住户存款	21573100	22956888	26003858
金融机构贷款余额	49574300	52872036	62357845
物价(%)			
居民消费价格总指数	100.7	101.5	102.8
城乡人民生活(元)			
城镇居民人均可支配收入	31604	34190	37028
城镇居民人均生活消费支出	24748	27915	31473
农村居民人均可支配收入	15007	16351	17839
教育、卫生			
高等学校在校学生(人)	180484	193026	193853
普通中等职业学校在校学生(人)	60772	63006	61707
普通中学在校学生(人)	169427	167197	167498
小学在校学生(人)	211467	221390	220658
卫生机构数(个)	1784	1743	1756
#医院	148	125	127
卫生机构床位数(张)	28052	29405	30827
#医院	25256	26426	27464
卫生技术人员(人)	35516	38326	38583
#医生	13425	14410	14482

1-5 续表9

指 标	速 度 指 标(%)					
	指数(2017年为以下各年)		平均增长速度			
	2010年	2015年	“十五”时期	“十一五”时期	“十二五”时期	“十三五”时期前两年
公路货物周转量(万吨公里)	145.07	123.22	18.49	17.01	3.32	11.00
公路旅客运输量(万人)	54.82	72.91	19.55	6.36	-5.54	-14.61
公路客运周转量(万人公里)	37.65	65.23	26.55	8.12	-10.41	-19.24
邮电业务总收入(万元)	152.23	107.47	20.57	-1.54	7.21	3.67
社会消费品零售总额(万元)	**233.67**	**114.38**	**13.69**	**18.59**	**15.36**	**6.95**
#国有经济	571.27	112.10	-13.50	6.35	38.50	5.87
财政、金融(万元)						
地方财政收入	317.81	135.01	16.13	26.59	18.68	16.19
#工商税收	211.10	101.50	12.61	24.18	15.77	0.75
地方财政支出	267.71	102.43	18.65	31.74	21.19	1.21
金融机构存款余额	231.82	119.13	11.36	28.11	14.24	9.15
#住户存款	209.53	120.54	18.51	15.81	11.69	9.79
金融机构贷款余额	301.92	125.79	6.02	23.18	19.14	12.15
城乡人民生活(元)						
城镇居民人均可支配收入	257.10	117.16	6.41	8.44	17.02	8.24
城镇居民人均生活消费支出	307.38	127.17	4.56	7.74	19.30	12.77
农村居民人均可支配收入	238.78	118.87	4.57	11.95	14.97	9.03
教育、卫生						
高等学校在校学生(人)	152.47	107.41	16.09	6.02	7.26	3.64
普通中等职业学校在校学生(人)	67.81	101.54	-12.01	20.40	-7.76	0.77
普通中学在校学生(人)	100.68	98.86	9.15	3.99	0.36	-0.57
小学在校学生(人)	113.82	104.35	2.33	0.44	1.75	2.15
卫生机构数(个)	99.32	98.43	5.57	1.27	0.18	-0.79
#医院	91.37	85.81	13.55	0.74	1.26	-7.37
卫生机构床位数(张)	127.36	109.89	4.69	6.40	2.99	4.82
#医院	129.99	108.74	6.69	5.50	3.63	4.28
卫生技术人员(人)	134.56	108.51	1.65	7.58	4.40	4.17
#医生	132.76	107.87	6.61	4.03	4.24	3.86

1—6 各计划时期国民经济主要指标年均增长速度

单位:%

指标	"一五"时期	"二五"时期	1963—1965年	"三五"时期	"四五"时期
人口					
年末常住人口					
地区生产总值	**27.53**	**3.77**	**16.86**	**2.01**	**2.66**
第一产业	5.46	1.99	13.70	1.76	6.16
第二产业	33.96	5.51	28.96	0.26	0.46
第三产业	31.17	2.82	5.80	4.37	4.36
主要产品产量					
工业产品产量					
原煤	43.05	17.53	14.44	1.95	0.67
水泥	64.07	26.09	48.96	-2.69	1.19
成品钢材	87.73	1.35	36.85	1.31	-12.2
发电量	69.60	27.95	11.03	10.49	9.04
汽油					
固定资产投资	**10.28**	**-23.96**	**56.85**	**4.22**	**2.72**
第一产业	-22.49	2.64	67.81	-3.61	7.58
第二产业	-1.14	-20.46	56.87	12.2	-1.01
第三产业	38.05	-28.62	55.35	-12.18	14.77
交通运输、邮电					
公路货物运输量	20.42	11.84	25.72	2.10	0.02
公路货物周转量	20.23	16.47	5.17	4.08	1.65
公路旅客运输量	40.61	8.98	-4.85	-3.61	0.33
公路客运周转量	13.79	4.74	-7.53	-3.06	4.49
邮电业务收入	24.23	16.45	-2.06	2.17	6.62
社会消费品零售总额	**26.92**	**1.32**	**0.03**	**5.39**	**2.66**
#国有经济	40.45	1.70	1.27	6.62	1.85
财政、金融					
地方财政收入	44.79	3.97	6.12	-1.14	-0.85
地方财政支出	14.61		26.81	6.61	12.54
金融机构存款余额	14.05	21.09	14.67	11.21	-1.17
#住户存款	59.65	6.22	2.53	4.14	11.41
金融机构贷款余额	63.87	1.75	-23.21	13.3	3.47
物价					
居民消费价格总指数	-4.73	-0.58	-2.24	-0.81	-0.81
人民生活					
城市居民人均可支配收入					
城市居民人均消费支出					
农村居民人均可支配收入					

1－6续表1 单位:%

指 标	“五五”时期	“六五”时期	“七五”时期	“八五”时期
人口				
年末常住人口				
地区生产总值	**15.96**	**16.73**	**11.69**	**8.67**
第一产业	0.87	8.60	6.39	5.90
第二产业	18.22	20.75	9.73	5.21
第三产业	16.06	12.61	14.76	12.45
主要产品产量				
工业产品产量				
原煤	13.01	7.97	3.44	7.30
水泥	9.41	14.41	4.26	11.51
成品钢材	22.82	14.26	11.12	18.24
发电量	8.39	12.94	6.07	2.00
汽油		35.80	2.96	5.24
固定资产投资	**22.09**	**28.08**	**0.96**	**45.96**
第一产业	24.10	－4.41	11.58	5.88
第二产业	17.61	23.34	3.16	42.61
第三产业	30.08	35.93	－1.42	50.17
交通运输、邮电				
公路货物运输量	13.97	9.64	－1.06	5.65
公路货物周转量	13.16	6.81	11.00	3.33
公路旅客运输量	8.19	23.39	9.90	1.18
公路客运周转量	11.89	16.60	1.05	－0.35
邮电业务收入	9.43	12.22	26.17	39.89
社会消费品零售总额	**13.60**	**15.94**	**17.37**	**22.18**
#国有经济	10.44	12.52	15.13	15.22
财政、金融				
地方财政收入	12.91	21.05	17.26	11.31
地方财政支出	15.56	8.25	22.56	24.88
金融机构存款余额	13.53	9.63	22.03	28.36
#住户存款	14.91	25.89	29.97	33.90
金融机构贷款余额	6.38	21.63	28.38	22.02
物价				
居民消费价格总指数	1.34	2.71	10.54	16.11
人民生活				
城市居民人均可支配收入		9.37	14.75	22.73
城市居民人均消费支出		9.95	12.51	21.61
农村居民人均可支配收入			7.90	19.00

1－6续表2

单位:%

指　　标	“九五”时期	“十五”时期	“十一五”时期	“十二五”时期	“十三五”时期前两年
人口					
年末常住人口				2.66	－0.65
地区生产总值	**8.63**	**11.78**	**12.52**	**13.69**	**7.85**
第一产业	4.46	10.08	7.37	6.67	1.70
第二产业	8.46	10.70	13.56	11.24	4.62
第三产业	8.95	12.64	11.97	15.68	9.45
主要产品产量					
工业产品产量					
原煤	－1.44	6.95	12.51	－10.73	－20.16
水泥	9.77	1.16	11.17	－10.86	14.22
成品钢材	14.76	18.83	19.53	－4.36	2.75
发电量	13.21	14.65	12.39	9.33	0.78
汽油	5.29	5.25	4.26	1.90	5.93
固定资产投资	**6.35**	**11.25**	**17.78**	**27.18**	**12.11**
第一产业	－18.54	57.70	30.92	1.35	97.09
第二产业	－8.36	23.11	17.78	20.07	－8.58
第三产业	14.33	6.77	17.59	30.82	18.19
交通运输、邮电					
公路货物运输量	19.30	5.11	9.74	2.32	7.85
公路货物周转量	6.12	18.49	17.01	3.32	11.00
公路旅客运输量	－1.65	19.55	6.36	－5.54	－14.61
公路客运周转量	3.55	26.55	8.12	－10.41	－19.24
邮电业务收入	39.97	20.57	－1.54	7.21	3.67
社会消费品零售总额	**9.32**	**13.69**	**18.59**	**15.36**	**6.95**
#国有经济	－4.68	－13.50	6.35	38.50	5.87
财政、金融					
地方财政收入	15.28	16.13	26.59	18.68	16.19
地方财政支出	9.80	18.65	31.74	21.19	1.21
金融机构存款余额	21.02	11.36	28.11	14.24	9.15
#住户存款	15.36	18.51	15.81	11.69	9.79
金融机构贷款余额	23.94	6.02	23.18	19.14	12.15
物价					
居民消费价格总指数	2.08	0.88	2.96	2.98	2.15
人民生活					
城市居民人均可支配收入	9.57	6.41	8.44	17.02	8.24
城市居民人均消费支出	9.31	4.56	7.74	19.30	12.77
农村居民人均可支配收入	9.74	4.57	11.95	14.97	9.03

1—7 主要年份国民经济主要比例关系

单位:%

指 标	1952年	1955年	1965年	1978年	1980年
地区生产总值中三次产业比例					
第一产业	11.5	6.8	5.3	5.5	5.0
第二产业	23.7	29.4	50.9	43.9	49.6
第三产业	64.8	63.8	43.8	50.6	45.4
农林牧渔业总产值比例					
农业	80.5	78.8	69.5	81.3	71.8
林业	0.1	0.1	3.1	1.4	1.9
牧业	19.4	21.1	27.4	17.2	26.3
渔业				0.1	
农林牧渔服务业					
工业总产值比例					
轻工业	67.4	60.7	59.5	42.4	37.3
重工业	32.6	39.3	40.5	57.7	62.7
社会消费品零售总额比例					
批发零售贸易业	78.1	80.9	93.9	95.7	92.6
住宿餐饮业	7.3	19.0	5.3	2.1	3.6
固定资产投资比例					
第一产业	6.5	0.7	6.2	2.3	5.7
第二产业	75.5	54.4	54.8	78.5	54.6
第三产业	18.0	44.9	39.1	19.2	39.7
固定资产投资占地区生产总值比例	**79.2**	**65.9**	**25.5**	**29.9**	**34.1**
地方财政收入占地区生产总值比例	**11.8**	**26.2**	**21.9**	**15.3**	**12.8**

1－7 续表1

单位:%

指　　标	1985年	1990年	2000年	2005年	2010年
地区生产总值中三次产业比例					
第一产业	4.5	3.3	2.4	2.2	1.4
第二产业	54.4	47.9	35.9	38.5	45.6
第三产业	41.1	48.8	61.7	59.3	53.0
农林牧渔业总产值比例					
农业	63.4	57.6	60.4	50.0	53.3
林业	2.6	1.1	0.9	0.7	0.9
牧业	33.8	39.2	36.0	38.9	42.1
渔业	0.2	2.1	2.7	2.0	2.0
农林牧渔服务业				8.4	1.7
工业总产值比例					
轻工业	36.3	38.0	23.4	11.4	8.0
重工业	63.7	62.0	76.6	88.6	92.0
社会消费品零售总额比例					
批发零售贸易业	85.1	84.0	76.3	82.1	89.2
住宿餐饮业	11.0	8.9	13.0	14.5	10.8
固定资产投资比例					
第一产业	1.3	3.0	0.1	0.6	1.1
第二产业	45.2	30.3	21.3	33.7	35.4
第三产业	53.5	66.7	78.6	65.7	63.5
固定资产投资占地区生产总值比例	**56.3**	**21.9**	**43.1**	**35.1**	**36.1**
地方财政收入占地区生产总值比例	**15.9**	**13.0**	**9.9**	**10.4**	**14.8**

1－7续表2 单位:%

指 标	2013年	2014年	2015年	2016年	2017年
地区生产总值中三次产业比例					
第一产业	1.2	1.1	1.1	1.1	0.9
第二产业	39.7	36.8	31.8	28.6	30.2
第三产业	59.1	62.1	67.1	70.2	68.9
农林牧渔业总产值比例					
农业	50.0	47.4	50.8	50.1	49.7
林业	6.4	5.9	2.9	3.3	4.4
牧业	39.9	41.7	40.5	40.9	39.9
渔业	1.8	1.5	1.7	1.6	1.7
农林牧渔服务业	2.0	3.5	4.1	4.1	4.3
工业总产值比例					
轻工业	8.5	10.6	12.4	12.0	9.6
重工业	91.5	89.4	87.6	88.0	90.4
社会消费品零售总额比例					
批发零售贸易业	89.5	89.7	89.3	89.0	88.7
住宿餐饮业	10.5	10.3	10.7	11.0	11.3
固定资产投资比例					
第一产业	0.4	0.5	0.4	1.3	1.1
第二产业	31.1	27.3	26.6	22.2	17.7
第三产业	68.4	72.2	73.0	76.5	81.2
固定资产投资占地区生产总值比例	**52.7**	**62.0**	**65.4**	**65.4**	**74.0**
地方财政收入占地区生产总值比例	**18.2**	**18.4**	**17.7**	**19.0**	**23.0**

1—8 平均每天主要社会经济活动

指　　标	1952 年	1980 年	1990 年	1995 年	2000 年	2010 年	2015 年	2017 年
每天创造的财富								
地区生产总值(万元)	21.76	308.07	1738.53	5094.90	7941.00	35690.81	65405.82	74812.21
农林牧渔业总产值(万元)		24.38	103.30	294.22	336.02	1027.41	1614.58	1582.82
工业总产值(万元)	8.95	310.78	1760.27	5299.87	7652.54	47247.13	62275.87	65377.41
地方财政收入(万元)	2.56	39.31	226.52	387.11	788.09	5412.99	12742.18	17203.25
原煤(吨)		10252.33	17812.05	25340.27	23563.56	59431.51	33706.85	21486.03
发电量(万千瓦小时)		275.95	680.82	751.58	1397.81	4963.99	7748.61	7870.41
水泥(吨)	4.93	1092.05	2638.08	4549.04	7251.78	13045.48	7333.70	9567.95
成品钢材(吨)	1.69	235.22	776.05	1793.81	3570.98	20648.59	16520.00	17442.47
棉布(万米)	0.90	21.50	26.15	25.00	19.13	1.58	0.19	0.17
每天消费量								
社会消费品零售额(万元)	17.72	174.80	815.72	2220.92	3466.93	15442.92	31547.95	36085.51
公路货物运输量(万吨)		3.58	5.38	7.30	17.64	36.00	40.38	46.97
公路旅客运输量(万人)		0.49	2.26	3.83	2.21	7.33	5.51	4.02
固定资产投资额(万元)	0.96	105.18	380.24	2518.58	3425.90	13233.56	46805.13	55346.50
家庭液化气使用量(吨)					238.31	50.91	86.88	50.91
供水总量(万吨)					44.45	76.92	81.66	83.22

1—9 乌鲁木齐市主要经济指标在全疆的比重

(2017 年)

指 标	全 疆	乌鲁木齐市	乌鲁木齐市占全疆的比重(%)
地区生产总值(当年价、亿元)	10881.96	2730.65	25.1
第一产业	1551.84	25.00	1.6
第二产业	4330.89	823.80	19.0
#工业	3254.18	633.96	19.5
第三产业	4999.23	1881.85	37.6
地方财政收入(亿元)	1914.19	627.92	32.8
地方财政支出(亿元)	4948.57	557.45	11.3
金融机构贷款余额(亿元)	16871.00	6235.78	37.0
农林牧渔业总产值(亿元)	3054.90	57.77	1.9
规模以上工业总产值(亿元)	9645.66	2293.96	23.8
主要工业产品产量			
发电量(亿千瓦小时)	3010.78	287.27	9.5
水泥(万吨)	4641.00	349.23	7.5
钢材(万吨)	1300.85	636.65	48.9
棉布(万米)	27641.38	63.00	0.2
固定资产投资(亿元)	11795.64	2020.15	17.1
货运量(万吨)	100737.94	19847.76	19.7
客运量(万人)	30101.00	4063.62	13.5
社会消费品零售总额(亿元)	3044.58	1317.12	43.3
进出口总额(亿美元)	206.61	68.07	32.9
#出口	177.29	53.30	30.1
普通高校在校学生(万人)	36.74	19.36	52.7
中等专业学校在校学生(万人)	23.87	6.17	25.8
普通中学在校学生(万人)	146.89	16.75	11.4
卫生技术人员(万人)	14.80	3.86	26.1
#医生	5.28	1.45	27.5
#注册护士	5.92	1.69	28.5

1—10 城市基本情况

（2017 年）

指　　标	单位	全　市	#市辖区
一、行政区划			
所辖行政区数	个	7	
所辖行政县(旗)数	个	1	
所辖行政县级市数	个		
二、人口规模			
年末常住人口	万人	350.40	
三、资源环境			
(一)土地			
行政区域土地面积	平方公里	13787.90	9575.80
建成区面积	平方公里	438.06	438.06
现状建设用地面积	平方公里	438.06	438.06
#居住用地	平方公里	123.30	123.30
公共管理与公共服务设施用地	平方公里	33.18	33.18
商业服务业设施用地	平方公里	30.81	30.81
工业用地	平方公里	103.37	103.37
物流仓储用地	平方公里	31.85	31.85
道路交通设施用地	平方公里	66.95	66.95
公共设施用地	平方公里	10.59	10.59
绿地与广场用地	平方公里	38.01	38.01
本年征用土地面积	平方公里	2.98	2.98
#耕地面积	平方公里	1.62	1.62
实际新增建设用地面积	平方公里	2.06	2.06
绿化覆盖面积	公顷	29915	29915
#建成区面积	公顷	18311	18311
建成区绿化覆盖率	%	41.8	41.8

1－10 续表 1 （2017 年）

指 标	单位	全 市	#市辖区
绿地面积	公顷	28848	28848
#建成区面积	公顷	16865	16865
建成区绿地率	%	38.5	38.5
公园绿地面积	公顷	3598	3598
公园面积	公顷	1103	1103
森林覆盖率	%	15.3	
（二）水资源			
水资源总量	万立方米	124057	
供水总量	万立方米	30375	30375
用水总量	万立方米	30375	30375
#规模以上工业用水量	万立方米	45561.67	45560.19
#用新水量	万立方米	15980.82	15979.64
重复用水量	万立方米	245424.69	245424.69
（三）环境			
废水排放总量	万吨	20468.21	
化学需氧量排放量	吨	13098.68	
氨氮排放量	吨	3885.74	
工业废水排放量	万吨	3337.13	
工业化学需氧量排放量	吨	3287.66	
工业氨氮排放量	吨	407.39	
工业化学需氧量去除率	%	96.90	
工业氨氮去除率	%	96.83	
废气排放总量	万立方米	36993822.44	
二氧化硫排放量	吨	43325.34	
氮氧化物排放量	吨	43601.37	
工业废气排放量	万立方米	36993822.44	
工业二氧化硫排放量	吨	37483.31	
工业氮氧化物排放量	吨	41110.09	
工业二氧化硫去除率	%	84.29	
工业氮氧化物去除率	%	54.68	
工业烟（粉）尘排放量	吨	39751.28	

1－10 续表 2 （2017 年）

指　　标	单位	全　市	#市辖区
一般工业固体废物综合利用率	%	93.69	
城镇污水处理率	%	89.99	
污水处理厂集中处理率	%	87.51	
生活垃圾无害化处理率	%	93.12	
空气质量达到及好于二级的比例	%	66	
可吸入颗粒物(PM10)年平均浓度	$\mu g/m^3$	106	106
可吸入细颗粒物(PM2.5)年平均浓度	$\mu g/m^3$	70	70
四、经济发展			
(一)地区生产总值(当年价格)	万元	27306455	27075290
#第一产业	万元	250021	173898
第二产业	万元	8237981	8188820
#工业	万元	6339592	6299529
第三产业	万元	18818453	18712574
人均地区生产总值	元	77756	79892
地区生产总值(2015 年价格)	万元	27775886	27562456
地区生产总值增长率	%	8.1	8.1
(二)财政			
地方一般公共预算收入	万元	4007781	3947766
#税收收入	万元	2865534	2832684
#企业所得税	万元	488813	485406
个人所得税	万元	242160	240619
地方一般公共预算支出	万元	4585812	4464462
#一般公共服务支出	万元	358296	341155
科学技术支出	万元	100024	97461
教育支出	万元	721454	696441
文化体育与传媒支出	万元	44232	42999
医疗卫生与计划生育支出	万元	180984	174291
节能环保支出	万元	94436	93770
城乡社区支出	万元	882985	880435
交通运输支出	万元	114397	113401
社会保障和就业支出	万元	639323	627677
住房保障支出	万元	343440	342330

1－10 续表 3

(2017 年)

指　　标	单位	全　市	#市辖区
(三)金融			
年末金融机构人民币各项存款余额	万元	83207081	82958806
#住户存款余额	万元	26003858	25931168
年末金融机构人民币各项贷款余额	万元	62357845	62277406
(四)固定资产投资			
固定资产投资(不含农户)	万元	20201471	19641497
房地产开发投资	万元	4287355	4212946
#住宅	万元	2479003	2431709
全年新增固定资产	万元	7832662	7821560
(五)房地产			
商品房销售面积	万平方米	622.73	617.8
#住宅	万平方米	538.14	534.11
#别墅、高档公寓	万平方米	20.58	19.68
商品房销售额	万元	4113831	4085073
#住宅	万元	3306053	3286330
#别墅、高档公寓	万元	255445	246410
待售面积	万平方米	364.22	364.22
(六)对外贸易			
货物进口额(海关数)	万美元	147666	
货物出口额(海关数)	万美元	533046	
外商直接投资合同项目	个	42	42
当年实际使用外资金额	万美元	577	577
(七)规模以上工业			
工业企业数	个	360	352
#内资企业	个	344	336
#国有企业	个	10	9
私营企业	个	139	132
港、澳、台商投资企业	个	5	5
外商投资企业	个	11	11
工业总产值(当年价)	万元	22939621	22836086
#内资企业	万元	22446057	22342522
#国有企业	万元	5458061	5447621

1－10 续表 4　　(2017 年)

指　　标	单位	全　市	#市辖区
私营企业	万元	2905562	2812467
港、澳、台商投资企业	万元	127147	127147
外商投资企业	万元	366417	366417
平均用工人数	万人	13.51	13.43
资产总计	万元	45888641	44964761
固定资产合计	万元	20986780	20214628
流动资产合计	万元	14663510	14563252
主营业务收入	万元	23168048	23065733
主营业务成本	万元	19215701	19155617
主营业务税金及附加	万元	1260281	1256324
利润总额	万元	557847	543670
本年应交增值税	万元	786579	781297
(八)贸易			
社会消费品零售总额	万元	13171211	13076428
限额以上批发零售业法人企业数	个	747	747
#零售业	个	240	240
限额以上批发零售业商品销售额	万元	53253224	53253224
限额以上住宿餐饮业法人企业数	个	91	91
限额以上住宿餐饮业营业额	万元	251318	251318
(九)旅游			
入境游客	人次	321200	
#外国人	人次	321200	
港、澳、台同胞	人次		
国际旅游(外汇)收入	万美元	17974.02	
国内游客	人次	32705200	
国内旅游收入	万元	4377691	
五、科技创新			
R&D 人员	人	13699	13604
R&D 内部经费支出	万元	27620	
专利申请数	件	6080	
专利授权数	件	3571	
#发明专利	件	504	

1－10 续表 5 （2017 年）

指　　标	单位	全　市	#市辖区
六、人民生活			
（一）就业			
从业人员期末人数（城镇）	人	723739	719482
第一产业（农、林、牧、渔业）	人	9742	9706
第二产业	人	229961	229705
采矿业	人	14607	14407
制造业	人	67580	67537
电力、热力、燃气及水生产和供应业	人	44291	44278
建筑业	人	103483	103483
第三产业	人	484036	480071
#批发和零售业	人	37371	37371
交通运输、仓储及邮政业	人	97871	97871
住宿和餐饮业	人	9517	9517
信息传输、软件和信息技术服务业	人	9941	9941
金融业	人	22331	22089
房地产业	人	21876	21876
租赁和商业服务业	人	22385	22366
科学研究和技术服务业	人	27509	27472
水利、环境和公共设施管理业	人	6790	6790
居民服务、修理和其他服务业	人	1479	1479
教育	人	54857	54088
卫生和社会工作	人	39680	39313
文化、体育和娱乐业	人	11185	11185
公共管理、社会保障和社会组织	人	121244	118713
国际组织	人		
城镇私营和个体从业人员	人	1052396	1052121
城镇登记失业人数	人	38090	38017
城镇登记失业率	%	3.03	3.03
（二）收入			
在岗职工平均人数	万人	78.39	78.00
在岗职工工资总额	万元	6120361	6095084
在岗职工平均工资	元	78072	78142

1－10 续表6 （2017 年）

指　　　标	单位	全　　市	#市辖区
城镇居民人均可支配收入	元	37028	37028
#工资性收入	元	22664	22664
经营净收入	元	2555	2555
财产净收入	元	2535	2535
转移净收入	元	9274	9274
（三）消费			
城镇居民人均消费支出	元	31473	31473
#食品烟酒	元	8567	8567
衣着	元	2306	2306
居住	元	5732	5732
生活用品及服务	元	2113	2113
交通和通信	元	4764	4764
教育文化和娱乐	元	4018	4018
医疗保健	元	3015	3015
其他用品及服务	元	958	958
（四）生活质量			
每百户居民家庭拥有量			
家用汽车	辆	34	34
洗衣机	台	101	101
电冰箱（柜）	台	103	103
彩色电视机	台	103	103
空调	台	22	22
移动电话	部	231	231
#接入互联网	部	179	179
计算机	台	75	75
#接入互联网	台	75	75
城镇居民人均住房建筑面积	平方米	32.36	32.36
居民消费价格指数（上年为100）	%	102.8	
七、公共服务			
（一）教育			
普通高等学校数	所	22	
成人高等学校数	所	24	24

1－10 续表 7 （2017 年）

指　　标	单位	全　市	#市辖区
中等职业教育学校数	所	29	29
普通中学数	所	155	145
普通小学数	所	130	119
幼儿园数	所	469	418
普通高等学校专任教师数	人	11347	11347
成人高等学校专任教师数	人	11272	11272
中等职业教育专任教师数	人	2316	2316
普通中学专任教师数	人	12615	12393
普通小学专任教师数	人	11491	11136
幼儿园专任教师数	人	5427	5157
普通本专科在校学生数	人	193853	193853
成人本专科在校学生数	人	41715	41715
中等职业教育在校学生数	人	61707	61707
普通中学在校学生数	万人	16.75	16.58
普通小学在校学生数	万人	22.07	21.64
幼儿园在园幼儿数	人	100681	98926
（二）文体			
剧场、影剧院数	个	6	6
公共图书馆数	个	7	6
公共图书馆图书藏量	万册	313	313
博物馆数	个	6	6
体育场馆数	个	6	5
（三）医疗			
医疗卫生机构数	个	1756	1748
#医院数	个	127	119
医疗卫生机构床位数	张	30827	30752
#医院床位数	张	27464	27389
卫生技术人员数	人	38583	38387
#执业（助理）医师数	人	14482	14398
注册护士	人	16915	16864
（四）社会保障			
城镇职工基本养老保险参保人数	人	1268004	1268004

1－10 续表8 （2017年）

指　　标	单位	全　市	#市辖区
城乡居民基本养老保险参保人数	人	111893	88065
城镇职工基本医疗保险参保人数	人	1220090	1220090
城镇居民基本医疗保险参保人数	人	897124	897124
失业保险参保人数	人	820006	820006
工伤保险参保人数	人	777313	777313
生育保险参保人数	人	726853	726853
提供住宿的各类社会服务机构数	个	44	42
#养老服务机构数	个	36	34
提供住宿的各类社会服务机构床位数	张	7098	6688
#养老服务机构床位数	张	5208	4798
不提供住宿的各类社会服务机构数	个	1745	1549
#社区服务机构数	个	1745	1549
城镇居民最低生活保障人数	人	17251	16914
（五）公共安全			
交通事故死亡人数	人	59	52
交通事故损失额	万元	5.32	5.12
火灾事故死亡人数	人		
火灾事故损失额	万元	391.69	391.69
刑事案件立案数	起	20527	20440
刑事罪犯人数	人	3283	3230
#青少年人数（年龄14～25周岁）	人	694	689
八、基础设施			
（一）交通运输			
年末实有城市道路面积	万平方米	3106.00	3105.61
境内公路总里程	公里	2942	
#高速公路里程	公里	270	
民用汽车拥有量	辆	1027277	
#私人汽车拥有量	辆	861532	
年末实有公共汽（电）车营运车辆数	辆		4412
公共汽（电）车客运总量	万人次		112920
年末实有出租汽车运营车数	辆		13003
公路客运量（全社会）	万人	1467.49	

1－10 续表 9 (2017 年)

指 标	单位	全 市	#市辖区
公路货运量(全社会)	万吨	17144.75	
水运客运量(全社会)	万人		
水运货运量(全社会)	万吨		
民用航空客运量	万人	1104.46	
民用航空货邮运量	吨	68500	
沿海港口货物吞吐量(规模以上)	万吨		
内河港口货物吞吐量(规模以上)	万吨		
(二)邮电通信			
年末邮政局(所)数	处	160	146
邮政业务收入	万元	54013	
电信业务收入	万元	632498	
固定电话年末用户数	万户	129.07	
移动电话年末用户数	万户	485.63	
#3G 以上移动电话用户	万户	350.28	
互联网宽带接入用户数	万户	133.08	
(三)能源电力			
规模以上工业能源生产量	万吨标准煤	1854	
规模以上工业能源消费量	万吨标准煤	1869.15	
全社会用电量	万千瓦时	3228386	
#工业用电	万千瓦时	2603095	
城乡居民生活用电	万千瓦时	195594	
#城镇居民生活用电	万千瓦时	182295	
(四)生活设施			
城市市政基础设施建设投资额	万元	2249917	2249917
年末排水管道长度	公里		1890
年末供水综合生产能力	万立方米/日		147
售水量	万吨		26424
#居民家庭用水量	万吨		14136
供气总量(人工煤气、天然气)	万立方米		307916
#居民家庭用气量	万立方米		43752
液化石油气供气总量	吨		47199
#居民家庭用量	吨		35446

主要统计指标解释
EXPLANATORY NOTES ON MAIN STATISTICAL INDICATORS

行政区划 指国家对行政区域的划分。根据有关法规规定,我国的行政区域划分如下:(1)全国分为省、自治区、直辖市;(2)省、自治区分为自治州、县、自治县、市;(3)自治州分为县、自治县、市;(4)县、自治县分为乡、民族乡、镇;(5)直辖市和较大的市分为区、县;(6)国家在必要时设立的特别行政区。

气温 气温指空气的温度,我国一般以摄氏度为单位表示。气象观测的温度表是放在离地面约1.5米处通风良好的百叶箱里测量的,因此,通常说的气温指的是离地面1.5米处百叶箱中的温度。计算方法:月平均气温是将全月各日的平均气温相加,除以该月的天数而得。年平均气温是将12个月的月平均气温累加后除以12而得。

降水量 指从天空降落到地面的液态或固态(经融化后)水,未经蒸发、渗透、流失而在地面上积聚的深度。计算方法为:月降水量是将全月各日的降水量累加而得。年降水量是将12个月的月降水量累加而得。

全年日照时数 指太阳实际照射地面的时数,通常以小时为单位表示。其统计方法与降水量相同。

水资源总量 指当地降水形成的地表和地下产水总量,即地表径流量与降水入渗补给量之和。

地表水资源量 指河流、湖泊以及冰川等地表水体中可以逐年更新的动态水量,即天然河川径流量。

地下水资源量 指地下饱和含水层逐年更新的动态水量,即降水和地表水入渗对地下水的补给量。

各个计划时期 表内所用各个“时期”代表的年份如下:恢复时期为1950到1952年;第一个五年计划时期(简称“一五”时期)为1953到1957年;第二个五年计划时期(简称“二五”时期)为1958到1962年;第三个五年计划时期(简称“三五”时期)为1966到1970年;第四个五年计划时期(简称“四五”时期)为1971到1975年;第五个五年计划时期(简称“五五”时期)为1976到1980年;第六个五年计划时期(简称“六五”时期)为1981到1985年;第七个五年计划时期(简称“七五”时期)为1986到1990年;第八个五年计划时期(简称“八五”时期)为1991到1995年;第九个五年计划时期(简称“九五”时期)为1996到2000年;第十个五年计划时期(简称“十五”时期)为2001到2005年;第十一个五年计划时期(简称“十一五”时期)为2006到2010年。第十二个五年计划时期(简称“十二五”时期)为2011到2015年。

平均增长速度 平均增长速度表明社会经济现象在一个较长的时期内逐期平均增长变化的程度,它不能根据各个环比增长速度直接求得,但与平均发展速度之间存在着一定的数量关系:平均增长速度=平均发展速度-1

平均发展速度是一种根据环比发展速度计算的序时平均数,由于各时期对比的基础不同,所以计算平均发展速度不能采用一般的序时平均数的计算方法,计算方法分为水平法和累计法。水平法,又称几何平均法,即将环比发展速度按连乘法用几何平均数公式计算。累计法,也称方程法,根据一段时期内各年发展水平总和与基期水平的关系,列出方程式计算平均发展速度。水平法着重考虑最后一年所达到的发展水平;累计法着重考虑整个时期累计发展水平的总量。

2

基本单位

Chaper2 Basic Unit

资料整理:胡 凡 费 嘉

2—1 按登记注册类型分的法人单位和产业活动单位数

（2017 年）

单位：个

分组	法人单位数	企业	产业活动单位数	企业
合计	**71450**	**64546**	**8276**	**6981**
#非公有制经济	64222	62029		
内资	**71229**	**64333**	**8034**	**6741**
国有	3823	778	1977	1080
集体	320	242	132	106
股份合作	134	125	58	55
联营	74	52	52	40
国有联营	23	10	15	12
集体联营	30	28	11	6
国有与集体联营	8	6	11	10
其他联营	13	8	15	12
有限责任公司	6699	6652	1049	1040
国有独资公司	178	177	49	49
其他有限责任公司	6521	6475	1000	991
股份有限公司	668	660	613	596
私营	54753	54289	3689	3651
私营独资企业	5774	5585	199	194
私营合伙	1152	1044	36	34
私营有限责任公司	46950	46792	3371	3343
私营股份有限公司	877	868	83	80
其他	4758	1535	464	173
港、澳、台商投资企业	**65**	**64**	**62**	**61**
与港、澳、台商合资经营	29	28	19	19
与港、澳、台商合作经营	1	1		
港、澳、台商独资经营	28	28	29	28
港、澳、台商独资股份有限公司	5	5	10	10
其他港、澳、台商投资	2	2	4	4
外商投资	**156**	**149**	**180**	**179**
中外合资经营	48	48	21	20
中外合作经营	10	10	3	3
外资企业	79	73	125	125
外商投资股份有限公司	4	4	22	22
其他外商投资	15	14	9	9

2—2 按国民经济行业分的法人单位和产业活动单位数

（2017年）

单位:个

行业	法人单位数	企业	产业活动单位数	企业
合计	**71450**	**64546**	**8276**	**6981**
农、林、牧、渔业	**1074**	**352**	**23**	**15**
农业	331	124	8	5
林业	88	45	3	2
畜牧业	501	91	3	3
渔业	33	9		
农、林、牧、渔服务业	121	83	9	5
采矿业	**173**	**173**	**34**	**34**
煤炭开采和洗选业	71	71	16	16
石油和天然气开采业	4	4	1	1
黑色金属矿采选业	2	2		
有色金属矿采选业	14	14		
非金属矿采选业	48	48	11	11
开采辅助活动	19	19	4	4
其他采矿业	15	15	2	2
制造业	**3353**	**3338**	**212**	**212**
农副食品加工业	94	90	10	10
食品制造业	100	99	11	11
酒、饮料和精制茶制造业	63	63	5	5
烟草制品业	1	1		
纺织业	66	64	4	4
纺织服装、服饰业	68	68		
皮革、毛皮、羽毛及其制品和制鞋业	11	11	1	1
木材加工和木、竹、藤、棕、草制品业	45	43	1	1
家具制造业	91	91	2	2
造纸及纸制品业	74	74		
印刷和记录媒介复制业	174	173	9	9
文教、工美、体育和娱乐用品制造业	43	39	3	3
石油加工、炼焦和核燃料加工业	47	47	7	7
化学原料和化学制品制造业	270	270	24	24

2－2 续表 1　　(2017 年)　　单位:个

行　　业	法人单位数	企　业	产业活动单位数	企　业
医药制造业	51	51	4	4
化学纤维制造业	7	7	1	1
橡胶和塑料制品业	337	337	8	8
非金属矿物制造业	429	429	41	41
黑色金属冶炼和压延加工业	84	84	3	3
有色金属冶炼和压延加工业	19	19	1	1
金属制品业	466	466	27	27
通用设备制造业	189	189	14	14
专用设备制造业	230	229	10	10
汽车制造业	30	30	3	3
铁路、船舶、航空航天和其他运输设备制造业	14	14	1	1
电器机械和器材制造业	222	222	10	10
计算机、通信和其他电子设备制造业	23	23	2	2
仪器仪表制造业	26	26	1	1
其他制造业	19	19	1	1
废弃资源综合利用业	19	19	1	1
金属制品、机械和设备修理业	41	41	7	7
电力、热力、燃气及水生产和供应业	**187**	**184**	**35**	**34**
电力、热力生产和供应业	154	154	27	27
燃气生产和供应业	10	10	4	4
水的生产和供应业	23	20	4	3
建筑业	**2604**	**2603**	**646**	**646**
房屋建筑业	368	368	257	257
土木工程建筑业	533	532	119	119
建筑安装业	580	580	149	149
建筑装饰和其他建筑业	1123	1123	121	121
批发和零售业	**32014**	**32003**	**2269**	**2269**
批发业	23506	23500	804	804
零售业	8508	8503	1465	1465

2-2 续表 2　　(2017 年)　　单位:个

行　业	法人单位数	企　业	产业活动单位数	企　业
交通运输、仓储和邮政业	**2047**	**2023**	**543**	**513**
铁路运输业	60	59	38	36
道路运输业	806	793	125	119
水上运输业	2	2	3	3
航空运输业	38	37	10	10
管道运输业	8	8	9	9
装卸搬运和运输代理业	898	896	124	123
仓储业	146	141	25	25
邮政业	89	87	209	188
住宿和餐饮业	**749**	**729**	**276**	**266**
住宿业	311	300	130	122
餐饮业	438	429	146	144
信息传输、软件和信息技术服务业	**2914**	**2878**	**317**	**302**
电信、广播电视和卫星传输服务	101	92	184	173
互联网和相关服务	363	358	19	17
软件和信息技术服务业	2450	2428	114	112
金融业	**1043**	**1030**	**942**	**893**
货币金融服务	274	270	710	665
资本市场服务	536	532	58	56
保险业	79	77	143	143
其他金融业	154	151	31	29
房地产业	**2535**	**2526**	**385**	**385**
房地产业	2535	2526	385	385
租赁和商务服务业	**9836**	**9508**	**677**	**625**
租赁业	589	583	41	41
商务服务业	9247	8925	636	584
科学研究和技术服务业	**4104**	**3809**	**517**	**479**
科研和实验发展	276	198	19	16
专业技术服务业	2263	2107	439	418
科技推广和应用服务业	1565	1504	59	45

2－2 续表3　　(2017年)　　单位:个

行　　业	法人单位数	企　业	产业活动单位数	企　业
水利、环境和公共设施管理业	**418**	**304**	**43**	**37**
水利管理业	67	37	15	13
生态保护和环境治理业	52	42	8	8
公共设施管理业	299	225	20	16
居民服务、修理和其他服务业	**1646**	**1591**	**179**	**159**
居民服务业	477	431	66	52
机动车、电子产品和日用产品修理业	706	705	74	71
其他服务业	463	455	39	36
教育	**1293**	**333**	**111**	**25**
教育	1293	333	111	25
卫生和社会工作	**498**	**152**	**321**	**43**
卫生	379	130	316	42
社会工作	119	22	5	1
文化、体育和娱乐业	**1200**	**1010**	**52**	**44**
新闻和出版业	87	30	8	5
广播、电视、电影和影视录音制作业	120	102	13	12
文化艺术业	320	248	4	1
体育	93	75	5	5
娱乐业	580	555	22	21
公共管理、社会保障和社会组织	**3762**		**694**	
中国共产党机关	50		4	
国家机构	1318		570	
人民政协、民主党派	21			
社会保障	14		7	
群众团体、社会团体和其他成员组织	1318		111	
基层群众自治组织	1041		2	
国际组织				
国际组织				

2—3 按行政区划分的法人单位数

（2017 年）

单位：个

区县名称	法人单位数	企 业
总 计	**71450**	**64546**
天山区	17475	15831
沙依巴克区	11867	10809
高新技术产业开发区（新市区）	18484	17140
水磨沟区	6551	5734
经济技术开发区（头屯河区）	11719	11354
达坂城区	693	324
米东区	3954	3015
乌鲁木齐县	707	339

2—4 按行政区划分的产业活动单位数

（2017 年）

单位：个

区县名称	法人单位数	企 业
总 计	**8276**	**6981**
天山区	2156	1959
沙依巴克区	1253	1122
高新技术产业开发区（新市区）	1846	1641
水磨沟区	833	760
经济技术开发区（头屯河区）	1102	959
达坂城区	156	54
米东区	628	416
乌鲁木齐县	302	70

2—5 按登记注册类型分的一套表法人单位数

(2017 年)

单位:个

分组	法人单位数	企业
合计	**2790**	**2679**
内资	**2743**	**2632**
国有	198	92
集体	15	15
股份合作		
联营		
国有联营		
集体联营		
国有与集体联营		
其他联营		
有限责任公司	806	806
国有独资公司	110	110
其他有限责任公司	696	696
股份有限公司	82	82
私营	1635	1635
私营独资企业	2	2
私营合伙	1	1
私营有限责任公司	1600	1600
私营股份有限公司	32	32
其他	7	2
港、澳、台商投资企业	**25**	**25**
与港、澳、台商合资经营	13	13
与港、澳、台商合作经营		
港、澳、台商独资经营	9	9
港、澳、台商投资股份有限公司	2	2
其他港、澳、台商投资	1	1
外商投资	**22**	**22**
中外合资经营	14	14
中外合作经营	1	1
外资企业	6	6
外商投资股份有限公司		
其他外商投资	1	1

2—6 按国民经济行业分的一套表法人单位数

（2017 年）

单位：个

行业	法人单位数
合计	**2790**
农、林、牧、渔业	**1**
农业	
林业	
畜牧业	1
渔业	
农、林、牧、渔服务业	
采矿业	**8**
煤炭开采和洗选业	4
石油和天然气开采业	1
黑色金属矿采选业	
有色金属矿采选业	
非金属矿采选业	2
开采辅助活动	1
其他采矿业	
制造业	**303**
农副食品加工业	22
食品制造业	17
酒、饮料和精制茶制造业	4
烟草制品业	1
纺织业	8
纺织服装、服饰业	5
皮革、毛皮、羽毛及其制品和制鞋业	
木材加工和木、竹、藤、棕、草制品业	
家具制造业	4
造纸及纸制品业	9
印刷和记录媒介复制业	7
文教、工美、体育和娱乐用品制造业	2
石油加工、炼焦和核燃料加工业	6
化学原料和化学制品制造业	28
医药制造业	12
化学纤维制造业	1
橡胶和塑料制品业	24
非金属矿物制造业	42
黑色金属冶炼和压延加工业	19
有色金属冶炼和压延加工业	5
金属制品业	24
通用设备制造业	4
专用设备制造业	15

2－6续表1　　　　　　　　　　(2017年)　　　　　　　　　　单位:个

行　　业	法人单位数
汽车制造业	9
铁路、船舶、航空航天和其他运输设备制造业	2
电器机械和器材制造业	24
计算机、通信和其他电子设备制造业	3
仪器仪表制造业	2
其他制造业	
废弃资源综合利用业	2
金属制品、机械和设备修理业	2
电力、热力、燃气及水生产和供应业	**70**
电力、热力生产和供应业	59
燃气生产和供应业	6
水的生产和供应业	5
建筑业	**455**
房屋建筑业	105
土木工程建筑业	115
建筑安装业	124
建筑装饰和其他建筑业	111
批发和零售业	**760**
批发业	516
零售业	244
交通运输、仓储和邮政业	**110**
铁路运输业	7
道路运输业	41
水上运输业	
航空运输业	5
管道运输业	3
装卸搬运和运输代理业	33
仓储业	13
邮政业	8
住宿和餐饮业	**92**
住宿业	62
餐饮业	30
信息传输、软件和信息技术服务业	**64**
电信、广播电视和卫星传输服务	13
互联网和相关服务	3
软件和信息技术服务业	48
金融业	**2**
货币金融服务	
资本市场服务	2

2－6 续表 2　　（2017 年）　　单位：个

行　业	法人单位数
保险业	
其他金融业	
房地产业	**484**
房地产业	484
租赁和商务服务业	**144**
租赁业	6
商务服务业	138
科学研究和技术服务业	**116**
科研和实验发展	2
专业技术服务业	107
科技推广和应用服务业	7
水利、环境和公共设施管理业	**30**
水利管理业	3
生态保护和环境治理业	2
公共设施管理业	25
居民服务、修理和其他服务业	**16**
居民服务业	5
机动车、电子产品和日用产品修理业	5
其他服务业	6
教育	**15**
教育	15
卫生和社会工作	**33**
卫生	28
社会工作	5
文化、体育和娱乐业	**26**
新闻和出版业	9
广播、电视、电影和影视录音制作业	9
文化艺术业	4
体育	1
娱乐业	3
公共管理、社会保障和社会组织	**61**
中国共产党机关	
国家机构	60
人民政协、民主党派	
社会保障	
群众团体、社会团体和其他成员组织	
基层群众自治组织	1
国际组织	
国际组织	

2—7 按行政区划分的企业一套表调查单位数

(2017 年)

单位:个

区 县	规模以上工业	限额以上批发零售业	限额以上住宿餐饮业
总 计	**330**	**747**	**91**
天山区	8	99	31
沙依巴克区	16	108	22
高新技术产业开发区(新市区)	83	205	20
水磨沟区	10	46	12
经济技术开发区(头屯河区)	108	235	6
达坂城区	26	1	
米东区	71	53	
乌鲁木齐县	8		

区 县	资质内建筑业	房地产开发经营业	规模以上服务业
总 计	**454**	**398**	**537**
天山区	86	70	115
沙依巴克区	92	76	89
高新技术产业开发区(新市区)	125	78	116
水磨沟区	47	60	53
经济技术开发区(头屯河区)	75	62	142
达坂城区	1		2
米东区	25	43	17
乌鲁木齐县	3	9	3

主要统计指标解释

EXPLANATORY NOTES ON MAIN STATISTICAL INDICATORS

企业(单位)登记注册类型 是以在工商行政管理机关登记注册的各类企业为划分对象,以工商行政管理部门对企业登记注册的类型为依据,将企业登记注册类型分为内资企业、港澳台商投资企业和外商投资企业三大类。内资企业包括国有企业、集体企业、股份合作企业、联营企业、有限责任公司、股份有限公司、私营公司和其他企业;港澳台商投资企业和外商投资企业分别包括合资经营企业、合作经营企业、独资经营企业和股份有限公司。对不在工商行政管理部门进行登记注册的行政机关、事业单位和社会团体,主要按其经费来源和管理方式进行划分。

国有企业 指企业全部资产归国家所有,并按《华人民共和国企业法人登记管理条例》规定登记注册的非公司制的经济组织。不包括有限责任公司中的国有独资公司。

集体企业 指企业资产归集体所有,并按《中华人民共和国企业法人登记管理条例》规定登记注册的经济组织。

股份合作企业 指以合作制为基础,由企业职工共同出资入股,吸收一定比例的社会资产投资组建,实行自主经营,自负盈亏,共同劳动,民主管理,按劳分配与按股分红相结合的一种集体经济组织。

联营企业 指两个及两个以上相同或不同所有制性质的企业法人或事业单位法人,按自愿、平等、互利的原则,共同投资组成的经济组织。联营企业包括国有联营企业、集体联营企业、国有与集体联营企业和其他联营企业。

有限责任公司 指根据《中华人民共和国公司登记管理条例》规定登记注册,由两个以上、五十个以下的股东共同出资,每个股东以其所认缴的出资额对公司承担有限责任,公司以其全部资产对其债务承担责任的经济组织。有限责任公司包括国有独资公司以及其他有限责任公司。

股份有限公司 指根据《中华人民共和国公司登记管理条例》规定登记注册,其全部注册资本由等额股份构成并通过发行股票筹集资本,股东以其认购的股份对公司承担有限责任,公司以其全部资产对其债务承担责任的经济组织。

私营企业 指由自然人投资设立或由自然人控股,以雇佣劳动为基础的营利性经济组织。包括按照《公司法》、《合伙企业法》、《私营企业暂行条例》规定登记注册的私营有限责任公司、私营股份有限公司、私营合伙企业和私营独资企业。

合资经营企业(港或澳、台商) 指港澳台地区投资者与内地的企业依照《中华人民共和国中外合资经营企业法》及有关法律的规定,按合同规定的比例投资设立、分享利润和分担风险的企业。

港澳台商独资经营企业 指依照《中华人民共和国外资企业法》及有关法律的规定,在内地由港澳台地区投资者全额投资设立的企业。

港澳台商投资股份有限公司 指根据国家有关规定,经商务部批准设立,其中港、澳、台商的股本占公司注册资本的比例达25% 以上的股份有限公司。凡其中港、澳、台商的股本占公司注册资本的比例小于25%的,属于内资企业中的股份有限公司。

中外合资经营企业 指外国企业或外国人与中国内地企业依照《中华人民共和国中外合资经营企业法》及有关法律的规定,按合同规定的比例投资设立、分享利润和分担风险的企业。

中外合作经营企业 指外国企业或外国人与中国内地企业依照《中华人民共和国中外合作经营企业法》及有关法律的规定,依照合作合同的约定进行投资或提供条件设立、分配利润和分担风险的企业。

外资企业 指依照《中华人民共和国外资企业法》及有关法律的规定,在中国内地由外国投资者全额投资设立的企业。

行政机关、事业单位和社会团体 参照企业登记注册类型,主要按其经费来源和管理方式划分。具体规定如下:

(1)行政机关:包括国家机关和政党机关,原则上均列为“国有”。但有特殊规定的,如供销社等,则列为“集体”。

(2)事业单位:包括经国家机构编制部门和有关业务主管部门批准成立的各类事业单位,不包括实行企业化管理的事业单位。

法人单位 指具备以下条件的单位:1、依法成立,有自己的名称、组织机构和场所,能够独立承担民事责任;2、独立拥有和使用(或授权使用)资产,承担负债,有权与其他单位签订合同;3、会计上独立核算,能够编制资产负债表。法人单位包括企业法人、事业单位法人、机关法人、社会团体法人和其他法人。

产业活动单位 是法人单位的组成部分,须同时具备以下三个条件:1、在一个场所从事一种或主要从事一种社会经济活动;2、相对独立组织生产经营或业务活动;3、能够掌握收入和支出等业务核算资料。

3

国民经济核算

Chapter3 National Accounts

资料整理:刘 丰

3—1 总产出

单位:万元

年 份	总产出	第一产业	第二产业	第三产业	#工业	建筑业	交通运输、仓储及邮政业	批发和零售贸易、住餐业
1952	18090	1566	5433	3277	2156	11091	3980	2958
"一五"时期								
1953	24111	1754	7271	15086	4844	2427	4745	4691
1954	33177	2009	11760	19408	6869	4891	6880	5260
1955	41783	2076	14913	24794	10050	4863	9293	6216
1956	57223	2268	21805	33150	15037	6768	12918	7817
1957	49330	2249	19217	27864	13423	5794	7966	9463
"二五"时期								
1958	56174	2640	26253	27281	19943	6310	8662	8403
1959	108014	2830	59798	45386	47133	12665	14955	13416
1960	127398	2908	75126	47364	61914	13212	15138	15915
1961	88817	2800	49120	36897	44549	4571	10761	12449
1962	67880	2431	32867	32582	29587	3280	10168	10329
三年调整期								
1963	74464	3282	39398	31784	30356	9042	10910	8960
1964	81398	3550	43381	34467	29763	13618	11454	10100
1965	96622	3622	54255	38745	35825	18430	13802	10429
"三五"时期								
1966	109149	4248	62621	42280	49688	12933	15555	10971
1967	87969	3593	50058	34318	41225	8833	11307	10206
1968	73790	3166	39050	31574	36196	2854	9750	9973
1969	77465	3687	38233	35545	35339	2894	8998	13249
1970	109305	4172	56921	48212	47014	9907	15865	13802
"四五"时期								
1971	128743	4340	65876	58527	57689	8187	21426	14595
1972	112537	4905	49305	58327	41945	7360	19567	16349
1973	110294	4838	45537	59919	39141	6396	19588	17288
1974	109533	4877	46944	57712	38504	8440	18170	17389
1975	128976	5772	62431	60773	50771	11660	21811	15687
"五五"时期								
1976	152142	7248	74670	70224	61202	13468	26518	16873
1977	189732	7408	92402	89922	76057	16345	36665	18988
1978	215664	8075	105430	102159	85016	20414	41454	21022
1979	237186	9067	121213	106906	97511	23702	41111	24280
1980	276322	9410	146710	120202	116027	30683	44032	29517
"六五"时期								
1981	280947	12075	152789	116083	125083	27706	47568	23397
1982	334799	14168	187758	132873	150490	37268	51408	29722
1983	385877	15500	224236	146141	176089	48147	58941	30273
1984	505178	15441	326654	163083	213844	112810	67588	32013
1985	589324	18060	371426	199838	288812	82614	68256	53322

3－1 续表 单位:万元

年 份	总产出	第一产业	第二产业	第三产业	#工业	建筑业	交通运输、仓储及邮政业	批发和零售贸易、住餐业
“七五”时期								
1986	656849	20018	421263	215568	328316	92947	74487	57201
1987	820898	24200	474043	322655	379670	94373	100867	95921
1988	1043085	33528	608213	401344	498171	110042	117163	127637
1989	1263256	38129	728942	496185	611589	117353	143760	156756
1990	1434313	40274	797979	596060	657294	140685	188871	171574
“八五”时期								
1991	1715140	42272	956277	716591	796816	159461	205114	220327
1992	2100133	49764	1172587	877782	945544	227043	246334	266224
1993	2691251	59796	1548059	1083396	1225432	322627	331817	292238
1994	3473555	83461	2014140	1375954	1524705	489435	384280	352318
1995	4439607	114057	2392447	1933103	1911998	480449	392990	432051
“九五”时期								
1996	4892317	122002	2605310	2165005	1903792	701518	505063	539472
1997	5576194	116156	3123159	2336879	2373876	749283	578424	588079
1998	5960652	122361	3230063	2608228	2400278	829785	711631	626403
1999	6379882	126864	3382310	2870708	2507867	874443	790361	665393
2000	7419984	129598	4020032	3270354	2996079	1023953	851910	682679
“十五”时期								
2001	8521363	137227	4555440	3828696	3310242	1245198	1054103	725887
2002	9419464	155628	4829883	4433953	3504028	1325855	1193767	764864
2003	10924070	195916	5686980	5041174	4067186	1619794	1361250	862300
2004	12927223	217768	6946953	5762502	5240174	1706779	1506457	987020
2005	15455851	241825	8621198	6592828	6628485	1992713	1363570	1343069
“十一五”时期								
2006	18069865	266089	10195339	7608437	8148549	2046790	1584718	1616973
2007	21688190	303622	12458912	8925656	10127905	2331007	1759833	1934332
2008	29799156	280758	17544528	11973870	14275528	3269000	3100293	2948807
2009	30993208	303773	17807750	12881685	14116460	3691290	3414208	3096222
2010	36689215	350439	21474753	14864023	17192253	4282500	3795154	3596136
“十二五”时期								
2011	45663219	382875	26413563	18866781	21413563	5000000	4813231	4515831
2012	51672062	427021	29241670	22003371	23726670	5515000	6098681	4155721
2013	55221481	474038	31352334	23395109	25315267	6044440	6648412	3586000
2014	63611769	523284	35128425	27960060	28253757	6883966	6899404	5381753
2015	60441427	517843	30425123	29498461	24508769	5936463	6521947	4854210
“十三五”时期								
2016	63454241	594998	29872823	32986420	23460477	6430746	7216008	5018078
2017	68287333	603765	32662535	35021033	26061017	6626824	7967382	5481696

注:1. 本表按当年价格计算。
2. 1978—2004 年数据根据第一次经济普查资料修订。
3. 2005—2008 年数据根据第二次经济普查资料修订。

3—2　总产出构成

单位：%

年　　份	总产出	第一产业	第二产业	第三产业	#工业	建筑业	交通运输、仓储及邮政业	批发和零售贸易、住餐业
1952	100	8.66	30.03	61.31	18.11	11.92	22.00	16.35
"一五"时期								
1953	100	7.27	30.16	62.57	20.09	10.07	19.68	19.46
1954	100	6.06	35.45	58.49	20.70	14.75	20.74	15.85
1955	100	4.97	35.69	59.34	24.05	11.64	22.24	14.88
1956	100	3.96	38.11	57.93	26.28	11.83	22.57	13.66
1957	100	4.56	38.96	56.48	27.21	11.75	16.15	19.18
"二五"时期								
1958	100	4.70	46.74	48.56	35.50	11.24	15.42	14.96
1959	100	2.62	55.36	42.02	43.64	11.72	13.85	12.42
1960	100	2.28	58.97	38.75	48.60	10.37	11.88	12.49
1961	100	3.15	55.30	41.55	50.16	5.14	12.12	14.02
1962	100	3.58	48.42	48.00	43.59	4.83	14.98	15.22
三年调整期								
1963	100	4.41	52.91	42.68	40.77	12.14	14.65	12.03
1964	100	4.36	53.29	42.35	36.56	16.73	14.07	12.41
1965	100	3.75	56.15	40.10	37.08	19.07	14.28	10.79
"三五"时期								
1966	100	3.89	57.37	38.74	45.52	11.85	14.25	10.05
1967	100	4.08	56.90	39.02	46.86	10.04	12.85	11.60
1968	100	4.29	52.92	42.79	49.05	3.87	13.21	13.52
1969	100	4.76	49.36	45.88	45.62	3.74	11.62	17.10
1970	100	3.82	52.08	44.10	43.01	9.07	14.51	12.63
"四五"时期								
1971	100	3.37	51.17	45.46	44.81	6.36	16.64	11.34
1972	100	4.36	43.81	51.83	37.27	6.54	17.39	14.53
1973	100	4.39	41.29	54.32	35.49	5.80	17.76	15.67
1974	100	4.45	42.86	52.69	35.15	7.71	16.59	15.88
1975	100	4.48	48.41	47.11	39.36	9.05	16.91	12.16
"五五"时期								
1976	100	4.76	49.08	46.16	40.23	8.85	17.43	11.09
1977	100	3.90	48.70	47.40	40.09	8.61	19.32	10.01
1978	100	3.74	48.89	47.37	39.42	9.47	19.22	9.75
1979	100	3.82	51.10	45.08	41.11	9.99	17.33	10.24
1980	100	3.41	53.09	43.50	41.99	11.10	15.94	10.68
"六五"时期								
1981	100	4.30	54.38	41.32	44.52	9.86	16.93	8.33
1982	100	4.23	56.08	39.69	44.95	11.13	15.35	8.88
1983	100	4.02	58.11	37.87	45.63	12.48	15.27	7.85
1984	100	3.06	64.66	32.28	42.33	22.33	13.38	6.34
1985	100	3.06	63.03	33.91	49.01	14.02	11.58	9.05

3-2 续表 单位:%

年　　份	总产出	第一产业	第二产业	第三产业	#工业	建筑业	交通运输、仓储及邮政业	批发和零售贸易、住餐业
“七五”时期								
1986	100	3.05	64.13	32.82	49.98	14.15	11.34	8.71
1987	100	2.95	57.75	39.30	46.25	11.50	12.29	11.68
1988	100	3.21	58.31	38.48	47.76	10.55	11.23	12.24
1989	100	3.02	57.70	39.28	48.41	9.29	11.38	12.41
1990	100	2.81	55.63	41.56	45.83	9.80	13.17	11.96
“八五”时期								
1991	100	2.46	55.76	41.78	46.46	9.30	11.96	12.85
1992	100	2.37	55.83	41.80	45.02	10.81	11.73	12.68
1993	100	2.22	57.52	40.26	45.53	11.99	12.33	10.86
1994	100	2.40	57.98	39.62	43.89	14.09	11.06	10.14
1995	100	2.57	53.89	43.54	43.07	10.82	8.85	9.73
“九五”时期								
1996	100	2.49	53.25	44.26	38.91	14.34	10.32	11.03
1997	100	2.08	56.01	41.91	42.57	13.44	10.37	10.55
1998	100	2.05	54.19	43.76	40.27	13.92	11.94	10.51
1999	100	1.99	53.02	44.99	39.31	13.71	12.39	10.43
2000	100	1.75	54.18	44.07	40.38	13.80	11.48	9.20
“十五”时期								
2001	100	1.61	53.46	44.93	38.85	14.61	12.37	8.52
2002	100	1.65	51.28	47.07	37.20	14.08	12.67	8.12
2003	100	1.79	52.06	46.15	37.23	14.83	12.46	7.89
2004	100	1.68	53.74	44.58	40.54	13.20	11.65	7.64
2005	100	1.56	55.78	42.66	42.89	12.89	8.82	8.69
“十一五”时期								
2006	100	1.47	56.42	42.11	45.09	11.33	8.77	8.95
2007	100	1.40	57.45	41.15	46.70	10.75	8.11	8.92
2008	100	0.94	58.88	40.18	47.91	10.97	10.40	9.90
2009	100	0.98	57.46	41.56	45.55	11.91	11.02	9.99
2010	100	0.96	58.53	40.51	46.86	11.67	10.34	9.80
“十二五”时期								
2011	100	0.84	57.84	41.32	46.89	10.95	10.54	9.89
2012	100	0.83	56.59	42.58	45.92	10.67	11.80	8.04
2013	100	0.86	56.78	42.37	45.84	10.95	12.04	6.49
2014	100	0.82	55.22	43.95	44.42	10.82	10.85	8.46
2015	100	0.86	50.34	48.81	40.55	9.82	10.79	8.03
“十三五”时期								
2016	100	0.94	47.08	51.98	36.97	10.13	11.37	7.91
2017	100	0.88	47.83	51.29	38.16	9.70	11.67	8.03

3—3 地区生产总值

单位:万元

年 份	地区生产总值	第一产业	第二产业	第三产业	#工业	建筑业	人均地区生产总值（元/人）
1952	7941	916	1881	5144	1135	746	512
“一五”时期							
1953	10392	1023	2521	6848	1682	839	562
1954	14095	1173	4069	8853	2388	1681	631
1955	17771	1214	5220	11337	3498	1722	678
1956	24146	1326	7630	15190	5235	2395	806
1957	20820	1410	6908	12502	4788	2120	533
“二五”时期							
1958	23409	1664	9449	12296	7139	2310	527
1959	43805	1786	21515	20504	16892	4623	884
1960	50966	1843	27281	21842	22180	5101	750
1961	35770	1727	17751	16292	15895	1856	523
1962	27751	1446	11877	14428	10517	1360	456
三年调整期							
1963	30405	1901	14340	14164	10802	3538	526
1964	33158	2092	15748	15318	10534	5214	524
1965	39453	2098	20067	17288	12997	7070	557
“三五”时期							
1966	44408	2429	23172	18807	18116	5056	597
1967	35658	2099	18542	15017	14929	3613	449
1968	29656	1869	14387	13400	12999	1388	350
1969	31205	2142	14015	15048	12591	1424	347
1970	43370	2405	20426	20539	16412	4014	465
“四五”时期							
1971	51137	2504	23626	25007	20258	3368	552
1972	44451	2757	17348	24346	14149	3199	448
1973	43821	2769	16037	25015	13123	2914	415
1974	43475	2861	16579	24035	12877	3702	393
1975	50848	3332	22091	25425	17078	5013	450
“五五”时期							
1976	60293	4188	26533	29572	20651	5882	535
1977	75596	4385	33061	38150	25758	7302	641
1978	86153	4723	37851	43579	30154	7697	713
1979	93818	5342	42330	46146	33659	8671	781
1980	112446	5649	55763	51034	44043	11720	917
“六五”时期							
1981	112310	6641	54650	51019	44337	10313	880
1982	134188	7793	66851	59544	53384	13467	1003
1983	155370	8783	79629	66958	62328	17301	1129
1984	198696	8832	112925	76939	73452	39473	1415
1985	234882	10505	127729	96648	99040	28689	1604

3－3 续表　　单位：万元

年　份	地区生产总值	第一产业	第二产业	第三产业	#工业	建筑业	人均地区生产总值（元/人）
"七五"时期							
1986	264834	10973	144972	108889	112625	32347	1838
1987	344688	12892	162661	169135	130692	31969	2353
1988	443483	18730	207263	217490	170994	36269	2962
1989	537774	20466	238284	279024	197077	41207	3538
1990	634562	21151	303608	309803	246955	56653	4142
"八五"时期							
1991	733182	22883	306463	403836	247087	59376	4667
1992	872098	26665	364927	480506	299856	65071	5315
1993	1169345	31829	470224	667292	380158	90066	6780
1994	1456987	44355	541310	871322	432506	108804	8252
1995	1859640	62357	702786	1094497	548423	154363	10381
"九五"时期							
1996	2086769	68120	763609	1255040	546519	217090	11437
1997	2258063	64539	842897	1350627	626214	216683	12030
1998	2406886	68649	881775	1456462	640875	240900	12689
1999	2591823	68917	908976	1613930	668677	240299	13378
2000	2898465	70529	1040230	1787706	776459	263771	14622
"十五"时期							
2001	3279389	74564	1162574	2042251	868263	294311	15732
2002	3670592	87712	1223296	2359584	915902	307394	16990
2003	4260031	101990	1481345	2676696	1115184	366161	19085
2004	5066147	119149	1928957	3018041	1537056	391901	21990
2005	5857034	130947	2252464	3473623	1785432	467032	24444
"十一五"时期							
2006	6836782	142375	2662538	4031869	2181985	480553	27357
2007	8105705	162659	3165857	4777189	2618574	547283	30771
2008	9823703	151631	4208279	5463793	3543279	665000	35953
2009	10727645	160015	4642542	5925089	3879275	763267	37731
2010	13027147	186918	5934955	6905274	5078455	856500	41888
"十二五"时期							
2011	16215843	202163	7458323	8555356	6458323	1000000	50517
2012	18954206	218498	8099657	10636050	6949657	1150000	56411
2013	20584716	226434	8500177	11858105	7219384	1283515	59493
2014	22646800	235787	8755677	13655336	7359352	1399031	64155
2015	23873124	265262	7582317	16025545	6029284	1566916	67248
"十三五"时期							
2016	24589766	281353	7040837	17267576	5352557	1697380	69865
2017	27306455	250021	8237981	18818453	6339592	1913159	77756

3—4 地区生产总值构成

单位:%

年　份	地区生产总值	第一产业	第二产业	第三产业	#工业	建筑业
1952	100	11.54	23.69	64.77	14.29	9.40
“一五”时期						
1953	100	9.84	24.26	65.90	16.19	8.07
1954	100	8.32	28.87	62.81	16.94	11.93
1955	100	6.83	29.37	63.80	19.68	9.69
1956	100	5.49	31.60	62.91	21.68	9.92
1957	100	6.77	33.18	60.05	23.00	10.18
“二五”时期						
1958	100	7.11	40.36	52.53	30.49	9.87
1959	100	4.08	49.12	46.80	38.56	10.56
1960	100	3.62	53.53	42.85	43.52	10.01
1961	100	4.83	49.63	45.54	44.44	5.19
1962	100	5.21	42.80	51.99	37.90	4.90
三年调整期						
1963	100	6.25	47.16	46.59	35.53	11.63
1964	100	6.31	47.49	46.20	31.77	15.72
1965	100	5.32	50.86	43.82	32.94	17.92
“三五”时期						
1966	100	5.47	52.18	42.35	40.79	11.39
1967	100	5.89	52.00	42.11	41.87	10.13
1968	100	6.30	48.51	45.19	43.83	4.68
1969	100	6.86	44.91	48.23	40.35	4.56
1970	100	5.55	47.10	47.35	37.84	9.26
“四五”时期						
1971	100	4.90	46.20	48.90	39.61	6.59
1972	100	6.20	39.03	54.77	31.83	7.20
1973	100	6.32	36.60	57.08	29.95	6.65
1974	100	6.58	38.13	55.29	29.62	8.51
1975	100	6.55	43.45	50.00	33.59	9.86
“五五”时期						
1976	100	6.95	44.01	49.04	34.25	9.76
1977	100	5.80	43.73	50.47	34.07	9.66
1978	100	5.48	43.93	50.59	35.00	8.93
1979	100	5.69	45.12	49.19	35.88	9.24
1980	100	5.02	49.59	45.39	39.17	10.42
“六五”时期						
1981	100	5.91	48.66	45.43	39.48	9.18
1982	100	5.81	49.82	44.37	39.78	10.04
1983	100	5.65	51.25	43.10	40.12	11.13
1984	100	4.44	56.83	38.73	36.97	19.86
1985	100	4.47	54.38	41.15	42.17	12.21

3-4 续表

单位:%

年　份	地区生产总值	第一产业	第二产业	第三产业	#工业	建筑业
"七五"时期						
1986	100	4.14	54.74	41.12	42.53	12.21
1987	100	3.74	47.19	49.07	37.92	9.27
1988	100	4.22	46.74	49.04	38.56	8.18
1989	100	3.81	44.31	51.88	36.65	7.66
1990	100	3.33	47.85	48.82	38.92	8.93
"八五"时期						
1991	100	3.12	41.80	55.08	33.70	8.10
1992	100	3.06	41.84	55.10	34.38	7.46
1993	100	2.72	40.21	57.07	32.51	7.70
1994	100	3.04	37.15	59.81	29.68	7.47
1995	100	3.35	37.79	58.86	29.49	8.30
"九五"时期						
1996	100	3.26	36.59	60.15	26.19	10.40
1997	100	2.86	37.33	59.81	27.73	9.60
1998	100	2.85	36.64	60.51	26.63	10.01
1999	100	2.66	35.07	62.27	25.80	9.27
2000	100	2.43	35.89	61.68	26.79	9.10
"十五"时期						
2001	100	2.27	35.45	62.28	26.48	8.97
2002	100	2.39	33.33	64.28	24.95	8.38
2003	100	2.39	34.77	62.84	26.18	8.59
2004	100	2.35	38.08	59.57	30.34	7.74
2005	100	2.24	38.46	59.30	30.48	7.97
"十一五"时期						
2006	100	2.08	38.94	58.98	31.92	7.03
2007	100	2.01	39.06	58.93	32.31	6.75
2008	100	1.54	42.84	55.62	36.07	6.77
2009	100	1.49	43.28	55.23	36.16	7.11
2010	100	1.43	45.56	53.01	38.98	6.57
"十二五"时期						
2011	100	1.25	45.99	52.76	39.83	6.17
2012	100	1.15	42.73	56.12	36.67	6.07
2013	100	1.10	41.29	57.61	35.07	6.24
2014	100	1.04	38.66	60.30	32.50	6.18
2015	100	1.11	31.76	67.13	25.26	6.56
"十三五"时期						
2016	100	1.14	28.64	70.22	21.77	6.90
2017	100	0.91	30.17	68.92	23.22	7.01

3—5 地区生产总值环比指数

（以上年为100）

单位:%

年 份	地区生产总值	第一产业	第二产业	第三产业	#工业	建筑业	人均地区生产总值
1978	115.6	87.8	118.4	118.0	115.6	125.4	112.8
1979	107.6	101.8	108.3	107.6	105.5	114.9	108.2
1980	118.2	92.0	123.2	116.6	122.0	126.0	115.9
"六五"时期							
1981	112.8	105.8	127.4	98.1	105.9	172.8	108.4
1982	119.6	113.0	122.3	116.6	118.0	128.0	114.1
1983	118.4	113.8	124.2	110.5	121.5	127.4	115.1
1984	133.6	117.0	147.1	113.7	109.7	189.5	130.9
1985	101.5	94.9	90.1	126.1	130.1	63.9	97.3
"七五"时期							
1986	108.2	107.6	105.2	112.8	108.3	101.1	110.0
1987	120.2	109.8	105.4	141.8	111.5	96.7	118.2
1988	106.8	108.3	112.8	100.4	117.5	105.1	104.5
1989	108.3	100.1	101.0	117.5	105.8	92.1	106.7
1990	115.5	106.5	125.9	105.5	118.2	142.3	114.6
"八五"时期							
1991	108.9	98.8	101.3	118.5	93.3	115.5	106.2
1992	109.9	115.8	106.2	113.4	114.7	94.0	105.2
1993	107.7	102.2	105.4	110.2	101.2	112.8	102.5
1994	107.0	104.9	106.5	107.6	102.4	112.7	104.5
1995	109.9	108.7	106.8	112.8	110.5	101.5	108.3
"九五"时期							
1996	109.2	105.4	112.3	106.7	111.3	113.9	107.2
1997	107.8	104.2	108.8	106.9	110.4	106.5	104.7
1998	109.2	107.4	108.3	110.1	107.6	109.3	108.1
1999	108.4	103.7	105.3	111.4	105.1	105.6	106.1
2000	108.6	101.8	107.7	109.7	107.7	107.7	106.2
"十五"时期							
2001	108.8	108.6	109.0	108.7	108.6	109.5	103.5
2002	110.5	113.4	107.9	112.6	108.8	106.6	106.6
2003	112.8	115.7	112.0	113.3	110.9	113.9	109.2
2004	112.6	109.4	112.5	112.8	115.3	108.1	109.1
2005	114.3	103.7	112.2	115.9	111.4	115.0	109.9
"十一五"时期							
2006	114.3	109.8	113.6	114.9	117.0	100.6	109.6
2007	115.1	107.6	115.3	115.2	117.0	108.0	109.5
2008	112.0	108.0	116.1	109.5	118.0	106.6	110.1
2009	109.0	106.0	111.7	107.2	110.8	117.0	104.7
2010	112.3	105.5	111.2	113.3	112.2	106.0	107.2
"十二五"时期							
2011	115.3	105.8	110.0	120.0	110.7	105.9	111.7
2012	117.3	105.4	116.4	118.3	116.6	115.0	112.0
2013	115.0	109.0	115.4	114.8	116.3	109.6	110.8
2014	110.5	107.1	109.7	111.2	109.7	109.3	107.8
2015	110.5	106.1	105.1	114.3	103.9	114.2	105.6
"十三五"时期							
2016	107.6	100.8	102.0	110.4	99.8	110.1	103.2
2017	108.1	102.6	107.3	108.5	108.4	103.8	111.8

注:本表按可比价计算。

3—6 地区生产总值指数

（1978 年 = 100）

单位:%

年 份	地区生产总值	第一产业	第二产业	第三产业	#工业	建筑业	人均地区生产总值
1978	100.0	100.0	100.0	100.0	100.0	100.0	100.0
1979	107.6	101.8	108.3	107.6	105.5	114.9	108.2
1980	127.1	93.6	133.5	125.4	128.7	144.8	125.4
“六五”时期							
1981	143.5	99.1	170.1	123.0	136.3	250.1	135.9
1982	171.6	111.9	208.1	143.4	160.8	320.2	155.0
1983	203.2	127.4	258.5	158.5	195.4	408.1	178.4
1984	271.5	149.0	380.2	180.1	214.3	773.3	233.6
1985	275.6	141.4	342.7	227.1	278.9	493.8	227.4
“七五”时期							
1986	298.2	152.1	360.5	256.1	302.0	499.0	250.2
1987	358.6	167.1	380.1	363.2	336.9	482.5	295.8
1988	382.9	180.9	428.9	364.6	395.9	507.1	309.2
1989	414.7	181.1	433.0	428.3	418.7	466.8	329.8
1990	478.9	192.7	545.0	452.0	494.7	664.2	377.9
“八五”时期							
1991	521.4	190.4	552.1	535.7	461.3	767.0	401.1
1992	573.0	220.4	586.2	607.6	529.3	721.2	422.1
1993	617.2	225.3	618.0	669.5	535.4	813.6	432.5
1994	660.4	236.2	658.0	720.4	548.6	917.2	452.1
1995	726.0	256.8	702.6	812.8	606.3	930.6	489.8
“九五”时期							
1996	792.7	270.6	789.3	867.0	675.1	1059.8	525.1
1997	854.2	281.8	858.9	927.0	745.3	1128.2	550.0
1998	932.7	302.6	929.8	1021.0	801.9	1232.8	594.3
1999	1011.1	313.7	978.9	1137.6	842.6	1301.9	630.8
2000	1098.4	319.4	1054.5	1247.7	907.9	1401.8	669.7
“十五”时期							
2001	1194.9	346.9	1148.9	1355.6	985.8	1535.2	692.8
2002	1320.7	393.5	1240.1	1526.5	1072.5	1637.2	738.8
2003	1489.9	455.2	1389.5	1730.0	1188.9	1864.7	806.7
2004	1677.3	498.1	1562.5	1951.3	1371.4	2015.3	879.9
2005	1917.2	516.5	1753.1	2261.6	1527.7	2317.6	967.0
“十一五”时期							
2006	2191.3	567.1	1991.5	2598.0	1787.4	2331.5	1059.8
2007	2522.2	610.2	2295.9	2992.9	2091.3	2518.0	1160.4
2008	2880.4	659.1	2665.5	3391.0	2467.7	2684.2	1277.6
2009	3139.6	698.6	2977.4	3635.2	2734.3	3140.5	1337.6
2010	3525.8	737.0	3310.9	4118.7	3067.9	3328.9	1433.9
“十二五”时期							
2011	4065.2	779.7	3642.0	4942.4	3396.2	3325.3	1601.7
2012	4768.0	821.9	4238.8	5845.3	3960.2	3824.1	1794.7
2013	5481.9	896.0	4890.4	6710.5	4604.8	4191.5	1988.3
2014	6056.9	959.4	5357.1	7462.4	5045.8	4582.4	2142.4
2015	6694.7	1017.8	5630.2	8529.3	5241.1	5232.3	2261.4
“十三五”时期							
2016	7206.2	1026.4	5741.0	9419.4	5229.1	5762.9	2332.7
2017	8041.0	1043.9	6590.9	10402.1	6076.0	6377.3	2614.6

注:本表按可比价格计算。

3—7　分行业地区生产总值

单位:万元

指　　标	1995年	1997年	1998年	1999年	2000年	2001年
地区生产总值	**1859640**	**2258063**	**2406886**	**2591823**	**2898465**	**3279389**
按产业分						
第一产业	62357	64539	68649	68917	70529	74564
第二产业	702786	842897	881775	908976	1040230	1162574
第三产业	1094497	1350627	1456462	1613930	1787706	2042251
按行业分						
#工业	548423	626214	640875	668677	776459	868263
建筑业	154363	216683	240900	240299	263771	294311
交通运输仓储邮电业	208267	274863	329503	376757	399673	455172
批发零售贸易餐饮业	234034	294538	332045	369871	398453	440330
金融业	247251	248091	225069	197036	197830	223045
房地产业	51800	67959	87915	102172	123729	142284
其他服务业	353145	465176	481930	568094	668021	781420

指　　标	2002年	2003年	2004年	2005年	2006年	2007年
地区生产总值	**3670592**	**4260031**	**5066147**	**5857034**	**6836782**	**8105705**
按产业分						
第一产业	87712	101990	119149	130947	142375	162659
第二产业	1223296	1481345	1928957	2252464	2662538	3165857
第三产业	2359584	2676696	3018041	3473623	4031869	4777189
按行业分						
#工业	915902	1115184	1537056	1785432	2181985	2618574
建筑业	307394	366161	391901	467032	480553	547283
交通运输仓储邮电业	538261	610826	674958	552391	645369	715974
批发零售贸易餐饮业	483536	543234	633121	829181	976952	1161269
金融业	269974	327589	342155	405375	498893	670456
房地产业	159509	181641	209821	230880	258822	327088
其他服务业	908304	1013406	1157986	1455796	1651833	1902402

注:本表按当年价格计算。

3－7 续表

单位:万元

指　　标	2008 年	2009 年	2010 年	2011 年	2012 年
地区生产总值	**9823703**	**10727645**	**13027147**	**16215843**	**18954206**
按产业分					
第一产业	151631	160015	186918	202163	218498
第二产业	4208279	4642542	5934955	7458323	8099657
第三产业	5463793	5925089	6905274	8555356	10636050
按行业分					
#工业	3543279	3879275	5078455	6458323	6949657
建筑业	665000	763267	856500	1000000	1150000
交通运输仓储邮电业	868245	952116	1282584	1643627	2291021
批发零售贸易餐饮业	1309908	1370354	1516824	1871272	1906919
金融业	775304	836033	1013803	1170032	1445715
房地产业	413651	535339	766596	993797	1068409
其他服务业	2096685	2231247	2325467	2876628	3923986

指　　标	2013 年	2014 年	2015 年	2016 年	2017 年
地区生产总值	**20584716**	**22646800**	**23873124**	**24589766**	**27306455**
按产业分					
第一产业	226434	235787	265262	281353	250021
第二产业	8500177	8755677	7582317	7040837	8237981
第三产业	11858105	13655336	16025545	17267576	18818453
按行业分					
#工业	7219384	7359352	6029284	5178280	6339592
建筑业	1283515	1399031	1566916	1697380	1913159
交通运输仓储邮电业	2546538	3036898	2864235	3473602	3769710
批发零售贸易餐饮业	1961594	2357977	2343189	2488941	3029371
金融业	1692282	1978872	2329103	2597172	2946836
房地产业	1488527	1068136	1065746	1305865	1384372
其他服务业	4169164	5213453	7423272	7296365	7663387

3—8　三次产业对地区生产总值增长的贡献率

单位:%

指　　标	1995 年	2000 年	2005 年	2009 年	2010 年	2011 年
地区生产总值	**100.0**	**100.0**	**100.0**	**100.0**	**100.0**	**100.0**
按产业分						
第一产业	2.4	0.5	0.7	1.3	0.8	0.6
第二产业	28.7	37.1	30.8	52.0	37.0	29.3
第三产业	68.9	62.4	68.5	46.7	62.2	70.1
按行业分						
#工业	33.8	28.8	21.7	40.1	33.7	26.8
建筑业	-5.1	8.3	9.1	11.9	3.3	2.5
交通运输仓储邮电业	-2.3	19.2	15.9	9.8	16.8	14.4
批发零售贸易餐饮业	19.8	20.5	19.5	9.5	15.5	17.9
金融业	-0.7	-2.2	8.1	6.9	10.0	5.3
房地产业	0.8	1.6	2.4	10.9	14.4	7.8
其他服务业	51.3	23.3	22.6	9.6	5.5	24.7

指　　标	2012 年	2013 年	2014 年	2015 年	2016 年	2017 年
地区生产总值	**100.0**	**100.0**	**100.0**	**100.0**	**100.0**	**100.0**
按产业分						
第一产业	0.4	0.7	0.8	0.6	0.1	0.3
第二产业	40.6	43.6	36.7	19.4	8.2	26.2
第三产业	59.0	55.7	62.5	80.0	91.7	73.5
按行业分						
#工业	35.5	39.9	31.8	12.1	-0.8	23.3
建筑业	5.1	3.7	4.9	7.3	8.7	3.2
交通运输仓储邮电业	19.3	14.5	14.7	17.1	21.8	22.9
批发零售贸易餐饮业	5.9	1.7	-2.7	-0.7	3.9	17.3
金融业	7.5	10.2	13.5	14.0	15.1	16.6
房地产业	1.6	14.3	-5.6	2.4	12.7	3.6
其他服务业	24.7	15.0	42.7	46.5	38.2	12.9

3—9 三次产业对地区生产总值增长的拉动百分点

单位:个百分点

指　　标	1995 年	2000 年	2005 年	2007 年	2008 年	2009 年	2010 年
地区生产总值	**9.9**	**8.6**	**14.3**	**15.1**	**12.0**	**9.0**	**12.3**
按产业分							
第一产业	0.2		0.2	0.2	0.2	0.1	0.1
第二产业	2.9	3.2	4.5	5.9	6.2	4.7	4.5
第三产业	6.8	5.4	9.6	9.0	5.6	4.2	7.7
按行业分							
#工业	3.4	2.5	3.2	5.3	5.7	3.6	4.1
建筑业	-0.5	0.7	1.3	0.6	0.5	1.1	0.4
交通运输仓储邮电业	-0.2	1.7	2.3	0.9	1.8	0.9	2.1
批发零售贸易餐饮业	2.0	1.8	2.7	2.0	0.5	0.8	1.9
金融业	-0.1	-0.2	1.2	2.1	0.5	0.6	1.2
房地产业	0.1	0.1	0.3	0.8	0.9	1.0	1.8
其他服务业	5.0	2.0	3.2	3.2	2.0	0.9	0.7

指　　标	2011 年	2012 年	2013 年	2014 年	2015 年	2016 年	2017 年
地区生产总值	**15.3**	**17.3**	**15.0**	**10.5**	**10.5**	**7.6**	**8.1**
按产业分							
第一产业	0.1	0.1	0.1	0.1	0.1		0.1
第二产业	4.5	7.0	6.6	3.8	2.0	0.6	2.1
第三产业	10.7	10.2	8.3	6.6	8.4	7.0	5.9
按行业分							
#工业	4.1	6.1	6.0	3.3	0.7	-0.1	1.9
建筑业	0.4	0.9	0.6	0.5	8.4	0.7	0.3
交通运输仓储邮电业	2.2	3.3	2.2	1.5	1.8	1.7	1.9
批发零售贸易餐饮业	2.7	1.0	0.3	-0.3	-0.1	0.3	1.4
金融业	0.8	1.3	1.5	1.4	1.5	1.1	1.3
房地产业	1.2	0.3	2.1	-0.6	0.3	1.0	0.3
其他服务业	3.8	4.3	2.2	4.6	4.9	2.9	1.0

3—10　非公有制经济增加值及比重

指　　标	非公有制经济增加值(万元)				非公有制经济增加值占比(%)			
	2014 年	2015 年	2016 年	2017 年	2014 年	2015 年	2016 年	2017 年
地区生产总值	**6378258**	**6789414**	**7122145**	**7960890**	**26.7**	**28.4**	**29.0**	**29.2**
按产业分								
第一产业	12065	13773	14482	13001	4.5	5.2	5.1	5.9
第二产业	1518744	1537497	1480466	1384746	20.0	20.3	21.0	20.6
第三产业	4847449	5238144	5627197	6563143	30.2	32.7	32.6	34.2
按行业分								
农、林、牧、渔业	12065	13773	14482	13001	4.5	5.2	5.1	5.9
工业	1118622	1088889	987547	881203	15.2	18.1	18.5	13.9
建筑业	400123	448608	492919	503543	28.6	28.6	29.0	26.3
批发和零售业	1385112	1400680	1293728	1918729	72.8	74.2	64.4	75.0
交通运输、仓储和邮政业	458572	445389	514788	532283	15.1	15.6	14.8	14.1
住宿和餐饮业	405262	441477	414742	421528	89.0	97.0	86.3	86.3
金融业	344324	280657	313479	315017	17.4	12.1	12.1	10.7
房地产业	959186	977289	1287583	1367760	89.8	91.7	98.6	98.8
信息传输、软件和信息技术服务业	232193	440399	193145	263172	59.8	59.8	59.8	59.8
租赁和商务服务业	576326	622785	823950	900625	77.4	77.4	77.4	77.4
科学研究、技术服务和地质勘查业	160536	179321	195670	199734	39.1	39.1	39.1	39.1
水利、环境和公共设施管理业	37635	39109	55299	58043	15.3	15.3	15.3	15.3
居民服务和其他服务业	204718	252628	344766	358526	74.3	92.3	92.3	92.3
教育业	6715	10323	9151	9151	0.8	0.8	0.8	0.8
卫生、社会保障和社会福利业	28047	31487	42286	42286	4.6	4.6	4.6	4.6
文化、体育和娱乐业	48824	116599	138611	176289	29.8	55.8	55.8	55.8
公共管理和社会组织								

3—11 历年地方财政收入占地区生产总值的比重

年　份	地方财政收入（万元）	地区生产总值（万元）	地方财政收入占地区生产总值比重(%)
1952	935	7941	11.8
“一五”时期			
1953	2420	10392	23.3
1954	3995	14095	28.3
1955	4661	17771	26.2
1956	5046	24146	20.9
1957	5949	20820	28.6
“二五”时期			
1958	6050	23409	25.8
1959	8433	43805	19.3
1960	10191	50966	20.0
1961	6772	35770	18.9
1962	7228	27751	26.0
三年调整期			
1963	6900	30405	22.7
1964	8132	33158	24.5
1965	8639	39453	21.9
“三五”时期			
1966	8904	44408	20.1
1967	5611	35658	15.7
1968	5392	29656	18.2
1969	4917	31205	15.8
1970	8159	43370	18.8
“四五”时期			
1971	8395	51137	16.4
1972	5435	44451	12.2
1973	4560	43821	10.4
1974	6325	43475	14.5
1975	7818	50848	15.4
“五五”时期			
1976	9225	60293	15.3
1977	11838	75596	15.7
1978	13153	86153	15.3
1979	12542	93818	13.4
1980	14347	112446	12.8
“六五”时期			
1981	15864	112310	14.1
1982	19159	134188	14.3
1983	21142	155370	13.6
1984	25060	198696	12.6
1985	37293	234882	15.9

3－11 续表

年　　份	地方财政收入（万元）	地区生产总值（万元）	地方财政收入占地区生产总值比重（%）
“七五”时期			
1986	42596	264834	16.1
1987	49990	344688	14.5
1988	61194	443483	13.8
1989	74840	537774	13.9
1990	82681	634562	13.0
“八五”时期			
1991	100356	733182	13.7
1992	89430	872098	10.3
1993	118771	1169345	10.2
1994	113387	1456987	7.8
1995	141296	1859640	7.6
“九五”时期			
1996	185921	2086769	8.9
1997	212784	2258063	9.4
1998	245817	2406886	10.2
1999	261079	2591823	10.1
2000	287654	2898465	9.9
“十五”时期			
2001	356613	3279389	10.9
2002	410213	3670592	11.2
2003	472741	4260031	11.1
2004	548730	5066147	10.8
2005	607671	5857034	10.4
“十一五”时期			
2006	679035	6836782	9.9
2007	958012	8105705	11.8
2008	1311227	9823703	13.3
2009	1455887	10727645	13.6
2010	1975743	13027147	15.2
“十二五”时期			
2011	2642249	16215843	16.3
2012	3177363	18954206	16.8
2013	4007126	20584716	19.5
2014	4529667	22646800	20.0
2015	4650895	23873124	19.5
“十三五”时期			
2016	4669058	24589766	19.0
2017	6279186	27306455	23.0

3—12　历年投资效果系数

年　份	投资效果系数	第一产业	第二产业	第三产业
“一五”时期				
1953	0.36	2.74	0.24	0.42
1954	0.35	1.88	0.27	0.42
1955	0.31	0.52	0.18	0.47
1956	0.64	0.70	0.61	0.66
1957	-0.32	0.73	-0.16	-0.47
“二五”时期				
1958	0.21	0.62	0.33	-0.05
1959	0.71	0.16	0.69	0.79
1960	0.25	0.04	0.32	0.15
1961	-1.53	-0.15	-1.67	-1.61
1962	-3.07	-2.15	-4.11	-1.78
三年调整期				
1963	0.66	2.16	1.44	-0.13
1964	0.44	0.29	0.44	0.48
1965	0.63	0.01	0.78	0.50
“三五”时期				
1966	0.41	0.21	0.41	0.50
1967	-2.13	-0.50	-1.88	-3.81
1968	-1.97	-0.43	-2.32	-2.23
1969	0.25	0.76	-0.10	0.81
1970	0.98	0.51	0.65	2.67
“四五”时期				
1971	0.55	0.11	0.32	1.35
1972	-0.54	0.50	-0.82	-0.16
1973	-0.06	0.02	-0.25	0.18
1974	-0.03	0.16	0.09	-0.25
1975	0.52	0.63	0.59	0.34
“五五”时期				
1976	0.58	0.85	0.39	1.08
1977	0.81	0.13	0.49	2.15
1978	0.41	0.57	0.24	1.10
1979	0.23	0.69	0.19	0.30
1980	0.49	0.14	0.64	0.32
“六五”时期				
1981		0.62	-0.07	0.00
1982	0.50	0.73	0.44	0.59
1983	0.40	0.57	0.43	0.34
1984	0.45	0.02	0.62	0.25
1985	0.27	0.96	0.25	0.28

3－12 续表

年 份	投资效果系数	第一产业	第二产业	第三产业
“七五”时期				
1986	0.23	0.24	0.31	0.17
1987	0.79	1.34	0.40	1.11
1988	0.85	1.67	0.82	0.83
1989	0.82	0.77	0.61	1.01
1990	0.70	0.23	0.93	0.47
“八五”时期				
1991	0.50	0.50	0.03	1.10
1992	0.48	0.80	0.38	0.59
1993	0.61	1.50	0.56	0.64
1994	0.48	3.66	0.21	0.83
1995	0.44	4.49	0.39	0.44
“九五”时期				
1996	0.22	1.48	0.15	0.27
1997	0.19	-0.41	0.33	0.14
1998	0.15	0.45	0.10	0.17
1999	0.17	0.02	0.06	0.25
2000	0.25	1.12	0.49	0.18
“十五”时期				
2001	0.26	3.81	0.43	0.22
2002	0.25	3.94	0.19	0.26
2003	0.31	0.91	0.57	0.22
2004	0.43	1.31	0.86	0.25
2005	0.32	0.84	0.43	0.33
“十一五”时期				
2006	0.42	1.09	0.57	0.35
2007	0.45	1.24	0.52	0.41
2008	0.49	-0.55	0.50	0.34
2009	0.23	0.23	0.28	0.19
2010	0.48	0.50	0.76	0.32
“十二五”时期				
2011	0.50	0.60	0.67	0.41
2012	0.27	0.29	0.14	0.39
2013	0.13	0.15	0.10	0.14
2014	0.14	0.13	0.06	0.16
2015	0.07	0.32	-0.25	0.19
“十三五”时期				
2016	0.04	0.08	-0.15	0.10
2017	0.14	0.02	0.29	0.11

3—13 地区生产总值项目构成

（2017 年）

单位:万元

指　　标	增加值	劳动者报酬	生产税净额	固定资产折旧	营业盈余
地区生产总值	**27306455**	**11789433**	**4594301**	**5809453**	**5113268**
按产业分					
第一产业	250021	250021			
第二产业	8237981	3072826	2490559	2156969	517627
第三产业	18818453	8466586	2103742	3652484	4595641
按行业分					
农、林、牧、渔业	**260028**	**260028**			
农业	100526	100526			
林业	6421	6421			
畜牧业	137665	137665			
渔业	5409	5409			
农、林、牧、渔业服务业	10007	10007			
工业	**6339592**	**1979637**	**2125500**	**2029228**	**205227**
采矿业	1354139	394482	324571	595612	39474
#开采辅助活动	3442	2330	269	230	613
制造业	3425129	970669	1697554	533584	223322
#金属制品、机械和设备修理业	11328	9436	1514	86	292
电力、燃气及水的生产和供应业	1560324	614486	103375	900032	-57569
建筑业	**1913159**	**1104955**	**366842**	**128057**	**313305**
交通运输、仓储和邮政业	**3769710**	**1086995**	**309122**	**1086961**	**1286632**
铁路运输业	591129	367894	150956	98971	-26692
道路运输业	574289	362141	49033	156497	6618
航空运输业	152194	82282	21668	63055	-14811
管道运输业	2001330	79810	17538	608080	1295902
装卸搬运和运输代理业	214339	88377	34538	72123	19301
仓储业	208142	88377	34538	77893	7334
邮政业	28287	18114	851	10342	-1020

注:本表按当年价格计算。

3-13续表　　(2017年)　　单位:万元

指　　标	增加值	劳动者报酬	生产税净额	固定资产折旧	营业盈余
信息传输、计算机服务和软件业	**440087**	**331607**	**3725**	**74036**	**30719**
批发和零售业	**2557282**	**841723**	**1014181**	**192056**	**509322**
批发业	1714327	566944	695647	124478	327258
零售业	842955	274779	318534	67578	182064
住宿和餐饮业	**472089**	**355908**	**37606**	**63971**	**14604**
住宿业	71446	41145	6644	16478	7179
餐饮业	400643	314763	30962	47493	7425
金融业	**2946836**	**714761**	**246203**	**104313**	**1881559**
银行业	2719121	551268	221270	90008	1856575
证券业	113431	77605	10246	11882	13698
保险业	105496	84222	13528	1776	5970
其他金融活动	8788	1666	1159	647	5316
房地产业	**1384372**	**260599**	**297274**	**495908**	**330591**
房地产开发经营业	728984	133780	258882	44891	291431
物业管理业	242409	113381	34014	60319	34695
房地产中介服务业	22974	10745	3224	5717	3288
自有房地产经营活动	382934			382934	
其他房地产业	7071	2693	1154	2047	1177
租赁和商务服务业	**1163598**	**507331**	**109378**	**287117**	**259772**
科学研究、技术服务和地质勘查业	**510697**	**381913**	**39501**	**47942**	**41341**
水利、环境和公共设施管理业	**378624**	**317691**	**8564**	**58339**	**-5970**
居民服务和其他服务业	**388604**	**371320**	**9422**	**5546**	**2316**
教育业	**1143829**	**1107018**	**6081**	**18568**	**12162**
卫生、社会保障和社会福利业	**927328**	**669325**	**2227**	**45054**	**210722**
文化、体育和娱乐业	**315987**	**288249**	**14344**	**21304**	**-7910**
公共管理和社会组织	**2394633**	**1210373**	**4331**	**1151053**	**28876**

注:本表按当年价格计算。

3—14 分行业可比价地区生产总值

单位:万元、%

指　　标	2016 年	2017 年	以上年为 100 的指数	
			2016 年	2017 年
地区生产总值	**25696961**	**27775886**	**107.6**	**108.1**
按产业分				
第一产业	267516	274452	100.8	102.6
第二产业	7451483	7996094	102.0	107.3
第三产业	17977962	19505340	110.4	108.5
按行业分				
农、林、牧、渔业	**277336**	**284753**	**100.7**	**102.7**
农业	118400	127666	99.6	107.8
林业	11720	12219	101.6	104.3
畜牧业	132075	128689	102.0	97.4
渔业	5321	5878	100.3	110.5
农、林、牧、渔业服务业	9820	10301	96.3	104.9
工业	**5735307**	**6218643**	**99.8**	**108.4**
采矿业	825397	1154395	83.1	139.9
#开采辅助活动	2222	3359	70.3	151.2
制造业	3499963	3538053	99.7	101.1
#金属制品、机械和设备修理业	7407	11055	69.1	149.3
电力、燃气及水的生产和供应业	1409947	1526195	113.5	108.2
建筑业	**1725805**	**1791865**	**110.1**	**103.8**
交通运输、仓储和邮政业	**3261846**	**3737160**	**113.9**	**114.6**
铁路运输业	435933	523556	98.6	120.1
道路运输业	613947	700108	106.6	114.0
航空运输业	121865	137387	112.2	112.7
管道运输业	1754391	2007635	123.0	114.4
装卸搬运和运输代理业	156781	175349	106.1	111.8
仓储业	151436	165035	108.5	109.0
邮政业	27493	28090	115.2	102.2

注:本表按 2015 年可比价计算。

3－14 续表

单位:万元、%

指　　标	2016 年	2017 年	以上年为 100 的指数	
			2016 年	2017 年
信息传输、计算机服务和软件业	**488664**	**572113**	**111.2**	**117.1**
批发和零售业	**2151075**	**2472416**	**103.0**	**114.9**
批发业	1341064	1622480	111.4	121.0
零售业	810011	849936	91.6	104.9
住宿和餐饮业	**462491**	**500100**	**101.6**	**108.1**
住宿业	62141	68698	88.4	110.6
餐饮业	400350	431402	104.0	107.8
金融业	**2934587**	**3279761**	**111.8**	**111.8**
银行业	2649952	2927322	111.4	110.5
证券业	116452	158790	110.7	136.4
保险业	158194	182740	120.7	115.5
其他金融活动	9989	10909	114.1	109.2
房地产业	**1298244**	**1372828**	**121.8**	**105.7**
房地产开发经营业	633169	676841	142.5	106.9
物业管理业	234232	244624	110.6	104.4
房地产中介服务业	21630	22024	109.2	101.8
自有房地产经营活动	402081	422185	105.0	105.0
其他房地产业	7132	7154	106.5	100.3
租赁和商务服务业	**1146904**	**1231913**	**114.2**	**107.4**
科学研究、技术服务和地质勘查业	**539018**	**530849**	**110.3**	**98.5**
水利、环境和公共设施管理业	**370969**	**400853**	**104.5**	**108.1**
居民服务和其他服务业	**366004**	**411419**	**133.7**	**112.4**
教育业	**1242066**	**1220381**	**104.3**	**98.3**
卫生、社会保障和社会福利业	**914061**	**930713**	**115.6**	**101.8**
文化、体育和娱乐业	**249448**	**276852**	**119.4**	**111.0**
公共管理和社会组织	**2533136**	**2543267**	**105.6**	**100.4**

主要统计指标解释

EXPLANATORY NOTES ON MAIN STATISTICAL INDICATORS

地区生产总值 (简称 GDP)是按市场价格计算的,它是一个地区所有常住单位在一定时期内生产活动的最终成果。地区生产总值有三种表现形态,即价值形态、收入和产品形态。从价值形态看,它是所有常住单位在一定时期内所生产的全部货物和服务价值减去同期投入的全部非固定资产货物和服务价值的差额,即所有常住单位的增加值之和;从收入形态看,它是所有常住单位在一定时期内所创造并分配给常住单位和非常住单位的初次分配收入之和;从产品形态看,它是最终使用的货物和服务减去进口货物和服务。

在核算中,地区生产总值的三种表现形态表现为三种计算方法,即生产法、收入法和支出法。三种方法分别从不同的方面反映了地区生产总值及其构成。

按生产法计算,它等于各部门增加值之和;按收入法计算,它等于固定资产折旧、劳动者报 酬、生产税净额和营业盈余之和;按支出法计算,它等于总消费、总投资和净出口之和。

在地区生产总值定义中,常住单位的概念对于确定计算地区生产总值的口径,明确各种的交易的范围具有十分重要的意义。所谓常住单位是指在一国经济领土上具有经济利益中心的经济单位。一国经济领土是由该国政府控制或拥有的地理领土组成的。若一个经济单位在一国的经济领土之内拥有一定的活动场所(住宅、厂房或其他建筑物等),从事一定规模的经济活动,并超过一定的时期(一般在一年以上),则称该经济单位在该国具有经济利益中心。地区生产总值反映了所有常住单位生产活动的最终成果。在这里,最终成果有双重含义:一是从使用价值形态上看,它包括了一切用于现期消费、投资和净出口的货物和服务,而不包括用于生产过程中的货物和服务;二是从价值形态上看,生产过程也是价值的转移过程,生产中耗用的产品(中间产品)价值随同生产过程转移到新产品价值之中,因此,必须在总产出基础上扣除一切中间产品的转移价值,以避免产品价值的重复计算。

地区生产总值的生产范围 包括(1)提供或准备提供给其他单位的货物或服务的生产;(2)生产者用于自身最终消费或固定资本形成的所有货物的自给性生产;(3)自有住房和付酬家庭雇员提供的家庭或个人服务的自给性生产。

可比价格 指计算各种总量指标所采用的扣除了价格变动因素的价格,可进行不同时期总量指标的对比。按可比价格计算总量指标有两种方法:一种是直接用产品产量乘某一年的不变价格计算;另一种是用价格指数进行缩减。

三次产业 是根据社会生产活动历史发展的顺序对产业结构的划分,产品直接取自自然界的部门称为第一产业,对初级产品进行再加工的部门称为第二产业,为生产和消费提供各种服务的部门称为第三产业。它是世界上较为通用的产业结构分类,但各国的划分不尽一致。

根据《国民经济行业分类》(GB/T4754 - 2002),我国的三次产业划分是:

第一产业 农林牧渔业(包括农业、林业、牧业和渔业)。

第二产业 工业(包括采掘业,制造业,电力、煤气及水的生产和供应业)和建筑业。

第三产业 除第一、第二产业以外的其他各业。第三产业包括:交通运输、仓储和邮政业,信息传输、计算机服务和软件业,批发和零售业,住宿和餐饮业,金融业,房地产业,租赁和商务服务业,科学研究、技术服务和地质勘查业,水利、环境和公共设施管理业,居民服务和其他服务业,教育,卫生、社会保障和社会福利业,文化、体育和娱乐业,公共管理和社会组织,国际组织。

总 产 出 是指一定时期内一个国家(或地区)常住单位生产单位的所有货物和服务的价值,既包括新增价值,也包括转移价值。它反映常住单位生产活动的总规模。总产出按生产者价格计算。

中间投入 是指常住单位在生产或提供货物与服务过程中,消耗和使用的所有非固定资产货物和服务的价值,中间投入也称为中间消耗,一般按购买者价格计算。

增 加 值 是指常住单位生产过程创造的新增价值和固定资产的转移价值。

生 产 法 是从生产过程中生产的货物和服务总产品价值入手,剔除生产过程中投入的中间产品的价值,得到增加值的一种方法。

收 入 法 也称为分配法。按收入法计算国内生产总值是从生产过程创造收入的角度,对常住单位的生产活动成果进行核算。按照这种计算方法,增加值由劳动者报酬、生产税净额、固定资产折旧和营业盈余四个组成部分。

支出法地区生产总值 指一个国家(或地区)所有常住单位在一定时期内用于最终消费、资本形成总额,以及货物和服务的净出口总额,它反映本期生产的地区生产总值的使用及构成。

劳动者报酬 指劳动者因从事生产活动所获得的全部报酬。包括劳动者获得的各种形式的工资、奖金和津贴,既包括货币形式的,也包括实物形式的;还包括劳动者所享受的公费医疗和医药卫生费、上下班交通补贴和单位支付的社会保险费等。对于个体经济来说,其所有者所获得的劳动报酬和经营利润不易区分,这两部分统一作为劳动者报酬处理。

生产税净额 指生产税减生产补贴后的余额。生产税指政府对生产单位生产、销售和从事经营活动以及因从事生产活动使用某些生产要素(如固定资产、土地、劳动力)所征收的各种税、附加费和规费。生产补贴与生产税相反,指政

府对生产单位的单方面收入转移，因此视为负生产税，包括政策亏损补贴、粮食系统价格补贴、外贸企业出口退税收入等。

固定资产折旧　指一定时期内为弥补固定资产损耗按照核定的固定资产折旧率提取的固定资产折旧，或按国民经济核算统一规定的折旧率虚拟计算的固定资产折旧。它反映了固定资产在当期生产中的转移价值。各类企业和企业化管理的事业单位的固定资产折旧是指实际计提并计入成本费中的折旧费；不计提折旧的政府机关、非企业化管理的事业单位和居民住房的固定资产折旧是按照统一规定的折旧率和固定资产原值计算的虚拟折旧。原则上，固定资产折旧应按固定资产的重置价值计算，但是目前我国尚不具备对全社会固定资产进行重估价的基础，所以暂时只能采用上述办法。

营业盈余　指常住单位创造的增加值扣除劳动者报酬、生产税净额和固定资产折旧后的余额。它相当于企业的营业利润加上生产补贴，但要扣除从利润中开支的工资和福利等。

发展速度　用以反映社会经济发展程度的相对指标，根据两个不同时期发展水平的对比而得。由于比较的标准时期不同，发展速度可分为定基发展速度和环比发展速度两种。

增长速度　发展速度减1（或100%）就是增长速度。即增长速度 = 发展速度 - 1（或100%）

平均每年增长速度　我国计算平均增长速度有两种方法，一种是习惯上经常使用的“水平法”，又称几何平均法，是以间隔最后一年的水平同基期水平对比来计算平均每年增长（或下降）的速度；另一种是“累计法”又称代数平均法或方程法，是以间隔年内各年水平的总和同基期水平对比来计算平均每年增长（或下降）的速度。

4

就业

Chapter4　Employment

资料整理:潘世锦　赵　颖　高思梅

4—1 主要年份按三次产业分的就业人员

单位:万人

年 份	就业人员合 计	第一产业	第二产业	第三产业	构 成(%)		
					第一产业	第二产业	第三产业
1978	41.57	7.25	21.06	13.26	17.4	50.7	31.9
1980	50.40	7.28	26.39	16.73	14.5	52.4	33.2
1985	63.44	7.36	30.39	25.69	11.6	47.9	40.5
1990	74.88	8.98	35.85	30.05	12.0	47.9	40.1
1991	78.15	8.25	36.75	33.15	10.6	47.0	42.4
1992	80.62	8.40	37.90	34.32	10.4	47.0	42.6
1993	84.50	8.49	39.09	36.92	10.0	46.3	43.7
1994	80.17	7.86	36.25	36.06	9.8	45.2	45.0
1995	81.09	7.76	35.21	38.12	9.6	43.4	47.0
1996	82.36	7.87	33.05	41.44	9.6	40.1	50.3
1997	83.61	7.66	31.89	44.06	9.2	38.1	52.7
1998	84.61	7.39	32.73	44.49	8.7	38.7	52.6
1999	84.48	7.50	30.53	46.45	8.9	36.1	55.0
2000	77.64	6.79	24.51	46.34	8.7	31.6	59.7
2001	80.95	5.17	21.51	54.27	6.4	26.6	67.0
2002	83.85	5.30	25.31	53.24	6.3	30.2	63.5
2003	85.56	5.57	25.49	54.50	6.5	29.8	63.7
2004	86.28	5.98	25.73	54.57	6.9	29.8	63.2
2005	91.05	6.04	22.22	62.79	6.6	24.4	69.0
2006	118.20	10.50	26.20	81.50	8.9	22.2	69.0
2007	123.77	11.01	30.41	82.35	8.9	24.6	66.5
2008	128.00	11.50	33.00	83.50	9.0	25.8	65.2
2009	132.50	12.00	35.50	85.00	9.1	26.8	64.2
2010	135.30	12.51	35.80	86.99	9.3	26.5	64.3
2011	139.95	10.76	35.08	94.11	7.7	25.1	67.2
2012	142.62	10.52	35.53	96.57	7.4	24.9	67.7
2013	145.44	9.43	34.26	101.75	6.5	23.6	70.0
2014	165.25	9.64	34.31	121.30	5.8	20.8	73.4
2015	174.48	9.74	35.85	128.89	5.6	20.5	73.9
2016	181.22	9.30	36.27	135.65	5.1	20.0	74.9
2017	189.99	9.26	38.38	142.35	4.9	20.2	74.9

4—2 主要年份城镇非私营单位在岗职工平均工资

单位:元

年份	全部职工	国有单位	城镇集体单位	其他单位
1978	887	898	803	88
1980	1086	1131	886	108
1985	1559	1641	1210	1780
1990	2660	2818	2016	2508
1991	2920	3031	2448	2725
1992	3302	3479	2621	2579
1993	4080	4248	3385	4052
1994	5370	5561	4225	5579
1995	6506	6728	4985	6780
1996	7331	7499	5947	7848
1997	7648	7770	6501	8359
1998	8028	8038	7114	8972
1999	9298	9387	7892	9793
2000	10503	10785	8682	9920
2001	12704	13188	9778	12280
2002	14684	15094	11587	14436
2003	16315	17283	12065	15170
2004	18527	19651	13809	17154
2005	20098	21456	15943	18334
2006	23432	24744	16193	21704
2007	29111	31386	18797	26270
2008	33342	35231	23994	30871
2009	36150	36633	25953	36065
2010	40572	41302	30925	40061
2011	45602	47744	40650	43537
2012	50006	51253	51965	48654
2013	54965	54523	53434	55413
2014	60198	59183	58370	61227
2015	66279	65520	57746	67189
2016	71923	72582	59934	71447
2017	77391	78988	71903	75877

4—3 分行业城镇私营单位就业人员平均工资

单位:元

行业	2016 年	2017 年
总 计	**33201**	**34786**
农、林、牧、渔业	38299	39116
采矿业	33210	32021
制造业	30596	32691
电力、热力、燃气及水生产和供应业	50928	46550
建筑业	37242	38732
批发和零售业	26481	28068
交通运输、仓储和邮政业	51609	54961
住宿和餐饮业	32163	32906
信息传输、软件和信息技术服务业	36401	39134
金融业	49318	51529
房地产业	43747	44702
租赁和商务服务业	27027	27921
科学研究和技术服务业	47074	49734
水利、环境和公共设施管理业	36218	40849
居民服务、修理和其他服务业	28731	30483
教育	36108	38942
卫生和社会工作	64330	68413
文化、体育和娱乐业	49899	52943

4—4 分行业城镇非私营单位年末就业人员

(2017年)

单位:人

行业	合计	国有单位	城镇集体	其他单位
总计	**691993**	**371346**	**5863**	**314784**
农、林、牧、渔业	9742	9177	6	559
采矿业	14607	4		14603
制造业	67089	2207	479	64403
电力、热力、燃气及水生产和供应业	44291	29625	54	14612
建筑业	102684	13891	2482	86311
批发和零售业	37371	2924	294	34153
交通运输、仓储和邮政业	69993	43021	50	26922
住宿和餐饮业	9064	3683		5381
信息传输、软件和信息技术服务业	9827	1082		8745
金融业	22298	10697	242	11359
房地产业	21732	1437	183	20112
租赁和商务服务业	22097	8455	115	13527
科学研究和技术服务业	26441	17010	97	9334
水利、环境和公共设施管理业	6790	5462		1328
居民服务、修理和其他服务业	1479	831	136	512
教育	54746	53744	63	939
卫生和社会工作	39557	36811	1662	1084
文化、体育和娱乐业	10941	10073		868
公共管理、社会保障和社会组织	121244	121212		32

4—5 分行业城镇非私营单位在岗职工人数(含劳务派遣人员)

(2017 年)

单位:人

行 业	合 计	国有单位	城镇集体	其他单位
总 计	**676003**	**366241**	**5708**	**304054**
农、林、牧、渔业	9242	8732	2	508
采矿业	14342	4		14338
制造业	65700	2159	394	63147
电力、热力、燃气及水生产和供应业	44022	29621	48	14353
建筑业	101977	13879	2474	85624
批发和零售业	35825	2797	283	32745
交通运输、仓储和邮政业	69429	43013	47	26369
住宿和餐饮业	8640	3633		5007
信息传输、软件和信息技术服务业	9729	1073		8656
金融业	18848	10696	242	7910
房地产业	20835	1237	177	19421
租赁和商务服务业	20538	7487	110	12941
科学研究和技术服务业	25135	16450	97	8588
水利、环境和公共设施管理业	6732	5445		1287
居民服务、修理和其他服务业	1338	752	136	450
教育	53757	52967	63	727
卫生和社会工作	39047	36328	1635	1084
文化、体育和娱乐业	10830	9963		867
公共管理、社会保障和社会组织	120037	120005		32

4—6 分行业城镇非私营单位女性年末就业人员

（2017 年）

单位：人

行业	合计	国有单位	城镇集体	其他单位
总计	**254394**	**160467**	**2513**	**91414**
农、林、牧、渔业	3814	3626	2	186
采矿业	2651	1		2650
制造业	19769	722	142	18905
电力、热力、燃气及水生产和供应业	11973	7601	19	4353
建筑业	11740	1278	389	10073
批发和零售业	16855	1132	158	15565
交通运输、仓储和邮政业	16069	8213	30	7826
住宿和餐饮业	5257	2113		3144
信息传输、软件和信息技术服务业	4641	463		4178
金融业	12938	5952	152	6834
房地产业	8426	683	90	7653
租赁和商务服务业	8547	3403	41	5103
科学研究和技术服务业	7613	5304	30	2279
水利、环境和公共设施管理业	2675	2117		558
居民服务、修理和其他服务业	710	379	106	225
教育	34489	33825	57	607
卫生和社会工作	27933	25816	1297	820
文化、体育和娱乐业	5158	4720		438
公共管理、社会保障和社会组织	53136	53119		17

4—7 分行业城镇非私营单位就业人员工资总额

(2017 年)

单位:万元

行 业	合 计	国有单位	城镇集体	其他单位
总 计	**5743597**	**2891804**	**34106**	**2817687**
农、林、牧、渔业	46995	43531	22	3442
采矿业	158137	14		158123
制造业	534151	11796	2369	519986
电力、热力、燃气及水生产和供应业	436419	330247	244	105928
建筑业	1016356	104445	7692	904219
批发和零售业	271403	31344	981	239078
交通运输、仓储和邮政业	636663	373666	232	262765
住宿和餐饮业	49753	20494		29259
信息传输、软件和信息技术服务业	103403	16222		87181
金融业	306229	149753	3427	153049
房地产业	135156	8519	669	125968
租赁和商务服务业	161281	56204	765	104312
科学研究和技术服务业	261480	172915	617	87948
水利、环境和公共设施管理业	45332	31518		13814
居民服务、修理和其他服务业	9390	5184	882	3324
教育	411239	406749	430	4060
卫生和社会工作	379094	353528	15776	9790
文化、体育和娱乐业	93054	87794		5260
公共管理、社会保障和社会组织	688062	687881		181

4—8 分行业城镇非私营单位在岗职工工资总额(含劳务派遣人员)

(2017 年)

单位:万元

行业	合计	国有单位	城镇集体	其他单位
总计	**5686198**	**2871918**	**33586**	**2780694**
农、林、牧、渔业	45467	42060	14	3393
采矿业	157015	14		157001
制造业	528502	11607	2207	514688
电力、热力、燃气及水生产和供应业	435787	330238	239	105310
建筑业	1013356	104395	7654	901307
批发和零售业	267217	30629	942	235646
交通运输、仓储和邮政业	633809	373618	199	259992
住宿和餐饮业	48534	20153		28381
信息传输、软件和信息技术服务业	102755	16153		86602
金融业	299900	149738	3426	146736
房地产业	132561	7911	639	124011
租赁和商务服务业	154026	52927	744	100355
科学研究和技术服务业	251740	169284	617	81839
水利、环境和公共设施管理业	45122	31465		13657
居民服务、修理和其他服务业	9027	4929	880	3218
教育	407891	404120	430	3341
卫生和社会工作	375925	350540	15595	9790
文化、体育和娱乐业	92612	87366		5246
公共管理、社会保障和社会组织	684952	684771		181

4—9 分行业城镇非私营单位就业人员平均工资

（2017年）

单位:元

行 业	合 计	国有单位	城镇集体	其他单位
总 计	**76464**	**78440**	**70584**	**74611**
农、林、牧、渔业	47028	46543	36000	54290
采矿业	104429	36000		104447
制造业	78091	50412	49252	79290
电力、热力、燃气及水生产和供应业	99128	112275	53130	72722
建筑业	61838	61474	50409	61999
批发和零售业	71939	105999	32389	69364
交通运输、仓储和邮政业	92095	87540	40667	99574
住宿和餐饮业	53047	54768		51905
信息传输、软件和信息技术服务业	103923	150206		98288
金融业	138440	141090	148325	135742
房地产业	60758	57679	50301	61046
租赁和商务服务业	73446	68667	66548	76368
科学研究和技术服务业	98279	101398	63629	93008
水利、环境和公共设施管理业	60002	56473		69979
居民服务、修理和其他服务业	59470	61865	59608	56051
教育	75751	76266	68190	45516
卫生和社会工作	96119	96282	97024	89321
文化、体育和娱乐业	84182	86565		57680
公共管理、社会保障和社会组织	59218	59219		56594

4—10 分行业城镇非私营单位在岗职工平均工资(含劳务派遣人员)

(2017 年)

单位:元

行业	合计	国有单位	城镇集体	其他单位
总计	**77391**	**78988**	**71903**	**75877**
农、林、牧、渔业	48343	47703	72000	57896
采矿业	105848	36000		105867
制造业	79213	50510	55730	80389
电力、热力、燃气及水生产和供应业	99522	112288	56810	73459
建筑业	61938	61488	50422	62111
批发和零售业	73597	108381	32257	70999
交通运输、仓储和邮政业	92184	87566	39820	99851
住宿和餐饮业	54416	55019		53996
信息传输、软件和信息技术服务业	105390	150827		99783
金融业	160597	141102	148325	187378
房地产业	62142	62196	50331	62214
租赁和商务服务业	76303	73235	67036	78109
科学研究和技术服务业	99845	102627	63629	94930
水利、环境和公共设施管理业	60203	56550		70728
居民服务、修理和其他服务业	63299	64937	59830	61890
教育业	76467	76862	68190	47595
卫生和社会工作	96554	96719	97775	89321
文化、体育和娱乐业	84624	87061		57717
公共管理、社会保障和社会组织	59509	59510		56594

4—11 城镇非私营单位就业人员

(2017 年)

单位:人

指 标	期末人数	#女性	#非全日制	在岗职工	其他人员	平均人数	在岗职工	其他人员
总 计	**691993**	**254394**	**4174**	**676003**	**15990**	**751146**	**734734**	**16412**
按执行会计标准类别分组								
企 业	442202	126139	4037	429669	12533	506649	493598	13051
事 业	132773	76734	112	130313	2460	132306	129943	2363
机 关	115467	50641	25	114478	989	110622	109649	973
民间非营利组织	118	78		118		121	121	
其 他	1433	802		1425	8	1448	1423	25

4—12 城镇非私营单位就业人员工资

(2017 年)

指 标	工资总额(万元)	在岗职工	其他人员	平均工资(元)	在岗职工	其他人员
总 计	**5743597**	**5686198**	**57399**	**76464**	**77391**	**34974**
按执行会计标准类别分组						
企 业	3980624	3937309	43315	78568	79768	33189
事 业	1099829	1088546	11283	83128	83771	47749
机 关	654854	652187	2667	59197	59479	27414
民间非营利组织	549	549		45339	45339	
其 他	7741	7607	134	53462	53459	53640

4—13 城镇国有单位就业人员

（2017 年）

单位：人

指 标	期末人数	#女性	#非全日制	在岗职工	其他人员	平均人数	在岗职工	其他人员
总 计	**371346**	**160467**	**184**	**366241**	**5105**	**368665**	**363587**	**5078**
按执行会计标准类别分组								
企 业	124666	34398	48	122761	1905	127203	125247	1956
事 业	130238	74855	112	128003	2235	129854	127698	2156
机 关	115009	50412	24	114052	957	110160	109219	941
民间非营利组织								
其 他	1433	802		1425	8	1448	1423	25

4—14 城镇国有单位就业人员工资

（2017 年）

指 标	工资总额（万元）	在岗职工	其他人员	平均工资（元）	在岗职工	其他人员
总 计	**2891804**	**2871918**	**19886**	**78440**	**78988**	**39161**
按执行会计标准类别分组						
企 业	1151418	1144625	6793	90518	91389	34730
事 业	1079709	1069296	10413	83148	83736	32528
机 关	652936	650390	2546	59272	59549	48298
民间非营利组织						
其 他	7741	7607	134	53462	53459	53640

4—15　城镇集体单位就业人员

（2017 年）

单位：人

指　　标	期末人数	#女性	#非全日制	在岗职工	其他人员	平均人数	在岗职工	其他人员
总　计	**5863**	**2513**	**9**	**5708**	**155**	**4832**	**4671**	**161**
按执行会计标准类别分组								
企　业	4049	1140		3921	128	3060	2930	130
事　业	1814	1373		1787	27	1772	1741	31

4—16　城镇集体单位就业人员工资

（2017 年）

指　　标	工资总额（万元）	在岗职工	其他人员	平均工资（元）	在岗职工	其他人员
总　计	**34106**	**33586**	**520**	**70584**	**71903**	**32317**
按执行会计标准类别分组						
企　业	17436	17097	339	56982	58352	26100
事　业	16670	16489	181	94073	94708	58387

4—17 城镇其他经济类型单位就业人员

（2017 年）

单位：人

指　　标	期末人数	#女性	#非全日制	在岗职工	其他人员	平均人数	在岗职工	其他人员
总　计	**314784**	**91414**	**3981**	**304054**	**10730**	**377649**	**366476**	**11173**
按执行会计标准类别分组								
企　业	313487	90601	3980	302987	10500	376386	365421	10965
事　业	749	515		551	198	702	526	176
机　关	430	220	1	398	32	440	408	32
民间非营利组织	118	78		118		121	121	
其　他								

4—18 城镇其他经济类型单位就业人员工资

（2017 年）

指　　标	工资总额（万元）	在岗职工	其他人员	平均工资（元）	在岗职工	其他人员
总　计	**2817686**	**2780693**	**36993**	**74611**	**75877**	**33109**
按执行会计标准类别分组						
企　业	2811769	2775587	36182	74704	75956	32998
事　业	3543	2854	689	50467	54253	39153
机　关	1825	1703	122	41493	41765	38031
民间非营利组织	549	549		45339	45339	
其　他						

4—19 出生登记情况

（2017 年）

单位：人

地区	本期出生人数									
	合计					一孩				
	小计	计划内		计划外		小计	计划内		计划外	
		男	女	男	女		男	女	男	女
乌鲁木齐市	**32798**	**17177**	**15468**	**73**	**80**	**20326**	**10662**	**9650**	**5**	**9**
天山区	5008	2637	2367	2	2	2848	1503	1345		
沙依巴克区	7027	3686	3294	17	30	4860	2554	2304	1	1
高新区（新市区）	7955	4160	3785	5	5	5109	2658	2450		1
水磨沟区	3858	2031	1794	17	16	2342	1252	1084	2	4
经济区（头屯河区）	2569	1321	1227	12	9	1686	873	811		2
达坂城区	331	188	139	2	2	140	83	56	1	
米东区	5356	2789	2546	11	10	3012	1564	1447		1
乌鲁木齐县	694	365	316	7	6	329	175	153	1	

地区	本期出生人数									
	二孩					三孩				
	小计	计划内		计划外		小计	计划内		计划外	
		男	女	男	女		男	女	男	女
乌鲁木齐市	**11747**	**6209**	**5534**	**2**	**2**	**725**	**306**	**284**	**66**	**69**
天山区	2095	1103	992			65	31	30	2	2
沙依巴克区	2075	1104	969	1	1	92	28	21	15	28
高新区（新市区）	2752	1466	1286			94	36	49	5	4
水磨沟区	1431	743	686	1	1	85	36	24	14	11
经济区（头屯河区）	840	436	404			43	12	12	12	7
达坂城区	149	83	66			42	22	17	1	2
米东区	2103	1107	996			241	118	103	11	9
乌鲁木齐县	302	167	135			63	23	28	6	6

4—20 计划生育及领取独生子女证情况

（2017 年）

单位：人、%

地区	已婚育龄妇女人数	无孩	一孩	二孩	三孩以上
乌鲁木齐市	**581342**	**175043**	**301840**	**90516**	**13943**
天山区	108701	31848	55179	17716	3958
沙依巴克区	129918	41842	69303	16378	2395
高新区（新市区）	122627	37353	68821	14883	1570
水磨沟区	74949	29526	35375	8910	1138
经济区（头屯河区）	45767	13329	25235	6447	756
达坂城区	7861	1961	3406	2167	327
米东区	80675	17345	40311	19837	3182
乌鲁木齐县	10844	1839	4210	4178	617

地区	计划生育率	采取各种节育措施人数	节育率	领取独生子女证人数	领取生育父母光荣证人数
乌鲁木齐市	**99.5**	**508241**	**87.4**	**196705**	**50894**
天山区	99.9	97449	89.6	41721	13498
沙依巴克区	99.3	111161	85.6	42096	9266
高新区（新市区）	99.9	101804	83.0	44203	7326
水磨沟区	99.1	68315	91.2	22686	4701
经济区（头屯河区）	99.2	39560	86.4	23166	3869
达坂城区	98.8	6899	87.8	3220	1955
米东区	99.6	73589	91.2	17532	6990
乌鲁木齐县	98.1	9464	87.3	2081	3289

4—21 婚姻登记和离婚情况

指 标	单位	2005 年	2010 年	2014 年	2015 年	2016 年	2017 年	2017 年比 2016 年增减(%)
登记结婚件数	件	**16681**	**21940**	**26794**	**23863**	**22788**	**20517**	**-10.0**
内地居民登记结婚件数	件	16515	21808	26650	23736	22670	20404	-10.0
涉外及华侨、港澳台居民登记结婚件数	件	175	132	144	127	118	113	-4.2
港澳台同胞	件	45	12			19	20	5.3
华侨	件		5			3	2	-33.3
外国人	件	130	115	144		96	91	-5.2
登记结婚人数	人	**33362**	**43880**	**53586**	**47726**	**45576**	**41034**	**-10.0**
#内地居民登记结婚人数	人	33030	43166	53298	47472	45340	40808	-10.0
#初婚人数	人	26637	34721	52569	46752	31030	25963	-16.3
再婚人数	人	5451	9159	1019	974	14546	15341	5.5
#恢复结婚件数	件	982	931	468	463	818	2314	182.9
登记离婚件数	件	**5775**	**7740**	**9172**	**9080**	**8077**	**6497**	**-20.0**
内地居民登记离婚件数	件	5773	7719	9146	9078	8059	6468	-20.0
涉外及华侨、港澳台居民登记离婚件数	件	2	21	26	2	18	29	61.1
#外国人	件	2	18	26	2	16	25	56.3
离结率	%	**34.6**	**35.3**	**34.2**	**38.1**	**35.4**	**31.7**	**-10.5**

主要统计指标解释

EXPLANATORY NOTES ON MAIN STATISTICAL INDICATORS

从业人员 指从事一定社会劳动并取得劳动报酬或经营收入的人员，包括全部职工、再就业的离退休人员、私营业主、个体户主、私营和个体从业人员、乡镇企业从业人员、农村从业人员、其他从业人员（包括民办教师、宗教职业者、现役军人等）。这一指标反映了一定时期内全部劳动力资源的实际利用情况，是研究我国基本国情国力的重要指标。

单位的从业人员 指在各级国家机关、政党机关、社会团体及企业、事业单位中工作，取得工资或其他形式的劳动报酬的全部人员。包括在岗职工、再就业的离退休人员、民办教师以及在各单位中工作的外方人员和港澳台方人员、兼职人员、借用的外单位人员和第二职业者。不包括离开本单位仍保留劳动关系的职工。各单位的从业人员反映了各单位实际参加生产或工作的全部劳动力。

城镇私营和个体从业人员 城镇私营从业人员指在工商管理部门注册登记，其经营地址设在县城关镇（含城关镇）以上的私营企业从业人员；包括私营企业投资者和雇工。城镇个体从业人员指在工商管理部门注册登记，并持有城镇户口或在城镇长期居住，经批准从事个体工商经营的从业人员；包括个体经营者和在个体工商户劳动的家庭帮工和雇工。

城镇登记失业人员 指有非农业户口，在一定的劳动年龄内，有劳动能力，无业而要求就业，并在当地就业服务机构进行求职登记的人员。

城镇登记失业率 指城镇登记失业人数同城镇从业人数与城镇登记失业人数之和的比。计算公式为：

城镇登记失业率 = 城镇登记失业人数/（城镇从业人数 + 城镇登记失业人数）× 100%。

从业人员期末人数 指在本单位工作，取得工资或其他形式劳动报酬的期末实有人员数，是在岗职工、劳务派遣人员及其他从业人员期末人数之和。不包括离开本单位仍保留劳动关系的职工。

非全日制人员 指以小时计酬为主，且其在同一用人单位一般平均每日工作时间不超过四小时，每周工作时间累计不超过二十四小时的从业人员。

在岗职工 指在本单位工作且与本单位签订劳动合同，并由单位支付工资的人员，以及有工作岗位，但由于学习、病伤产假等原因暂未工作，仍由单位支付工资的人员。

劳务派遣人员 指与劳务派遣单位签订劳动合同，并被劳务派遣单位派遣到实际用工单位工作，且劳务派遣单位与实际用工单位签订劳务派遣协议的人员。

其他从业人员 指本单位中不能归到在岗职工、劳务派遣人员中的人员，实际参加本单位生产或工作并从本单位取得劳动报酬的人员。具体包括：再就业的离退休人员、兼职人员、借用的外单位人员和第二职业者以及在各单位中工作的外籍人员和港、澳、台方人员。也包括在本单位工作的非全日制人员。不包括在各单位中工作并领取一定报酬的在校学生。

从业人员平均人数 指报告期内平均每天拥有的从业人员数。对于用工随季节变化较大的单位，应该按每天实际用工人数计算 1 个月的平均人数，再以 12 个月的平均人数相加之和被 12 个月除求得全年的平均人数。年平均人数必须按单位实际情况计算得到，不得用年末人数替代年平均人数。具体计算公式为：

从业人员年平均人数 =（1 月平均人数 + 2 月平均人数 + … + 12 月平均人数）/ 12

从业人员季平均人数 =（本季第 1 个月平均人数 + 本季第 2 个月平均人数 + 本季第 3 个月平均人数）/ 3

从业人员月平均人数 =（1 日实际用工人数 + 2 日实际用工人数 + … + 31 日实际用工人数）/31

在岗职工平均人数 指报告期内每天平均拥有的在岗职工人数。

劳务派遣人员平均人数 指报告期内每天平均拥有的劳务派遣工人数。

其他从业人员平均人数 指报告期内每天平均拥有的其他从业人员数。

从业人员工资总额 指本单位在一定时期内直接支付给本单位全部从业人员的劳动报酬总额，是在岗职工、劳务派遣人员和其他从业人员工资总额之和。工资总额的计算应以直接支付给职工的全部劳动报酬为根据。本单位支付给职工的劳动报酬以及其他根据有关规定支付的工资，不论是计入成本的还是不计入成本的；不论是以货币形式支付的还是以实物形式支付的，均应列入工资总额的计算范围。工资总额包括计时工资、计件工资、奖金、津贴和补贴、加班加点工资、特殊情况下支付的工资。

在岗职工工资总额 指本单位在一定时期内直接支付给本单位全部在岗职工的劳动报酬总额。

劳务派遣人员工资总额 指实际用工单位为劳务派遣工或劳务工支付的劳动报酬总额，包括实际用工单位发放的加班费、奖金、各种补贴等，但不包括因派遣人员而产生的管理费用和实际用工单位交纳的各种社会保险费。

其他从业人员工资总额 指本单位在一定时期内直接支付给本单位其他从业人员的全部劳动报酬。

5

固定资产投资

Chapter5 Investment in Fixed Assets

资料整理:徐晓军　杜奕昕　熊　艳

5—1　历年固定资产投资完成额及新增固定资产

单位：万元

年　份	固定资产投资总额	第一产业	第二产业	第三产业	新增固定资产
1950	350	257	12	81	108
1951	2139	439	1254	446	1478
1952	6290	411	4750	1129	6329
“一五”时期					
1953	6760	39	2695	4026	6629
1954	10527	80	5670	4777	8188
1955	11707	79	6367	5261	13706
1956	9987	161	3947	5879	10390
1957	10262	115	4486	5661	4967
“二五”时期					
1958	12495	409	7628	4458	13232
1959	28784	786	17544	10454	23238
1960	28527	1569	17993	8965	24911
1961	9945	781	5712	3452	13645
1962	2608	131	1428	1049	2438
三年调整期					
1963	4022	211	1713	2098	2597
1964	6302	666	3227	2409	4608
1965	10064	619	5512	3933	8726
“三五”时期					
1966	12095	1554	7504	3037	9381
1967	4112	659	2458	995	2152
1968	3051	537	1790	724	3069
1969	6192	359	3810	2023	5833
1970	12372	515	9802	2055	5914
“四五”时期					
1971	14155	916	9918	3321	6280
1972	12308	510	7681	4117	5472
1973	9744	746	5245	3753	5499
1974	10497	585	5915	3997	6672
1975	14151	742	9317	4092	6720
“五五”时期					
1976	16376	1007	11529	3840	9938
1977	18902	1530	13376	3996	7808
1978	25760	595	20221	4944	19565
1979	33310	896	23765	8649	19919
1980	38389	2184	20965	15240	27513
“六五”时期					
1981	32182	1604	15943	14635	27414
1982	43512	1585	27577	14350	27563

5－1 续表　　　　　　　　　　　　　　　　　　　　　　　　　　　　　　单位：万元

年　份	固定资产投资总额	第一产业	第二产业	第三产业	新增固定资产
1983	53039	1748	29742	21549	30707
1984	95396	2509	53603	39284	48651
1985	132310	1743	59845	70722	88020
“七五”时期					
1986	127853	1959	54750	71144	145017
1987	100455	1428	44542	54485	88129
1988	116082	3502	54300	58280	97137
1989	114476	2258	50998	61220	89688
1990	138786	3015	69913	65858	112339
“八五”时期					
1991	196449	3467	107563	85419	134239
1992	288919	4726	154704	129489	149356
1993	483514	3434	189530	290550	362396
1994	595900	3420	345591	246889	286939
1995	919280	4012	412379	502889	522514
“九五”时期					
1996	1013967	3884	406915	603168	888799
1997	916691	8691	242868	665132	1037939
1998	990128	9180	374070	606878	783435
1999	1064602	11280	421427	631895	889170
2000	1250455	1439	266510	982506	1121883
“十五”时期					
2001	1460539	1060	283282	1176197	1119314
2002	1567378	3334	321503	1242541	1556432
2003	1914205	15735	456436	1442034	1714096
2004	1883169	13135	521063	1348971	1728725
2005	2131195	14034	753675	1363486	1462157
“十一五”时期					
2006	2331943	10443	725397	1596103	1956120
2007	2816095	16302	979562	1820231	1900989
2008	3496566	20034	1470906	2005626	2265484
2009	3958829	37029	1531035	2390765	3044033
2010	4830248	53986	1710480	3065782	3003642
“十二五”时期					
2011	6351243	25424	2274335	4051484	3399199
2012	10102899	55807	4711451	5335641	6845112
2013	12715924	54480	3957987	8703457	6504512
2014	15263119	71583	4167154	11024382	10146269
2015	16074304	57732	4268755	11747817	7445705
“十三五”时期					
2016	16077843	202685	3568868	12306290	11460698
2017	20201471	224247	3567675	16409549	7832662

5—2　历年固定资产投资完成额及新增固定资产指数

（以上年为100）

单位：%

年　份	固定资产投资总额	第一产业	第二产业	第三产业	新增固定资产
1951	611.14	170.82	10450.00	550.62	1368.52
1952	294.06	93.62	378.79	253.14	428.21
“一五”时期					
1953	107.47	9.49	56.74	356.60	104.74
1954	155.72	205.13	210.39	118.65	123.52
1955	111.21	98.75	112.29	110.13	167.39
1956	85.31	203.80	61.99	111.75	75.81
1957	102.75	71.43	113.66	96.29	47.81
“二五”时期					
1958	121.76	355.65	170.04	78.75	266.40
1959	230.36	192.18	229.99	234.50	175.62
1960	99.11	199.62	102.56	85.76	107.20
1961	34.86	49.78	31.75	38.51	54.77
1962	26.22	16.77	25.00	30.39	17.87
三年调整期					
1963	154.22	161.07	119.96	200.00	106.52
1964	156.69	315.64	188.38	114.82	177.44
1965	159.70	92.94	170.81	163.26	189.37
“三五”时期					
1966	120.18	251.05	136.14	77.22	107.51
1967	34.00	42.41	32.76	32.76	22.94
1968	74.20	81.49	72.82	72.76	142.61
1969	202.95	66.85	212.85	279.42	190.06
1970	199.81	143.45	257.27	101.58	101.39
“四五”时期					
1971	114.41	177.86	101.18	161.61	106.19
1972	86.95	55.68	77.45	123.97	87.13
1973	79.17	146.27	68.29	91.16	100.49
1974	107.73	78.42	112.77	106.50	121.33
1975	134.81	126.84	157.51	102.38	100.72
“五五”时期					
1976	115.72	135.71	123.74	93.84	147.89
1977	115.43	151.94	116.02	104.06	78.57
1978	136.28	38.89	151.17	123.72	250.58
1979	129.31	150.59	117.53	174.94	101.81
1980	115.25	243.75	88.22	176.21	138.12
“六五”时期					
1981	83.83	73.44	76.05	96.03	99.64
1982	135.21	98.82	172.97	98.05	100.54
1983	121.90	110.28	107.85	150.17	111.41

5-2续表 单位:%

年　份	固定资产投资总额	第一产业	第二产业	第三产业	新增固定资产
1984	179.86	143.54	180.23	182.30	158.44
1985	138.70	69.47	111.64	180.03	180.92
“七五”时期					
1986	96.63	112.39	91.49	100.60	164.75
1987	78.57	72.89	81.36	76.58	60.77
1988	115.56	245.24	121.91	106.97	110.22
1989	98.62	64.48	93.92	105.04	92.33
1990	121.24	133.53	137.09	107.58	125.26
“八五”时期					
1991	141.55	114.99	153.85	129.70	119.49
1992	147.07	136.31	143.83	151.59	111.26
1993	167.35	72.66	122.51	224.38	242.64
1994	123.24	99.59	182.34	84.97	79.18
1995	154.27	117.31	119.33	203.69	182.10
“九五”时期					
1996	110.30	96.81	98.68	119.94	170.10
1997	90.41	223.76	59.69	110.27	116.78
1998	108.01	105.63	154.02	91.24	75.48
1999	107.52	122.88	112.66	104.12	113.50
2000	117.46	12.76	63.24	155.49	126.17
“十五”时期					
2001	116.80	73.66	106.29	119.71	99.77
2002	107.32	314.53	113.49	105.64	139.05
2003	122.13	471.96	141.97	116.06	110.13
2004	98.38	83.48	114.16	93.55	100.85
2005	113.17	106.84	144.64	101.08	84.58
“十一五”时期					
2006	109.42	74.41	96.25	117.06	133.78
2007	120.76	156.10	135.04	114.04	97.18
2008	124.16	122.89	150.16	110.19	119.17
2009	113.22	184.83	104.09	119.20	134.37
2010	122.01	145.79	111.72	128.23	98.67
“十二五”时期					
2011	131.49	47.09	132.96	132.15	113.17
2012	159.07	219.51	207.16	131.70	201.37
2013	125.86	97.62	84.01	163.12	95.02
2014	120.03	131.39	105.28	126.67	155.99
2015	105.31	80.65	102.44	106.56	73.38
“十三五”时期					
2016	100.02	351.08	83.60	104.75	153.92
2017	125.65	110.64	99.97	133.34	68.34

5—3　历年固定资产投资三次产业构成

单位:%

年　份	固定资产投资总额	第一产业	第二产业	第三产业
1950	100	73.43	3.43	23.14
1951	100	20.52	58.63	20.85
1952	100	6.53	75.52	17.95
“一五”时期				
1953	100	0.58	39.87	59.55
1954	100	0.76	53.86	45.38
1955	100	0.67	54.39	44.94
1956	100	1.61	39.52	58.87
1957	100	1.12	43.71	55.17
“二五”时期				
1958	100	3.27	61.05	35.68
1959	100	2.73	60.95	36.32
1960	100	5.50	63.07	31.43
1961	100	7.85	57.44	34.71
1962	100	5.02	54.75	40.23
三年调整期				
1963	100	5.25	42.59	52.16
1964	100	10.57	51.21	38.22
1965	100	6.15	54.77	39.08
“三五”时期				
1966	100	12.85	62.04	25.11
1967	100	16.02	59.78	24.20
1968	100	17.60	58.67	23.73
1969	100	5.80	61.53	32.67
1970	100	4.16	79.23	16.61
“四五”时期				
1971	100	6.47	70.07	23.46
1972	100	4.14	62.41	33.45
1973	100	7.66	53.83	38.51
1974	100	5.57	56.35	38.08
1975	100	5.24	65.84	28.92
“五五”时期				
1976	100	6.15	70.40	23.45
1977	100	8.09	70.76	21.15
1978	100	2.31	78.50	19.19
1979	100	2.69	71.34	25.97
1980	100	5.69	54.61	39.70
“六五”时期				
1981	100	4.98	49.54	45.48
1982	100	3.64	63.38	32.98
1983	100	3.30	56.08	40.62

5－3续表

单位：%

年 份	固定资产投资总额	第一产业	第二产业	第三产业
1983	100	3.30	56.08	40.62
1984	100	2.63	56.19	41.18
1985	100	1.32	45.23	53.45
“七五”时期				
1986	100	1.53	42.82	55.65
1987	100	1.42	44.34	54.24
1988	100	3.02	46.78	50.20
1989	100	1.97	44.55	53.48
1990	100	2.17	50.37	47.46
“八五”时期				
1991	100	1.76	54.75	43.49
1992	100	1.64	53.55	44.81
1993	100	0.71	39.20	60.09
1994	100	0.57	57.99	41.44
1995	100	0.44	44.86	54.70
“九五”时期				
1996	100	0.38	40.13	59.49
1997	100	0.95	26.49	72.56
1998	100	0.93	37.78	61.29
1999	100	1.06	39.59	59.35
2000	100	0.12	21.31	78.57
“十五”时期				
2001	100	0.07	19.40	80.53
2002	100	0.21	20.51	79.28
2003	100	0.82	23.84	75.34
2004	100	0.70	27.67	71.63
2005	100	0.66	35.36	63.98
“十一五”时期				
2006	100	0.45	31.10	68.45
2007	100	0.58	34.78	64.64
2008	100	0.57	42.07	57.36
2009	100	0.94	38.67	60.39
2010	100	1.12	35.41	63.47
“十二五”时期				
2011	100	0.40	35.81	63.79
2012	100	0.55	46.63	52.82
2013	100	0.43	31.13	68.44
2014	100	0.47	27.30	72.23
2015	100	0.36	26.56	73.08
“十三五”时期				
2016	100	1.26	22.20	76.54
2017	100	1.11	17.66	81.23

5—4 固定资产投资基本情况

单位:万元

指 标	1995 年	2000 年	2005 年	2010 年	2011 年	2012 年
本年完成投资额	**919280**	**1250455**	**2131195**	**4830248**	**6351243**	**10102899**
按构成分						
建筑工程	469218	776890	1056545	2795453	3680310	5667615
安装工程	90979	60966	197576	369501	549206	757263
设备、工器具购置	266932	278404	698463	1149777	1593847	2819443
其他费用	92151	134195	178611	515517	527880	858578
按登记注册类型分						
内资	914724	1071154	178611	4777821	6211151	9926974
#国有	775195	708342	836563	1597976	2181144	4031536
港澳台商投资	4033	171526	83664	14163	42111	27417
外商投资	523	7775	52264	27011	96611	144218
按隶属关系分						
中央	471490	361940	301612	665077	1129474	1261741
地方	447790	888515	1829583	4165171	5221769	8841158
按建设性质分						
新建	280227	672320	646341	2144754	3322849	5432547
扩建	477017	452438	1145651	1939160	2206480	3584739
改建	61138	32550	185098	441189	392880	713150
单纯建造生活设施	76701	62553	23542	141577	54015	18519
迁建	6225		17971	11050	35883	43878
单纯购置	17972	30594	112592	152518	339136	310066
本年新增固定资产	**522514**	**1121883**	**1462157**	**3003642**	**3399199**	**6845112**
房屋建筑面积(万平方米)						
施工面积	591.27	1016.40	949.66	2274.72	2326.34	3174.66
#住宅	253.28	688.06	451.05	1477.82	1699.37	2160.83
竣工面积	240.60	447.71	465.29	518.98	383.77	828.72
#住宅	131.14	330.28	267.93	309.85	287.39	613.24
商品房屋竣工、销售情况						
竣工面积(万平方米)	53.55	200.97	258.24	265.41	311.14	631.08
竣工价值(万元)	63902	234849	296928	544162	649857	1685557
销售面积(万平方米)	24.43	145.82	243.37	440.06	467.17	389.84
销售额(万元)	38909	257483	532089	2034748	2442450	2161240

5-4 续表

指　　标	2013 年	2014 年	2015 年	2016 年	2017 年	2017 年比 2016 年 (±%)
本年完成投资额	**12715924**	**15263119**	**16074304**	**16077843**	**20201471**	**25.7**
按构成分						
建筑工程	8035235	9880703	9120414	9892781	11876894	20.1
安装工程	1027897	1022862	1667135	1667741	1838065	10.2
设备、工器具购置	2326009	3168880	2813155	2089925	1710098	-18.2
其他费用	1326783	1190674	2473600	2427396	4776414	96.8
按登记注册类型分						
内资	12524957	14704166	15594219	15949828	20088795	25.9
#国有	6302061	6784565	7955991	7463747	9877236	32.3
港澳台商投资	44520	68343	127127	115955	94061	-18.9
外商投资	144187	490610	352958	12060	12291	1.9
按隶属关系分						
中央	2364652	2012421	1827488	2784691	3470029	24.6
地方	10351272	13250698	14246816	13293152	16731442	25.9
按建设性质分						
新建	7607096	9455333	11788152	12378376	16994246	37.3
扩建	3722582	4064747	3355785	2974276	2447774	-17.7
改建	730497	472857	322685	725191	759451	4.7
本年新增固定资产	**6504512**	**10146269**	**7445705**	**11460698**	**7832662**	**-31.7**
房屋建筑面积(万平方米)						
施工面积	5525.24	6803.53	5393.16	4565.08	4937.82	8.2
#住宅	3799.7	4492.55	3310.00	2547.24	2714.66	6.6
竣工面积	613.13	1076.41	790.65	600.89	820.75	36.6
#住宅	442.59	812.59	591.62	295.07	508.21	72.2
商品房屋竣工、销售情况						
竣工面积(万平方米)	421.46	721.78	380.94	411.83	495.58	20.3
竣工价值(万元)	1144588	2146900	1081311	1239067	1371752	10.7
销售面积(万平方米)	549.57	488.08	540.61	595.29	622.73	4.6
销售额(万元)	3330950	3078400	3553448	3727127	4113831	10.4

5—5　全市固定资产投资完成情况

（2017 年）

单位：万元

指　　标	固定资产投资总额	城镇和农村投资	房地产开发投资
投资总额	**20201471**	**16222342**	**3979129**
#住宅	2476846	212535	2264311
按登记注册类型分			
内资	20088795	16159972	3928823
#国有	9877236	9818612	58624
集体	11915	11915	
股份有限公司	5300	5300	
港澳台商投资	94061	43755	50306
外商投资	12291	12291	
个体经营	6324	6324	
按隶属关系分			
中央	3470029		3470029
地方	16731442	12786147	3945295
按构成分			
建筑工程	11876894	9322886	2554008
安装工程	1838065	1476081	361984
设备、工器具购置	1710098	1654236	55862
#用于更新的设备			
其他费用	4776414	3769139	1007275
按建设性质分			
新建	16994246	13015117	3979129
扩建	2447774	2447774	
改建	759451	759451	
房屋建筑面积（万平方米）			
施工面积	4937.82	1083.81	3854.01
#住宅	2714.66	375.11	2339.55
竣工面积	820.75	378.93	441.82
#住宅	508.21	202.43	305.78
本年新增固定资产	**7832662**	**6371417**	**1461245**

5—6 按行业分的固定资产投资

（2017年）

单位：万元

指 标	固定资产投资总额	城镇和农村投资	房地产开发投资
投资总额	**20201471**	**16222342**	**3979129**
农、林、牧、渔业	**224247**	**224247**	
农业	67600	67600	
林业	5350	5350	
畜牧业	63775	63775	
渔业			
农、林、牧、渔服务业	87522	87522	
采矿业	**697916**	**697916**	
煤炭开采和洗选业	24878	24878	
石油和天然气开采业	673038	673038	
黑色金属矿采选业			
有色金属矿采选业			
非金属矿采选业			
开采辅助活动			
其他开采业			
制造业	**1176839**	**1176839**	
农副食品加工业	69295	69295	
食品制造业	39399	39399	
酒、饮料和精制茶制造业	10000	10000	
烟草制品业	4711	4711	
纺织业	27490	27490	
纺织服装和服饰业	2400	2400	
皮革、毛皮、羽毛(绒)及其制品业	2000	2000	
木材加工及木、竹、藤、棕、草制品业	7710	7710	
家具制造业	56748	56748	
造纸及纸制品业	17700	17700	
印刷业和记录媒介的复制业	26602	26602	
文教体育用品制造业	4900	4900	
石油加工、炼焦及核燃料加工业	62972	62972	
化学原料及化学制品制造业	205012	205012	
医药制造业	13628	13628	
化学纤维制造业			
橡胶和塑料制品业	60111	60111	
非金属矿制品业	68387	68387	
黑色金属冶炼和压延加工业	23476	23476	
有色金属冶炼和压延加工业	20361	20361	
金属制品业	91051	91051	
通用设备制造业	31032	31032	

5－6 续表 1　　(2017 年)　　单位:万元

指　　标	固定资产投资总额	城镇和农村投资	房地产开发投资
专用设备制造业	96239	96239	
汽车制造业	32091	32091	
铁路、船舶、航空航天等制造业	10000	10000	
电气机械及器材制造业	36560	36560	
计算机、通信和其他电子设备制造业	50489	50489	
仪器仪表制造业			
其他制造业	106475	106475	
废弃资源综合利用业			
金属制品、机械和设备修理业			
电力、热力、燃气及水的生产和供应业	**1450489**	**1450489**	
电力、热力的生产和供应业	1216065	1216065	
燃气生产和供应业	46892	46892	
水的生产和供应业	187532	187532	
建筑业	**242431**	**242431**	
房屋建筑业	83640	83640	
土木工程建筑业	155196	155196	
建筑安装业			
建筑装饰和其他建筑业	3595	3595	
批发和零售业	**460833**	**460833**	
批发业	71443	71443	
零售业	389390	389390	
交通运输、仓储和邮政业	**2339446**	**2339446**	
铁路运输业	25000	25000	
道路运输业	1774889	1774889	
水上运输业			
航空运输业	252587	252587	
管道运输业	11666	11666	
装卸搬运和运输代理业	28549	28549	
仓储业	246725	246725	
邮政业	30	30	
住宿和餐饮业	**129603**	**129603**	
住宿业	64484	64484	
餐饮业	65119	65119	
信息传输、软件和信息技术服务业	**897021**	**897021**	
电信、广播电视和卫星传输服务业	728722	728722	
互联网和相关服务业	5990	5990	
软件和信息技术服务业	162309	162309	
金融业	**207499**	**207499**	
货币金融业	86758	86758	
资本市场业	36144	36144	

5－6 续表2　　（2017年）　　单位：万元

指　　标	固定资产投资总额	城镇和农村投资	房地产开发投资
保险业	6	6	
其他金融业	84591	84591	
房地产业	**4865987**	**886858**	**3979129**
房地产业	4865987	886858	3979129
租赁和商务服务业	**437774**	**437774**	
租赁业			
商务服务业	437774	437774	
科学研究和技术服务业	**221578**	**221578**	
研究与试验发展	10630	10630	
专业技术服务业	49043	49043	
科技交流和推广服务业	161905	161905	
水利、环境和公共设施管理业	**5575669**	**5575669**	
水利管理业	96683	96683	
生态保护和环境治理业	59447	59447	
公共设施管理业	5419539	5419539	
居民服务和其他服务业	**36387**	**36387**	
居民服务业	18202	18202	
机动车、电子产品和日用产品修理业	15217	15217	
其他服务业	2968	2968	
教育	**348365**	**348365**	
教育	348365	348365	
卫生和社会工作	338743	338743	
卫生	289447	289447	
社会工作	49296	49296	
文化、体育和娱乐业	**168892**	**168892**	
新闻和出版业	14134	14134	
广播、电视、电影和影视录音制作业	790	790	
文化艺术业	76128	76128	
体育	64850	64850	
娱乐业	12990	12990	
公共管理和社会组织	**381752**	**381752**	
中国共产党机关			
国家机构	373309	373309	
人民政协和民主党派			
社会保障			
群众团体、社会团体和其他成员组织	3338	3338	
基层群众自治组织	5105	5105	
国际组织			
国际组织			

5—7　固定资产投资资金来源

（2017 年）

单位：万元

指　标	固定资产投资	城镇和农村投资	房地产开发
本年资金来源总计	**20716094**	**14794459**	**5921635**
上年末结余资金	1789481	597651	1191830
本年资金来源小计	18926613	14196808	4729805
国家预算内资金	1223998	1223998	
国内贷款	4476364	4002511	473853
债券			
利用外资	23923	23923	
#外商直接投资			
自筹资金	9320249	8049964	1270285
#企事业单位自有资金			
其他资金来源	3882079	896412	2985667
本年各项应付款总计	**3598010**	**2313182**	**1284828**
工程款	1620245	820644	799601

5—8　固定资产投资效果

（2017 年）

指　标	固定资产投资	城镇和农村投资	房地产开发
建设项目投产率（%）	**38.43**	**47.02**	**4.99**
本年施工项目（个）	2363	1880	481
本年全投项目（个）	908	884	24
固定资产交付使用率（%）	**38.77**	**39.28**	**36.72**
本年完成投资额（万元）	20201471	16222342	3979129
本年新增固定资产（万元）	7832662	6371417	1461245
建设周期（年）	**4.23**	**4.06**	**4.94**
计划总投资（万元）	85551003	65891085	19659918
本年完成投资（万元）	20201471	16222342	3979129
房屋建筑面积竣工率（%）	**16.62**	**34.96**	**11.46**
施工面积（平方米）	49378202	10838139	38540063
竣工面积（平方米）	8207464	3789312	4418152

5—9 历年房地产开发主要指标

年　份	房地产开发投资（万元）	房地产开发投资比上年增长（%）	竣工房屋住宅套数（套）	商品房销售收入（万元）	商品房销售收入比上年增长（%）	商品房销售面积（平方米）	商品房待售面积（平方米）
1995	110047		3131	47811		247270	315271
1996	125398	13.9	4748	43735	-8.5	239770	235358
1997	126570	0.9	4458	48583	11.1	299096	277448
1998	99232	-21.6	8075	83847	72.6	458846	176121
1999	151575	52.7	8636	109789	30.9	612616	412309
2000	426754	181.5	21333	257875	134.9	1463317	538659
2001	620246	45.3	36548	378758	46.9	1961850	1290330
2002	512830	-17.3	35093	497507	31.4	2475832	2182341
2003	479000	-6.6	30647	542479	9.0	3061812	2474701
2004	423079	-11.7	18065	516278	-4.8	2733760	1939555
2005	371532	-12.2	20978	437728	-15.2	2433737	1953480
2006	562345	51.4	21238	755501	72.6	4274460	1787653
2007	817958	45.5	32204	1108822	46.8	4986926	973554
2008	1003481	22.7	37074	981849	-11.5	2971748	1540963
2009	1101159	9.7	31823	1467473	49.5	5121490	1563178
2010	1462690	32.8	20213	1972339	34.4	4400611	1389993
2011	1955717	33.7	27157	2376850	20.5	4671669	1200307
2012	2162552	10.6	54953	2260717	-4.9	3898408	1535248
2013	2714326	25.5	32271	3178376	40.6	5495730	1707289
2014	3594372	32.4	52229	2551929	-19.7	4880800	2326128
2015	3883661	8.0	45980	3553448	15.4	5406110	2479597
2016	3624975	-6.7	27953	3727127	4.9	5952933	3636897
2017	4287355	18.3	33715	4113831	10.4	4753313	3642183

5—10 按企业经济类型、隶属关系、资质等级分的房地产开发基本情况

（2017 年）

单位：万元

指标	企业个数（个）	计划总投资	自开始建设累计完成投资	本年完成投资
总计	**441**	**21999535**	**15453575**	**4287355**
按登记注册类型分组				
内资企业	439	21706935	15200681	4237049
国有企业	4	333269	243956	58624
国有独资公司	10	1173425	765684	228205
其他有限责任公司	138	8542111	6227485	1856325
股份有限公司	1	325000	235420	76642
私营独资企业				
私营合伙企业				
私营有限责任公司	285	11333130	7728136	2017253
私营股份有限公司	1			
其他企业				
港澳台商投资企业	2	292600	252894	50306
与港澳台商合资经营企业	2	292600	252894	50306
与港澳台商合资合作经营企业				
外商投资企业				
中外合资经营企业				
中外合作经营企业				
按控股情况分组				
国有控股	65	4805236	3211981	942980
集体控股	1			
私人控股	331	13834077	9695122	2594866
港澳台商控股	1			
外商控股	35			
其他	8	3360222	2546472	749509
按资质等级分组				
一级	11	1218119	907824	271011
二级	48	3425417	2529674	433800
三级	94	3687874	2988030	647655
四级	50	617013	417523	124237
暂定	225	12791512	8518554	2768214
其他	13	259600	91970	42438
按隶属关系分组				
中央	29	1464486	790669	210603
省（自治区、直辖市）	11	731798	543284	150026
地区（州、盟、省辖市）	18	2762062	2042662	465285
县（区、市、旗）	1	497100	271142	153538
其他	382	16544089	11709152	3307903

5－10 续表 1　　（2017 年）　　单位：万元

指　标	本年完成投资					
	#建筑工程	安装工程	设备工器具购置	其他费用	#旧建筑物购置费	土地购置费
总　计	**2758329**	**409721**	**57631**	**1061674**	**15992**	**710757**
按登记注册类型分组						
内资企业	2708023	409721	57631	1061674	15992	710757
国有企业	47434	463		10727		10666
国有独资公司	121679	21455		85071		54854
其他有限责任公司	1180458	242417	34618	398832	4218	284748
股份有限公司	43578	12333	4295	16436		5777
私营独资企业						
私营合伙企业						
私营有限责任公司	1314874	133053	18718	550608	11774	354712
私营股份有限公司						
其他企业						
港澳台商投资企业	50306					
与港澳台商合资经营企业	50306					
与港澳台商合资合作经营企业						
外商投资企业						
中外合资经营企业						
中外合作经营企业						
按控股情况分组						
国有控股	535969	106081	7514	293416	4108	203416
集体控股						
私人控股	1731672	198825	30931	633438	11884	413511
港澳台商控股						
外商控股						
其他	490688	104815	19186	134820		93830
按资质等级分组						
一级	175679	38213	11484	45635		16625
二级	277780	56939	6360	92721		67836
三级	441507	66033	8624	131491	1505	65035
四级	51921	9952	187	62177		55270
暂定	1774399	236684	30765	726366	14377	502991
其他	37043	1900	211	3284	110	3000
按隶属关系分组						
中央	108705	46200	1769	53929	4108	29882
省（自治区、直辖市）	93054	1353		55619		40494
地区（州、盟、省辖市）	290418	61200	4450	109217		79263
县（区、市、旗）	111860	6054		35624		30175
其他	2154292	294914	51412	807285	11884	530943

5-10续表2 (2017年) 单位:万元

指标	本年完成投资							
	商品住宅	#90平方米以下	90~140平方米	140平方米以上	#别墅、高档公寓	办公楼	商业营业用房	其他
总计	**2479003**	**745221**	**1225725**	**508057**	**231861**	**476793**	**751232**	**580327**
按登记注册类型分组								
内资企业	2438392	719793	1212053	506546	231861	476793	746898	574966
国有企业	51618	45830	2719	3069		569	2530	3907
国有独资公司	125716	65115	56991	3610		41598	26120	34771
其他有限责任公司	1014772	299652	513221	201899	66390	228996	395639	216918
股份有限公司	42479	5282	31465	5732			15679	18484
私营独资企业								
私营合伙企业								
私营有限责任公司	1203807	303914	607657	292236	165471	205630	306930	300886
私营股份有限公司								
其他企业								
港澳台商投资企业	40611	25428	13672	1511			4334	5361
与港澳台商合资经营企业	40611	25428	13672	1511			4334	5361
与港澳台商合资合作经营企业								
外商投资企业								
中外合资经营企业								
中外合作经营企业								
按控股情况分组								
国有控股	530784	201872	256818	72094	39415	158711	98278	155207
集体控股								
私人控股	1533616	436518	739753	357345	190416	228562	478016	354672
港澳台商控股								
外商控股								
其他	414603	106831	229154	78618	2030	89520	174938	70448
按资质等级分组								
一级	198353	43979	113720	40654	2675	10167	30458	32033
二级	242800	109092	94431	39277	29651	25777	127991	37232
三级	466070	158879	197777	109414	34877	50079	57121	74385
四级	77113	12293	24617	40203	38923	11471	19205	16448
暂定	1464574	417701	775265	271608	121270	379076	504960	419604
其他	30093	3277	19915	6901	4465	223	11497	625
按隶属关系分组								
中央	127499	18036	85307	24156	3156	22397	19142	41565
省(自治区、直辖市)	115780	21424	58942	35414	29898	16153	7021	11072
地区(州、盟、省辖市)	230324	135376	76221	18727	1180	111245	80878	42838
县(区、市、旗)	96358	47701	45353	3304	2185	400	18589	38191
其他	1909042	522684	959902	426456	195442	326598	625602	446661

5－10 续表 3　　（2017 年）　　单位：万元

指　　标	本年新增固定资产	待开发土地面积（平方米）	本年土地购置面积（平方米）	本年土地成交价款
总　计	**1589557**	**1076137**	**1509969**	**595605**
按登记注册类型分组				
内资企业	1490178	1076137	1410699	569973
国有企业	8575			
国有独资公司	175665	155538	188220	228321
其他有限责任公司	509795	103632	223194	109862
股份有限公司	104088			
私营独资企业				
私营合伙企业				
私营有限责任公司	692055	816967	999285	231790
私营股份有限公司				
其他企业				
港澳台商投资企业	99379		99270	25632
与港澳台商合资经营企业	99379		99270	25632
与港澳台商合资合作经营企业				
外商投资企业				
中外合资经营企业				
中外合作经营企业				
按控股情况分组				
国有控股	365416	174035	304536	276658
集体控股				
私人控股	1164046	900864	1030973	248755
港澳台商控股				
外商控股				
其他	60095	1238	174460	70192
按资质等级分组				
一级	173094	51869		
二级	432720			
三级	390344	311229	296528	273997
四级	70341			
暂定	485058	713039	647986	158976
其他	38000		565455	162632
按隶属关系分组				
中央	111029			
省（自治区、直辖市）	59063			
地区（州、盟、省辖市）	169783	174035	286970	262471
县（区、市、旗）	14563	13155	149462	14575
其他	1235119	888947	1073537	318559

5－10续表4　　　　　　　　　　（2017年）　　　　　　　　　　单位：万元

指　　标	项目个数（个）	本年资金来源	国内贷款	利用外资	自筹资金	其他资金来源
总　计	**522**	**5160446**	**523323**		**1454207**	**3182916**
按登记注册类型分组						
内资企业	516	3000144	353005		903055	1744084
国有企业	10	4900			4900	
国有独资公司	26	248616			131753	116863
其他有限责任公司	158	1294774	195845		376906	722023
股份有限公司	4	76062	9900			66162
私营独资企业						
私营合伙企业						
私营有限责任公司	318	1375792	147260		389496	839036
私营股份有限公司						
其他企业						
港澳台商投资企业	6	2160302	170318		551152	1438832
与港澳台商合资经营企业	6	2160302	170318		551152	1438832
与港澳台商合资合作经营企业						
外商投资企业						
中外合资经营企业						
中外合作经营企业						
按控股情况分组						
国有控股	94	883388	70400		315333	497655
集体控股						
私人控股	381	1746455	235085		471790	1039580
港澳台商控股	6	2160302	170318		551152	1438832
外商控股						
其他	41	370301	47520		115932	206849
按资质等级分组						
一级	31	187255	40000		46077	101178
二级	16	289315	62325		71605	155385
三级	38	410388	21500		110973	277915
四级	13	107577			40119	67458
暂定	2	1997787	229180		634281	1134326
其他	422	2168124	170318		551152	1446654
按隶属关系分组						
中央	31	215944	38500		44977	132467
省（自治区、直辖市）	16	114646	12000		5949	96697
地区（州、盟、省辖市）	38	486980			186582	300398
县（区、市、旗）	2	95559	10000		42682	42877
其他	435	4247317	462823		1174017	2610477

5—11 按工程用途分的商品房屋销售与出租情况

（2017 年）

指　　标	合　计	住　宅	#90 平米以下住房	140 平米以上住房	#别墅、高档公寓	办公楼	商业营业用房	其　他
出租房屋面积（平方米）	240250					23411	202651	14188
商品房销售面积（平方米）	6227253	5381377	1230974	838504	205794	326953	331855	187068
现房销售面积	147390	1213664	400636	331360	31015	78978	111237	70061
期房销售面积	4753313	4167713	830338	507144	174779	247975	220618	117007
商品房销售额（万元）	4113831	3306053	666015	651762	255445	289486	426914	91378
现房销售额	743778	538831	141688	158915	23329	68960	110398	25589
期房销售额	3370053	2767222	524327	492847	232116	220526	316516	65789
商品住宅销售套数（套）		49829	15330	4684	1042			
现房住宅销售套数		11024	4852	2056	153			
期房住宅销售套数		38805	10478	2628	889			
待售面积（平方米）	3642183	1516372	281858	642965	119172	308169	685016	1132626
#待售 1－3 年面积	1782168	864200	138182	396949	97044	117474	270274	530220
待售 3 年以上面积	601347	128026	46474	52058	9010	153075	178820	141426

5—12 按工程用途分的房地产开发施、竣工房屋面积及竣工价值

（2017 年）

指　　标	施工面积（平方米）	#新开工	竣工面积（平方米）	不可销售面积（平方米）	商品住宅竣工套数（套）	竣工房屋价值（万元）
房屋建筑面积合计	**42109650**	**9399937**	**4955822**	**299209**		**1371752**
住宅	25952958	5506490	3528078	60733	28576	982507
#90 平米以下住房	7939852	1151671	981614	12092	2022	288663
144 平米以上住房	3169862	830786	435565		909	146300
#别墅、高档公寓	1264164	392462	83231			35282
办公楼	3796152	566466	124928	488		62240
商业营业用房	5798989	1301444	466734	19582		137950
其他	6561551	2025537	836082	218406		189055

5—13 按企业经济类型、控股情况、资质等级分的房地产经营情况

（2017 年） 单位:万元

指 标	年初存货	资产总计	流动资产	#存货	固定资产原价
总 计	**11833395**	**29933558**	**20990195**	**12832220**	**909978**
按登记注册类型分组					
内资企业	9908726	19489763	17283346	11048777	644343
国有企业	5503	52864	7059	3970	47060
集体企业					
股份合作企业					
联营企业					
有限责任公司	4876462	9554978	8631158	5670894	275484
股份有限公司	256405	434193	432062	276441	736
私营企业	4770356	9447728	8213067	5097472	321063
其他企业					
港澳台商投资企业	1924669	10443795	3706849	1783443	265635
港澳台商投资企业	1924669	10443795	3706849	1783443	265635
按控股情况分组					
国有控股	2233877	4457039	3963365	2933077	161810
集体控股	9181	16985	16879	13364	175
私人控股	6337566	12670460	11125915	6748850	451437
港澳台商控股	9567	9962	891	611	67
其他	3243204	12779112	5883145	3136318	296489
按资质等级分组					
一级	699189	1008167	838370	633277	79261
二级	1391315	2330177	1825320	1266808	131302
三级	2470155	4595287	4175760	2973754	198989
四级	448029	783699	681201	477578	45705
暂定	4752106	10288387	9289879	5527746	186002
其他	2072601	10927841	4179665	1953057	268719
按隶属关系分组					
中央	836786	1536574	1342992	978071	25469
省（自治区、直辖市）	616879	967840	862284	609569	64091
地区（州、盟、省辖市）	807849	1884915	1676260	1117921	60917
县（区、市、旗）					
其他	9571881	25544229	17108659	10126659	759501

5－13 续表 1　　(2017 年)　　单位:万元

指　　标	累计折旧	#本年折旧	负债合计	所有者权益合计	#实收资本
总　计	**293237**	**44891**	**23646991**	**6286567**	**3154099**
按登记注册类型分组					
内资企业	199261	25981	15851904	3637859	2286939
国有企业	1680	62	49520	3344	5624
集体企业					
股份合作企业					
联营企业					
有限责任公司	66393	6692	7732504	1822473	1012987
股份有限公司	487	54	362349	71845	16250
私营企业	130701	19084	7707531	1740197	1252079
其他企业					
港澳台商投资企业	93976	18910	7795087	2648708	867160
港澳台商投资企业	93976	18910	7795087	2648708	867160
按控股情况分组					
国有控股	22199	2607	3803895	653145	356380
集体控股	70	41	8977	8009	9050
私人控股	164474	21864	10302691	2367769	1645411
港澳台商控股	44	44	7163	2799	4250
其　他	106450	20335	9524265	3254845	1139008
按资质等级分组					
一级	14071	1660	749053	259113	91600
二级	46224	6047	1762219	567958	289098
三级	81732	9386	3922981	672307	483673
四级	19776	2149	718509	65190	82664
暂定	35400	6479	8371121	1917267	1162097
其他	96034	19170	8123108	2804732	1044967
按隶属关系分组					
中央	7329	992	1369892	166682	119823
省(自治区、直辖市)	3488	697	729752	238089	83432
地区(州、盟、省辖市)	7138	506	1501470	383446	182665
县(区、市、旗)					
其他	275282	42696	20045877	5498350	2768179

5－13 续表2　　（2017 年）　　单位：万元

指　标	主营业务收入	土地转让收入	商品房屋销售收入	房屋出租收入	其他收入
总　计	**4821986**	**1124**	**4660230**	**74166**	**84479**
按登记注册类型分组					
内资企业	4181905	1124	4062381	49300	67424
国有企业	3252		1645	1607	
集体企业					
股份合作企业					
联营企业					
有限责任公司	2293375	4	2255511	29893	6684
股份有限公司	188736		205738		52495
私营企业	1696542	1120	136241	17799	8245
其他企业					
港澳台商投资企业	640081		597849	24866	17055
港澳台商投资企业	640081		597849	24866	17055
按控股情况分组					
国有控股	926944	4	858302	11162	57066
集体控股	124		105	19	
私人控股	2295514	1120	2248450	34816	9863
港澳台商控股	981		981		
其他	1598423		1552392	28169	17550
按资质等级分组					
一级	313917		306062	4776	3079
二级	490475		474365	11093	4144
三级	790030		766209	18593	4679
四级	96704	1120	85047	10162	374
暂定	2374989	4	2315518	4075	55141
其他	755871		713029	25467	17062
按隶属关系分组					
中央	285551		281109	3746	301
省（自治区、直辖市）	231334		224661	2784	3890
地区（州、盟、省辖市）	533026		529387	2581	1057
县（区、市、旗）					
其他	3772075	1124	3625073	65055	79231

5－13 续表 3 （2017 年） 单位：万元

指　　标	主营业务成本	主营业务税金及附加	其他业务利润	销售费用	管理费用	#税金
总　计	**3462943**	**256337**	**16698**	**171692**	**221861**	
按登记注册类型分组						
内资企业	2969171	214978	14884	152877	167212	
国有企业	1143	143		3	2006	
集体企业						
股份合作企业						
联营企业						
有限责任公司	1686822	111814	10547	71693	73968	
股份有限公司	133886	12106	5795	6978	2201	
私营企业	1147320	90916	－1458	74204	89037	
其他企业						
港澳台商投资企业	493772	41359	1814	18815	54649	
港澳台商投资企业	493772	41359	1814	18815	54649	
按控股情况分组						
国有控股	709702	46596	6801	29600	25918	
集体控股	52	1		84	227	
私人控股	1592000	109060	8071	102471	122155	
港澳台商控股	75	6			280	
其　他	1161114	100674	1826	39537	73281	
按资质等级分组						
一级	261281	4791	128	5889	11305	
二级	355705	19867	－2984	18147	31072	
三级	581971	31447	1776	34485	45533	
四级	76984	1210	494	5316	11285	
暂定	1678022	156040	15467	86976	65006	
其他	508980	42982	1817	20879	57660	
按隶属关系分组						
中央	221046	9139	557	8356	9945	
省（自治区、直辖市）	186054	4046		6098	7486	
地区（州、盟、省辖市）	328752	50764	288	9975	9769	
县（区、市、旗）						
其他	2727091	192388	15853	147263	194661	

5－13 续表4　　(2017 年)　　单位:万元

指　　标	财务费用	#利息支出	营业利润	营业外收入	营业外支出	利润总额
总　计	**115526**	**99383**	**589465**	**33027**	**33177**	**589314**
按登记注册类型分组						
内资企业	103395	87927	499678	26202	31904	493976
国有企业	30	30	－72	377		305
集体企业						
股份合作企业						
联营企业						
有限责任公司	40455	34610	314309	11036	23538	301806
股份有限公司	－142		39646	128	108	39666
私营企业	63053	53286	145795	14662	8258	152198
其他企业						
港澳台商投资企业	12131	11456	89787	6825	1273	95338
港澳台商投资企业	12131	11456	89787	6825	9	－185
按控股情况分组						
国有控股	6478	5691	123053	3852	2139	124766
集体控股			－247			－247
私人控股	84778	70510	205995	18138	20986	203147
港澳台商控股	900	900	－279	103	9	－185
其　他	23370	22282	260943	10934	10043	261833
按资质等级分组						
一级	7988	11685	16353	1763	474	17642
二级	16495	12644	48006	5545	2444	51106
三级	38144	26581	63092	5653	15256	53488
四级	4280	2919	－3197	154	1523	－4566
暂定	34635	32237	376281	13059	12024	377316
其他	13984	13317	88930	6853	1456	94328
按隶属关系分组						
中央	8702	6710	33784	1497	1546	33735
省(自治区、直辖市)	－910	4188	30656	798	320	31134
地区(州、盟、省辖市)	205	－3184	133201	1290	5148	129344
县(区、市、旗)						
其他	107529	91669	391824	29442	26163	395101

5－13 续表 5 （2017 年） 单位：万元

指　　标	应交所得税	本年应付工资总额	资产减值损失	公允价值变动收益	投资收益
总　计	**139256**	**124617**	**5493**	**57935**	**44619**
按登记注册类型分组					
内资企业	126917	102852	5493	33702	11650
国有企业	76	683			
集体企业					
股份合作企业					
联营企业					
有限责任公司	77852	50456	4707	6833	9560
股份有限公司	11262	2342			143
私营企业	37726	49371	786	26870	1947
其他企业					
港澳台商投资企业	12339	21765		24233	32969
港澳台商投资企业	12339	21765		24233	32969
按控股情况分组					
国有控股	27027	23346	－528	6833	1562
集体控股		241			
私人控股	51914	65672	1705	26870	9395
港澳台商控股		19			
其他	60315	35339	4316	24232	33662
按资质等级分组					
一级	1969	9235	1525		1265
二级	5576	16269	－694	5136	1908
三级	8902	19193	965		3319
四级	306	5431	1		836
暂定	109033	49131	3696	28567	4323
其他	13470	25358		24232	32968
按隶属关系分组					
中央	7925	9347	－1008	5136	83
省（自治区、直辖市）	4921	7576	315	1697	938
地区（州、盟、省辖市）	36318	6533	930		1037
县（区、市、旗）					
其他	90092	101161	5256	51102	42561

主要统计指标解释

EXPLANATORY NOTES ON MAIN STATISTICAL INDICATORS

全社会固定资产投资 以货币形式表现的在一定时期内全社会建造和购置固定资产的工作量以及与此有关的费用的总称。该指标是反映固定资产投资规模、结构和发展速度的综合性指标,又是观察工程进度和考核投资效果的重要依据。全社会固定资产投资按登记注册类型可分为国有、集体、联营、股份制、私营和个体、港澳台商、外商、其他等。

固定资产投资(不含农户) 指城镇和农村各种登记注册类型的企业、事业、行政单位及城镇个体户进行的计划总投资500万元及500万元以上的建设项目投资和房地产开发投资,包含原口径的城镇固定资产投资加上农村企事业组织项目投资,该口径自2011年起开始使用。

房地产开发投资 指各种登记注册类型的房地产开发法人单位统一开发的包括统代建、拆迁还建的住宅、厂房、仓库、饭店、宾馆、度假村、写字楼、办公楼等房屋建筑物,配套的服务设施,土地开发工程(如道路、给水、排水、供电、供热、通讯、平整场地等基础设施工程)和土地购置的投资;不包括单纯的土地开发和交易活动。

固定资产投资的实际到位资金 根据固定资产投资的资金来源不同,分为国家预算资金、国内贷款、利用外资、自筹资金和其他资金。

(1)国家预算资金:国家预算包括一般预算、政府性基金预算、国有资本经营预算和社保基金预算。各类预算中用于固定资产投资的资金全部作为国家预算资金填报,其中一般预算中用于固定资产投资的部分包括基建投资、车购税、灾后恢复重建基金和其他财政投资。各级政府债券也应归入国家预算资金。

(2)国内贷款:指报告期固定资产项目投资单位向银行及非银行金融机构借入的用于固定资产投资各种国内借款,包括银行利用自有资金及吸收存款发放的贷款、上级主管部门拨入的国内贷款、国家专项贷款(包括煤代油贷款、劳改煤矿专项贷款等),地方财政专项资金安排的贷款、国内储备贷款、周转贷款等。

(3)利用外资:指报告期收到的境外(包括外国及港澳台地区)资金(包括设备、材料、技术在内)。包括对外借款(外国政府贷款、国际金融组织贷款、出口信贷、外国银行商业贷款、对外发行债券和股票)、外商直接投资、外商其他投资(包括利用外商投资收益在国内进行固定资产再投资活动的资金)。不包括我国自有外汇资金(国家外汇、地方外汇、留成外汇、调剂外汇和国内银行自有资金发放的外汇贷款等)。各类外资按报告期末的外汇牌价(中间价)折成人民币计算。

(4)自筹资金:指固定资产投资单位在报告期收到的,由各企、事业单位筹集用于固定资产投资的资金,包括各类企事业单位的自有资金和从其他单位筹集的用于固定资产投资的资金,但不包括各类财政性资金、从各类金融机构借入资金和国外资金。

(5)其他资金:指在报告期收到的除以上各种资金之外的用于固定资产投资的资金,包括社会集资、个人资金、无偿捐赠的资金及其他单位拨入的资金等。

固定资产投资按国民经济行业分 指根据其从事的社会经济活动性质对各类单位进行的分类。应根据建设项目建成投产后的主要产品种类或主要用途及社会经济活动种类来划分,不能根据项目单位本身的行业类别来划分。如果项目投产后有几种产品,应根据主要产品来确定行业类别。一般情况下,一个建设项目只能属于一种国民经济行业。

固定资产投资按隶属关系分 是按建设单位或企业、事业、行政单位的主管上级机关确定的。

(1)中央 是指中共中央、人大常委会和国务院各部、委、局、总公司以及直属机构直接领导的建设项目和企业、事业、行政单位。这些单位的固定资产投资计划由国务院各部门直接编制和下达,统一组织或委托下级实施。包括有中央垂直管理的部门(如国家统计局各级调查队)和中央直属企业、事业单位(如工商银行、中国电信、中国石油)等。

(2)地方 是由省(自治区、直辖市)、地(区、市、州、盟)、县(区、市、旗)三级政府及业务主管部门直接领导和管理的建设项目、企业、事业、行政单位。地方项目还包括不隶属以上各级政府及主管部门的建设项目和企业、事业单位,如外商投资企业和无主管部门的企业等。

固定资产投资按建设性质分 按整个建设项目情况来确定。建设项目的性质一般分为新建、扩建、改建和技术改造、单纯建造生活设施、迁建、恢复、单纯购置。房地产开发单位、农户投资不划分建设性质。

(1)新建 指从无到有"平地起家"开始建设的项目。现有企业、事业、行政单位投资的项目一般不属于新建。但如有的单位原有基础很小,经过建设后新增的固定资产价值超过该企业、事业、行政单位原有固定资产价值(原值)三倍以上的,也应作为新建。

(2)扩建 指在厂内或其他地点,为扩大原有产品的生产能力(或效益)或增加新的产品生产能力,而增建的生产车间(或主要工程)、分厂、独立的生产线的企业、事业单位。行政、事业单位在原单位增建业务性用房(如学校增建教学用房、医院增建门诊部、病房等)也作为扩建。

现有企、事业单位为扩大原有主要产品生产能力或增加新的产品生产能力,增建一个或几个主要生产车间(或主要工程)、分厂,同时进行一些更新改造工程的,也应作为扩建。

(3)改建和技术改造　指现有企业、事业单位对原有设施进行技术改造或更新(包括相应配套的辅助性生产、生活福利设施)的建设项目。改建项目包括现有企业、事业单位为适应市场变化的需要,而改变企业的主要产品种类(如军工企业转民产品等)的建设项目,原有产品生产作业线由于各工序(车间)之间能力不平衡,为填平补齐充分发挥原有生产能力而增建不增加本企业主要产品设计能力的车间的建设项目。技术改造是指企业、事业单位在现有基础上,用先进的技术代替落后的技术,用先进的工艺和装备代替落后的工艺和装备,以改变企业落后的技术经济面貌,实现以内涵为主的扩大再生产,达到提高产品质量、促进产品更新换代、节约能源、降低消耗、扩大生产规模、全面提高社会经济效益的目的。技术改造具体包括以下内容:机器设备和工具的更新改造;生产工艺改革、节约能源和原材料的改造;厂房建筑和公共设施的改造;保护环境进行的"三废"治理改造;劳动条件和生产环境的改造等。

固定资产投资按构成分

(1)建筑工程　指各种房屋、建筑物的建造工程,又称建筑工作量。这部分投资额必须兴工动料,通过施工活动才能实现,是固定资产投资额的重要组成部分。

(2)安装工程　指各种设备、装置的安装工程,又称安装工作量。

在安装工程中,不包括被安装设备本身价值。

(3)设备工具器具购置　指建设单位或企、事业单位购置或自制的,达到固定资产标准的设备、工具、器具的价值。新建单位及扩建单位的新建车间,按照设计或计划要求购置或自制的全部设备、工具、器具,不论是否达到固定资产标准均计入"设备工具器具购置"中。

(4)其他费用　指在固定资产建造和购置过程中发生的,除建筑安装工程和设备、工器具购置投资完成额以外的应当分摊计入固定资产投资的费用,不指经营中财务上的其他费用。

施工项目　是指本年正式进行过建筑或安装施工活动的建设项目个数。包括本年新开工项目,以前年度开工跨入本年继续施工项目,本年全部建成投产项目、以前年度全部停缓建在本年恢复施工的项目,本年进行过施工又在本年内全部停缓建的项目。施工项目个数可以反映一定时期固定资产投资的实际规模,与同期全部建成投产项目个数相比,可以从建设速度的角度反映固定资产投资的效果。

本年投产项目　指报告期内按设计文件规定建成主体工程和相应配套的辅助设施,形成生产能力或工程效益,经过验收合格,并且已正式投入生产或交付使用的建设项目。

房屋施工面积　指报告期内施工的全部房屋建筑面积。包括本期新开工的面积、上期跨入本期继续施工的房屋建筑面积、上期停缓建在本期恢复施工的房屋建筑面积、本期竣工的房屋建筑面积以及本期施工后又停缓建的房屋建筑面积。多层建筑应填各层建筑面积之和。

房屋竣工面积　指在报告期内房屋建筑按照设计要求已经全部完工,达到住人和使用条件,经验收鉴定合格或达到竣工验收标准,可正式移交使用的各栋房屋建筑面积的总和。

新增固定资产　是指已经完成建造和购置过程,并已交付生产或使用单位的固定资产的价值,包括已经建成投入生产或交付使用的工程投资和达到固定资产标准的设备、工具、器具的投资及有关应摊入的费用。该指标是表示固定资产投资成果的价值指标,也是反映建设进度,计算固定资产投资效果的重要指标。

商品房销售面积　指报告期内出售商品房屋的合同总面积(即双方签署的正式买卖合同中所确定的建筑面积)。由现房销售面积和期房销售面积两部分组成。

商品房销售额 指报告期内出售商品房屋的合同总价款(即双方签署的正式买卖合同中所确定的合同总价)。该指标与商品房销售面积同口径,由现房销售额和期房销售额两部分组成。

6

财政、金融、保险

Chapter6 Government Finance Financial Intermediation and Insurance

资料整理:潘世锦　刘艳梅　高思梅

6—1　历年地方财政收支

单位：万元

年　份	地方财政收入	#一般公共预算收入	地方财政支出
1950	264		71
1951	813		311
1952	935		542
"一五"时期			
1953	2420		391
1954	3995		501
1955	4661		631
1956	5046		1085
1957	5949		1072
"二五"时期			
1958	6050		2030
1959	8433		2495
1960	10191		3527
1961	6772		1592
1962	7228		1072
三年调整期			
1963	6900		2358
1964	8132		1991
1965	8639		2186
"三五"时期			
1966	8904		2201
1967	5611		1794
1968	5392		1413
1969	4917		1827
1970	8159		3011
"四五"时期			
1971	8395		4196
1972	5435		4843
1973	4560		6018
1974	6325		6028
1975	7818		5435
"五五"时期			
1976	9225		6461
1977	11838		6868
1978	13153		10309
1979	12542		10786
1980	14347		11200
"六五"时期			
1981	15864		8673
1982	19159		9706

6－1 续表

单位:万元

年　　份	地方财政收入	#一般公共预算收入	地方财政支出
1983	21142		12322
1984	25060		12546
1985	37293		16646
“七五”时期			
1986	42596		26829
1987	49990		25611
1988	61194		29534
1989	74840		37382
1990	82681		46023
“八五”时期			
1991	100356		58914
1992	89430		52352
1993	118771		65854
1994	113387		83472
1995	141296	136520	139805
“九五”时期			
1996	185921	180306	171778
1997	212784	197780	183629
1998	245817	237952	209872
1999	261079	250051	219184
2000	287654	261569	223115
“十五”时期			
2001	356613	314820	290539
2002	410213	372762	374868
2003	472741	409119	411659
2004	548730	463395	483216
2005	607671	514014	524749
“十一五”时期			
2006	679035	570356	613740
2007	958012	734279	874059
2008	1311227	1009829	1290856
2009	1455887	1135380	1635941
2010	1975743	1479938	2082271
“十二五”时期			
2011	2642249	2062035	2997068
2012	3177363	2520052	3638926
2013	4007126	3019047	4500998
2014	4529667	3406243	5161532
2015	4650895	3686663	5442455
“十三五”时期			
2016	4669058	3696734	5208570
2017	6279186	4007781	5574466

6—2　地方财政收入情况

单位:万元

指　　标	2000 年	2005 年	2010 年	2011 年	2012 年
地方财政收入	**280488**	**587124**	**1975743**	**2642249**	**3177363**
一般公共预算收入	261569	514014	1479938	2062035	2520052
税收收入			1352734	1828183	2176936
#国内增值税	35215	84348	165383	186724	197909
改征增值税					
营业税	101681	188671	583684	807421	971848
企业所得税	21502	20217	166937	253709	313186
个人所得税	28719	31866	95215	128355	149482
资源税			6122	5570	5910
城市维护建设税			85912	114302	124632
房产税			62870	79670	97511
印花税			25371	36189	49939
契税			80590	98352	107326
非税收入			**127204**	**233852**	**343116**
#专项收入			44085	72190	72954
行政性收费收入			40814	85892	80157
罚没收入			21830	28477	36009
国有资本经营收入					
国有资产有偿使用收入			17503	25590	61479
基金预算收入	**18919**	**73110**	**495803**	**580214**	**657311**

6－2 续表 单位:万元

指　　标	2013 年	2014 年	2015 年	2016 年	2017 年	2017 年较2016 年增长%
地方财政收入	**4007126**	**4529667**	**4650895**	**4669058**	**6279186**	**34.5**
一般公共预算收入	**3019047**	**3406243**	**3686663**	**3696734**	**4007781**	**8.4**
税收收入	**2658868**	**2861430**	**2866553**	**2826416**	**2865534**	**1.4**
#国内增值税	215723	208513	235701	410721	627157	52.7
改征增值税	56551	219359	220237	401564	567506	41.3
营业税	1101840	1001314	928637	420829	14438	－96.6
企业所得税	344065	417656	421301	436106	488813	12.1
个人所得税	177814	209182	232313	230645	242160	5.0
资源税	5929	4798	6519	6689	6485	－3.1
城市维护建设税	143821	154954	184126	184249	207426	12.6
房产税	103684	122363	129592	140039	153838	9.9
印花税	54121	62627	56882	56585	70830	25.2
契税	167511	137638	168737	148062	141190	－4.6
非税收入	**360179**	**544813**	**820110**	**870318**	**1142247**	**31.2**
#专项收入	86105	124612	317512	340776	683948	100.7
行政性收费收入	91162	114568	91876	110736	115110	4.0
罚没收入	28974	36077	49461	39532	50637	28.1
国有资本经营收入		65381	99815	109059	90322	－17.2
国有资产有偿使用收入	59148	88565	206183	112151	83669	－25.4
基金预算收入	**988079**	**1123424**	**964232**	**972324**	**2271405**	**133.6**

6—3 地方财政支出情况

单位:万元

指　　标	2000 年	2005 年	2010 年	2011 年	2012 年
地方财政支出	**213794**	**493995**	**2082271**	**2997068**	**3638926**
一般公共预算支出	**209104**	**416980**	**1596108**	**2384851**	**2956004**
#一般公共服务			198910	270426	276145
国　防			3805	4723	3690
公共安全			151209	196473	252849
教　育	25112	49927	265499	408259	497723
科学技术	2597	5836	21497	29606	46907
文化体育与传媒			16938	21309	49142
社会保障和就业			178676	198660	233728
医疗卫生			69413	106216	109232
节能环保			62058	88692	171655
#污染防治			20045	35704	41685
城乡社区事务			220184	427510	540667
农林水事务			73015	105764	151800
交通运输	960	2526	4013	30438	49700
金融监管支出			154	200	189
其他支出			330737	460871	531484
基金预算支出	**4690**	**77015**	**486163**	**612217**	**682922**

6-3续表 单位:万元

指　　标	2013年	2014年	2015年	2016年	2017年	2017年较2016年增减%
地方财政支出	**4500998**	**5161532**	**5442455**	**5208570**	**5574466**	**7.0**
一般公共预算支出	**3532024**	**4048053**	**4466619**	**4175628**	**4585812**	**9.8**
#一般公共服务	307352	304488	307531	344678	358296	4.0
国防	3811	3822	4478	5001	1972	-60.6
公共安全	282622	330195	359842	403866	483388	19.7
教育	590503	657723	704187	717515	721454	0.6
科学技术	68289	84677	88119	94672	100024	5.7
文化体育与传媒	55967	37284	43567	44244	44232	持平
社会保障和就业	307411	361949	408797	465891	639323	37.2
医疗卫生	124619	157923	182329	176480	180984	2.6
节能环保	200521	236830	138728	118072	94436	-20.0
#污染防治	111308	132653	32255	54348	5819	-89.3
城乡社区事务	837011	1037551	1113441	834129	882985	5.9
农林水事务	201168	259629	294005	230743	189982	-17.7
交通运输	82471	119123	335837	123468	114397	-7.4
金融监管支出	505	506	950	660	395	-40.2
其他支出	358466	323700	452538	616209	773944	25.6
基金预算支出	**968974**	**1113479**	**975836**	**1032942**	**988654**	**-4.3**

6—4 历年金融机构人民币存贷款及储蓄情况

单位:万元

年 份	金融机构存款余额	#住户存款	#城镇住户存款	金融机构贷款余额
1950	1271	31	31	126
1951	2895	107	107	1325
1952	5865	244	244	2343
"一五"时期				
1953	6722	1528	1528	2870
1954	14432	1764	1761	16442
1955	16979	1948	1933	14354
1956	11469	2541	2498	14002
1957	11315	2526	2488	27680
"二五"时期				
1958	20311	3078	3078	17849
1959	19774	4383	4383	39151
1960	34362	5445	5445	54198
1961	28566	4173	4171	52812
1962	29455	3416	3416	30185
三年调整期				
1963	38332	3874	3874	20353
1964	42407	4857	4857	22367
1965	51806	5869	5869	24546
"三五"时期				
1966	56220	6587	6587	26305
1967	49076	7185	7185	27854
1968	47484	7186	7186	33781
1969	57774	6654	6654	38918
1970	88110	7189	7189	45817
"四五"时期				
1971	76601	8026	8026	45121
1972	86578	8729	8729	49860
1973	83946	10356	10356	54044
1974	79469	11574	11574	52075
1975	83063	12340	12340	54347
"五五"时期				
1976	106342	13174	13174	47468
1977	128435	14409	14409	47937
1978	131872	16214	16214	63571
1979	138007	18795	18795	75394
1980	156643	24727	24552	74027
"六五"时期				
1981	164136	30919	30608	71854
1982	187393	38294	37851	80740
1983	197989	49568	47911	84142

6－4 续表　　　　单位:万元

年　　份	金融机构存款余额	#住户存款	#城镇住户存款	金融机构贷款余额
1984	219629	63026	61412	106770
1985	248086	78171	74039	197049
“七五”时期				
1986	327197	106839	104453	277278
1987	387908	136726	133390	387709
1988	424435	166829	162826	432843
1989	513813	215704	210469	541422
1990	671400	289889	282135	687223
“八五”时期				
1991	826108	362625	352969	802227
1992	1032208	454890	443483	987357
1993	1231651	587649	570896	1145104
1994	1839604	882973	858209	1419668
1995	2339247	1247555	1213446	1858728
“九五”时期				
1996	3002267	1554034	1509994	2473016
1997	3434578	1760707	1716630	3119285
1998	4149305	2072652	2026282	3545554
1999	5083240	2365508	2317315	4712907
2000	6072345	2548648	2497503	5435565
“十五”时期				
2001	6485708	2919967	2864574	5756355
2002	6865000	3496300	3426300	7053700
2003	7910300	4203000	4115900	7710900
2004	8710700	4884500	4785200	7289100
2005	14075400	5957300	5842100	9863900
“十一五”时期				
2006	16855400	6781600	6603800	10455400
2007	20560900	6795300	6607200	11455400
2008	23719600	8722200	8436400	12173200
2009	29351800	10407100	10019300	16268800
2010	35892900	12410500	11902300	20654000
“十二五”时期				
2011	40833400	14855700	13951800	25429000
2012	48152200	17357200	15968700	33297300
2013	56221400	19760700	18775500	39384200
2014	62416100	20735300	19564400	45023300
2015	69846000	21573100	19795100	49574300
“十三五”时期				
2016	74066010	22956888	20965602	52872036
2017	83207081	26003858	23106286	62357845

注:1.2006 年以前为国家银行信贷数据,之后为驻乌全部金融机构数据。

2.2011 年开始,金融机构存、贷款数据含外资机构。

6—5 乌鲁木齐地区金融机构和人员数

（2017 年末）

机构	机构数（个）					人员数（人）				
	合计	法人机构	一级分行	二级分行	支行及网点	合计	法人机构	一级分行	二级分行	支行及网点
合 计	**831**	**12**	**28**	**9**	**782**	**21348**	**2351**	**6272**	**1779**	**10946**
中国人民银行乌鲁木齐中心支行	**2**		**1**		**1**	**438**		**405**		**33**
银监会新疆分局	**2**	**174**	**1**		**1**	**174**		**167**		**7**
全国性大型银行	**457**		**8**		**5**	**11837**		**3509**	**1476**	**6852**
工商银行	82		1	1	80	2915		751	491	1673
农业银行	69		1	1	67	1754		380	304	1070
兵团农行	41		1	1	39	1161		363	222	576
中国银行	48		1		47	1605		743		862
建设银行	81		1	1	79	2461		653	315	1493
国家开发银行	1		1			154		154		
交通银行	36		1		35	766		307		459
邮政储蓄银行	99		1	1	97	1021		158	144	719
全国性中小型银行	**132**		**11**	**2**	**119**	**3804**		**1881**	**185**	**1738**
中国进出口银行	1		1			65		65		
农业发展银行	4		1	1	2	226		130	53	43
中信银行	10		1		9	342		154		188
光大银行	6		1			174		94		80
华夏银行	12		1		11	392		199		193
广发银行	7		1		6	237		169		68
招商银行	17		1		16	714		361		353
浦发银行	20		1		19	377		184		193
兴业银行	32		1		31	649		296		353
民生银行	2		1		1	149		139		10
北京银行	5		1		4	160		90		70
昆仑银行	16			1	15	319			132	187
区域性中小型银行	**228**	**8**	**1**	**2**	**217**	**3949**	**1431**	**84**	**118**	**2316**
城市商业银行	93	2		2	89	2080	852		118	1110
农村商业银行	118	2	1		115	1599	419	84		1096
村镇银行	17	4			13	270	160			110
外资银行	**2**		**2**			**63**		**63**		
农村信用社	**1**	**1**				**320**	**320**			
财务公司	**1**		**1**			**19**		**19**		
信托投资公司	**2**	**2**				**489**	**489**			
金融租赁公司	**1**	**1**				**111**	**111**			
资产管理公司	**3**		**3**			**144**		**144**		

6—6 金融机构信贷资金平衡表

单位:亿元

指　　标	2005 年	2010 年	2015 年	2016 年	2017 年
资金来源合计	**1402.98**	**3138.46**	**7288.75**	**8178.04**	**9215.38**
#各项存款	1407.54	3589.29	6984.60	7406.60	8320.71
住户存款	595.93	1241.05	2157.31	2295.69	2600.39
活期存款	210.3		1012.78	1077.78	1205.67
定期存款	385.43		1144.53	1217.90	1394.72
企业存款	461.49	1200.56	2640.95	2638.21	2904.26
活期存款	330.54	914.89	1402.81	1402.73	1668.10
定期存款	130.95	280.89	1238.13	1235.48	1236.17
政府存款			2109.62	2376.31	2623.94
财政性存款	41.57	268.22	454.68	486.72	504.04
机关团体存款			1654.94	1889.59	2119.90
非银行金融机构存款			73.31	92.95	189.52
应付及暂收款	19.01	54.34	184.36	241.62	175.34
各项准备	20.33	30	106.75	140.95	176.04
所有者权益	34.16	107.31	342.19	382.67	488.88
其他	-78.07	-530.4	-424.67	-190.79	-122.82
资金运用合计	**1402.98**	**3138.46**	**7288.75**	**8178.04**	**9215.38**
#各项贷款	986.39	2065.4	4957.43	5287.20	6235.78
住户贷款			1074.49	1226.24	1395.22
短期贷款			193.32	169.18	201.50
中长期贷款			881.16	1057.07	1193.72
企业及机关团体贷款			3882.78	4060.51	4840.39
短期贷款			1262.81	1233.37	1617.40
中长期贷款			1837.57	1880.53	2254.11
票据融资			381.61	435.17	382.30
融资租赁			394.04	503.80	578.98
各项垫款			6.75	7.64	7.60
债券投资			494.00	408.36	413.96
股权及其他投资			212.97	454.07	601.42
联行往来			1513.11	1897.01	1815.30
应收及预付款	11.03	14.09	40.56	64.72	73.56
固定资产			53.69	53.35	63.48

6—7　金融机构信贷收入和支出

（2017年末）　　单位:亿元

指　标	工商银行	建设银行	乌鲁木齐银行	农业银行	兵团农行	中国银行	交通银行	招商银行	兴业银行
各项存款	**1165.16**	**1125.30**	**948.93**	**527.56**	**308.27**	**468.32**	**524.69**	**296.19**	**386.84**
#单位存款	700.64	693.42	541.56	279.09	190.44	297.73	374.14	213.08	324.31
#活期存款	416.23	423.28	385.82	154.11	105.03	130.33	260.67	113.43	187.09
定期存款	197.12	163.41	105.86	89.57	63.98	75.91	21.73	57.72	31.95
个人存款	461.91	410.06	289.33	245.12	113.66	157.32	147.77	82.46	42.27
#活期存款	232.45	79.80	70.47	170.34	77.51	84.76	59.65	65.51	34.34
定期存款	175.32	143.30	188.70	60.02	30.52	52.92	29.04	12.22	6.94
各项贷款	**688.01**	**777.90**	**501.26**	**320.18**	**220.15**	**327.69**	**382.03**	**221.18**	**293.65**
短期贷款	106.28	209.63	160.41	122.01	60.92	104.36	118.48	67.54	143.62
#个人贷款及透支	2.94	50.65	17.97	11.61	4.68	18.64	1.31	10.25	1.90
单位贷款及透支	103.35	158.98	142.44	110.40	56.25	85.72	117.17	57.29	126.72
中长期贷款	570.34	542.56	184.43	192.75	159.23	196.01	254.02	142.02	139.44
#个人贷款	163.16	160.70	80.83	56.13	15.64	101.96	94.69	99.10	50.54
单位贷款	407.18	381.86	103.60	136.62	143.59	94.05	152.68	42.92	88.90
经营贷款	29.29	86.25	61.51	5.93	9.93	46.04	29.63	9.57	17.24
固定资产贷款	377.89	288.61	42.09	130.69	133.66	48.01	118.79	30.73	71.66
票据融资	11.37	25.70	156.37	5.37		27.14	9.51	11.58	9.58

6—8 个人消费贷款情况

（2017 年末）

单位：亿元

指　　标	合计	#中资全国性大型银行	中资全国性中小银行	中资区域性中小银行	东亚银行（外资）	农村信用社
个人消费贷款总额	**1096.76**	**698.75**	**276.46**	**118.94**	**2.61**	
短期个人消费贷款	**109.42**	**85.53**	**14.44**	**9.45**		
住房贷款	0.54			0.54		
汽车贷款	0.23	0.01	0.01	0.21		
助学贷款	0.04	0.01	0.03			
其他贷款	33.56	15.64	14.39	3.53		
个人卡透支	75.05	69.87	0.01	5.17		
长期个人消费贷款	**987.33**	**613.22**	**262.02**	**109.49**	**2.61**	
住房贷款	921.67	598.84	234.39	85.84	2.59	
汽车贷款	4.60	1.65	2.14	0.80	0.01	
助学贷款	0.01	0.01				
其他贷款	61.05	12.72	25.49	22.84	0.01	

6—9 乌鲁木齐地区证券、期货经营机构及人员数

（2017 年）

公 司 名 称	机构（个）	人员（人）	营业部（个）	人员（人）
总 计	**4**	**1575**	**51**	**1238**
注册地在乌鲁木齐的证券公司	**2**	**1397**		
申万宏源西部证券股份有限公司		1007		
申万宏源承销保荐有限责任公司		390		
注册地在乌鲁木齐的证券营业部			34	988
申万宏源西部证券有限公司乌鲁木齐北京路证券营业部				45
申万宏源西部证券有限公司乌鲁木齐文艺路证券营业部				43
申万宏源西部证券有限公司乌鲁木齐北京南路证券营业部				61
申万宏源西部证券有限公司乌鲁木齐解放南路证券营业部				47
申万宏源西部证券有限公司乌鲁木齐新华南路证券营业部				43
申万宏源西部证券有限公司乌鲁木齐和平北路证券营业部				28
申万宏源西部证券有限公司乌鲁木齐深圳街证券营业部				17
申万宏源西部证券有限公司乌鲁木齐古牧地中路证券营业部				11
申万宏源西部证券有限公司乌鲁木齐八一路证券营业部				13
申万宏源西部证券有限公司乌鲁木齐友好路证券营业部				32
申万宏源西部证券有限公司乌鲁木齐公园北街证券营业部				25
申万宏源西部证券有限公司乌鲁木齐人民路证券营业部				34
广发证券股份有限公司乌鲁木齐北京南路证券营业部				56
国泰君安证券股份有限公司乌鲁木齐新华北路证券营业部				80
国泰君安证券股份有限公司乌鲁木齐河北东路证券营业部				12
长江证券股份有限公司乌鲁木齐光明路证券营业部				30
平安证券有限责任公司乌鲁木齐人民路证券营业部				31
华龙证券有限责任公司乌鲁木齐扬子江路证券营业部				33
金元证券股份有限公司乌鲁木齐黄河路证券营业部				28
西部证券股份有限公司乌鲁木齐红山路证券营业部				7
湘财证券有限责任公司乌鲁木齐克拉玛依东路证券营业部				25
中国银河证券股份有限公司乌鲁木齐解放北路证券营业部				38
华融证券股份有限公司乌鲁木齐人民路营业部				30
华融证券股份有限公司乌鲁木齐石化总厂营业部				14

6－9续表 （2017年）

公司名称	机构（个）	人员（人）	营业部（个）	人员（人）
国信证券股份有限公司乌鲁木齐南湖东路证券营业部				18
海通证券股份有限公司乌鲁木齐新医路证券营业部				21
中国民族证券有限责任公司乌鲁木齐人民路证券营业部				31
光大证券股份有限公司乌鲁木齐新华北路证券营业部				18
中信建投证券股份有限公司乌鲁木齐南湖北路证券营业部				26
中泰证券有限公司乌鲁木齐南湖南路证券营业部				14
华福证券有限责任公司乌鲁木齐人民路证券营业部				50
国盛证券有限责任公司乌鲁木齐高新街证券营业部				7
华林证券有限责任公司乌鲁木齐扬子江路证券营业部				11
兴业证券股份有限公司乌鲁木齐高新街证券营业部				9
注册地在乌鲁木齐的证券分公司			**13**	**204**
国泰君安证券股份有限公司新疆分公司				50
国信证券股份有限公司新疆分公司				1
海通证券股份有限公司新疆分公司				9
华龙证券股份有限公司新疆分公司				11
世纪证券有限责任公司新疆分公司				19
国盛证券股份有限公司新疆分公司				5
九州证券股份有限公司新疆分公司				18
太平洋证券股份有限公司新疆分公司				5
中国银河证券股份有限公司新疆分公司				8
华融证券股份有限公司新疆分公司				21
东兴证券股份有限公司新疆分公司				39
长江证券股份有限公司新疆分公司				14
广州证券股份有限公司新疆分公司				4
注册地在乌鲁木齐的期货经纪公司	**2**	**178**		
新疆天利期货经纪有限公司		54		
新疆金石期货经纪有限公司		124		
注册地在乌鲁木齐的期货营业部			**4**	**46**
万达期货经纪有限公司乌鲁木齐营业部				20
宏源期货有限公司乌鲁木齐营业部				14
中信期货乌鲁木齐营业部				9
中国国际期货有限公司新疆分公司				3

6—10 乌鲁木齐地区上市公司基本情况

公司名称	上市时间	上市交易所	上市版	发行时股本（万股）		发行募集资金（万元）	2017年末股本（万股）	
				首发后总股本	发行数量		总股本	流通股本
申万宏源	2015	深交所	主板	1485674	814098		2005661	741001
新疆众和	1996	沪交所	主板	7953	2250	9450	83359	83359
百花村	1996	沪交所	主板	6128	3000	12600	40039	30255
渤海金控	1996	深交所	主板	5000	1250	7500	618452	311529
＊ST友好	1996	沪交所	主板	10700	3450	11340	31149	31149
同济堂	1997	沪交所	主板	8000	3270	12150	143966	70270
中葡股份	1997	沪交所	主板	8600	3000	23520	112373	99820
德展健康	1998	深交所	主板	18782	4700	21479	224148	108057
天山股份	1999	深交所	主板	12946	5000	26450	104872	88009
＊ST中基	2000	深交所	主板	12459	4500	22500	77128	77128
广汇能源	2000	沪交所	主板	17689	5000	33000	522142	522142
国际实业	2000	深交所	主板	17179	7000	41160	48114	48114
美克家居	2000	沪交所	主板	9208	4000	52360	180610	148341
天润乳业	2001	沪交所	主板	8106	3000	17400	10356	8950
八一钢铁	2002	沪交所	主板	40943	13000	95940	76645	76645
卓朗智能	2003	沪交所	主板	16054	6000	35760	189541	67579
中泰化学	2006	深交所	中小企业板	23600	10000	66000	214645	203438
天康生物	2006	深交所	中小企业板	6400	1600	17376	96338	70945
金风科技	2007	深交所	中小企业板	50000	5000	180000	355620	280477
国统股份	2008	深交所	中小企业板	8000	2000	15380	11615	11615
北新路桥	2009	深交所	中小企业板	18945	4750	40755	56138	55732
西部建设	2009	深交所	中小企业板	14000	3500	52500	126235	103223
光正集团	2010	深交所	中小企业板	9038	2260	34307	50333	50105
新研股份	2011	深交所	创业板	4100	1060	74179	149036	95100
雪峰科技	2015	沪交所	主板	32935	8235	41010	65870	42154
西部黄金	2015	沪交所	主板	63600	12600	44982	63600	18975
汇嘉时代	2016	沪交所	主板	24000	6000	52860	24000	7200
天顺股份	2016	深交所	中小企业板	7468	1868	14384	7468	3477
新天然气	2016	沪交所	主板	16000	4000	106640	16000	9564
熙菱信息	2017	深交所	创业板	10000	2500	12350	10000	2500
德新交运	2017	沪交所	主板	13334	3334	19371	13334	3334
立昂技术	2017	深交所	创业板	10250	2570	11694	10250	2570

公司名称	上市时间	上市交易所	香港股（万股）	已发行普通股（万股）	首发数量（万股）	首发募集资金（万元）
新疆新鑫矿业	2007	香港联交所	31348	104501	16847	124139
金风科技	2010	香港联交所	65006	355620	45459	704269
新特能源	2015	香港联交所	75900	221000	69000	434484

公司名称	上市时间	上市交易所	海外股（万股）
中国贷款集团	2014	纳斯达克	2376

6—11　保险机构基本情况

（2017 年）

单位：个

公司名称	机构数	总公司	自治区分公司	地级市中心支公司	县级支公司	营业部	营销服务部
总　计	**218**	**1**	**32**	**22**	**93**	**2**	**68**
中国人民财产保险股份有限公司新疆维吾尔自治区分公司	44		1	1	20	1	21
中国大地财产保险股份有限公司新疆分公司	3		1	1	1		
中华联合财产保险股份有限公司新疆分公司	22		1	2	12	1	6
中国太平洋财产保险股份有限公司新疆分公司	9		1	1	7		
中国平安财产保险股份有限公司新疆分公司	6		1	1	3		1
天安财产保险股份有限公司新疆维吾尔自治区分公司	2		1	1			
永安财产保险股份有限公司新疆分公司	7		1	1	2		3
中银保险有限公司新疆分公司	1		1				
永诚财产保险股份有限公司新疆分公司	2		1	1			
安邦财产保险股份有限公司新疆分公司	9		1	1			7
信达财产保险股份有限公司新疆分公司	4		1	1	2		
阳光财产保险股份有限公司新疆维吾尔自治区分公司	10		1	1	6		2
都邦财产保险股份有限公司新疆分公司	1		1				
渤海财产保险股份有限公司新疆分公司	2		1	1			
华泰财产保险有限公司新疆分公司	1		1				
中国人寿财产保险股份有限公司新疆维吾尔自治区分公司	10		1	1	6		2
新疆前海联合财产保险股份有限公司	2	1	1				
英大泰和财产保险股份有限公司新疆分公司	1		1				
中国人寿保险股份有限公司新疆维吾尔自治区分公司	20		1	1	8		10
中国太平洋人寿保险股份有限公司新疆分公司	12		1	2	9		
中国平安人寿保险股份有限公司新疆分公司	10		1		8		1
新华人寿保险股份有限公司新疆分公司	7		1	1	4		1
泰康人寿保险有限责任公司新疆分公司	6		1				5
太平人寿保险有限公司新疆分公司	3		1	1			1
富德生命人寿保险股份有限公司新疆分公司	4		1	1	1		1
平安养老保险股份有限公司新疆分公司	1		1				
合众人寿保险股份有限公司新疆分公司	6		1		1		4
中国人民健康保险股份有限公司新疆分公司	4		1				3
中国人民人寿保险股份有限公司新疆维吾尔自治区分公司	4		1	1	2		
泰康养老保险股份有限公司新疆分公司	1		1				
阳光人寿保险股份有限公司新疆分公司	2		1		1		
中华联合人寿保险股份有限公司新疆分公司	2		1	1			

6—12 国内保险业务情况

单位:亿元

指 标	1995 年	2000 年	2003 年	2004 年	2005 年	2008 年	2009 年	2010 年
承保额	**297.52**	**643.06**				**9795.42**	**12104.33**	**11405.76**
财产险						2391.36	2928.17	3769.63
人身险						4872.22	9176.16	7636.13
保费	**1.59**	**7.56**	**19.35**	**18.15**	**20.63**	**49.01**	**50.32**	**63.79**
财产险			5.88	5.18	5.23	9.53	11.71	15.77
人身险			13.47	12.97	15.40	39.49	38.61	48.02
赔款及给付	**0.65**	**1.56**	**3.39**	**3.41**	**4.92**	**11.78**	**13.07**	**12.35**
财产险			2.93	2.78	2.95	5.48	6.28	6.60
人身险			0.46	0.63	1.97	6.30	6.78	5.75

指 标	2011 年	2012 年	2013 年	2014 年	2015 年	2016 年	2017 年	2017 年较 2016 年增减%
承保额	**14622.03**	**16246.67**	**22047.37**	**28135.03**	**36293.91**	**47298.28**	**81205.11**	**29.8**
财产险	5782.33	6231.88	7412.46	9717.05	12221.34	15888.59	47452.41	214.6
人身险	8839.70	10014.79	14634.91	18417.98	24072.57	31409.69	33752.70	71.7
保费	**66.67**	**77.28**	**88.77**	**104.45**	**121.84**	**150.33**	**182.17**	**21.2**
财产险	21.72	24.50	27.29	33.04	35.70	39.71	44.53	12.2
人身险	44.94	52.78	61.48	71.41	86.14	110.63	137.64	24.4
赔款及给付	**16.52**	**23.08**	**29.67**	**34.51**	**40.02**	**46.59**	**53.54**	**14.9**
财产险	8.99	13.32	15.28	17.07	18.25	19.84	21.36	7.7
人身险	7.53	9.76	14.39	17.44	21.77	26.75	32.18	20.3

6—13 分险种保险业务收入

单位:万元

指　　标	2009 年	2010 年	2011 年	2012 年	2013 年	2014 年	2015 年	2016 年	2017 年	2017 年较 2016 年增减%
财产保险业务	**117083**	**157690**	**217227**	**245025**	**272949**	**330395**	**357048**	**397071**	**445346**	**12.2**
企业财产险	10832	17707	20952	23214	24249	27226	27957	26110	34125	30.7
家庭财产险	1356	1664	1484	1560	2372	2025	1698	2456	792	-67.8
机动车辆险	90810	122140	158207	195461	226740	260293	270030	289429	314988	8.8
工程保险	4003	5903	21874	5605	1131	5740	5529	6421	15873	147.2
责任保险	3718	4053	6841	9640	9392	12380	15808	25265	31447	24.5
信用保险				107	181	256	754	1679	1030	-38.6
保证保险	3039	2774	1967	2176	2529	14712	26027	33321	32741	-1.7
船舶保险			5	3		4		2	10	345.5
货物运输险	1882	2669	4578	5409	3930	3177	3454	3119	2519	-19.3
特殊风险保险	1207	189	52	287	245	242	351	1646	3345	103.2
农业保险	235	581	1233	1517	2153	4293	5254	7337	7996	9.0
其他险	2	6	33	45	27	47	187	25	479	68.3
人身保险业务	**386121**	**480205**	**449425**	**527786**	**614798**	**714070**	**861353**	**1106264**	**1376391**	**24.4**
寿险	324905	408881	378742	438122	487533	551823	656281	833379	1026796	23.2
健康险	49318	58906	53865	68104	102057	130824	169293	232502	298805	28.5
人身意外伤害险	11897	12418	16818	21561	25209	31423	35779	40382	50790	25.8

6—14　分险种保险赔款及给付支出

单位：万元

指　标	2009 年	2010 年	2011 年	2012 年	2013 年	2014 年	2015 年	2016 年	2017 年	2017 年较 2016 年增减%
财产保险业务	**62843**	**65972**	**89964**	**133174**	**152777**	**170669**	**182520**	**198391**	**213596**	**7.7**
企业财产险	9092	6043	8376	11277	13037	16423	16985	19831	20992	5.9
家庭财产险	503	269	107	155	101	122	278	327	238	-27.1
机动车辆险	48679	54694	73013	112998	128950	139129	148835	156125	165926	6.3
工程保险	769	1750	4748	3451	4152	5435	2860	4044	3022	-25.3
责任保险	1408	1941	1846	3977	4430	6641	5620	8112	10471	29.1
信用保险							200	2116	404	-80.9
保证保险	668	125	204	1	69	240	3529	61	4989	80.8 倍
船舶保险								1	1	持平
货物运输险	767	743	1036	820	1431	1028	1156	1000	1593	59.2
特殊风险保险	894	1	93	-3		17	107	403	26	-93.7
农业保险	61	406	545	497	606	1620	2881	6252	5706	-8.7
其他险			-4	1		12	68	118	229	93.7
人身保险业务	**67847**	**57552**	**75255**	**97656**	**143947**	**174393**	**217655**	**267540**	**321790**	**20.3**
寿险	48631	33720	48311	66548	90996	111995	143620	177557	181886	2.4
健康险	17442	20791	23533	26538	47257	54061	64783	78191	112588	44.0
人身意外伤害险	1775	3040	3411	4571	5694	8337	9252	11793	27316	131.6

6—15 保险事业发展情况

（2017 年）

公 司 名 称	承保额（亿元）	保费（万元）	赔款及给付（万元）
总 计	**81205.11**	**1821737**	**535386**
中国人民财产保险股份有限公司新疆分公司	10938.45	212007	108105
大地财产保险股份有限公司新疆分公司	145.17	5242	1872
中华联合财产保险股份有限公司新疆分公司	5771.08	90260	57647
中国太平洋财产保险股份有限公司新疆分公司	1645.42	21547	10859
中国平安财产保险股份有限公司新疆分公司	9650.10	103790	43401
华泰财产保险股份有限公司新疆分公司	92.69	129	37
天安财产保险股份有限公司新疆分公司	118.50	4539	1501
永安财产保险股份有限公司新疆分公司	187.81	1389	1684
中银财险保险股份有限公司新疆分公司	186.30	4258	1502
永诚财产保险股份有限公司新疆分公司	629.15	3259	378
安邦财产保险股份有限公司新疆分公司	113.21	3167	1670
信达财产保险股份有限公司新疆分公司	363.36	5265	2948
阳光财产保险股份有限公司新疆分公司	1588.25	16138	5897
都邦财产保险股份有限公司新疆分公司	201.84	3035	1783
渤海财产保险股份有限公司新疆分公司	107.22	3314	1502
中国人寿财产保险股份有限公司新疆分公司	1436.69	16692	11588
新疆前海联合财产保险股份有限公司新疆分公司	1150.72	2965	9924
英大泰和财产保险股份有限公司新疆分公司	52.82	337	54
中国人寿保险股份有限公司新疆分公司	20791.43	264663	72272
中国太平洋人寿保险股份有限公司新疆分公司	3559.72	276812	31542
中国平安人寿保险股份有限公司新疆分公司	1816.57	229041	42255
新华人寿保险股份有限公司新疆分公司	525.59	146287	30595
泰康人寿保险股份有限公司新疆分公司	896.19	100094	18667
中国太平人寿保险股份有限公司新疆分公司	211.81	85383	17739
生命人寿保险股份有限公司新疆分公司	81.98	21065	4151
中国平安养老保险股份有限公司新疆分公司	2595.22	12773	11597
合众人寿保险股份有限公司新疆分公司	56.99	25056	8294
中国人民健康保险股份有限公司新疆分公司	741.56	53755	29201
中国人民人寿保险股份有限公司新疆分公司	212.15	30418	8418
泰康养老保险股份有限公司新疆分公司	870.43	13225	2056
阳光人寿保险股份有限公司新疆分公司	91.45	49489	3714
中华联合人寿保险股份有限公司新疆分公司	36.36	12352	2

注：众安财险、泰康在线、安心财险和中铁自保等四家公司（前三家为互联网保险公司，最后一家为铁路自保公司，在乌市均无实体机构），其数据直接汇入总数，未单独列示。

主要统计指标解释
EXPLANATORY NOTES ON MAIN STATISTICAL INDICATORS

地方财政收入　指国家财政参与社会产品分配所得的收入，是实现国家职能的财力保证。包括地方公共财政预算收入和基金预算收入。

一般公共预算收入　是通过一定的形式和程序，由各级财政部门组织并纳入预算管理的各项收入。

基金预算收入　是按规定收取，转入或通过当年财政安排，由财政管理并具有指定用途的政府性基金预算收入等。

税收收入　包括增值税、营业税、企业所得税、个人所得税、资源税、城市维护建设税、房产税、印花税、城镇土地使用税、土地增值税、车船税、耕地占用税、契税等。

非税收收入　包括专项收入、行政事业性收费、罚没收入和其他收入。

地方财政支出　是以国家为主体，以财政的事权为依据进行的一种财政资金分配活动，集中反映了国家的职能活动范围及其所发生的耗费，包括地方公共财政预算支出和基金预算支出。

一般公共预算支出　是各级财政部门对集中的一般预算收入有计划地分配和使用而安排的支出。

基金预算支出 是各级财政部门用基金预算收入安排的支出。

一般公共服务支出　指政府提供基本公共管理与服务的支出，包括人大事务、政协事务、政府办公厅（室）及相关机构事务、发展与改革事务、统计信息事务、财政事务、税收事务、审计事务、海关事务、人力资源事务、纪检监察事务、人口与计划生育事务、商贸事务、知识产权事务、工商行政管理事务、国土资源事务、海洋管理事务、测绘事务、地震事务、气象事务、民族事务、宗教事务、港澳台侨事务、档案事务、共产党事务、民主党派事务及工商联事务、群众团体事务、彩票事务等。

教育支出 指政府教育事务支出，包括教育行政管理、学前教育、小学教育、初中教育、普通高中教育、普通高等教育、初等职业教育、中专教育、技校教育、职业高中教育、高等职业教育、广播电视教育、留学生教育、特殊教育、干部继续教育、教育机关服务等。

科学技术支出　指用于科学技术方面的支出，包括科学技术管理事务、基础研究、应用研究、技术研究与开发、科技条件与服务、社会科学、科学技术普及、科技交流与合作等。

文化教育与传媒支出　指政府在文化、文物、体育、广播影视、新闻出版等方面的支出。

社会保障和就业支出　指政府在社会保障与就业方面的支出，包括社会保障和就业管理事务、民政管理事务、财政对社会保险基金的补助、补充全国社会保障基金、行政事业单位离退休、企业改革补助、就业补助、抚恤、退役安置、社会福利、残疾人事业、城市居民最低生活保障、其他城镇社会救济、农村社会救济、自然灾害生活救助、红十字事务等。

医疗卫生支出　指政府医疗卫生方面的支出，包括医疗卫生管理事务支出、医疗服务支出、医疗保障支出、疾病预防控制支出、卫生监督支出、妇幼保健支出、农村卫生支出等。

节能环保支出　指政府环境保护支出，包括环境保护管理事务支出、环境监测与监察支出、污染治理支出、自然生态保护支出、天然林保护工程支出、退耕还林支出、风沙荒漠治理支出、退牧还草支出、已垦草原退耕还草、能源节约利用、污染减排、可再生能源和资源综合利用等支出。

交通运输支出　指政府交通运输和邮政业方面的支出，包括公路运输支出、水路运输支出、铁路运输支出、民用航空运输支出、邮政业支出等。

城乡社区事务支出　指政府城乡社区事务支出，包括城乡社区管理事务支出、城乡社区规划与管理支出、城乡社区公共设施支出、城乡社区住宅支出、城乡社区环境卫生支出、建设市场管理与监督支出等。

农林水事务支出　指政府农林水事务支出，包括农业支出、林业支出、水利支出、扶贫支出、农业综合开发支出等。

信贷资金　指金融机构以信用方式积聚和分配的货币资金。金融机构信贷资金的来源有各项存款、金融债券、对国际金融机构负债、流通中现金、其他项目等；信贷资金的运用有各项贷款、有价证券及投资、金银占款、外汇占款、财政借款及在国际金融机构中的资产等。

存款　指企业、机关、团体或居民根据资金必须收回的原则，把货币资金存入银行或其他信贷机构保管并取得一定利息的一种信用活动形式。根据存款对象或性质的不同可划分为企业存款、财政存款、机关团体存款、城乡储蓄存款、农业存款、信托及委托类存款、其他存款等科目。它是银行信贷资金的主要来源。

贷款　指银行或其他信用机构根据资金必须归还的原则，按一定利率，为企业、个人等提供资金的一种信用活动形式。我国银行贷款分为短期贷款、委托及信托类贷款、其他类贷款等。

保险金额　指保险人承担赔偿或者给付保险金责任的最高限额。

保费　指投保人为取得保险人在约定范围内所承担赔偿责任而支付给保险人的费用。

赔款　指保险人根据保险合同的规定，向被保险人支付的赔偿保险责任损失的金额。

给付 包括死伤医疗给付和满期给付。死伤医疗给付是指保险人根据人寿保险及长期健康保险合同的规定,因被保险人在保险期内发生保险责任范围内的保险事故支付给被保险人(或受益人)的金额。满期给付是指被保险人生存期满,保险人按人寿保险合同规定支付给被保险人的满期保险金额。

7

人民生活和物价

Chapter7 Level of Peoples Livelihood and Price Indices

资料整理:汪　磊　张　欣

7—1 人民物质文化生活水平

指 标	1990 年	1995 年	2000 年	2005 年	2010 年	2011 年
一、居民消费水平						
居民消费价格总指数(%)	105.2	117.4	100.7	99.5	102.7	104.5
二、城乡居民收入(元)						
农村居民人均可支配收入(抽样调查)	894	2135	3398	4249	7471	8436
城镇居民人均可支配收入(抽样调查)	1650	4851	7252	9605	14402	16141
三、交 通						
城市每百户拥有家用轿车(抽样调查)(辆)					7	10
平均城市每万人拥有公共车辆(标台)	6.00	17.30	20.30	18.40	12.80	15.00
四、储 蓄						
住户存款余额(亿元)	28.99	124.76	254.86	595.73	1241.05	1485.57
平均每人储蓄存款余额(元)	2245	8792	15504	31344	51066	59614
五、文 化						
每百户拥有彩色电视机(城镇、抽样)(台)	77	97	109	105	101	102
每百户拥有电冰箱(城镇、抽样)(台)	66	84	98	94	95	94
公共图书馆总藏书量(千册)			1160	1307	2197	2759
六、教 育						
学龄儿童入学率(%)	99.20	99.00	97.10	99.56	100.00	100.00
每万人口拥有在校大学生(人)	150.19	195.19	273.93	499.48	523.15	526.26
七、卫 生						
每千人拥有病床(张)	9.27	9.43	8.60	9.15	10.00	10.20
每千人拥有医生(人)	5.17	5.61	5.07	4.50	4.75	4.83
八、城市公用事业						
平均每人日生活用水量(升)	148.70	151.00	169.37	161.89	142.45	143.68
建成区绿化覆盖率(%)	21.81	21.56	20.01	25.38	34.80	36.16
人均公共绿地面积(平方米)	4.20	4.01	4.60	4.17	7.39	9.07

7－1 续表

指　　标	2012 年	2013 年	2014 年	2015 年	2016 年	2017 年
一、居民消费水平						
居民消费价格总指数(%)	103.4	103.5	102.8	100.7	101.5	102.8
二、城乡居民收入(元)						
农村居民人均可支配收入(抽样调查)	10032	11723	13306	15007	16351	17839
城镇居民人均可支配收入(抽样调查)	18385	24095	26890	31604	34190	37028
三、交　通						
城市每百户拥有家用轿车(抽样调查)(辆)	15	24	27	27	31	34
平均城市每万人拥有公共车辆(标台)	16.00	17.00	18.91	17.21	17.29	17.03
四、储　蓄						
住户存款余额(亿元)	1735.72	1976.07	2073.53	2157.31	2295.69	2600.39
平均每人储蓄存款余额(元)	67549	72762	74502	80837	85868	106032
五、文　化						
每百户拥有彩色电视机(城镇、抽样)(台)	101	101	102	102	102	103
每百户拥有电冰箱(城镇、抽样)(台)	97	98	98	99	100	103
公共图书馆总藏书量(千册)	3111	3131	2518	2124	3008	3130
六、教　育						
学龄儿童入学率(%)	100.00	100.00	100.00	100.00	100.00	100.00
每万人口拥有在校大学生(人)	536.10	561.00	650.72	675.98	650.26	790.46
七、卫　生						
每千人拥有病床(张)	9.90	9.96	10.35	7.90	8.35	8.44
每千人拥有医生(人)	5.17	5.41	4.86	3.78	4.09	3.97
八、城市公用事业						
平均每人日生活用水量(升)	148.69	150.04	145.46	144.74	143.22	160.27
建成区绿化覆盖率(%)	37.00	37.93	38.50	40.30	40.90	41.80
人均公共绿地面积(平方米)	9.20	10.05	10.66	10.93	11.35	12.20

注:自 2013 年起,国家统计局开展了城乡一体化住户收支与生活状况调查,与 2013 年前的分城镇和农村住户调查的调查范围、调查方法、指标口径有所不同。2013—2014 年城镇居民人均可支配收入和农村居民人均可支配收入按抽样样本 510 户计算,2015—2017 年按抽样样本 1000 户计算。

7—2 城镇居民人均可支配收入情况

（2017 年）

指　　标	总平均	最低收入组	低收入组	中等偏下收入组
可支配收入(元)	**37028**	**14447**	**22263**	**28519**
工资性收入	22664	10445	17019	20016
经营净收入	2555	2640	3354	2525
财产净收入	2535	1104	1416	1992
转移净收入	9274	258	474	3986
总支出(元)	**40278**	**24853**	**23753**	**32937**
消费支出	31473	20381	19233	26950

指　　标	中等收入组	中等偏上收入组	高收入组	最高收入组
可支配收入(元)	**36546**	**46863**	**56952**	**77397**
工资性收入	22704	26618	22148	46203
经营净收入	3556	1906	1432	1154
财产净收入	2775	2676	4893	4735
转移净收入	7511	15663	28479	25305
总支出(元)	**35889**	**44447**	**56424**	**92833**
消费支出	28514	35284	43685	65103

7—3 城镇居民家庭按收入分组的人均消费性支出

（2017年）

单位：元

指　　标	总平均	最低收入组	低收入组	中等偏下收入组
消费支出	**31473**	**20381**	**19233**	**26950**
食品烟酒	**8567**	**5345**	**5938**	**7631**
食品	**5607**	**4127**	**4241**	**5163**
谷物	632	543	556	601
薯类	38	26	32	39
豆类	63	45	48	65
食用油	222	180	175	216
蔬菜和食用菌	811	746	658	789
肉 类	1224	859	938	1148
禽 类	253	192	207	260
水产品类	288	143	162	228
蛋类	125	100	97	121
奶类	451	365	360	394
干鲜瓜果类	906	566	618	786
糖果糕点类	275	166	184	246
其它食品	319	196	206	270
烟酒	**553**	**254**	**351**	**471**
烟草	295	151	166	261
酒类	258	103	185	210
饮料	**187**	**89**	**112**	**129**
饮食服务	2220	875	1234	1868
衣着	2306	1197	1499	1943
衣类	1800	858	1109	1500
鞋类	506	339	390	443
居住	**5732**	**3386**	**3689**	**4559**
租赁房房租	296	370	498	109
住房维修及管理	690	234	344	235
水电燃料及其他	1137	789	853	985
自有住房折算租金	3609	1993	1994	3230
生活用品及服务	**2113**	**936**	**932**	**1285**
家具及室内装饰品	450	121	59	177
家用器具	463	177	102	214
家用纺织品	173	86	69	107
家庭日用杂品	473	326	322	365
个人用品	439	202	369	362
家庭服务	115	24	11	60
交通通信	**4764**	**5558**	**2707**	**5312**
交通	3669	4753	1779	4287
通信	1095	805	928	1025
教育文化娱乐	**4018**	**2326**	**2809**	**3214**
教育	1943	1711	2216	2180
文化娱乐	2075	615	593	1034
医疗保健	**3015**	**1244**	**1263**	**2255**
医疗器具及药品	1083	478	564	953
医疗服务	1932	766	699	1302
其他用品和服务	**958**	**389**	**396**	**751**
其他用品	530	185	246	405
其他服务	428	204	150	346

7－3 续表　　(2017 年)　　单位:元

指　　标	中等收入组	中等偏上收入组	高收入组	最高收入组
消费支出	**28514**	**35284**	**43685**	**65103**
食品烟酒	**8735**	**10443**	**12061**	**12274**
食品	**5557**	**6733**	**7851**	**6901**
谷物	654	704	745	677
薯类	40	45	49	38
豆类	64	74	68	70
食用油	254	251	244	220
蔬菜和食用菌	809	874	1012	845
肉类	1179	1548	1892	1331
禽类	238	270	393	256
水产品类	299	398	503	366
蛋类	120	151	167	131
奶类	391	622	529	611
干鲜瓜果类	902	1069	1235	1568
糖果糕点类	274	351	417	403
其它食品	333	376	597	385
烟酒	**724**	**502**	**586**	**1153**
烟草	380	234	276	718
酒类	344	268	310	435
饮料	**302**	**199**	**217**	**256**
饮食服务	2152	3009	3407	3964
衣着	2350	2967	3016	4010
衣类	1825	2305	2450	3325
鞋类	525	662	566	685
居住	**5452**	**6641**	**8881**	**11195**
租赁房房租	139	298		957
住房维修及管理	679	829	661	2779
水电燃料及其他	1145	1211	1694	1813
自有住房折算租金	3489	4303	6526	5646
生活用品及服务	**1772**	**2369**	**3251**	**6971**
家具及室内装饰品	299	448	846	2198
家用器具	306	479	685	2176
家用纺织品	165	223	270	441
家庭日用杂品	494	511	590	979
个人用品	454	587	507	724
家庭服务	54	121	353	453
交通通信	**3742**	**4995**	**3530**	**7841**
交通	2528	3820	2480	6229
通信	1214	1175	1050	1612
教育文化娱乐	**3377**	**3373**	**5434**	**11756**
教育	1504	1246	1864	3672
文化娱乐	1873	2127	3570	8084
医疗保健	**2383**	**3288**	**5725**	**8640**
医疗器具及药品	1078	1413	1438	2037
医疗服务	1305	1875	4287	6603
其他用品和服务	**703**	**1209**	**1788**	**2416**
其他用品	398	699	1038	1247
其他服务	305	510	750	1169

7—4　城镇居民家庭主要耐用消费品每百户拥有量

（抽样调查）

指　标	2000 年	2005 年	2010 年	2013 年	2014 年	2015 年	2016 年	2017 年
家用轿车（辆）			7	24	27	27	31	34
洗衣机（台）	102	96	98	100	100	100	100	101
电冰箱（冰柜）（台）	109	105	101	101	102	102	102	103
彩色电视机（台）	109	105	101	101	102	102	102	103
移动电话（部）								231
家用电脑（台）	12	30	57	64	72	72	74	75
照相机（架）	51	52	31	57	68	69	70	70
微波炉（台）	11	33	50	58	64	67	68	69
空调器（台）	1	5	6	10	11	13	22	22
淋浴热水器（台）	67	72	83	94	95	97	97	97
空气净化器（会新风系统）（台）								0.3

7—5　城镇居民家庭按收入分组的人均消费构成情况

（2017 年）

单位：%

指　标	总平均	最　低 收入组	低收入组	中等偏下 收入组	中　等 收入组	中等偏上 收入组	高收入组	最　高 收入组
消费支出	**100.0**	**100.0**	**100.0**	**100.0**	**100.0**	**100.0**	**100.0**	**100.0**
食品烟酒	27.2	26.2	30.9	28.3	30.6	29.6	27.6	18.9
衣着	7.4	5.9	7.8	7.2	8.3	8.4	6.9	6.2
居住	18.2	16.6	19.2	16.9	19.1	18.8	20.3	17.2
生活用品及服务	6.7	4.6	4.8	4.8	6.2	6.7	7.5	10.7
交通通信	15.1	27.3	14.1	19.7	13.1	14.2	8.1	12.0
教育文化娱乐	12.8	11.4	14.6	11.9	11.8	9.6	12.4	18.1
医疗保健	9.6	6.1	6.6	8.4	8.4	9.3	13.1	13.2
其他用品和服务	3.0	1.9	2.0	2.8	2.5	3.4	4.1	3.7

7—6 城镇居民家庭消费品年人均消费量

（抽样调查）

单位：千克

指　标	2000 年	2005 年	2010 年	2011 年	2012 年
粮食	65.00	57.66	70.15	75.71	77.59
食用植物油	7.56	7.86	9.02	9.88	10.19
猪肉	7.62	5.95	8.83	8.12	8.09
牛羊肉	13.98	14.93	9.80	12.49	12.31
蛋类	10.16	7.70	9.13	9.12	9.94
鲜菜	111.61	99.81	98.07	104.92	101.15
白酒	1.20	1.27	1.02	0.91	0.87
啤酒	2.27	3.06	3.28	1.89	2.27
茶叶	0.16	0.15	0.17	0.20	0.22
干鲜瓜果及制品	69.31	76.85	60.45	63.18	70.23
鱼类	6.12	5.22	5.53	5.54	5.65
鲜乳品	26.23	30.50	19.95	19.39	22.73
糕点类	2.81	3.82	4.33	4.43	4.25
液化石油气	29.34	6.18	2.63	1.90	0.72
管道煤气(立方米)	6.58	42.80	52.53	56.44	57.37

指　标	2013 年	2014 年	2015 年	2016 年	2017 年
粮食	97.53	97.80	99.02	96.47	94.69
食用植物油	15.26	17.77	14.06	15.64	15.67
猪肉	8.19	9.40	9.92	8.82	8.30
牛羊肉	12.75	13.12	17.92	17.26	20.41
蛋类	8.74	9.78	11.13	11.87	12.47
鲜菜	107.32	132.94	141.04	155.04	145.04
白酒	0.92	1.24	1.88	1.79	1.69
啤酒	1.88	2.90	3.48	3.41	2.99
茶叶	0.21	0.27	0.45	0.45	0.55
干鲜瓜果及制品	62.53	75.53	85.83	91.02	89.46
鱼类	5.28	6.43	6.88	6.91	6.22
鲜乳品	22.12	27.49	27.01	27.18	26.88
糕点类	4.67	5.37	5.14	5.41	5.91
液化石油气	1.71	2.47	5.43	4.17	4.17
管道煤气(立方米)	82.64	89.49	92.28	105.21	125.30

7—7 农民家庭基本情况

（抽样调查）

指　　标	单　位	2015 年	2016 年	2017 年	2017 年较 2016 年增减%
调查户	户	120	120	120	持平
农村居民人均可支配收入	元	15007	16351	17839	9.1
人均生活消费支出	元	16052	17423	19580	12.4
食品烟酒	元	4971	4950	5038	1.8
衣着	元	1034	1074	1077	0.3
居住	元	3341	3786	5186	37.0
生活用品及服务	元	1001	1073	1326	23.6
交通通信	元	2485	2948	2968	0.7
教育文化娱乐	元	1225	1544	1576	2.1
医疗保健	元	1842	1784	2073	16.2
其他用品和服务	元	153	264	336	27.3
每百户耐用消费品拥有量					
热水器	台	35	36	38	5.6
洗衣机	台	119	110	110	持平
电冰箱	台	118	112	112	持平
彩色电视机	台	120	120	120	持平
抽油烟机	台	28	28	33	17.9
摩托车	辆	89	79	67	-15.2

注:数据来源于城乡一体化住户收支与生活状况调查,调查样本量为 1000 户。

7—8　农民家庭人均总收入、总支出情况

（抽样调查）

单位：元

指　标	2015 年	2016 年	2017 年	2017 年比 2016 年增减%
可支配收入	**15007**	**16351**	**17839**	**9.1**
工资性收入	3923	4754	5386	13.3
经营净收入	6869	6901	7233	4.8
第一产业	2974	2755	2959	7.4
第二产业	733		48	
第三产业	3162	4146	4226	1.9
财产净收入	1589	1862	2225	19.5
转移净收入	2626	2834	2995	5.7
总支出	**25168**	**27177**	**30316**	**11.6**
消费支出	16052	17423	19580	12.4

7—9　农民家庭人均生活消费支出及构成

（抽样调查）

指　标	人均消费支出金额（元）			构成（%）		
	2016 年	2017 年	2017 年比 2016 年增减%	2016 年	2017 年	2017 年比 2016 年增减百分点
消费支出	**17423**	**19580**	**12.4**	**100.0**	**100.0**	
食品烟酒	4950	5038	1.8	28.4	25.7	（-2.7）
衣着	1074	1077	0.3	6.2	5.5	（-0.7）
居住	3786	5186	37.0	21.7	26.5	(4.8)
生活用品及服务	1073	1326	23.6	6.2	6.8	(0.6)
交通通信	2948	2968	0.7	16.9	15.2	（-1.7）
教育文化娱乐	1544	1576	2.1	8.9	8.0	（-0.9）
医疗保健	1784	2073	16.2	10.2	10.6	(0.4)
其他用品和服务	264	336	27.3	1.5	1.7	(0.2)

7—10 农民家庭人均主要消费品消费量

（抽样调查）

单位：千克

指　标	1995 年	2000 年	2005 年	2010 年	2011 年
粮食	216.09	223.24	203.26	216.90	205.00
蔬菜及制品	163.88	111.60	173.09	145.60	94.87
油脂类	12.45	13.63	13.84	16.80	13.71
肉禽及其制品	17.98	21.60	40.64	32.90	30.46
蛋类及蛋制品	3.51	10.16	2.84	4.00	3.75
奶及奶制品	7.37	26.23	37.63	39.90	21.00
水产品	2.19	6.12	1.74	1.70	1.92
酒	9.90	3.47	4.12	1.70	2.37
鲜瓜果类	22.74	24.89	27.09	58.30	35.86

指　标	2013 年	2014 年	2015 年	2016 年	2017 年
粮食	203.40	212.87	236.30	235.36	225.76
蔬菜及制品	100.40	121.09	134.28	142.28	143.33
油脂类	17.50	20.19	18.15	19.05	19.97
肉禽及其制品	30.87	39.85	40.66	43.11	43.67
蛋类及蛋制品	3.20	3.83	6.17	7.21	7.26
奶及奶制品	25.31	27.32	28.59	28.61	28.94
水产品	1.98	1.93	3.64	3.65	4.93
酒	2.50	3.08	2.73	1.81	1.84
鲜瓜果类	34.42	35.67	37.92	41.54	52.42

7—11 历年居民消费价格指数

（以上年价格为100）

单位:%

年　份	指　数	年　份	指　数
1950	100.0	1984	102.3
1951	129.1	1985	109.1
1952	96.2	“七五”时期	
“一五”时期		1986	107.0
1953	86.9	1987	108.3
1954	103.0	1988	119.4
1955	97.9	1989	113.4
1956	88.6	1990	105.2
1957	101.1	“八五”时期	
“二五”时期		1991	108.2
1958	99.2	1992	111.9
1959	99.9	1993	115.7
1960	99.4	1994	128.3
1961	98.8	1995	117.4
1962	99.8	“九五”时期	
三年调整期		1996	110.4
1963	99.5	1997	103.6
1964	96.4	1998	99.1
1965	97.4	1999	97.1
“三五”时期		2000	100.7
1966	96.2	“十五”时期	
1967	100.3	2001	105.0
1968	101.3	2002	98.5
1969	99.1	2003	100.6
1970	99.1	2004	100.9
“四五”时期		2005	99.5
1971	99.8	“十一五”时期	
1972	100.7	2006	100.1
1973	99.9	2007	104.6
1974	100.2	2008	107.0
1975	99.0	2009	100.4
“五五”时期		2010	102.7
1976	100.8	“十二五”时期	
1977	99.6	2011	104.5
1978	99.6	2012	103.4
1979	101.7	2013	103.5
1980	105.1	2014	102.8
“六五”时期		2015	100.7
1981	100.8	“十三五”时期	
1982	101.3	2016	101.5
1983	100.3	2017	102.8

7—12 居民消费价格分类指数

（以上年价格为 100）　　单位：%

指　　标	2016 年	2017 年	指　　标	2016 年	2017 年
居民消费价格总指数	**101.5**	**102.8**	水电燃料	99.7	100.5
一、食品烟酒	**102.9**	**104.7**	自有住房	103.4	100.0
食品	102.4	101.4	**四、生活用品及服务**	**101.2**	**101.8**
# 粮食	102.0	102.3	家具及室内装饰品	103.6	100.1
畜肉类	99.6	105.3	家用器具	99.1	99.6
禽肉类	100.8	99.4	家用纺织品	101.2	99.6
蛋 类	94.4	96.9	家庭日用杂品	99.3	100.7
干鲜瓜果类	100.8	100.1	个人护理用品	100.9	99.9
奶类	100.3	99.1	家庭服务	105.4	119.3
茶及饮料	99.8	102.3	**五、交通和通信**	**99.5**	**99.7**
烟酒	101.9	102.1	交通	98.3	99.8
在外餐饮	104.5	112.9	通信	102.2	99.4
二、衣着	**99.9**	**99.8**	**六、教育文化和娱乐**	**102.2**	**105.4**
服装	100.0	99.5	教育	101.6	107.2
服装材料	99.4	100.6	文化娱乐	103.3	102.3
其他衣着及配件	101.4	96.7	**七、医疗保健**	**100.7**	**108.2**
衣着加工服务费	111.5	110.3	药品及医疗器具	102.0	102.4
鞋类	98.8	100.8	医疗服务	100.0	111.7
三、居住	**101.0**	**100.1**	**八、其他用品和服务**	**103.7**	**99.6**
租赁房房租	104.0	100.0	其他用品类	102.1	97.6
住房保养维修及管理	98.6	99.6	其他服务类	105.0	101.2

主要统计指标解释

EXPLANATORY NOTES ON MAIN STATISTICAL INDICATORS

住户　指居住在一个住宅内，共同分享生活开支或收入的一群人。居住在同一房间内、不共同分享生活开支的人群，每个人都视为一个住户。

常住居民　指全年经常在家或调查期内在家居住6个月以上，而且经济和生活与本户连成一体的人口。外出从业人员在外居住时间虽然在6个月以上，以及本住户供养的学生。常住居民是住户收支的调查对象。

城镇家庭人口　指居住在一起，经济上合在一起共同生活的家庭成员。凡计算为家庭人口的成员其全部收支都包括在本家庭中。

城镇就业者负担人数　指家庭人口与就业人口之比。

城镇居民家庭可支配收入　指家庭成员得到可用于最终消费支出和其它非义务性支出以及储蓄的总和，即居民家庭可以用来自由支配的收入。它是家庭总收入扣除交纳的所得税、个人交纳的社会保障支出以及记账补贴后的收入。计算公式为：

城镇居民家庭可支配收入＝家庭总收入－交纳个人所得税－个人交纳的社会保障支出－记帐补贴

城镇家庭服务性消费支出　指家庭用于支付社会提供的各种文化和生活方面的非商品性服务费用。

城镇家庭收入分组方法　是将所有调查户按户人均可支配收入由低到高排队，按10%，10%，20%，20%，20%，10%，10%的比例依次分成：最低收入户、较低收入户、中等偏下收入户、中等收入户、中等偏上收入户、较高收入户、最高收入户等七组。总体中最低5%的户为困难户。

农村住户　指农村常住户。农村常住户指长期（一年以上）居住在乡镇（不包括城关镇）行政管理区域内的住户，以及长期居住在城关镇所辖行政村范围内的农村住户。户口不在本地而在本地居住一年及以上的住户也包括在本地农村常住户范围内；有本地户口，但举家外出谋生一年以上的住户，无论是否保留承包耕地都不包括在本地农村住户范围内。

工资性收入　指农村住户成员受雇于单位或个人，靠出卖劳动所而获得的收入。

家庭经营收入　指农村住户以家庭为生产经营单位进行生产筹划和管理而获得的收入。农村住户家庭经营活动按行业划分为农业、林业、牧业、渔业、工业、建筑业、交通运输业邮电业、批发和零售贸易餐饮业、社会服务业、文教卫生业和其他家庭经营。

财产性收入　指金融资产或有形非生产性资产的所有者向其他机构单位提供资金或将有形非生产性资产供其支配，作为回报而从中获得的收入。

转移性收入　指农村住户和住户成员无须付出任何对应物而获得的货物、服务、资金或资产所有权等，不包括无偿提供的用于固定资本形成的资金。一般情况下，是指农村住户在二次分配中的所有收入。

城镇家庭收入分组方法　是将所有调查户按户人均可支配收入由低到高排队，按20%，20%，20%，20%，20%的比例依次分成：低收入户、中等偏下收入户、中等收入户、中等偏上收入户、高收入户五组。

转移性支出　指调查户对国家、单位、社会团体或个人的经常性或义务性转移支付。包括缴纳的税款、各项社会保障支出、赡养支出、经常性捐赠和赔偿支出以及其他经常性转移支出等。

居民消费支出　是指居民用于满足家庭日常生活消费需要的全部支出，既包括现金消费支出，也包括实物消费支出。消费支出可划分为食品烟酒、衣着、居住、生活用品及服务、交通通信、教育文化娱乐、医疗保健以及其他用品及服务八大类。

食品烟酒 指用于各种食品和烟草、就类的支出。

衣着　指与居民穿着有关的支出，包括服装、服装材料、鞋类、其他衣类及配件、衣着相关加工服务的支出。

居住　指与居住有关的支出，包括房租、水、电、燃料、物业管理等方面的支出，也包括自有住房折算租金。

生活用品及服务　指家庭及个人的各类生活用品及家庭服务。包括家具及室内装饰品、家用器具、家用纺织品、家庭日用杂品、个人用品和家庭服务。

交通通信　指用于交通和通信工具及相关的各种服务费、维修费和车辆保险等支出。

教育文化娱乐　指用于教育、文化和娱乐方面的支出。

医疗保健　指用于医疗和保健的药品、用品和服务的总费用。包括医疗器具及药品，以及医疗服务。

其他用品及服务　指无法直接归入上述各类支出的其他用品与服务支出。

居民消费价格指数 简称CPI，是反映一定时期内城乡居民所购买的生活消费品和服务项目价格变动趋势和程度的相对数，是对城市居民消费价格指数和农村居民消费价格指数进行综合汇总计算的结果。通过该指数可以观察和分析消费品的零售价格和服务项目价格变动对城乡居民实际生活费支出的影响程度。

8

农　　业

Chapter8　Agriculture

资料整理:潘世锦　史　霁

8—1 主要年份农、林、牧、渔业总产值

单位：万元

年 份	农、林、牧、渔业总产值	农业产值	林业产值	牧业产值	渔业产值	农林牧渔服务业
1950	1376.60	1099.61	0.23	276.76		
1965	3663.47	2546.48	111.78	1004.34	0.87	
1978	7570.82	6153.90	106.26	1304.13	6.53	
1980	8899.11	6389.42	165.52	2342.22	1.95	
1985	16778.06	10628.70	438.24	5666.68	44.43	
“七五”时期						
1986	18357.72	11245.42	388.35	6606.34	117.61	
1987	22364.12	13316.90	312.83	8236.96	497.44	
1988	35235.06	20144.96	395.84	14090.45	603.81	
1989	35478.08	19825.03	370.52	14505.10	777.43	
1990	37703.55	21708.62	418.49	14800.35	776.09	
“八五”时期						
1991	39660.95	22349.87	559.69	15700.98	1050.41	
1992	49102.05	28703.35	856.96	18325.94	1215.80	
1993	56478.66	34194.11	957.55	19784.18	1542.81	
1994	78240.33	45922.76	1187.82	29199.43	1930.32	
1995	107392.48	59843.33	1384.23	42854.13	3310.79	
“九五”时期						
1996	115671.68	63462.81	1654.45	46827.46	3726.96	
1997	109119.98	57274.90	1433.05	47124.26	3287.77	
1998	113964.19	66324.32	1149.70	43163.55	3326.62	
1999	118614.82	69927.94	1187.01	43910.51	3589.36	
2000	122647.03	74017.94	1121.23	44180.43	3327.43	
“十五”时期						
2001	128600.28	78303.14	1323.76	45755.66	3217.71	
2002	144521.04	86147.45	1769.57	53428.18	3175.84	
2003	172854.83	91056.23	1683.10	76653.13	3332.04	130.34
2004	198067.56	99781.52	1795.48	85333.19	3634.51	7522.86
2005	207579.34	103692.67	1463.87	80733.80	4217.90	17471.09
“十一五”时期						
2006	225256.63	115028.18	1438.34	83544.14	4835.15	20410.82
2007	250947.90	124826.51	1792.08	100814.84	5490.76	18023.71
2008	280758.76	137145.10	2671.23	129304.40	5749.57	5888.46
2009	318515.29	158838.00	4555.74	141789.05	6343.18	6989.32
2010	375006.26	199935.20	3556.94	157698.03	7361.76	6454.33
“十二五”时期						
2011	418754.33	208302.34	7534.95	188193.83	8910.76	5812.45
2012	495693.87	234528.29	28808.40	214236.70	8739.90	9380.58
2013	537589.78	268758.20	34199.95	214277.70	9406.90	10947.03
2014	613214.49	290444.29	35979.74	255559.42	9342.00	21889.04
2015	589320.00	299097.00	17556.00	238808.00	9885.00	23974.00
“十三五”时期						
2016	621569.00	311227.00	20465.00	254168.00	9961.00	25748.00
2017	577730.29	286845.39	25704.50	230286.82	9605.36	25288.22

注：本表按当年价格计算。

8—2 历年农、林、牧、渔业总产值指数

（以上年为100）

单位：%

年　份	农、林、牧、渔业总产值	农业产值	林业产值	牧业产值	渔业产值	农林牧渔服务业
1949	100.0	100.0	100.0	100.0		
1950	119.6	122.3	20.8	110.3		
1951	114.8	114.1	243.3	117.7		
1952	116.5	118.2	391.1	109.4		
“一五”时期						
1953	105.6	103.0	158.5	116.4		
1954	110.6	110.8	74.8	110.3		
1955	105.2	105.5	96.5	104.3		
1956	108.7	108.1	163.1	110.4		
1957	93.5	88.8	300.9	109.3		
“二五”时期						
1958	123.0	128.3	241.5	105.0		
1959	106.5	106.2	44.4	110.4		
1960	99.5	94.1	826.7	103.9	100.0	
1961	91.6	85.4	80.6	112.8	136.3	
1962	82.9	78.0	71.0	96.0	112.1	
三年调整期						
1963	150.7	167.8	197.4	113.5	124.5	
1964	109.8	109.9	99.2	110.9	71.7	
1965	104.2	101.2	96.6	113.8	193.6	
“三五”时期						
1966	114.8	130.3	82.1	79.2	51.7	
1967	82.5	80.1	39.9	97.4	62.1	
1968	88.8	89.7	38.0	88.0	323.4	
1969	117.2	121.1	84.7	104.1	111.7	
1970	111.0	109.2	185.3	117.5	138.1	
“四五”时期						
1971	102.9	101.8	93.2	107.5	80.0	
1972	111.8	108.6	149.5	122.6	149.8	
1973	99.7	94.3	33.7	118.4	167.4	
1974	101.2	94.0	62.5	119.6	132.1	
1975	121.1	121.2	235.6	120.5	28.7	
“五五”时期						
1976	125.8	126.3	486.4	122.0	105.1	
1977	102.6	102.1	101.6	103.6	56.4	
1978	89.0	109.0	121.2	47.0	886.7	
1979	118.3	120.8	120.2	106.8	65.7	
1980	92.0	79.6	120.0	155.7	42.0	
“六五”时期						
1981	104.0	95.7	89.6	127.7	201.7	
1982	111.3	128.8	113.4	75.3	90.9	

8-2 续表 （以上年为100） 单位:%

年　　份	农、林、牧、渔业总产值	农业产值	林业产值	牧业产值	渔业产值	农林牧渔服务业
1983	114.3	107.5	89.7	139.7	187.4	
1984	116.9	122.4	143.2	100.6	173.8	
1985	92.6	77.9	154.0	135.7	290.3	
“七五”时期						
1986	107.4	103.8	86.9	114.4	259.7	
1987	110.1	107.0	72.8	112.6	382.1	
1988	108.8	104.4	87.4	118.1	83.8	
1989	99.3	97.0	92.3	101.5	126.9	
1990	109.6	113.0	116.5	105.3	103.0	
“八五”时期						
1991	95.1	93.1	120.9	95.9	122.4	
1992	112.0	116.2	138.5	105.6	104.7	
1993	103.9	107.6	100.9	97.5	114.6	
1994	106.4	103.1	95.2	113.3	96.1	
1995	109.9	104.3	93.3	117.5	137.3	
“九五”时期						
1996	105.0	103.3	116.5	106.5	109.7	
1997	102.3	97.8	93.9	109.1	95.6	
1998	106.2	117.8	81.6	93.2	102.9	
1999	101.9	103.2	101.1	99.6	105.7	
2000	111.0	113.7	101.4	108.0	99.5	
“十五”时期						
2001	109.3	110.3	123.1	108.0	100.8	
2002	115.4	113.0	137.3	120.0	101.4	
2003	127.2	108.4	97.8	159.4	107.9	100.0
2004	115.6	109.5	106.7	113.9	109.1	5773.8
2005	105.5	103.9	81.6	97.0	116.2	232.5
“十一五”时期						
2006	109.3	110.6	98.1	106.0	114.4	118.2
2007	98.8	95.4	111.3	107.0	100.4	77.6
2008	110.7	106.7	128.8	121.4	119.3	39.9
2009	106.5	108.0	151.5	104.3	109.0	84.4
2010	105.9	106.8	95.4	105.7	105.8	97.1
“十二五”时期						
2011	107.0	103.0	225.3	110.5	105.2	83.5
2012	105.7	102.5	152.1	107.3	102.9	113.8
2013	106.5	104.2	119.4	106.6	102.5	125.9
2014	109.1	104.4	86.6	113.5	99.7	229.7
2015	103.4	107.8	90.7	96.1	96.2	141.4
“十三五”时期						
2016	101.8	98.4	103.2	105.6	102.5	102.9
2017	102.9	104.4	101.0	100.9	102.1	107.2

注:本表按可比价计算。

8－3　农村基本情况

指　　标	2005年	2010年	2011年	2012年	2013年	2014年	2015年	2016年	2017年
一、农村基层组织情况									
乡镇个数(个)	24	22	22	22	22	22	22	22	22
#镇个数	8	8	8	8	8	8	8	8	10
村委会个数(个)	176	176	176	176	176	176	175	175	175
二、农村基础设施									
自来水受益村数(个)	167	171	171	172	172	172	172	174	174
通汽车村数(个)	175	175	176	176	176	176	175	175	175
通电话村数(个)	169	175	175	175	175	175	175	175	175
三、农村人口与从业人员									
乡村户数(户)	53703	60092	64710	67107	67025	70771	71676	71806	71960
#牧业户数	6370	7776	7822	8026	9601	9659	9818	9152	8988
乡村人口数(人)	216985	220813	224518	225616	223431	227739	218869	221379	222486
#牧业人口数	24730	26433	27538	27106	29637	27556	30104	28021	27295
乡村劳动力合计(人)	133718	143108	149233	148580	143909	146715	146481	144761	143514
乡村从业人员(人)	126610	135114	139812	138212	132563	135648	131541	130074	129778
按性别分									
男	66878	71710	75272	73997	76377	73782	70882	69792	68145
女	59732	63404	64540	64215	67532	61866	60659	60282	61633

8—4　农林牧渔场基本情况

指　　标	1995年	2000年	2005年	2010年	2011年	2012年	2013年	2014年	2015年	2016年	2017年
一、场数合计(个)	**39**	**39**	**35**	**30**	**30**	**30**	**30**	**26**	**27**	**24**	**25**
农场	13	13	17	15	15	16	15	15	15	15	16
林场(不包括采伐林场)	2	3	4	4	4	4	3	3	4	2	3
牧场	21	19	10	8	8	7	8	6	6	6	5
渔场	3	4	4	3	3	3	4	2	2	1	1
二、场内户数(户)	**16271**	**19754**	**21275**	**24996**	**26483**	**29220**	**45291**	**33695**	**34479**	**34064**	**44304**
#牧业户数	2498	3258	2363	2264	3438	3557	3729	2634	2783	2493	2448
三、场内人口(人)	**65729**	**72841**	**71398**	**81251**	**84517**	**83269**	**93495**	**92441**	**94160**	**90752**	**122294**
#牧业人口	12819	14562	9613	8364	11281	11743	12785	9948	10205	8122	7883
四、场内实有从业人员数(人)	**32184**	**31431**	**29118**	**30998**	**32153**	**32773**	**39126**	**40087**	**42163**	**42046**	**40362**
按性别分											
男	18422	17908	16418	17527	17767	19154	21023	21267	22574	22607	21900
女	13762	13523	12700	13471	14386	13619	18103	18820	19589	19439	18461

8—5 农业生产条件

指 标	1995 年	2000 年	2005 年	2010 年	2011 年	2012 年	2013 年	2014 年	2015 年	2016 年	2017 年
农业主要能源及物资消耗											
农村用电量(万千瓦小时)	**10094**	**9505**	**16586**	**22398**	**21869**	**24535**	**24641**	**28309**	**25698**	**26843**	**26193**
农用化肥施用量											
按实物量计算(吨)	**16331**	**18638**	**32113**	**43277**	**41220**	**40367**	**46203**	**48837**	**42874**	**44314**	**47741**
氮肥	9107	9228	16101	17207	18434	17693	20549	18754	17901	17819	18010
磷肥	3919	4997	6975	12229	10454	10651	11588	11454	10671	10871	11542
钾肥	258	189	1474	2656	2765	3207	4254	5663	4932	5632	6243
复合肥	3047	4224	7564	11185	9567	8816	9812	12967	9370	9992	11946
按折纯法计算(吨)		**6666**	**13200**	**16226**	**15111**	**14091**	**17170**	**18142**	**15992**	**16310**	**17593**
氮肥		3902	7361	7437	8160	7484	9064	8576	7868	7736	7883
磷肥		1408	2728	3478	3048	2759	3358	3518	3347	3351	3916
钾肥		72	548	1239	1258	1475	1993	2565	1977	2184	2505
复合肥		1284	2563	4072	2645	2373	2755	3483	2800	3039	3289
农用塑料薄膜使用量(吨)	864	962	1995	3270	2295	2665	15539	24787	17698	13602	8801
#地膜使用量		381	758	521	928	927	9346	13672	8784	4439	3359
地膜覆盖面积(公顷)		33356	12839	8609	10988	12650	15711	14797	12768	15542	13652
农用柴油使用量(吨)	5417	6384	9226	8937	10419	9621	10892	12008	11095	11238	9450

8—6 农业机械拥有量

指 标	2016 年	2017 年	指 标	2016 年	2017 年
农业机械总动力(千瓦)	**383471**	**383129**	小型机引农具(部)		
柴油机动力	281275	280156	农用排灌柴油机(台)	37	42
汽油机动力	14245	15056	农用排灌电动机(台)	1779	1752
电动机动力	85510	84314	农用水泵(台)	1684	1672
主要农业机械与设备			节水灌溉机械(套)	366	383
大中型拖拉机(台)	3632	3657	联合收割机(台)	92	94
大中型拖拉机配套农机(部)	5320	5407	自走式机动割晒机(台)	11	36
小型拖拉机(台)	2581	2245	机动脱粒机(台)	162	156
小型拖拉机配套农机(部)	3462	3336	渔业机械(台)	706	706
大中型机引农具(部)			农用运输车(辆)	2202	2105

主 要 统 计 指 标 解 释

EXPLANATORY NOTES ON MAIN STATISTICAL INDICATORS

林牧渔业总产值 指以货币表现的农、林、牧、渔业全部产品和对农林牧渔业生产活动进行的各种支持性服务活动的价值总量，它反映一定时期内农林牧渔业生产总规模和总成果。1957 年以前的农林牧渔业总产值中包括了厩肥和农民自给性手工业（如农民自制衣服、鞋、袜，自己从事粮食初步加工等）。1958 年及以后，林业中增加了村及村以下竹木采伐产值；牧业中取消了厩肥产值；副业中取消了农民自给性手工业产值，增加了村及村以下办的工业产值；渔业中增加了海洋捕捞水产品产值。1980 年及以后，在副业中增加了农民家庭兼营工业商品部分的产值。从 1984 年起村及村以下工业产值划归工业。从 1993 年起取消副业，将野生动物的捕猎划入牧业，野生植物采集和农民家庭兼营商品性工业划归农业。从 2003 年起，执行新的国民经济行业分类标准，农林牧渔业总产值中包括了农林牧渔服务业产值。林业中增加了森林采运业产值。农业中取消了家庭兼营商品性工业产值，将野生林产品的采集划归林业。

农林牧渔业总产值的计算方法通常是按农、林、牧、渔业产品及其副产品的产量分别乘以各自单位产品价格求得；少数生产周期较长，当年没有产品或产品产量不易统计的，则采用间接方法匡算其产值；然后将四业产品产值及农林牧渔服务业产值相加即为农林牧渔业总产值。

农用化肥施用量 指本年内实际用于农业生产的化肥数量，包括氮肥、磷肥、钾肥和复合肥。化肥施用量要求按折纯量计算数量。折纯量是指把氮肥、磷肥、钾肥分别按含氮、含五氧化二磷、含氧化钾的百分之百成份进行折算后的数量。复合肥按其所含主要成分折算。公式为：

折纯量 = 实物量 × 某种化肥有效成份含量的百分比

农业机械总动力 指主要用于农、林、牧、渔业的各种动力机械的动力总和。包括耕作机械、排灌机械、收获机械、农用运输机械、植物保护机械、牧业机械、林业机械、渔业机械和其他农业机械〔内燃机按引擎马力折成瓦（特）计算、电动机按功率折成瓦特计算〕。

不包括专门用于乡、镇、村、组办工业、基本建设、非农业运输、科学试验和教学等非农业生产方面用的动力机械与作业机械。

9

工业和能源

Chapter9 Industry and Energy

资料整理:谭 冰 李宏霞 莫莉芝

9—1　主要年份全部工业总产值

单位:万元

年　　份	全部工业总产值（现价）
1950	535
1952	3268
1957	13373
1965	35274
1975	49408
1978	83130
1980	113434
1985	279469
1990	642497
1995	1934452
1996	1922698
1997	2190321
1998	2246778
1999	2345732
2000	2793178
2001	3093868
2002	3320602
2003	3809688
2004	4954954
2005	6277049
2006	7912581
2007	9705790
2008	13753251
2009	13327989
2010	17245204
2011	20900696
2012	23118624
2013	26533611
2014	27220405
2015	22730693
2016	21274204
2017	23862755

注:1995 年以后产值按新规定计算。

9—2 历年主要工业产品产量

年　份	原　煤(万吨)	原　盐(万吨)	面　粉(万吨)	棉　布(万米)	汽　油(吨)
1949	2.40				
1950	2.85				
1951	3.28				
1952	8.85		0.78	329.90	
"一五"时期					
1953	13.28		1.20	845.70	
1954	18.42		2.58	1520.00	
1955	21.73		3.18	2826.10	
1956	42.99		4.77	3642.60	
1957	53.01		5.44	3826.80	
"二五"时期					
1958	75.09	0.95	4.53	4077.34	
1959	178.50	2.00	8.56	4326.58	
1960	209.65	1.50	9.51	3980.46	
1961	186.68	3.49	8.02	3217.82	
1962	118.90	6.35	4.44	2814.99	
三年调整期					
1963	114.19	16.41	3.63	3755.78	
1964	134.08	14.87	6.05	4797.58	
1965	178.21	9.59	7.45	6888.23	
"三五"时期					
1966	174.31	10.64	6.39	9096.40	
1967	124.42	15.36	8.11	5097.59	
1968	110.45	15.84	8.86	5635.26	
1969	168.43	12.65	8.53	4681.01	
1970	196.32	17.36	11.71	6844.49	
"四五"时期					
1971	182.45	12.84	9.38	5402.53	
1972	149.78	6.02	10.15	2326.53	
1973	157.50	5.93	1.80	863.83	
1974	193.26	7.45	11.59	1204.36	
1975	203.02	12.31	13.15	3218.63	
"五五"时期					
1976	270.55	16.50	13.35	4197.52	
1977	318.62	18.03	12.11	5333.48	
1978	368.70	18.10	15.62	7175.57	
1979	343.76	18.20	14.50	7728.37	
1980	374.21	18.30	14.13	7847.24	82062
"六五"时期					
1981	389.00	15.25	15.00	7961.04	140035
1982	406.93	16.00	14.12	8973.60	172379

9－2 续表 1

年　份	原　煤(万吨)	原　盐(万吨)	面　粉(万吨)	棉　布(万米)	汽　油(吨)
1983	419.16	16.41	13.40	9616.92	225198
1984	455.32	16.55	12.84	8685.10	257170
1985	549.03	16.00	12.62	9523.02	378983
“七五”时期					
1986	551.11	18.00	15.48	9265.72	398085
1987	543.03	28.40	13.01	9356.83	442883
1988	578.85	32.00	16.67	9297.20	447174
1989	633.23	38.94	17.89	9833.86	445063
1990	650.14	23.15	18.33	9563.76	438583
“八五”时期					
1991	676.84	14.74	17.67	9087.86	474300
1992	645.67	16.06	16.68	7793.65	572700
1993	672.20	16.97	12.99	7185.20	739960
1994	789.18	7.19	12.29	8511.81	637770
1995	924.92	3.28	14.45	9126.00	566225
“九五”时期					
1996	993.41	7.56	16.97	6380.24	747243
1997	1023.64	7.04	17.99	7551.70	731935
1998	993.67	6.66	19.01	7374.25	794185
1999	864.65	6.36	14.37	7612.18	816899
2000	860.07	8.44	11.07	6981.78	732530
“十五”时期					
2001	859.00	8.75	10.96	6128.00	722837
2002	980.06	9.20	20.99	4819.00	728489
2003	1024.71	10.10	15.42	2621.00	885467
2004	1129.50	12.57	13.24	1612.00	948249
2005	1203.27	12.80	13.26	1530.00	945939
“十一五”时期					
2006	1417.39	18.96	16.94	1535.43	1106504
2007	1399.59	12.29	19.86	2019.96	1319506
2008	2276.99	10.45	15.11	1837.48	1327739
2009	2205.43	12.01	16.55	1615.43	1292660
2010	2169.25	13.22	17.64	578.43	1165108
“十二五”时期					
2011	1930.28	10.31	17.61	444.25	793096
2012	2316.00	10.30	15.20	583.80	659001
2013	1545.11	10.31	13.71	358.50	600186
2014	1186.42	9.57	20.88	21.30	974912
2015	1230.30	8.60	17.38	70.00	1277032
“十三五”时期					
2016	1001.77	6.50	12.42	65.00	1128600
2017	784.24	8.63	9.66	63.00	1433000

9－2 续表 2

年份	水泥(万吨)	塑料制品(吨)	成品钢材(吨)	发电量(万千瓦小时)
1949				30.00
1950				49.00
1951				60.50
1952	0.18		618	343.30
"一五"时期				
1953	0.32		1871	705.10
1954	1.04		3851	1931.00
1955	1.59		6571	3114.20
1956	2.38		10725	4133.60
1957	2.14		14410	4817.90
"二五"时期				
1958	6.62		18161	7042.40
1959	15.18		27662	14222.20
1960	14.87		49360	23887.70
1961	9.19		27749	19745.30
1962	6.82		15407	16519.10
三年调整期				
1963	9.83		14467	15540.50
1964	16.36		19626	17252.10
1965	22.54		39489	22613.99
"三五"时期				
1966	28.07		58740	30940.10
1967	20.61		29368	29004.53
1968	18.70		26736	28719.10
1969	12.11		18844	27397.10
1970	19.67	4	42149	37245.61
"四五"时期				
1971	25.28	1188	39491	47299.09
1972	12.66	7473	20849	41952.23
1973	13.35	1601	5627	40200.48
1974	11.62	1080	10601	45775.05
1975	20.87	1556	21997	57412.57
"五五"时期				
1976	25.42	2306	30725	67324.07
1977	30.68	2238	45665	81471.06
1978	35.77	2946	68299	94735.91
1979	37.17	1528	73357	99555.73
1980	39.86	1860	85854	100719.65
"六五"时期				
1981	40.10	3395	97570	109241.84
1982	45.24	8666	112090	122933.69

9－2 续表 3

年份	水泥(万吨)	塑料制品(吨)	成品钢材(吨)	发电量(万千瓦小时)
1983	63.49	9263	122816	150671.95
1984	73.79	12107	138686	166767.39
1985	78.15	12792	167182	185113.24
“七五”时期				
1986	75.15	13971	171586	214226.98
1987	78.29	14207	165484	247914.05
1988	89.74	20796	208946	266930.14
1989	94.19	21035	250864	264612.00
1990	96.29	17872	283259	248500.00
“八五”时期				
1991	115.60	22849	335810	245200.00
1992	118.11	31196	400081	231600.00
1993	136.29	23421	465507	247705.22
1994	160.58	25685	575664	269632.26
1995	166.04	37719	654739	274328.00
“九五”时期				
1996	185.15	44632	865228	286029.84
1997	186.31	46017	990678	344077.11
1998	215.71	49506	1149360	390810.43
1999	232.56	42600	1165914	428442.75
2000	264.69	48602	1303407	510200.99
“十五”时期				
2001	326.00	72259	1341445	645566.00
2002	288.68	66039	1730341	721065.25
2003	296.36	73783	2061343	785157.87
2004	292.76	143051	2450868	889227.17
2005	280.44	91205	3088406	1010521.18
“十一五”时期				
2006	321.28	102055	3918573	1105177.86
2007	366.83	125994	4409571	1184172.52
2008	359.10	188504	5221427	1303098.82
2009	395.08	177631	5944713	1331406.99
2010	476.16	314732	7536735	1811857.79
“十二五”时期				
2011	552.25	265140	7919901	2413541.68
2012	491.90	395006	9135700	2551281.00
2013	435.68	633931	8955736	2594495.00
2014	313.09	578202	8229091	2841877.98
2015	267.68	552943	6029784	2828243.69
“十三五”时期				
2016	318.18	327902	5639306	2667968.51
2017	349.23	254250	6366497	2872700.00

9—3 全市规模以上工业企业主要经济指标

（2017年）

单位:万元

指 标	企业单位数(个)	#亏损企业	工业总产值	工业销售产值	#出口交货值
总 计	**360**	**107**	**22939621**	**22755851**	**344597**
按登记注册类型分					
内资企业	344	105	22446056	22261552	335583
国有企业	10	5	5458061	5458763	549
中央企业	2		5296437	5296437	
地方企业	8	5	161624	162326	549
集体企业	1		2775	2775	
有限责任公司	164	58	5300412	5339705	82503
国有独资公司	27	8	894306	929191	216
其他有限责任公司	137	50	4406106	4410514	82287
股份有限公司	30	7	8779246	8679068	110280
私营企业	139	35	2905562	2781240	142251
私营独资企业	1		11185	11185	
私营有限责任公司	130	34	1242708	1241650	11925
私营股份有限公司	8	1	1651669	1528405	130325
港、澳、台商投资企业	5	1	127147	126895	2783
合资经营企业	3	1	43317	43400	
港澳台商独资经营企业	2		83830	83495	2783
外商投资企业	11	1	366417	367404	6232
中外合资经营企业	7	1	259510	262571	6232
中外合作经营企业	2		45689	45689	
外资企业	2		61218	59143	
按经济组织类型分					
独资企业	16	5	5617069	5615361	3332
国有企业	10	5	5458061	5458763	549
集体企业	1		2775	2775	
私营独资企业	1		11185	11185	
港澳台商独资经营企业	2		83830	83495	2783
外资企业	2		61218	59143	
合作、合伙企业	2		45689	45689	
中外合作经营企业	2		45689	45689	
股份有限公司	38	8	10430915	10207474	240605
股份有限公司	30	7	8779246	8679068	110280
私营股份有限公司	8	1	1651669	1528405	130325
有限责任公司	304	94	6845947	6887326	100660
国有独资公司	27	8	894306	929191	216
私营有限责任公司	130	34	1242708	1241650	11925
合资经营企业	3	1	43317	43400	
中外合资经营企业	7	1	259510	262571	6232
其他有限责任公司	137	50	4406106	4410514	82287
在总计中:亏损企业	107	107	5603461	5617605	17902
在总计中:国有控股企业	133	47	17251147	17200516	80761

9－3 续表 1　　（2017 年）　　单位：万元

指　　标	企业单位数（个）	#亏损企业	工业总产值	工业销售产值	#出口交货值
按轻重工业分					
轻工业	112	30	2053932	2065657	122098
重工业	248	77	20885688	20690194	222499
按企业规模分					
大型企业	25	6	18150692	17938448	279813
中型企业	48	16	2166672	2149093	19867
小型企业	245	73	2393484	2436939	44917
微型企业	42	12	228773	231371	
按工业行业大类分					
煤炭开采和洗选业	5	2	497534	506077	
石油和天然气开采业	1		1400677	1324935	
非金属矿采选业	2		8161	8114	
开采辅助活动	1		6202	6202	
农副食品加工业	21	4	312896	317209	3834
食品制造业	17	4	588078	557691	74318
酒、饮料和精制茶制造业	3	1	141008	135598	
烟草制品业	1		390089	421956	
纺织业	6	2	97536	99938	11601
纺织服装、服饰业	5	2	17341	16594	7944
木材加工和木、竹、藤、棕、草制品业					
家具制造业	3	1	17636	18313	
造纸和纸制品业	8		49074	49736	
印刷和记录媒介复制业	7	5	23333	24037	
文教、工美、体育和娱乐用品制造业	1		7097	12212	
石油加工、炼焦和核燃料加工业	5	1	3016365	3033322	
化学原料和化学制品制造业	27	9	1593208	1592290	583
医药制造业	13		207069	211443	247
化学纤维制造业	1	1	3991	3952	
橡胶和塑料制品业	22	7	280282	270504	34487
非金属矿物制品业	43	15	527494	519990	
黑色金属冶炼和压延加工业	19	5	3238744	3248428	40853
有色金属冶炼和压延加工业	5	1	687301	665993	37488
金属制品业	24	11	242783	252748	
通用设备制造业	6	1	32016	30391	
专用设备制造业	10	5	136166	135234	2916
汽车制造业	6	4	261935	268305	
铁路、船舶、航空航天和其他运输设备制造业	1		8714	8714	
电气机械和器材制造业	24	4	2567395	2434844	130325
计算机、通信和其他电子设备制造业	1	1	1627	2517	
仪器仪表制造业	1	1	5115	5307	
废弃资源综合利用业	2	1	6775	6833	
金属制品、机械和设备修理业	2		17562	17562	
电力、热力生产和供应业	58	17	6037691	6037414	
燃气生产和供应业	5	1	423046	423090	
水的生产和供应业	4	1	87680	88358	

9－3续表2 （2017年） 单位:万元

指　　标	资产总计	流动资产合计	#应收账款	存货	#产成品
总　计	**45888641**	**14663510**	**3217141**	**2197669**	**636327**
按登记注册类型分					
内资企业	45365165	14453325	3181740	2141929	616857
国有企业	8143006	954828	117251	27314	5010
中央企业	7184651	555332	69908	3556	4
地方企业	958355	399497	47343	23758	5006
集体企业	4126	3819	2927	40	
有限责任公司	17446703	5946749	1039907	541994	235392
国有独资公司	4692134	1622564	225287	125294	19759
其他有限责任公司	12754569	4324185	814620	416700	215633
股份有限公司	12938739	3817377	741310	1142274	259213
私营企业	6832592	3730552	1280344	430307	117242
私营独资企业	15225	5706			
私营有限责任公司	2337806	1227320	293004	230503	111995
私营股份有限公司	4479560	2497526	987340	199804	5247
港、澳、台商投资企业	148519	63716	11081	26562	9902
合资经营企业	58114	25115	2954	11139	7325
港澳台商独资经营企业	90405	38601	8128	15423	2578
外商投资企业	374958	146470	24320	29178	9568
中外合资经营企业	229500	78389	13566	19203	6212
中外合作经营企业	57660	20408	6179	4456	402
外资企业	87798	47673	4575	5519	2954
按经济组织类型分					
独资企业	8340559	1050626	132881	48296	10542
国有企业	8143006	954828	117251	27314	5010
集体企业	4126	3819	2927	40	
私营独资企业	15225	5706			
港澳台商独资经营企业	90405	38601	8128	15423	2578
外资企业	87798	47673	4575	5519	2954
合作、合伙企业	57660	20408	6179	4456	402
中外合作经营企业	57660	20408	6179	4456	402
股份有限公司	17418299	6314903	1728650	1342078	264461
股份有限公司	12938739	3817377	741310	1142274	259213
私营股份有限公司	4479560	2497526	987340	199804	5247
有限责任公司	20072123	7277573	1349430	802839	360923
国有独资公司	4692134	1622564	225287	125294	19759
私营有限责任公司	2337806	1227320	293004	230503	111995
合资经营企业	58114	25115	2954	11139	7325
中外合资经营企业	229500	78389	13566	19203	6212
其他有限责任公司	12754569	4324185	814620	416700	215633
在总计中:亏损企业	9720992	3527777	500802	520565	187365
在总计中:国有控股企业	32596114	7894213	1202999	1048346	335998

9－3 续表 3 （2017 年） 单位：万元

指标	资产总计	流动资产合计	#应收账款	存货	#产成品
按轻重工业分					
轻工业	3376465	1576556	362578	465005	238195
重工业	42512176	13086954	2854563	1732664	398132
按企业规模分					
大型企业	33222291	9484214	1829176	1376167	272063
中型企业	5852284	2457608	378885	351913	173677
小型企业	5818623	2416339	866340	439486	180532
微型企业	995443	305350	142739	30103	10056
按工业行业大类分					
煤炭开采和洗选业	2199373	446241	57421	14888	3972
石油和天然气开采业	3412830	139003	66221	58301	52407
非金属矿采选业	24905	10647	1434	2679	1750
开采辅助活动	13856	4246	3715	30	30
农副食品加工业	214228	134194	18722	41690	16815
食品制造业	780733	327470	62450	143650	110872
酒、饮料和精制茶制造业	155164	63936	1877	9970	5742
烟草制品业	474192	218201	92988	71578	11820
纺织业	329165	112263	16543	46138	15157
纺织服装、服饰业	43632	23345	4126	8145	4295
木材加工和木、竹、藤、棕、草制品业					
家具制造业	34088	29373	5763	10945	2640
造纸和纸制品业	61333	33338	11396	10159	4713
印刷和记录媒介复制业	66801	36630	9579	7581	5685
文教、工美、体育和娱乐用品制造业	8973	5154	873	2481	1117
石油加工、炼焦和核燃料加工业	1067238	375065	4861	232700	23382
化学原料和化学制品制造业	5473018	1108549	233332	136563	43288
医药制造业	778754	406422	72471	61105	28928
化学纤维制造业	2778	1999	1462	532	7
橡胶和塑料制品业	462142	193014	59449	59741	32347
非金属矿物制品业	2662547	1407272	358877	60092	30967
黑色金属冶炼和压延加工业	4407369	1730051	33771	301234	97333
有色金属冶炼和压延加工业	1111852	571876	124613	123737	71034
金属制品业	397744	226869	72933	61650	13816
通用设备制造业	101260	64231	22639	24703	12155
专用设备制造业	464494	280633	105253	47383	4535
汽车制造业	213653	75193	10660	18861	2964
铁路、船舶、航空航天和其他运输设备制造业	19502	8207	5391	849	26
电气机械和器材制造业	6803210	4129677	1352382	563903	28741
计算机、通信和其他电子设备制造业	12699	1188	526	652	298
仪器仪表制造业	26618	13168	8105	514	642
废弃资源综合利用业	46080	8540	670	2641	764
金属制品、机械和设备修理业	14823	14173	6448	4165	4126
电力、热力生产和供应业	12051990	1595097	349434	50172	2920
燃气生产和供应业	807239	567303	30519	17734	1040
水的生产和供应业	1144361	300942	10238	502	

9－3 续表 4　　（2017 年）　　单位：万元

指　　标	固定资产合计	固定资产原价	累计折旧	本年折旧
总　计	**20986780**	**38605553**	**17835998**	**2053653**
按登记注册类型分				
内资企业	20732993	38111819	17627040	2029910
国有企业	5748899	10125795	4381628	673680
中央企业	5285667	9342715	4057048	622643
地方企业	463232	783081	324580	51037
集体企业	307	604	297	28
有限责任公司	6871439	9953218	2977889	506506
国有独资公司	1581221	2436857	946499	115669
其他有限责任公司	5290219	7516361	2031390	390836
股份有限公司	7662220	17257592	9956850	804292
私营企业	450127	774610	310376	45405
私营独资企业	7102	17377	10275	1197
私营有限责任公司	382194	648831	255840	39355
私营股份有限公司	60832	108402	44261	4853
港、澳、台商投资企业	61662	148474	87178	8230
合资经营企业	26864	44153	17596	2627
港澳台商独资经营企业	34798	104321	69583	5604
外商投资企业	192125	345260	121779	15513
中外合资经营企业	125410	249383	75367	10103
中外合作经营企业	27949	57028	29079	2725
外资企业	38767	38849	17333	2686
按经济组织类型分				
独资企业	5829873	10286947	4479116	683194
国有企业	5748899	10125795	4381628	673680
集体企业	307	604	297	28
私营独资企业	7102	17377	10275	1197
港澳台商独资经营企业	34798	104321	69583	5604
外资企业	38767	38849	17333	2686
合作、合伙企业	27949	57028	29079	2725
中外合作经营企业	27949	57028	29079	2725
股份有限公司	7723052	17365994	10001112	809145
股份有限公司	7662220	17257592	9956850	804292
私营股份有限公司	60832	108402	44261	4853
有限责任公司	7405907	10895584	3326691	558590
国有独资公司	1581221	2436857	946499	115669
私营有限责任公司	382194	648831	255840	39355
合资经营企业	26864	44153	17596	2627
中外合资经营企业	125410	249383	75367	10103
其他有限责任公司	5290219	7516361	2031390	390836
在总计中：亏损企业	3590258	6334719	2731359	301575
在总计中：国有控股企业	18188810	34578746	16547798	1833387

9－3 续表 5　　（2017 年）　　单位：万元

指　　标	固定资产合计	固定资产原价	累计折旧	本年折旧
按轻重工业分				
轻工业	1205786	1752407	664775	95091
重工业	19780995	36853146	17171222	1958562
按企业规模分				
大型企业	15889397	30937947	15137722	1680844
中型企业	2204808	3635956	1526771	179475
小型企业	2291152	3268129	1008053	160528
微型企业	601424	763522	163452	32805
按工业行业大类分				
煤炭开采和洗选业	710980	1270559	348804	39382
石油和天然气开采业	3273827	9556201	6638876	560472
非金属矿采选业	13002	17705	4481	640
开采辅助活动	2375	4125	1751	230
农副食品加工业	41791	77869	43513	3777
食品制造业	336574	537173	196824	32386
酒、饮料和精制茶制造业	86437	123583	58247	7292
烟草制品业	255991	264565	103931	14621
纺织业	101467	166845	65380	5631
纺织服装、服饰业	8929	14261	6083	1024
木材加工和木、竹、藤、棕、草制品业				
家具制造业	4003	6091	2088	331
造纸和纸制品业	23342	31107	11084	2438
印刷和记录媒介复制业	26163	65280	39117	3441
文教、工美、体育和娱乐用品制造业	3819	3819	86	86
石油加工、炼焦和核燃料加工业	912916	2175952	1265106	59522
化学原料和化学制品制造业	3120706	4025001	909946	195262
医药制造业	145495	218078	74226	12889
化学纤维制造业	778	1184	406	105
橡胶和塑料制品业	194652	285518	76118	12812
非金属矿物制品业	461391	801516	332963	42476
黑色金属冶炼和压延加工业	1667555	2951287	1223272	88395
有色金属冶炼和压延加工业	413708	601451	209905	28875
金属制品业	84476	113683	45186	6190
通用设备制造业	30505	36577	8409	2340
专用设备制造业	148277	168910	38097	8419
汽车制造业	108833	229349	53458	8894
铁路、船舶、航空航天和其他运输设备制造业	1699	2498	800	95
电气机械和器材制造业	98447	176364	64905	8532
计算机、通信和其他电子设备制造业	6947	9272	2324	830
仪器仪表制造业	268	700	432	80
废弃资源综合利用业	14893	25559	10666	764
金属制品、机械和设备修理业	613	1107	494	86
电力、热力生产和供应业	8192406	13795408	5672529	850940
燃气生产和供应业	142030	316186	147205	20714
水的生产和供应业	351485	530772	179287	33683

9－3续表6 （2017年） 单位：万元

指 标	负债合计	流动负债合计	#应付账款	非流动负债合计	所有者权益合计
总 计	**29541831**	**21188113**	**5627542**	**8229765**	**16318703**
按登记注册类型分					
内资企业	29233417	20940104	5528453	8169360	16103642
国有企业	5698477	3121525	1631737	2576952	2444529
中央企业	4885042	2900634	1570851	1984408	2299608
地方企业	813435	220891	60886	592544	144920
集体企业	2990	2990	2904		1136
有限责任公司	11792221	8581648	1955160	3158697	5654479
国有独资公司	2102220	1535494	235307	566611	2589913
其他有限责任公司	9690001	7046154	1719854	2592087	3064566
股份有限公司	7481759	5881207	1015954	1600552	5456980
私营企业	4257969	3352735	922699	833158	2546519
私营独资企业	7340	7340	608		7885
私营有限责任公司	1569047	992930	249151	504041	740656
私营股份有限公司	2681582	2352465	672939	329118	1797978
港、澳、台商投资企业	73471	70133	18067	3338	75048
合资经营企业	37104	33850	9699	3253	21010
港澳台商独资经营企业	36367	36283	8368	85	54037
外商投资企业	234944	177876	81022	57068	140013
中外合资经营企业	172095	128458	71585	43637	57405
中外合作经营企业	18435	15235	1268	3200	39225
外资企业	44414	34183	8168	10231	43384
按经济组织类型分					
独资企业	5789588	3202321	1651785	2587267	2550971
国有企业	5698477	3121525	1631737	2576952	2444529
集体企业	2990	2990	2904		1136
私营独资企业	7340	7340	608		7885
港澳台商独资经营企业	36367	36283	8368	85	54037
外资企业	44414	34183	8168	10231	43384
合作、合伙企业	18435	15235	1268	3200	39225
中外合作经营企业	18435	15235	1268	3200	39225
股份有限公司	10163341	8233671	1688893	1929670	7254958
股份有限公司	7481759	5881207	1015954	1600552	5456980
私营股份有限公司	2681582	2352465	672939	329118	1797978
有限责任公司	13570467	9736886	2285595	3709628	6473550
国有独资公司	2102220	1535494	235307	566611	2589913
私营有限责任公司	1569047	992930	249151	504041	740656
合资经营企业	37104	33850	9699	3253	21010
中外合资经营企业	172095	128458	71585	43637	57405
其他有限责任公司	9690001	7046154	1719854	2592087	3064566
在总计中：亏损企业	7766440	5610732	838353	2086461	1926449
在总计中：国有控股企业	21321137	14824175	3940649	6445458	11274975

9－3 续表 7　　　　（2017 年）　　　　单位:万元

指　标	负债合计	流动负债合计	#应付账款	非流动负债合计	所有者权益合计
按轻重工业分					
轻工业	1654845	1366210	318454	281886	1721618
重工业	27886986	19821903	5309088	7947879	14597085
按企业规模分					
大型企业	22164631	15870227	4365414	6241834	11057660
中型企业	3313962	2464437	398170	843755	2538322
小型企业	3336782	2490895	785175	780278	2481837
微型企业	726457	362555	78784	363898	240884
按工业行业大类分					
煤炭开采和洗选业	1567490	886422	227214	681068	631883
石油和天然气开采业	2099270	1706940	164157	392330	1313561
非金属矿采选业	12658	11711	3271	947	12248
开采辅助活动	8920	7897	856	1023	4936
农副食品加工业	113792	108184	13695	5608	100436
食品制造业	476595	452966	100252	23629	304137
酒、饮料和精制茶制造业	98529	88298	53024	10231	56636
烟草制品业	102272	81572	44169	20700	371919
纺织业	95020	52770	8144	42250	234145
纺织服装、服饰业	28620	25041	1793	2954	15012
木材加工和木、竹、藤、棕、草制品业					
家具制造业	26784	26784	8097		7304
造纸和纸制品业	44357	40570	9020	2479	16976
印刷和记录媒介复制业	24994	22214	3814	2779	41807
文教、工美、体育和娱乐用品制造业	8473	4627	1244		500
石油加工、炼焦和核燃料加工业	376823	364683	75047	12140	690415
化学原料和化学制品制造业	3080366	1833721	486877	1243641	2392652
医药制造业	367879	244164	28025	123715	410875
化学纤维制造业	1784	1784	1575		994
橡胶和塑料制品业	254646	233072	59333	20606	207496
非金属矿物制品业	1397427	1222224	267468	174830	1237017
黑色金属冶炼和压延加工业	4232875	3901680	389870	330820	174494
有色金属冶炼和压延加工业	763959	466084	145844	297874	347893
金属制品业	239272	210938	57554	12992	158472
通用设备制造业	67913	67254	8170	658	33347
专用设备制造业	274702	263779	138931	10923	189792
汽车制造业	199857	145765	49198	53978	13796
铁路、船舶、航空航天和其他运输设备制造业	7392	7204	5445	188	12110
电气机械和器材制造业	4419358	3577372	934275	784247	2383852
计算机、通信和其他电子设备制造业	7777	4777	3050	3000	4922
仪器仪表制造业	18043	12389	3514	5655	8575
废弃资源综合利用业	20647	19911	6296	735	25433
金属制品、机械和设备修理业	10914	10914	7073		3910
电力、热力生产和供应业	8204978	4396159	1869845	3768565	3847011
燃气生产和供应业	619720	593904	434500	25816	187519
水的生产和供应业	267730	94344	16902	173386	876631

9－3 续表 8　　(2017 年)　　单位:万元

指　　标	所有者权益合计				
	#实收资本	国家资本	集体资本	法人资本	个人资本
总　　计	**11252802**	**6166968**	**235203**	**4217921**	**476551**
按登记注册类型分					
内资企业	11022486	6157135	235203	4091016	473951
国有企业	1648815	1646215		2600	
中央企业	1457297	1457297			
地方企业	191518	188918		2600	
集体企业	345		345		
有限责任公司	5257907	1869648	24762	3256845	106501
国有独资公司	1302952	275262		993359	34331
其他有限责任公司	3954955	1594386	24762	2263486	72170
股份有限公司	3289335	2539228	204796	476058	69253
私营企业	826083	102044	5300	355513	298197
私营独资企业	8456				8456
私营有限责任公司	418709	15770	5300	147678	249762
私营股份有限公司	398918	86274		207835	39979
港、澳、台商投资企业	64238			6300	2600
合资经营企业	20000			6300	2600
港澳台商独资经营企业	44238				
外商投资企业	166078	9833		120605	
中外合资经营企业	131214	9833		110162	
中外合作经营企业	18792			6300	
外资企业	16071			4143	
按经济组织类型分					
独资企业	1717926	1646215	345	6743	8456
国有企业	1648815	1646215		2600	
集体企业	345		345		
私营独资企业	8456				8456
港澳台商独资经营企业	44238				
外资企业	16071			4143	
合作、合伙企业	18792			6300	
中外合作经营企业	18792			6300	
股份有限公司	3688253	2625501	204796	683893	109233
股份有限公司	3289335	2539228	204796	476058	69253
私营股份有限公司	398918	86274		207835	39979
有限责任公司	5827831	1895251	30062	3520985	358862
国有独资公司	1302952	275262		993359	34331
私营有限责任公司	418709	15770	5300	147678	249762
合资经营企业	20000			6300	2600
中外合资经营企业	131214	9833		110162	
其他有限责任公司	3954955	1594386	24762	2263486	72170
在总计中:亏损企业	2646481	1136804	12317	1383798	108762
在总计中:国有控股企业	9501964	6048923	24133	3318534	107049

9－3 续表9 （2017年） 单位：万元

指 标	所有者权益合计				
	#实收资本	国家资本	集体资本	法人资本	个人资本
按轻重工业分					
轻工业	778784	186051	23858	343328	144836
重工业	10474018	5980917	211345	3874593	331715
按企业规模分					
大型企业	8338716	5194190	192715	2843307	18693
中型企业	1054759	295733	14915	575536	122671
小型企业	1686833	610183	26879	737366	291960
微型企业	172494	66861	694	61712	43227
按工业行业大类分					
煤炭开采和洗选业	908676	120006		780214	8456
石油和天然气开采业	1313561	1313561			
非金属矿采选业	13700			13500	200
开采辅助活动	2500			2500	
农副食品加工业	48060	4075	14000	13122	13417
食品制造业	236589	27293	4825	166572	12717
酒、饮料和精制茶制造业	24422			1200	
烟草制品业	18742	18742			
纺织业	102903	26769		49348	7530
纺织服装、服饰业	15264	6888		6916	1460
木材加工和木、竹、藤、棕、草制品业					
家具制造业	7535			4265	3270
造纸和纸制品业	12693			9913	1400
印刷和记录媒介复制业	13418	11022		1036	1360
文教、工美、体育和娱乐用品制造业	500			500	
石油加工、炼焦和核燃料加工业	622147	594036	79	8000	20031
化学原料和化学制品制造业	1624899	1219938	105203	248029	50329
医药制造业	173170	87482		28028	54336
化学纤维制造业	1000			1000	
橡胶和塑料制品业	205362	97423	4339	38945	59755
非金属矿物制品业	564958	293700	12309	182590	76359
黑色金属冶炼和压延加工业	906917	2712		858680	45525
有色金属冶炼和压延加工业	91339		86689	3250	1400
金属制品业	107419	65307		11741	30219
通用设备制造业	30041	6000		15280	8761
专用设备制造业	88343	29300		58638	405
汽车制造业	144962	6562		138400	
铁路、船舶、航空航天和其他运输设备制造业	21478	21478			
电气机械和器材制造业	689313	87528	295	468123	68537
计算机、通信和其他电子设备制造业	3600			1080	2520
仪器仪表制造业	5000	2550		1800	650
废弃资源综合利用业	10798	3119	4679		3000
金属制品、机械和设备修理业	2745		345	2400	
电力、热力生产和供应业	2404532	2028273	2439	368906	4914
燃气生产和供应业	92400	83404		8996	
水的生产和供应业	743817	9800		724950	

9－3 续表10　　(2017年)　　单位：万元

指　标	所有者权益合计 实收资本 港澳台资本	所有者权益合计 实收资本 外商资本	主营业务收入	主营业务成本	主营业务税金及附加
总　计	**115568**	**40592**	**23168048**	**19215701**	**1260281**
按登记注册类型分					
内资企业	65030	152	22646479	18819757	1245896
国有企业			5435553	5404768	6430
中央企业			5271656	5208728	5397
地方企业			163898	196040	1032
集体企业			5125	4598	55
有限责任公司		152	5552126	4493381	270486
国有独资公司			927650	586026	203716
其他有限责任公司		152	4624477	3907355	66770
股份有限公司			8731943	6406280	956578
私营企业	65030		2921732	2510731	12348
私营独资企业			11185	6683	850
私营有限责任公司	200		1262953	1108820	4781
私营股份有限公司	64830		1647594	1395229	6717
港、澳、台商投资企业	50538	4800	171973	128480	842
合资经营企业	6300	4800	44802	35375	361
港澳台商独资经营企业	44238		127172	93105	481
外商投资企业		35640	349596	267465	13542
中外合资经营企业		11219	244744	190373	8321
中外合作经营企业		12492	45324	32934	392
外资企业		11929	59528	44158	4830
按经济组织类型分					
独资企业	44238	11929	5638562	5553311	12645
国有企业			5435553	5404768	6430
集体企业			5125	4598	55
私营独资企业			11185	6683	850
港澳台商独资经营企业	44238		127172	93105	481
外资企业		11929	59528	44158	4830
合作、合伙企业		12492	45324	32934	392
中外合作经营企业		12492	45324	32934	392
股份有限公司	64830		10379537	7801509	963295
股份有限公司			8731943	6406280	956578
私营股份有限公司	64830		1647594	1395229	6717
有限责任公司	6500	16171	7104625	5827948	283949
国有独资公司			927650	586026	203716
私营有限责任公司	200		1262953	1108820	4781
合资经营企业	6300	4800	44802	35375	361
中外合资经营企业		11219	244744	190373	8321
其他有限责任公司		152	4624477	3907355	66770
在总计中：亏损企业		4800	5726023	4446121	886458
在总计中：国有控股企业		3325	17312699	14304577	1221373

9－3 续表 11　　(2017 年)　　单位：万元

指　　标	所有者权益合计 实收资本 港澳台资本	外商资本	主营业务收入	主营业务成本	主营业务税金及附加
按轻重工业分					
轻工业	49338	31373	2146584	1487257	209321
重工业	66230	9219	21021464	17728445	1050959
按企业规模分					
大型企业	89812		18141299	15104997	1023818
中型企业	19256	26647	2119317	1570736	220987
小型企业	6500	13945	2616543	2296903	14311
微型企业			290889	243065	1165
按工业行业大类分					
煤炭开采和洗选业			544630	398237	34889
石油和天然气开采业			1325332	885385	66028
非金属矿采选业			8132	5647	149
开采辅助活动			6093	4117	48
农副食品加工业		3446	327661	291626	545
食品制造业	25183		619462	454364	4698
酒、饮料和精制茶制造业		23222	119393	90659	4982
烟草制品业			421956	178510	193041
纺织业	19256		95748	78006	1753
纺织服装、服饰业			18338	14970	126
木材加工和木、竹、藤、棕、草制品业					
家具制造业			32338	29245	57
造纸和纸制品业		1381	50869	43807	352
印刷和记录媒介复制业			23735	19249	186
文教、工美、体育和娱乐用品制造业			3261	2620	7
石油加工、炼焦和核燃料加工业			3051633	1956265	859430
化学原料和化学制品制造业	1400		1607123	1193741	23888
医药制造业		3325	212063	88174	2552
化学纤维制造业			3786	3793	2
橡胶和塑料制品业	4900		291752	259639	843
非金属矿物制品业			525527	451097	3341
黑色金属冶炼和压延加工业			3262364	2888702	19500
有色金属冶炼和压延加工业			718019	655899	5670
金属制品业		152	257956	241126	1208
通用设备制造业			30915	24770	155
专用设备制造业			179677	142021	1283
汽车制造业			269777	229210	8391
铁路、船舶、航空航天和其他运输设备制造业			8714	8151	54
电气机械和器材制造业	64830		2536140	2185595	10783
计算机、通信和其他电子设备制造业			3011	2164	
仪器仪表制造业			57748	56964	244
废弃资源综合利用业			12648	12114	226
金属制品、机械和设备修理业			19910	18054	192
电力、热力生产和供应业			6023482	5937909	12589
燃气生产和供应业			423046	313053	1173
水的生产和供应业		9067	75809	50820	1894

9-3 续表 12　　(2017 年)　　单位:万元

指　　标	其它业务收入	其他业务利润	销售费用	管理费用
总　计	**410722**	**42055**	**592120**	**1017558**
按登记注册类型分				
内资企业	389812	40835	535920	983858
国有企业	41838	16136	1696	17543
中央企业	36294	14574	32	2333
地方企业	5545	1563	1664	15210
集体企业				413
有限责任公司	153046	8338	143791	372145
国有独资公司	29631	2345	30022	84307
其他有限责任公司	123415	5993	113769	287838
股份有限公司	137244	-3896	184740	443712
私营企业	57684	20257	205693	150046
私营独资企业				46
私营有限责任公司	34983	420	63002	62471
私营股份有限公司	22702	19838	142691	87528
港、澳、台商投资企业	2567	395	37354	8622
合资经营企业		-3	12542	2763
港澳台商独资经营企业	2567	398	24813	5859
外商投资企业	18343	825	18846	25077
中外合资经营企业	17684	834	14838	23275
中外合作经营企业			2633	2579
外资企业	659	-9	1375	-776
按经济组织类型分				
独资企业	45064	16525	27883	23084
国有企业	41838	16136	1696	17543
集体企业				413
私营独资企业				46
港澳台商独资经营企业	2567	398	24813	5859
外资企业	659	-9	1375	-776
合作、合伙企业			2633	2579
中外合作经营企业			2633	2579
股份有限公司	159946	15942	327431	531240
股份有限公司	137244	-3896	184740	443712
私营股份有限公司	22702	19838	142691	87528
有限责任公司	205713	9588	234173	460655
国有独资公司	29631	2345	30022	84307
私营有限责任公司	34983	420	63002	62471
合资经营企业		-3	12542	2763
中外合资经营企业	17684	834	14838	23275
其他有限责任公司	123415	5993	113769	287838
在总计中:亏损企业	87158	-557	52827	276351
在总计中:国有控股企业	204304	16634	245091	723931

9－3 续表 13 （2017 年） 单位：万元

指　　标	其它业务收入	其他业务利润	销售费用	管理费用
按轻重工业分				
轻工业	46436	2729	187354	140327
重工业	364287	39326	404766	877231
按企业规模分				
大型企业	233045	31449	388586	689303
中型企业	94009	4944	113555	168470
小型企业	72964	5630	83681	152139
微型企业	10705	32	6298	7646
按工业行业大类分				
煤炭开采和洗选业	56164	638	17055	62596
石油和天然气开采业	4633		24850	219230
非金属矿采选业	515	－174	1260	1731
开采辅助活动	109		75	924
农副食品加工业	2098	604	14037	11376
食品制造业	9926	568	76632	30921
酒、饮料和精制茶制造业	17238		21807	1463
烟草制品业	132		3357	22411
纺织业	3895	768	3391	10999
纺织服装、服饰业	168	35	773	4347
木材加工和木、竹、藤、棕、草制品业				
家具制造业	7		882	1317
造纸和纸制品业	28	8	1645	2590
印刷和记录媒介复制业	459	39	558	6447
文教、工美、体育和娱乐用品制造业			150	400
石油加工、炼焦和核燃料加工业	35825	－8450	11588	98392
化学原料和化学制品制造业	73829	4944	19334	114122
医药制造业	1519	90	56473	29732
化学纤维制造业	8	8	1	96
橡胶和塑料制品业	5830	737	11379	16195
非金属矿物制品业	15504	1620	23494	46225
黑色金属冶炼和压延加工业	51031	－152	57331	61050
有色金属冶炼和压延加工业	17624	61	13113	18132
金属制品业	5209	－4	4108	11651
通用设备制造业	308	131	1546	4088
专用设备制造业	8259	274	3159	20515
汽车制造业	2008	1418	2124	25314
铁路、船舶、航空航天和其他运输设备制造业				512
电气机械和器材制造业	28810	20539	169298	121087
计算机、通信和其他电子设备制造业	1657	209	23	488
仪器仪表制造业	1845		450	902
废弃资源综合利用业	54		72	1169
金属制品、机械和设备修理业	2			1345
电力、热力生产和供应业	48592	18144	2420	41330
燃气生产和供应业	44		34981	19333
水的生产和供应业	17394		14757	9125

9－3续表14　　（2017年）　　单位：万元

指　　标	财务费用	#利息支出	营业利润	投资收益	营业外收入
总　　计	**569449**	**622510**	**379912**	**183371**	**236544**
按登记注册类型分					
内资企业	567830	620187	345633	171774	231271
国有企业	85729	88358	－63706	2471	92471
中央企业	77416	79209	－7613	2391	46556
地方企业	8313	9150	－56093	80	45915
集体企业	－2		84		1
有限责任公司	305756	334327	－114225	50056	80466
国有独资公司	23591	43203	18999	33933	18385
其他有限责任公司	282164	291124	－133224	16123	62081
股份有限公司	142296	152766	398896	39859	35341
私营企业	34052	44736	124584	79389	22992
私营独资企业	－1		3608		
私营有限责任公司	33215	33437	7777	13872	20844
私营股份有限公司	838	11299	113199	65517	2148
港、澳、台商投资企业	530	513	－5189	－1677	1462
合资经营企业	258	254	－6551	2	207
港澳台商独资经营企业	272	259	1362	－1678	1255
外商投资企业	1089	1810	39468	13273	3811
中外合资经营企业	178	819	9943	3	2172
中外合作经营企业	240	385	6691	144	1307
外资企业	671	606	22834	13126	333
按经济组织类型分					
独资企业	86669	89224	－35819	13919	94060
国有企业	85729	88358	－63706	2471	92471
集体企业	－2		84		1
私营独资企业	－1		3608		
港澳台商独资经营企业	272	259	1362	－1678	1255
外资企业	671	606	22834	13126	333
合作、合伙企业	240	385	6691	144	1307
中外合作经营企业	240	385	6691	144	1307
股份有限公司	143134	164065	512094	105376	37489
股份有限公司	142296	152766	398896	39859	35341
私营股份有限公司	838	11299	113199	65517	2148
有限责任公司	339406	368836	－103055	63932	103688
国有独资公司	23591	43203	18999	33933	18385
私营有限责任公司	33215	33437	7777	13872	20844
合资经营企业	258	254	－6551	2	207
中外合资经营企业	178	819	9943	3	2172
其他有限责任公司	282164	291124	－133224	16123	62081
在总计中：亏损企业	222784	233059	－449241	9114	72149
在总计中：国有控股企业	461611	503318	88686	69664	173745

9－3续表15　（2017年）　单位:万元

指　　标	财务费用	#利息支出	营业利润	投资收益	营业外收入
按轻重工业分					
轻工业	14273	15417	121705	14536	27873
重工业	555176	607093	258206	168834	208671
按企业规模分					
大型企业	425404	457227	320848	130115	117792
中型企业	61521	88161	52245	51904	48817
小型企业	58160	56412	－1008	769	69141
微型企业	24364	20711	7826	583	794
按工业行业大类分					
煤炭开采和洗选业	33755	35724	－23576	9562	8002
石油和天然气开采业	59022	58404	56290		659
非金属矿采选业	60	65	－793		1064
开采辅助活动	375	350	584		37
农副食品加工业	1995	1157	8575	453	2090
食品制造业	4303	3695	42054	－1192	10644
酒、饮料和精制茶制造业	135	359	15069	13122	799
烟草制品业	－986		25552		33
纺织业	491	2056	2678	925	6287
纺织服装、服饰业	701	668	－3187		1451
木材加工和木、竹、藤、棕、草制品业					
家具制造业	301	220	546	2	56
造纸和纸制品业	841	842	2293	4	668
印刷和记录媒介复制业	542	690	－3177	9	1322
文教、工美、体育和娱乐用品制造业	36		48		42
石油加工、炼焦和核燃料加工业	475	3057	－46017	6	2021
化学原料和化学制品制造业	85289	93142	199735	30520	11270
医药制造业	1063	2434	35866	1208	2258
化学纤维制造业			－99		
橡胶和塑料制品业	4524	3089	113	6	1704
非金属矿物制品业	15514	31674	25237	37306	3523
黑色金属冶炼和压延加工业	143109	147261	－26159	－1397	7793
有色金属冶炼和压延加工业	24391	22786	12419	－980	3313
金属制品业	1839	1570	－3258	－2298	437
通用设备制造业	622	570	－122		1064
专用设备制造业	766	1159	14707	4	2978
汽车制造业	1917	2284	－8774	－64	1518
铁路、船舶、航空航天和其他运输设备制造业			－14		30
电气机械和器材制造业	33242	44564	119618	91232	3466
计算机、通信和其他电子设备制造业	384	188	－257		176
仪器仪表制造业	396	330	－1024		714
废弃资源综合利用业	439	440	－1324		12
金属制品、机械和设备修理业	－1	5	285		5
电力、热力生产和供应业	159833	163027	－108775	3010	155151
燃气生产和供应业	－4563	309	28017	787	1388
水的生产和供应业	－1358	393	16781	1145	4569

9－3 续表 16　　(2017 年)　　单位:万元

指　　标	利润总额	所得税费用	亏损企业亏损总额	利税总额
总　　计	**557847**	**106037**	**403597**	**2620413**
按登记注册类型分				
内资企业	519328	100543	393321	2545436
国有企业	19702	12157	14793	58088
中央企业	30679	11708		67474
地方企业	－10977	449	14793	－9385
集体企业	83			386
有限责任公司	－58030	23992	305998	452179
国有独资公司	32657	16923	56545	310749
其他有限责任公司	－90688	7069	249453	141430
股份有限公司	412626	50508	61132	1822225
私营企业	144947	13885	11399	212557
私营独资企业	3592	456		5861
私营有限责任公司	26471	4729	11247	56290
私营股份有限公司	114884	8701	152	150407
港、澳、台商投资企业	－4088	791	6968	6323
合资经营企业	－6420	7	6968	－4218
港澳台商独资经营企业	2332	784		10541
外商投资企业	42608	4704	3308	68654
中外合资经营企业	11656	731	3308	28275
中外合作经营企业	7918	1439		9940
外资企业	23034	2533		30439
按经济组织类型分				
独资企业	48742	15930	14793	105315
国有企业	19702	12157	14793	58088
集体企业	83			386
私营独资企业	3592	456		5861
港澳台商独资经营企业	2332	784		10541
外资企业	23034	2533		30439
合作、合伙企业	7918	1439		9940
中外合作经营企业	7918	1439		9940
股份有限公司	527510	59209	61284	1972632
股份有限公司	412626	50508	61132	1822225
私营股份有限公司	114884	8701	152	150407
有限责任公司	－26323	29459	327521	532526
国有独资公司	32657	16923	56545	310749
私营有限责任公司	26471	4729	11247	56290
合资经营企业	－6420	7	6968	－4218
中外合资经营企业	11656	731	3308	28275
其他有限责任公司	－90688	7069	249453	141430
在总计中:亏损企业	－403597	－8386	403597	762893
在总计中:国有控股企业	210356	69184	349814	2120673

9 -3 续表 17　　(2017 年)　　单位:万元

指　　标	利润总额	所得税费用	亏损企业亏损总额	利税总额
按轻重工业分				
轻工业	141335	28291	33326	453649
重工业	416512	77746	370271	2166763
按企业规模分				
大型企业	394283	77150	257257	2043215
中型企业	93363	23715	73543	427483
小型企业	62101	4114	66987	136832
微型企业	8101	1058	5812	12883
按工业行业大类分				
煤炭开采和洗选业	-18581	3036	35286	65661
石油和天然气开采业	54906	12070		264903
非金属矿采选业	214	31		600
开采辅助活动	617	93		886
农副食品加工业	10511	893	712	8655
食品制造业	47676	9787	11464	77348
酒、饮料和精制茶制造业	15662	2512	6968	25513
烟草制品业	25313	8347		265700
纺织业	8136	2980	1215	14911
纺织服装、服饰业	-1995	38	2295	-1550
木材加工和木、竹、藤、棕、草制品业				
家具制造业	540	5	204	1002
造纸和纸制品业	2817	233		4648
印刷和记录媒介复制业	-1858	137	3526	-173
文教、工美、体育和娱乐用品制造业	90			97
石油加工、炼焦和核燃料加工业	-54455	483	56925	1004964
化学原料和化学制品制造业	208418	29807	19964	286094
医药制造业	37514	2955		55647
化学纤维制造业	-99	3	99	-85
橡胶和塑料制品业	1360	212	3793	7518
非金属矿物制品业	24628	945	8062	47876
黑色金属冶炼和压延加工业	-31727	1198	156615	65846
有色金属冶炼和压延加工业	15575	678	419	43101
金属制品业	-2761	677	8268	397
通用设备制造业	910	9	287	1811
专用设备制造业	17603	3556	5754	23224
汽车制造业	-7631	9	19950	8488
铁路、船舶、航空航天和其他运输设备制造业	3	23		252
电气机械和器材制造业	121559	9268	1344	161981
计算机、通信和其他电子设备制造业	-82	19	82	296
仪器仪表制造业	-322	2	322	134
废弃资源综合利用业	-1320	41	1474	-208
金属制品、机械和设备修理业	285	51		1798
电力、热力生产和供应业	34014	17207	48245	102585
燃气生产和供应业	29069	-4964	10282	53477
水的生产和供应业	21259	3697	45	27018

9－3续表18　　(2017年)　　单位:万元

指　　标	应交税金及附加	本年应付职工薪酬	本年应交增值税	平均用工人数(人)
总　　计	**2168603**	**1730045**	**786579**	**135068**
按登记注册类型分				
内资企业	2126651	1669928	764506	129260
国有企业	50543	516201	27973	30639
中央企业	48503	482200	27698	27530
地方企业	2041	34001	275	3109
集体企业	304	456	249	200
有限责任公司	534202	538867	234801	51027
国有独资公司	295014	126386	72642	12322
其他有限责任公司	239187	412481	162159	38705
股份有限公司	1460107	509403	446947	31465
私营企业	81495	105002	54536	15929
私营独资企业	2725	1563	1419	282
私营有限责任公司	34547	69659	24430	12815
私营股份有限公司	44224	33780	28687	2832
港、澳、台商投资企业	11202	17682	9569	2703
合资经营企业	2209	5644	1841	820
港澳台商独资经营企业	8993	12039	7728	1883
外商投资企业	30750	42436	12504	3105
中外合资经营企业	17351	31840	8299	2245
中外合作经营企业	3461	4488	1630	454
外资企业	9938	6107	2575	406
按经济组织类型分				
独资企业	72503	536366	39944	33410
国有企业	50543	516201	27973	30639
集体企业	304	456	249	200
私营独资企业	2725	1563	1419	282
港澳台商独资经营企业	8993	12039	7728	1883
外资企业	9938	6107	2575	406
合作、合伙企业	3461	4488	1630	454
中外合作经营企业	3461	4488	1630	454
股份有限公司	1504331	543182	475634	34297
股份有限公司	1460107	509403	446947	31465
私营股份有限公司	44224	33780	28687	2832
有限责任公司	588308	646009	269370	66907
国有独资公司	295014	126386	72642	12322
私营有限责任公司	34547	69659	24430	12815
合资经营企业	2209	5644	1841	820
中外合资经营企业	17351	31840	8299	2245
其他有限责任公司	239187	412481	162159	38705
在总计中:亏损企业	1158105	403929	273519	36390
在总计中:国有控股企业	1979501	1400829	675456	94836

9－3 续表 19 （2017 年） 单位：万元

指 标	应交税金及附加	本年应付职工薪酬	本年应交增值税	平均用工人数（人）
按轻重工业分				
轻工业	340605	198520	102728	25298
重工业	1827998	1531526	683850	109770
按企业规模分				
大型企业	1726082	1310000	614528	83184
中型企业	357836	235885	111295	25151
小型企业	78845	177969	57352	25855
微型企业	5840	6191	3403	878
按工业行业大类分				
煤炭开采和洗选业	87278	134197	49222	10138
石油和天然气开采业	222067	127988	141875	4019
非金属矿采选业	417	3643	237	475
开采辅助活动	362	958	221	185
农副食品加工业	－963	20011	－2401	2330
食品制造业	39459	64134	24974	9446
酒、饮料和精制茶制造业	12364	14709	4869	1259
烟草制品业	248734	13628	47346	758
纺织业	9755	15942	5022	2092
纺织服装、服饰业	483	3335	319	659
木材加工和木、竹、藤、棕、草制品业				
家具制造业	467	1367	405	271
造纸和纸制品业	2064	1967	1479	579
印刷和记录媒介复制业	1822	8367	1499	1064
文教、工美、体育和娱乐用品制造业	7	475		140
石油加工、炼焦和核燃料加工业	1059902	146365	196711	8602
化学原料和化学制品制造业	107482	148384	51884	11329
医药制造业	21087	32080	15461	3327
化学纤维制造业	17	192	11	38
橡胶和塑料制品业	6369	22810	4731	3164
非金属矿物制品业	24193	60781	18840	7739
黑色金属冶炼和压延加工业	98771	122741	78073	10100
有色金属冶炼和压延加工业	28205	40085	21857	3465
金属制品业	3836	9546	1933	1922
通用设备制造业	910	4899	592	921
专用设备制造业	9177	14019	3651	1814
汽车制造业	16127	24773	7256	1634
铁路、船舶、航空航天和其他运输设备制造业	272	1101	195	78
电气机械和器材制造业	49690	66768	29356	6302
计算机、通信和其他电子设备制造业	397	359	378	89
仪器仪表制造业	458	726	211	211
废弃资源综合利用业	1153	1182	886	171
金属制品、机械和设备修理业	1564	8702	1321	826
电力、热力生产和供应业	85778	571883	51067	36069
燃气生产和供应业	19444	24929	23235	2031
水的生产和供应业	9457	17003	3865	1821

9—4 全市大中型工业企业主要经济指标

（2017 年）

单位：万元

指标	企业单位数（个）	#亏损企业	工业总产值	工业销售产值	#出口交货值
总 计	**73**	**22**	**20317364**	**20087541**	**299680**
按登记注册类型分					
内资企业	65	20	19896631	19666370	296897
国有企业	5	3	5427388	5428388	549
中央企业	1		5293241	5293241	
地方企业	4	3	134147	135147	549
集体企业					
有限责任公司	36	12	3877639	3885910	78863
国有独资公司	10	3	727191	762804	216
其他有限责任公司	26	9	3150448	3123107	78648
股份有限公司	16	2	8658517	8548327	87160
私营企业	8	3	1933088	1803744	130325
私营有限责任公司	7	3	327470	322108	
私营股份有限公司	1		1605618	1481636	130325
港、澳、台商投资企业	3	1	101703	101556	2783
合资经营企业	1	1	17873	18061	
港澳台商独资经营企业	2		83830	83495	2783
外商投资企业	5	1	319030	319615	
中外合资经营企业	3	1	238925	241452	
中外合作经营企业	1		33744	33744	
外资企业	1		46361	44419	
按经济组织类型分					
独资企业	8	3	5557579	5556302	3332
国有企业	5	3	5427388	5428388	549
集体企业					
港澳台商独资经营企业	2		83830	83495	2783
外资企业	1		46361	44419	
合作、合伙企业	1		33744	33744	
中外合作经营企业	1		33744	33744	
股份有限公司	17	2	10264135	10029963	217485
股份有限公司	16	2	8658517	8548327	87160
私营股份有限公司	1		1605618	1481636	130325
有限责任公司	47	17	4461906	4467531	78863
国有独资公司	10	3	727191	762804	216
私营有限责任公司	7	3	327470	322108	
合资经营企业	1	1	17873	18061	
中外合资经营企业	3	1	238925	241452	
其他有限责任公司	26	9	3150448	3123107	78648

9－4 续表 1　　（2017 年）　　单位：万元

指　　标	企业单位数（个）	#亏损企业	工　业总产值	工　业销售产值	#出　口交货值
在总计中：亏损企业	22	22	4894990	4873089	16869
在总计中：国有控股企业	45	15	16127440	16045465	77090
按轻重工业分					
轻工业	24	4	1487671	1483523	80130
重工业	49	18	18829693	18604017	219550
按企业规模分					
大型企业	25	6	18150692	17938448	279813
中型企业	48	16	2166672	2149093	19867
按工业行业大类分					
煤炭开采和洗选业	4	2	486349	494892	
石油和天然气开采业	1		1400677	1324935	
非金属矿采选业	1		4870	4823	
农副食品加工业	3		174396	171291	
食品制造业	8	1	552919	521843	68314
酒、饮料和精制茶制造业	3	1	141008	135598	
烟草制品业	1		390089	421956	
纺织业	2		69631	65568	11601
纺织服装、服饰业					
印刷和记录媒介复制业	1	1	6612	7316	
石油加工、炼焦和核燃料加工业	1	1	2986420	3002901	
化学原料和化学制品制造业	8	3	1461496	1450303	
医药制造业	4		138814	145655	216
橡胶和塑料制品业	1		109910	103039	10334
非金属矿物制品业	7	3	208973	207766	
黑色金属冶炼和压延加工业	4	2	2910594	2911043	40853
有色金属冶炼和压延加工业	2		534380	502501	37488
金属制品业					
专用设备制造业	2	2	13610	13594	549
汽车制造业	2	1	162150	168333	
电气机械和器材制造业	3	1	2394779	2264649	130325
金属制品、机械和设备修理业	1		14787	14787	
电力、热力生产和供应业	12	4	5725395	5725241	
燃气生产和供应业	1		360464	360464	
水的生产和供应业	1		69045	69045	

9－4续表2　　（2017年）　　单位：万元

指　　标	资产总计	流动资产合计	#应收账款	存货	#产成品
总　计	**39074575**	**11941822**	**2208061**	**1728080**	**445739**
按登记注册类型分					
内资企业	38680938	11792788	2191525	1690024	435654
国有企业	8026780	891633	107447	20867	4335
中央企业	7177729	550839	69005	3496	
地方企业	849052	340794	38442	17371	4335
集体企业					
有限责任公司	12831202	4375489	397496	340592	152543
国有独资公司	3931975	1325377	127785	95135	15962
其他有限责任公司	8899227	3050113	269711	245457	136581
股份有限公司	12515288	3625567	694415	1096287	246148
私营企业	5307667	2900099	992168	232279	32629
私营有限责任公司	1077245	468611	27520	52195	32629
私营股份有限公司	4230422	2431488	964647	180084	
港、澳、台商投资企业	114530	47996	8554	17778	4561
合资经营企业	24125	9395	426	2355	1983
港澳台商独资经营企业	90405	38601	8128	15423	2578
外商投资企业	279107	101038	7983	20279	5525
中外合资经营企业	187445	51286	4677	11816	2353
中外合作经营企业	18944	8246	2100	3995	402
外资企业	72719	41506	1206	4468	2770
按经济组织类型分					
独资企业	8189904	971739	116781	40757	9682
国有企业	8026780	891633	107447	20867	4335
集体企业					
港澳台商独资经营企业	90405	38601	8128	15423	2578
外资企业	72719	41506	1206	4468	2770
合作、合伙企业	18944	8246	2100	3995	402
中外合作经营企业	18944	8246	2100	3995	402
股份有限公司	16745710	6057055	1659062	1276371	246148
股份有限公司	12515288	3625567	694415	1096287	246148
私营股份有限公司	4230422	2431488	964647	180084	
有限责任公司	14120017	4904781	430119	406957	189508
国有独资公司	3931975	1325377	127785	95135	15962
私营有限责任公司	1077245	468611	27520	52195	32629
合资经营企业	24125	9395	426	2355	1983
中外合资经营企业	187445	51286	4677	11816	2353
其他有限责任公司	8899227	3050113	269711	245457	136581

9－4 续表3　　（2017 年）　　单位：万元

指　　标	资产总计	流动资产合计	#应收账款	存货	#产成品
在总计中：亏损企业	7467071	2667618	153842	390906	129487
在总计中：国有控股企业	28791169	6683452	771687	901419	283275
按轻重工业分					
轻工业	2373798	1042234	205590	315274	168284
重工业	36700777	10899588	2002471	1412806	277455
按企业规模分					
大型企业	33222291	9484214	1829176	1376167	272063
中型企业	5852284	2457608	378885	351913	173677
按工业行业大类分					
煤炭开采和洗选业	2184148	440536	57421	14888	3972
石油和天然气开采业	3412830	139003	66221	58301	52407
非金属矿采选业	20619	8205	438	2563	1641
农副食品加工业	86705	55130	4448	13712	3295
食品制造业	722440	290898	49422	139020	108407
酒、饮料和精制茶制造业	155164	63936	1877	9970	5742
烟草制品业	474192	218201	92988	71578	11820
纺织业	240157	68001	9768	33613	8339
纺织服装、服饰业					
印刷和记录媒介复制业	24808	11539	2584	3214	2816
石油加工、炼焦和核燃料加工业	879268	342054		222022	19344
化学原料和化学制品制造业	5137758	970685	195236	102468	29625
医药制造业	597703	317880	43996	36152	21015
橡胶和塑料制品业	138175	44509	2264	20892	9585
非金属矿物制品业	1972614	1003534	127854	17455	9648
黑色金属冶炼和压延加工业	4152057	1570697	23968	255319	67539
有色金属冶炼和压延加工业	1033939	498252	58743	119325	67057
金属制品业					
专用设备制造业	41796	25113	10252	10536	1536
汽车制造业	129124	38252	4432	8668	1364
电气机械和器材制造业	6547229	3950026	1270792	527783	13198
金属制品、机械和设备修理业	10697	10354	3521	4126	4126
电力、热力生产和供应业	9353640	1078712	158977	39407	2894
燃气生产和供应业	726400	544998	17657	17040	371
水的生产和供应业	1033111	251311	5206	27	

9－4 续表4　　(2017年)　　单位:万元

指　　标	固定资产合计	固定资产原价	累计折旧	本年折旧
总　计	**18094205**	**34573902**	**16664492**	**1860320**
按登记注册类型分				
内资企业	17894207	34173736	16497533	1842174
国有企业	5696043	10044226	4350802	670339
中央企业	5283299	9336930	4053631	622218
地方企业	412744	707297	297171	48121
集体企业				
有限责任公司	4570094	6940429	2225268	363355
国有独资公司	1155037	1860125	796867	91931
其他有限责任公司	3415057	5080304	1428400	271424
股份有限公司	7503504	17015300	9866337	797537
私营企业	124565	173782	55126	10945
私营有限责任公司	103811	136245	38342	8662
私营股份有限公司	20754	37538	16783	2282
港、澳、台商投资企业	47132	124585	77512	6664
合资经营企业	12335	20264	7929	1061
港澳台商独资经营企业	34798	104321	69583	5604
外商投资企业	152866	275581	89448	11481
中外合资经营企业	118873	238161	68770	9474
中外合作经营企业	2781	9343	6563	205
外资企业	31213	28076	14115	1802
按经济组织类型分				
独资企业	5762053	10176624	4434499	677744
国有企业	5696043	10044226	4350802	670339
集体企业				
港澳台商独资经营企业	34798	104321	69583	5604
外资企业	31213	28076	14115	1802
合作、合伙企业	2781	9343	6563	205
中外合作经营企业	2781	9343	6563	205
股份有限公司	7524259	17052837	9883121	799819
股份有限公司	7503504	17015300	9866337	797537
私营股份有限公司	20754	37538	16783	2282
有限责任公司	4805112	7335098	2340310	382552
国有独资公司	1155037	1860125	796867	91931
私营有限责任公司	103811	136245	38342	8662
合资经营企业	12335	20264	7929	1061
中外合资经营企业	118873	238161	68770	9474
其他有限责任公司	3415057	5080304	1428400	271424

9－4 续表 5　　（2017 年）　　单位：万元

指　　标	固定资产合计	固定资产原价	累计折旧	本年折旧
在总计中：亏损企业	2756766	5173915	2383109	240494
在总计中：国有控股企业	16276083	31947644	15820609	1714162
按轻重工业分				
轻工业	901137	1285886	497663	71216
重工业	17193068	33288017	16166830	1789104
按企业规模分				
大型企业	15889397	30937947	15137722	1680844
中型企业	2204808	3635956	1526771	179475
按工业行业大类分				
煤炭开采和洗选业	703878	1253182	338529	38184
石油和天然气开采业	3273827	9556201	6638876	560472
非金属矿采选业	11158	14779	3230	368
农副食品加工业	12383	29614	17231	1105
食品制造业	323447	514338	187099	31009
酒、饮料和精制茶制造业	86437	123583	58247	7292
烟草制品业	255991	264565	103931	14621
纺织业	87259	139451	52196	4724
纺织服装、服饰业				
印刷和记录媒介复制业	11777	28417	16639	1378
石油加工、炼焦和核燃料加工业	895366	2150238	1254873	58893
化学原料和化学制品制造业	3000288	3861086	863915	186355
医药制造业	102299	154713	53048	10301
橡胶和塑料制品业	63674	90930	25012	4186
非金属矿物制品业	227957	444485	205803	21407
黑色金属冶炼和压延加工业	1596847	2846865	1193090	84477
有色金属冶炼和压延加工业	410141	596148	208166	28564
金属制品业				
专用设备制造业	15419	18832	6032	864
汽车制造业	75983	162919	32567	5045
电气机械和器材制造业	62773	128988	46781	6439
金属制品、机械和设备修理业	305	503	197	58
电力、热力生产和供应业	6464287	11505629	5083299	747915
燃气生产和供应业	121178	253710	132532	18107
水的生产和供应业	291530	434729	143199	28557

9－4 续表6 （2017年） 单位：万元

指　　标	负债合计	流动负债合计	#应付账款	非流动负债合计	所有者权益合计
总　计	**25478592**	**18334663**	**4763584**	**7085589**	**13595982**
按登记注册类型分					
内资企业	25221536	18131262	4670014	7031933	13459402
国有企业	5652340	3080853	1627038	2571487	2374441
中央企业	4883849	2899442	1570279	1984407	2293880
地方企业	768491	181411	56759	587080	80561
集体企业					
有限责任公司	8907263	6776089	1358709	2125402	3923939
国有独资公司	1612200	1185913	151584	426287	2319775
其他有限责任公司	7295062	5590176	1207126	1699115	1604165
股份有限公司	7323856	5744463	995708	1579393	5191432
私营企业	3338077	2529857	688559	755651	1969590
私营有限责任公司	790954	299038	41536	439347	286291
私营股份有限公司	2547123	2230819	647024	316304	1683299
港、澳、台商投资企业	55672	55588	16838	85	58858
合资经营企业	19305	19305	8470		4820
港澳台商独资经营企业	36367	36283	8368	85	54037
外商投资企业	201384	147813	76731	53571	77723
中外合资经营企业	157543	114202	68422	43341	29902
中外合作经营企业	10644	10644	1061		8300
外资企业	33198	22967	7248	10231	39521
按经济组织类型分					
独资企业	5721904	3140103	1642654	2581802	2467999
国有企业	5652340	3080853	1627038	2571487	2374441
集体企业					
港澳台商独资经营企业	36367	36283	8368	85	54037
外资企业	33198	22967	7248	10231	39521
合作、合伙企业	10644	10644	1061		8300
中外合作经营企业	10644	10644	1061		8300
股份有限公司	9870979	7975282	1642732	1895697	6874731
股份有限公司	7323856	5744463	995708	1579393	5191432
私营股份有限公司	2547123	2230819	647024	316304	1683299
有限责任公司	9875065	7208635	1477138	2608090	4244952
国有独资公司	1612200	1185913	151584	426287	2319775
私营有限责任公司	790954	299038	41536	439347	286291
合资经营企业	19305	19305	8470		4820
中外合资经营企业	157543	114202	68422	43341	29902
其他有限责任公司	7295062	5590176	1207126	1699115	1604165

9－4 续表 7　　（2017 年）　　单位：万元

指　　标	负债合计	流动负债合计	#应付账款	非流动负债合计	所有者权益合计
在总计中：亏损企业	6334442	4591778	446038	1690095	1132628
在总计中：国有控股企业	19138749	13450748	3550297	5682230	9652419
按轻重工业分					
轻工业	1082409	843972	222098	238437	1291388
重工业	24396183	17490691	4541486	6847152	12304594
按企业规模分					
大型企业	22164631	15870227	4365414	6241834	11057660
中型企业	3313962	2464437	398170	843755	2538322
按工业行业大类分					
煤炭开采和洗选业	1560150	879081	226606	681068	623998
石油和天然气开采业	2099270	1706940	164157	392330	1313561
非金属矿采选业	8632	7685	2012	947	11987
农副食品加工业	33236	32202	3616	1034	53469
食品制造业	440485	425054	91105	15431	281955
酒、饮料和精制茶制造业	98529	88298	53024	10231	56636
烟草制品业	102272	81572	44169	20700	371919
纺织业	75153	32903	6256	42250	165004
纺织服装、服饰业					
印刷和记录媒介复制业	12303	9586	1897	2717	12505
石油加工、炼焦和核燃料加工业	285232	282116	69434	3115	594036
化学原料和化学制品制造业	2913207	1697129	452281	1216078	2224551
医药制造业	276952	163506	19903	113446	320750
橡胶和塑料制品业	55661	49716	17928	5945	82514
非金属矿物制品业	983275	848259	58766	135016	989339
黑色金属冶炼和压延加工业	4028872	3701929	358139	326943	123185
有色金属冶炼和压延加工业	691136	393266	92173	297870	342803
金属制品业					
专用设备制造业	29979	28783	10501	1197	11817
汽车制造业	111517	68177	31116	43341	17607
电气机械和器材制造业	4268732	3436574	903867	779589	2278497
金属制品、机械和设备修理业	7924	7924	4169		2773
电力、热力生产和供应业	6624148	3796025	1714247	2822353	2729492
燃气生产和供应业	566909	555557	423383	11352	159491
水的生产和供应业	205019	42381	14836	162639	828092

9－4 续表 8 （2017 年） 单位:万元

指标	所有者权益合计				
	#实收资本	国家资本	集体资本	法人资本	个人资本
总计	**9393475**	**5489923**	**207630**	**3418843**	**141364**
按登记注册类型分					
内资企业	9213889	5489923	207630	3310143	141364
国有企业	1633190	1630590		2600	
中央企业	1456233	1456233			
地方企业	176957	174357		2600	
集体企业					
有限责任公司	4073415	1314695		2699800	58920
国有独资公司	1040598	205666		800601	34331
其他有限责任公司	3032817	1109029		1899199	24589
股份有限公司	3111273	2458364	204330	411107	37471
私营企业	396011	86274	3300	196635	44973
私营有限责任公司	40391		3300	3000	34091
私营股份有限公司	355620	86274		193635	10882
港、澳、台商投资企业	50238			1200	
合资经营企业	6000			1200	
港澳台商独资经营企业	44238				
外商投资企业	129347			107500	
中外合资经营企业	115374			107500	
中外合作经营企业	3425				
外资企业	10548				
按经济组织类型分					
独资企业	1687977	1630590		2600	
国有企业	1633190	1630590		2600	
集体企业					
港澳台商独资经营企业	44238				
外资企业	10548				
合作、合伙企业	3425				
中外合作经营企业	3425				
股份有限公司	3466893	2544638	204330	604743	48353
股份有限公司	3111273	2458364	204330	411107	37471
私营股份有限公司	355620	86274		193635	10882
有限责任公司	4235180	1314695	3300	2811500	93011
国有独资公司	1040598	205666		800601	34331
私营有限责任公司	40391		3300	3000	34091
合资经营企业	6000			1200	
中外合资经营企业	115374			107500	
其他有限责任公司	3032817	1109029		1899199	24589

9－4 续表9 （2017年） 单位：万元

指 标	所有者权益合计				
	#实收资本	国家资本	集体资本	法人资本	个人资本
在总计中：亏损企业	2129780	935764	11615	1123940	53661
在总计中：国有控股企业	8376385	5403087	16440	2863769	93089
按轻重工业分					
轻工业	446897	111586	4825	219103	40498
重工业	8946578	5378338	202805	3199739	100867
按企业规模分					
大型企业	8338716	5194190	192715	2843307	18693
中型企业	1054759	295733	14915	575536	122671
按工业行业大类分					
煤炭开采和洗选业	900220	120006		780214	
石油和天然气开采业	1313561	1313561			
非金属矿采选业	13500			13500	
农副食品加工业	6425	2000		1000	
食品制造业	215560	27293	4825	158148	311
酒、饮料和精制茶制造业	24422			1200	
烟草制品业	18742	18742			
纺织业	49631			30375	
纺织服装、服饰业					
印刷和记录媒介复制业	5727	5727			
石油加工、炼焦和核燃料加工业	594036	594036			
化学原料和化学制品制造业	1511902	1206462	104501	179805	21135
医药制造业	109299	57823		14880	36596
橡胶和塑料制品业	93643	93643			
非金属矿物制品业	315245	263303	11615	386	39941
黑色金属冶炼和压延加工业	874398			851398	23000
有色金属冶炼和压延加工业	86689		86689		
金属制品业					
专用设备制造业	15810	7000		8810	
汽车制造业	107500			107500	
电气机械和器材制造业	601308	86274		431823	18382
金属制品、机械和设备修理业	2400			2400	
电力、热力生产和供应业	1747173	1626420		118753	2000
燃气生产和供应业	67634	67634			
水的生产和供应业	718650			718650	

9－4 续表 10　（2017 年）　单位：万元

指　　标	所有者权益合计 实收资本 港澳台资本	 外商资本	主营业务 收　　入	主营业务 成　　本	主营业务 税金及附加
总　　计	**109068**	**26647**	**20260616**	**16675733**	**1244805**
按登记注册类型分					
内资企业	64830		19813576	16333653	1231244
国有企业			5404194	5378135	6204
中央企业			5268672	5206954	5373
地方企业			135522	171181	831
集体企业					
有限责任公司			3939738	3085008	261352
国有独资公司			761666	448931	202515
其他有限责任公司			3178072	2636077	58837
股份有限公司			8592119	6292953	955534
私营企业	64830		1877526	1577556	8154
私营有限责任公司			304276	245358	1884
私营股份有限公司	64830		1573250	1332198	6271
港、澳、台商投资企业	44238	4800	145232	106618	714
合资经营企业		4800	18060	13513	233
港澳台商独资经营企业	44238		127172	93105	481
外商投资企业		21847	301808	235462	12847
中外合资经营企业		7874	223624	176678	8044
中外合作经营企业		3425	33379	26626	54
外资企业		10548	44804	32159	4749
按经济组织类型分					
独资企业	44238	10548	5576170	5503399	11435
国有企业			5404194	5378135	6204
集体企业					
港澳台商独资经营企业	44238		127172	93105	481
外资企业		10548	44804	32159	4749
合作、合伙企业		3425	33379	26626	54
中外合作经营企业		3425	33379	26626	54
股份有限公司	64830		10165368	7625152	961804
股份有限公司			8592119	6292953	955534
私营股份有限公司	64830		1573250	1332198	6271
有限责任公司		12674	4485699	3520557	271512
国有独资公司			761666	448931	202515
私营有限责任公司			304276	245358	1884
合资经营企业		4800	18060	13513	233
中外合资经营企业		7874	223624	176678	8044
其他有限责任公司			3178072	2636077	58837

9－4 续表 11　　(2017 年)　　单位:万元

指　　标	所有者权益合计 实收资本 港澳台资本	外商资本	主营业务收　入	主营业务成　本	主营业务税金及附加
在总计中:亏损企业		4800	4877471	3640695	882819
在总计中:国有控股企业			16098326	13236634	1213902
按轻重工业分					
轻工业	44238	26647	1522404	959500	206516
重工业	64830		18738211	15716233	1038289
按企业规模分					
大型企业	89812		18141299	15104997	1023818
中型企业	19256	26647	2119317	1570736	220987
按工业行业大类分					
煤炭开采和洗选业			533445	391555	34040
石油和天然气开采业			1325332	885385	66028
非金属矿采选业			5150	3679	131
农副食品加工业		3425	165908	143142	316
食品制造业	24983		581635	425549	4466
酒、饮料和精制茶制造业		23222	119393	90659	4982
烟草制品业			421956	178510	193041
纺织业	19256		64789	47926	1658
纺织服装、服饰业					
印刷和记录媒介复制业			7318	6339	60
石油加工、炼焦和核燃料加工业			2994500	1905031	859317
化学原料和化学制品制造业			1423669	1040712	22804
医药制造业			146782	55441	1838
橡胶和塑料制品业			102860	92337	
非金属矿物制品业			217124	185101	1703
黑色金属冶炼和压延加工业			2912069	2557220	18653
有色金属冶炼和压延加工业			554497	493610	5530
金属制品业					
专用设备制造业			14104	12201	73
汽车制造业			167096	131691	8044
电气机械和器材制造业	64830		2365124	2028637	10026
金属制品、机械和设备修理业			14785	13457	138
电力、热力生产和供应业			5705444	5681443	9618
燃气生产和供应业			360464	267140	900
水的生产和供应业			57174	38969	1441

9－4 续表 12　　(2017 年)　　单位:万元

指　　标	其它业务收入	其他业务利润	销售费用	管理费用
总　计	**327054**	**36393**	**502141**	**857773**
按登记注册类型分				
内资企业	306239	35161	451544	830369
国有企业	40818	16098	733	9985
中央企业	36250	14535		1626
地方企业	4568	1563	733	8359
集体企业				
有限责任公司	112385	4411	106648	292522
国有独资公司	23436	2294	27298	70814
其他有限责任公司	88949	2117	79350	221708
股份有限公司	127153	－5053	177856	429951
私营企业	25884	19706	166308	97911
私营有限责任公司	3571	－129	26895	13801
私营股份有限公司	22313	19835	139413	84110
港、澳、台商投资企业	2567	398	35314	6620
合资经营企业			10501	762
港澳台商独资经营企业	2567	398	24813	5859
外商投资企业	18248	834	15284	20784
中外合资经营企业	17600	834	12326	21047
中外合作经营企业			2633	1111
外资企业	648		325	－1375
按经济组织类型分				
独资企业	44032	16496	25870	14469
国有企业	40818	16098	733	9985
集体企业				
港澳台商独资经营企业	2567	398	24813	5859
外资企业	648		325	－1375
合作、合伙企业			2633	1111
中外合作经营企业			2633	1111
股份有限公司	149466	14782	317269	514061
股份有限公司	127153	－5053	177856	429951
私营股份有限公司	22313	19835	139413	84110
有限责任公司	133556	5116	156370	328132
国有独资公司	23436	2294	27298	70814
私营有限责任公司	3571	－129	26895	13801
合资经营企业			10501	762
中外合资经营企业	17600	834	12326	21047
其他有限责任公司	88949	2117	79350	221708

9－4 续表 13　　(2017 年)　　单位:万元

指　　标	其它业务收入	其他业务利润	销售费用	管理费用
在总计中:亏损企业	56138	－3239	33293	219558
在总计中:国有控股企业	181140	13593	226051	659625
按轻重工业分				
轻工业	26104	1034	145118	90903
重工业	300950	35359	357023	766870
按企业规模分				
大型企业	233045	31449	388586	689303
中型企业	94009	4944	113555	168470
按工业行业大类分				
煤炭开采和洗选业	56164	638	17055	62550
石油和天然气开采业	4633		24850	219230
非金属矿采选业	515	－174	500	1581
农副食品加工业			8465	5673
食品制造业	5530	495	71900	27348
酒、饮料和精制茶制造业	17238		21807	1463
烟草制品业	132		3357	22411
纺织业	2614	721	2250	8182
纺织服装、服饰业				
印刷和记录媒介复制业			271	2144
石油加工、炼焦和核燃料加工业	11736	－8452	8934	96476
化学原料和化学制品制造业	66590	3832	10342	99246
医药制造业	75	－8	36499	21200
橡胶和塑料制品业	180		4528	3638
非金属矿物制品业	2113	754	7720	25651
黑色金属冶炼和压延加工业	50241	－190	54075	57192
有色金属冶炼和压延加工业	17623	61	12691	17682
金属制品业				
专用设备制造业	1745	113	814	4416
汽车制造业	1010	834	1345	18970
电气机械和器材制造业	26350	19708	165600	114458
金属制品、机械和设备修理业	2			932
电力、热力生产和供应业	45847	18062	1194	23293
燃气生产和供应业			33243	17072
水的生产和供应业	16716		14703	6963

9－4续表14　　（2017年）　　单位：万元

指　　标	财务费用	#利息支出	营业利润	投资收益	营业外收入
总　计	**486924**	**545387**	**373094**	**182019**	**166609**
按登记注册类型分					
内资企业	486240	544000	345995	170428	162946
国有企业	85440	87975	－59414	2458	87730
中央企业	77419	79209	－7756	2382	46288
地方企业	8021	8766	－51659	76	41442
集体企业					
有限责任公司	237314	271224	－103885	51129	41260
国有独资公司	15958	35020	12288	33779	5773
其他有限责任公司	221356	236204	－116173	17350	35487
股份有限公司	139467	149609	393886	38338	32689
私营企业	24019	35193	115408	78503	1267
私营有限责任公司	25423	26140	4187	13025	1038
私营股份有限公司	－1404	9053	111221	65479	229
港、澳、台商投资企业	419	410	－5733	－1678	1421
合资经营企业	147	151	－7095		166
港澳台商独资经营企业	272	259	1362	－1678	1255
外商投资企业	266	977	32832	13269	2242
中外合资经营企业	73	815	7416	3	2102
中外合作经营企业	－48	－8	3147	144	125
外资企业	240	170	22270	13122	15
按经济组织类型分					
独资企业	85952	88404	－35783	13902	89000
国有企业	85440	87975	－59414	2458	87730
集体企业					
港澳台商独资经营企业	272	259	1362	－1678	1255
外资企业	240	170	22270	13122	15
合作、合伙企业	－48	－8	3147	144	125
中外合作经营企业	－48	－8	3147	144	125
股份有限公司	138063	158662	505107	103817	32918
股份有限公司	139467	149609	393886	38338	32689
私营股份有限公司	－1404	9053	111221	65479	229
有限责任公司	262957	298329	－99377	64156	44566
国有独资公司	15958	35020	12288	33779	5773
私营有限责任公司	25423	26140	4187	13025	1038
合资经营企业	147	151	－7095		166
中外合资经营企业	73	815	7416	3	2102
其他有限责任公司	221356	236204	－116173	17350	35487

9－4 续表 15　　(2017 年)　　单位:万元

指　　标	财务费用	#利息支出	营业利润	投资收益	营业外收入
在总计中:亏损企业	196756	207076	－358023	14181	51154
在总计中:国有控股企业	410326	454303	97641	74038	134908
按轻重工业分					
轻工业	6779	8121	121615	12327	18319
重工业	480145	537266	251479	169692	148290
按企业规模分					
大型企业	425404	457227	320848	130115	117792
中型企业	61521	88161	52245	51904	48817
按工业行业大类分					
煤炭开采和洗选业	33756	35724	－27184	9562	8002
石油和天然气开采业	59022	58404	56290		659
非金属矿采选业	2	7	－822		1034
农副食品加工业	789	－8	7641	121	821
食品制造业	3743	3118	42006	－1192	9488
酒、饮料和精制茶制造业	135	359	15069	13122	799
烟草制品业	－986		25552		33
纺织业	1725	1614	4115	925	4577
纺织服装、服饰业					
印刷和记录媒介复制业	328	417	－1861		
石油加工、炼焦和核燃料加工业	－1065	1491	－46982	2	498
化学原料和化学制品制造业	83073	91125	197731	29595	6621
医药制造业	54	1625	30680	－649	1568
橡胶和塑料制品业	729	890	881		666
非金属矿物制品业	9551	26539	24717	37286	2332
黑色金属冶炼和压延加工业	141903	145763	－34155	－1398	7036
有色金属冶炼和压延加工业	24161	22554	12297	－1112	3153
金属制品业					
专用设备制造业	600	594	－2711		623
汽车制造业	326	777	7522	3	1484
电气机械和器材制造业	30837	41887	118366	91214	3080
金属制品、机械和设备修理业	1	5	201		4
电力、热力生产和供应业	104415	112235	－94198	2610	109959
燃气生产和供应业	－4539	269	25219	786	1377
水的生产和供应业	－1635		12718	1145	2798

9－4续表16 （2017年） 单位:万元

指　　标	利润总额	所得税费用	亏损企业亏损总额	利税总额
总　　计	**487646**	**100865**	**330799**	**2470698**
按登记注册类型分				
内资企业	457793	96934	320523	2407808
国有企业	19522	12011	12788	55312
中央企业	30271	11562		66843
地方企业	－10749	449	12788	－11531
集体企业				
有限责任公司	－83132	26332	248203	385584
国有独资公司	13614	13462	52632	292042
其他有限责任公司	－96746	12870	195571	93542
股份有限公司	405719	49521	58127	1807448
私营企业	115684	9070	1406	159465
私营有限责任公司	4666	946	1406	15644
私营股份有限公司	111017	8124		143821
港、澳、台商投资企业	－4636	784	6968	5481
合资经营企业	－6968		6968	－5060
港澳台商独资经营企业	2332	784		10541
外商投资企业	34489	3148	3308	57410
中外合资经营企业	9095	120	3308	24745
中外合作经营企业	3201	627		3273
外资企业	22193	2401		29392
按经济组织类型分				
独资企业	44047	15196	12788	95244
国有企业	19522	12011	12788	55312
集体企业				
港澳台商独资经营企业	2332	784		10541
外资企业	22193	2401		29392
合作、合伙企业	3201	627		3273
中外合作经营企业	3201	627		3273
股份有限公司	516736	57644	58127	1951269
股份有限公司	405719	49521	58127	1807448
私营股份有限公司	111017	8124		143821
有限责任公司	－76339	27399	259885	420912
国有独资公司	13614	13462	52632	292042
私营有限责任公司	4666	946	1406	15644
合资经营企业	－6968		6968	－5060
中外合资经营企业	9095	120	3308	24745
其他有限责任公司	－96746	12870	195571	93542

9－4 续表 17　　（2017 年）　　单位：万元

指　　标	利润总额	所得税费用	亏损企业亏损总额	利税总额
在总计中：亏损企业	－330799	2261	330799	823547
在总计中：国有控股企业	184156	62121	306511	2061352
按轻重工业分				
轻工业	133716	26030	20218	429216
重工业	353930	74836	310582	2041482
按企业规模分				
大型企业	394283	77150	257257	2043215
中型企业	93363	23715	73543	427483
按工业行业大类分				
煤炭开采和洗选业	－22173	2580	35286	59800
石油和天然气开采业	54906	12070		264903
非金属矿采选业	167	28		360
农副食品加工业	8375	695		6184
食品制造业	46586	9329	10602	74617
酒、饮料和精制茶制造业	15662	2512	6968	25513
烟草制品业	25313	8347		265700
纺织业	8417	2840		14836
纺织服装、服饰业				
印刷和记录媒介复制业	－1861	－9	1861	－1294
石油加工、炼焦和核燃料加工业	－56925	98	56925	1001645
化学原料和化学制品制造业	202893	28591	15123	273607
医药制造业	31843	2287		43869
橡胶和塑料制品业	1500			3746
非金属矿物制品业	23395	41	2284	35179
黑色金属冶炼和压延加工业	－40432	148	156545	52892
有色金属冶炼和压延加工业	15293	598		42317
金属制品业				
专用设备制造业	－2116	91	2116	－1992
汽车制造业	8658	9	3308	23563
电气机械和器材制造业	119992	8950	37	155649
金属制品、机械和设备修理业	202	51		1412
电力、热力生产和供应业	6154	15639	39746	60344
燃气生产和供应业	26362	3375		49259
水的生产和供应业	15434	2597		18590

9－4 续表 18　　（2017 年）　　单位:万元

指　　标	应交税金及附加	本年应付职工薪酬	本年应交增值税	平均用工人数(人)
总　计	**2083918**	**1545885**	**725824**	**108335**
按登记注册类型分				
内资企业	2046949	1494247	706347	103688
国有企业	47801	509496	25885	29896
中央企业	48133	481446	27499	27427
地方企业	－332	28050	－1614	2469
集体企业				
有限责任公司	495048	438137	204365	38576
国有独资公司	291889	110007	74647	10940
其他有限责任公司	203159	328129	129719	27636
股份有限公司	1451249	495624	440470	29678
私营企业	52851	50991	35627	5538
私营有限责任公司	11924	23069	9094	3536
私营股份有限公司	40928	27922	26533	2002
港、澳、台商投资企业	10901	15644	9403	2329
合资经营企业	1908	3605	1675	446
港澳台商独资经营企业	8993	12039	7728	1883
外商投资企业	26068	35995	10074	2318
中外合资经营企业	15771	27354	7607	1659
中外合作经营企业	699	3108	18	336
外资企业	9599	5533	2449	323
按经济组织类型分				
独资企业	66393	527068	36062	32102
国有企业	47801	509496	25885	29896
集体企业				
港澳台商独资经营企业	8993	12039	7728	1883
外资企业	9599	5533	2449	323
合作、合伙企业	699	3108	18	336
中外合作经营企业	699	3108	18	336
股份有限公司	1492177	523546	467004	31680
股份有限公司	1451249	495624	440470	29678
私营股份有限公司	40928	27922	26533	2002
有限责任公司	524650	492164	222740	44217
国有独资公司	291889	110007	74647	10940
私营有限责任公司	11924	23069	9094	3536
合资经营企业	1908	3605	1675	446
中外合资经营企业	15771	27354	7607	1659
其他有限责任公司	203159	328129	129719	27636

9－4 续表 19　　(2017 年)　　单位:万元

指　　标	应交税金及附加	本年应付职工薪酬	本年应交增值税	平均用工人数(人)
在总计中:亏损企业	1156607	349105	266907	28138
在总计中:国有控股企业	1939318	1314048	651525	85064
按轻重工业分				
轻工业	321530	142813	88984	16423
重工业	1762388	1403072	636840	91912
按企业规模分				
大型企业	1726082	1310000	614528	83184
中型企业	357836	235885	111295	25151
按工业行业大类分				
煤炭开采和洗选业	84553	132634	47803	9856
石油和天然气开采业	222067	127988	141875	4019
非金属矿采选业	221	3592	62	451
农副食品加工业	－1496	11671	－2507	1057
食品制造业	37360	58265	23565	8259
酒、饮料和精制茶制造业	12364	14709	4869	1259
烟草制品业	248734	13628	47346	758
纺织业	9259	13554	4761	1732
纺织服装、服饰业				
印刷和记录媒介复制业	558	3371	506	474
石油加工、炼焦和核燃料加工业	1058667	143519	196120	7999
化学原料和化学制品制造业	99304	134495	46672	9443
医药制造业	14313	22414	10188	2033
橡胶和塑料制品业	2247	7376	1742	993
非金属矿物制品业	11825	37132	9465	3847
黑色金属冶炼和压延加工业	93471	111364	74670	8609
有色金属冶炼和压延加工业	27621	39515	21494	3374
金属制品业				
专用设备制造业	215	5214	51	926
汽车制造业	14914	21783	6861	1169
电气机械和器材制造业	44608	58380	25632	4919
金属制品、机械和设备修理业	1260	8246	1072	626
电力、热力生产和供应业	69829	539666	39864	33135
燃气生产和供应业	26273	22860	21998	1792
水的生产和供应业	5752	14511	1715	1605

9—5 主要工业产品产量

产品名称	2016年	2017年	产品名称	2016年	2017年
原煤(万吨)	1001.77	784.24	柴油(万吨)	280.59	312.72
原盐(万吨)	6.50	8.63	液化石油气(吨)	101926	130223
发电量(亿千瓦小时)	266.80	287.27	供热总量(万吉焦)	8088.30	9099.27
自来水生产量(万吨)	35699.59	37941.98	焦炭(万吨)	159.90	179.00
糖果(吨)	2000	1654	化学肥料(万吨)	36.42	20.03
酱油(吨)	1742	1214	合成氨(万吨)	49.26	27.10
乳制品(吨)	159000	311705	涂料(油漆)(吨)	38348	18283
精制食用植物油(吨)	10002.95	7058.00	合成洗涤剂(吨)	28850	27281
番茄酱罐头(吨)	134713	147464	中成药(吨)	4828	3585
软饮料(万吨)	52.58	59.15	塑料制品(吨)	327902	254250
纱(吨)	10858	7566	水泥(万吨)	318.18	349.23
布(万米)	65.00	63.00	砖(折标准砖)(万块)	40185	504.85
服装(万件)	1124.72	844.53	钢材(万吨)	563.93	636.65
皮鞋(万双)	4.17	0.37	滚动轴承(轴承)(万套)	47	20
家具(万件)	62.68	20.93	耐火材料制品(万吨)	7.02	4.34
机制纸及纸板(吨)	76398	41173	发电机组(发电设备)(万千瓦)	551.20	474.86
汽油(万吨)	112.86	143.30	汽车(辆)	20610	20476

9—6　全部工业企业及生产单位基本情况

（2017 年）

指　　标	企业单位数（个）	工业总产值（当年价格、万元）
总　　计	**13947**	**23862755**
按轻重工业分		
轻工业	8242	2287236
重工业	5705	21575519
按登记注册类型分		
内资企业	3741	23032570
国有企业	77	5480197
中央企业	6	5296583
地方企业	71	183614
集体企业	55	10101
股份合作企业	13	3790
联营企业	7	430
国有联营企业	4	
有限责任公司	508	5388807
国有独资公司	35	894939
其他有限责任公司	473	4493868
股份有限公司	70	8785388
私营企业	2948	3349356
私营独资企业	439	58493
私营合伙企业	79	7234
私营有限责任公司	2372	1629837
私营股份有限公司	58	1653792
其他企业	63	14502
港、澳、台商投资企业	14	131336
合资经营企业（港或澳、台资）	8	43824
港澳台商独资经营企业	6	87511
外商投资企业	21	367196
中外合资经营企业	15	260289
中外合作经营企业	2	45689
外资企业	4	61218
个体经营	10171	331654
在总计中：农村工业	155	41434

9—7　成本费用工业增加值(按登记注册类型分)

(2017 年)

单位:万元

指标名称	企业单位数(个)	工业总产值	工业增加值(生产法)		工业增加值(收入法)	
			总量	增加值率(%)	总量	增加值率(%)
总　计	**360**	**22939621**	**6479205**	**28**	**6196441**	**27**
按登记注册类型分						
内资企业	344	22446056	6337439	28	6054849	27
国有企业	10	5458061	1165160	21	1162222	21
中央企业	2	5296437	1137803	21	1134058	21
地方企业	8	161624	27358	17	28165	17
集体企业	1	2775	1576	57	1649	59
有限责任公司	164	5300412	1555532	29	1500365	28
国有独资公司	27	894306	523375	59	529962	59
其他有限责任公司	137	4406106	1032157	23	970402	22
股份有限公司	30	8779246	3337176	38	3113044	35
私营企业	139	2905562	277995	10	277570	10
私营独资企业	1	11185	8467	76	9067	81
私营有限责任公司	130	1242708	157938	13	149411	12
私营股份有限公司	8	1651669	111590	7	119092	7
港、澳、台商投资企业	5	127147	39992	31	39979	31
合资经营企业(港或澳、台资)	3	43317	4379	10	5370	12
港澳台商独资经营企业	2	83830	35613	42	34608	41
外商投资企业	11	366417	101774	28	101612	28
中外合资经营企业	7	259510	64755	25	65563	25
中外合作经营企业	2	45689	14983	33	14624	32
外资企业	2	61218	22036	36	21425	35
按经济组织类型分						
独资企业	16	5617069	1232853	22	1228971	22
国有企业	10	5458061	1165160	21	1162222	21
集体企业	1	2775	1576	57	1649	59
私营独资企业	1	11185	8467	76	9067	81
港澳台商独资经营企业	2	83830	35613	42	34608	41
外资企业	2	61218	22036	36	21425	35
合作、合伙企业	2	45689	14983	33	14624	32
中外合作经营企业	2	45689	14983	33	14624	32
股份有限公司	38	10430915	3448765	33	3232136	31
股份有限公司(内资)	30	8779246	3337176	38	3113044	35
私营股份有限公司	8	1651669	111590	7	119092	7
有限责任公司	304	6845947	1782604	26	1720709	25
国有独资公司	27	894306	523375	59	529962	59
私营有限责任公司	130	1242708	157938	13	149411	12
合资经营企业(港或澳、台资)	3	43317	4379	10	5370	12
中外合资经营企业	7	259510	64755	25	65563	25
其他有限责任公司	137	4406106	1032157	23	970402	22
在总计中:亏损企业	107	5603461	1593555	28	1390802	25
在总计中:国有控股企业	133	17251147	5527899	32	5254701	30
在总计中:轻工业	112	2053932	702567	34	732535	36
重工业	248	20885688	5776638	28	5463905	26
在总计中:大型企业	25	18150692	5190170	29	4910612	27
中型企业	48	2166672	746997	34	777700	36
小型企业	245	2393484	481927	20	451362	19
微型企业	42	228773	60111	26	56766	25

9—8 成本费用工业增加值(按行业类别分)

(2017 年)　　单位:万元

指标名称	企业单位数(个)	工业总产值	工业增加值(生产法)		工业增加值(收入法)	
			总量	增加值率(%)	总量	增加值率(%)
总　计	**360**	**22939621**	**6479205**	**28**	**6196441**	**27**
采矿业	**9**	**1912573**	**1330692**	**70**	**1231887**	**64**
煤炭开采和洗选业	5	497534	287627	58	257779	52
烟煤和无烟煤开采洗选	5	497534	287627	58	257779	52
石油和天然气开采业	1	1400677	1036541	74	967393	69
石油开采	1	1400677	1036541	74	967393	69
陆地石油开采	1	1400677	1036541	74	967393	69
非金属矿采选业	2	8161	3081	38	3272	40
土砂石开采	1	3291	674	20	632	19
石灰石、石膏开采	1	3291	674	20	632	19
采盐	1	4870	2408	49	2640	54
开采专业及辅助性活动	1	6202	3443	56	3443	56
石油和天然气开采专业及辅助性活动	1	6202	3443	56	3443	56
制造业	**284**	**14478630**	**3546491**	**24**	**3392837**	**23**
农副食品加工业	21	312896	30895	10	29851	10
谷物磨制	3	30762	2444	8	2359	8
稻谷加工	2	15917	1291	8	1196	8
小麦加工	1	14845	1153	8	1163	8
饲料加工	6	151156	21354	14	20570	14
其他饲料加工	6	151156	21354	14	20570	14
植物油加工	4	14825	66		303	2
食用植物油加工	4	14825	66		303	2
屠宰及肉类加工	7	113634	6624	6	6213	5
牲畜屠宰	3	85481	2055	2	2469	3
禽类屠宰	1	15976	3072	19	2329	15
肉制品及副产品加工	3	12177	1497	12	1416	12
蔬菜、菌类、水果和坚果加工	1	2518	406	16	406	16
水果和坚果加工	1	2518	406	16	406	16
食品制造业	17	588078	174746	30	177398	30
焙烤食品制造	5	18640	7474	40	8070	43
糕点、面包制造	5	18640	7474	40	8070	43
糖果、巧克力及蜜饯制造	1	3440	1528	44	1552	45
糖果、巧克力制造	1	3440	1528	44	1552	45
方便食品制造	2	74457	34446	46	35333	47
方便面制造	1	59579	25083	42	25240	42
其他方便食品制造	1	14878	9363	63	10094	68
乳制品制造	3	272784	51082	19	65020	24
液体乳制造	3	272784	51082	19	65020	24

9-8 续表1 (2017 年) 单位:万元

指标名称	企业单位数(个)	工业总产值	工业增加值(生产法)		工业增加值(收入法)	
			总量	增加值率(%)	总量	增加值率(%)
罐头食品制造	3	85964	19963	23	4194	5
蔬菜、水果罐头制造	3	85964	19963	23	4194	5
调味品、发酵制品制造	1	2739	743	27	690	25
酱油、食醋及类似制品制造	1	2739	743	27	690	25
其他食品制造	2	130055	59511	46	62539	48
冷冻饮品及食用冰制造	1	22474	5064	23	5966	27
食品及饲料添加剂制造	1	107581	54447	51	56573	53
酒、饮料和精制茶制造业	3	141008	33164	24	32548	23
酒的制造	1	46361	19392	42	18705	40
啤酒制造	1	46361	19392	42	18705	40
饮料制造	2	94647	13772	15	13843	15
碳酸饮料制造	1	17873	-1130	-6	-272	-2
茶饮料及其他饮料制造	1	76774	14902	19	14115	18
烟草制品业	1	390089	277807	71	301415	77
卷烟制造	1	390089	277807	71	301415	77
纺织业	6	97536	33466	34	30518	31
棉纺织及印染精加工	2	36542	11525	32	10277	28
棉纺纱加工	2	36542	11525	32	10277	28
毛纺织及染整精加工	3	50887	20375	40	18669	37
毛条和毛纱线加工	3	50887	20375	40	18669	37
产业用纺织制成品制造	1	10107	1565	15	1572	16
非织造布制造	1	10107	1565	15	1572	16
纺织服装、服饰业	5	17341	2990	17	2797	16
机织服装制造	4	12770	1729	14	1570	12
其他机织服装制造	4	12770	1729	14	1570	12
针织或钩针编织服装制造	1	4570	1261	28	1228	27
其他针织或钩针编织服装制造	1	4570	1261	28	1228	27
家具制造业	3	17636	3003	17	3075	17
木质家具制造	1	11163	580	5	581	5
金属家具制造	2	6473	2423	37	2494	39
造纸和纸制品业	8	49074	10391	21	10577	22
造纸	3	8982	2388	27	2315	26
机制纸及纸板制造	3	8982	2388	27	2315	26
纸制品制造	5	40092	8004	20	8263	21
纸和纸板容器制造	5	40092	8004	20	8263	21
印刷和记录媒介复制业	7	23333	10969	47	11265	48
印刷	7	23333	10969	47	11265	48
书、报刊印刷	5	19302	10062	52	10552	55
本册印制	1	1988	349	18	245	12
包装装潢及其他印刷	1	2043	559	27	468	23
文教、工美、体育和娱乐用品制造业	1	7097	495	7	569	8
工艺美术及礼仪用品制造	1	7097	495	7	569	8
地毯、挂毯制造	1	7097	495	7	569	8

9－8 续表2　　(2017 年)　　单位:万元

指标名称	企业单位数(个)	工业总产值	工业增加值(生产法)		工业增加值(收入法)	
			总量	增加值率(%)	总量	增加值率(%)
石油、煤炭及其他燃料加工业	5	3016365	1316077	44	1170898	39
精炼石油产品制造	5	3016365	1316077	44	1170898	39
原油加工及石油制品制造	5	3016365	1316077	44	1170898	39
化学原料和化学制品制造业	27	1593208	610588	38	611390	38
基础化学原料制造	5	73925	29260	40	37080	50
无机盐制造	4	73564	28909	39	36712	50
其他基础化学原料制造	1	361	351	97	368	102
肥料制造	6	121841	36795	30	41920	34
氮肥制造	3	111089	32363	29	37664	34
复混肥料制造	1	1831	214	12	113	6
有机肥料及微生物肥料制造	2	8921	4218	47	4144	46
涂料、油墨、颜料及类似产品制造	1	9032	1938	21	1471	16
涂料制造	1	9032	1938	21	1471	16
合成材料制造	5	946359	353425	37	324684	34
初级形态塑料及合成树脂制造	4	941089	352193	37	323522	34
其他合成材料制造	1	5270	1232	23	1162	22
专用化学产品制造	8	409042	181843	44	196042	48
化学试剂和助剂制造	5	27362	6903	25	8439	31
专项化学用品制造	2	6726	1542	23	1633	24
文化用信息化学品制造	1	374955	173399	46	185970	50
炸药、火工及焰火产品制造	1	21566	5503	26	8320	39
炸药及火工产品制造	1	21566	5503	26	8320	39
日用化学产品制造	1	11442	1824	16	1873	16
肥皂及洗涤剂制造	1	11442	1824	16	1873	16
医药制造业	13	207069	92848	45	95805	46
化学药品制剂制造	3	39543	14439	37	15767	40
中药饮片加工	3	15913	2866	18	2522	16
中成药生产	5	77765	28523	37	28844	37
生物药品制品制造	2	73848	47020	64	48672	66
生物药品制造	2	73848	47020	64	48672	66
化学纤维制造业	1	3991	95	2	195	5
合成纤维制造	1	3991	95	2	195	5
丙纶纤维制造	1	3991	95	2	195	5
橡胶和塑料制品业	22	280282	47288	17	46119	16
橡胶制品业	2	113105	22538	20	17283	15
轮胎制造	1	109910	21807	20	16331	15
橡胶零件制造	1	3195	731	23	951	30
塑料制品业	20	167178	24751	15	28836	17
塑料薄膜制造	1	25600	800	3	2666	10
塑料板、管、型材制造	14	111925	16529	15	18253	16
泡沫塑料制造	1	2510	343	14	338	13
塑料包装箱及容器制造	2	5878	3084	52	3039	52
日用塑料制品制造	1	17228	3154	18	3496	20
塑料零件及其他塑料制品制造	1	4037	841	21	1045	26

9－8 续表3 （2017 年） 单位：万元

指标名称	企业单位数（个）	工业总产值	工业增加值（生产法）		工业增加值（收入法）	
			总量	增加值率（%）	总量	增加值率（%）
非金属矿物制品业	43	527494	126592	24	120788	23
水泥、石灰和石膏制造	5	114816	30077	26	34564	30
水泥制造	3	91299	26840	29	31532	35
石灰和石膏制造	2	23517	3236	14	3033	13
石膏、水泥制品及类似制品制造	27	355190	75563	21	75010	21
水泥制品制造	24	331951	71869	22	68447	21
砼结构构件制造	2	18703	1473	8	4284	23
轻质建筑材料制造	1	4537	2221	49	2279	50
砖瓦、石材等建筑材料制造	3	3451	－173	－5	－287	－8
粘土砖瓦及建筑砌块制造	1	2639	1306	49	1193	45
隔热和隔音材料制造	1	273	91	33	108	40
其他建筑材料制造	1	539	－1569	－291	－1587	－294
玻璃制造	3	19457	12209	63	2239	12
平板玻璃制造	1	9564	9120	95	－743	－8
其他玻璃制造	2	9894	3090	31	2981	30
玻璃制品制造	2	11918	1998	17	2447	21
玻璃保温容器制造	1	9333	1524	16	1973	21
其他玻璃制品制造	1	2585	474	18	474	18
玻璃纤维和玻璃纤维增强塑料制品制造	1	12566	2249	18	2275	18
玻璃纤维增强塑料制品制造	1	12566	2249	18	2275	18
耐火材料制品制造	2	10096	4668	46	4540	45
耐火陶瓷制品及其他耐火材料制造	2	10096	4668	46	4540	45
黑色金属冶炼和压延加工业	19	3238744	327980	10	328235	10
炼铁	2	1123318	26219	2	28245	3
钢压延加工	16	2103345	300225	14	298420	14
铁合金冶炼	1	12081	1536	13	1570	13
有色金属冶炼和压延加工业	5	687301	109766	16	112551	16
贵金属冶炼	1	112268	215		131	
金冶炼	1	112268	215		131	
有色金属合金制造	1	6836	228	3	227	3
有色金属压延加工	3	568197	109323	19	112193	20
铜压延加工	1	33817	1163	3	1160	3
铝压延加工	2	534380	108160	20	111033	21
金属制品业	24	242783	31931	13	31653	13
结构性金属制品制造	16	129789	24866	19	24711	19
金属结构制造	16	129789	24866	19	24711	19
集装箱及金属包装容器制造	1	5437	－384	－7	－456	－8
金属压力容器制造	1	5437	－384	－7	－456	－8
金属丝绳及其制品制造	4	94157	6469	7	6460	7

9－8 续表4　　(2017年)　　单位:万元

指标名称	企业单位数(个)	工业总产值	工业增加值(生产法)		工业增加值(收入法)	
			总量	增加值率(%)	总量	增加值率(%)
金属制日用品制造	1	3139	591	19	599	19
金属制厨房用器具制造	1	3139	591	19	599	19
铸造及其他金属制品制造	2	10261	390	4	339	3
黑色金属铸造	1	4206	243	6	187	4
其他未列明金属制品制造	1	6054	147	2	152	3
通用设备制造业	6	32016	10804	34	9890	31
锅炉及原动设备制造	1	4050	991	24	914	23
锅炉及辅助设备制造	1	4050	991	24	914	23
物料搬运设备制造	3	21129	7467	35	6605	31
生产专用起重机制造	1	3095	1257	41	1237	40
连续搬运设备制造	1	14848	3697	25	2976	20
电梯、自动扶梯及升降机制造	1	3186	2513	79	2392	75
烘炉、风机、包装等设备制造	2	6837	2345	34	2370	35
制冷、空调设备制造	1	1886	859	46	884	47
风动和电动工具制造	1	4952	1487	30	1486	30
专用设备制造业	10	136166	42220	31	43109	32
采矿、冶金、建筑专用设备制造	4	91644	29209	32	30724	34
石油钻采专用设备制造	1	16339	4223	26	3416	21
建筑工程用机械制造	2	12498	3806	30	3941	32
隧道施工专用机械制造	1	62807	21180	34	23366	37
农、林、牧、渔专用机械制造	4	31635	5645	18	4842	15
拖拉机制造	1	14647	1073	7	198	1
机械化农业及园艺机具制造	2	13610	2368	17	2589	19
畜牧机械制造	1	3379	2203	65	2055	61
医疗仪器设备及器械制造	1	237	124	52	124	52
医疗诊断、监护及治疗设备制造	1	237	124	52	124	52
环保、邮政、社会公共服务及其他专用设备制造	1	12650	7241	57	7419	59
环境保护专用设备制造	1	12650	7241	57	7419	59
汽车制造业	6	261935	43155	16	33944	13
汽车整车制造	3	250505	39593	16	30813	12
汽柴油车整车制造	2	217716	36956	17	28096	13
新能源车整车制造	1	32789	2637	8	2717	8
改装汽车制造	2	7183	2170	30	1885	26
汽车零部件及配件制造	1	4247	1393	33	1246	29
铁路、船舶、航空航天和其他运输设备制造业	1	8714	596	7	685	8
铁路运输设备制造	1	8714	596	7	685	8
其他铁路运输设备制造	1	8714	596	7	685	8
电气机械和器材制造业	24	2567395	193354	8	172275	7
电机制造	1	1605618	99639	6	106998	7
发电机及发电机组制造	1	1605618	99639	6	106998	7

9－8 续表 5　(2017 年)　单位:万元

指标名称	企业单位数(个)	工业总产值	工业增加值(生产法,调查)		工业增加值(收入法,调查)	
			总量	增加值率(%)	总量	增加值率(%)
输配电及控制设备制造	12	843476	84889	10	59313	7
变压器、整流器和电感器制造	3	27840	9617	35	8105	29
配电开关控制设备制造	6	26141	4280	16	3234	12
光伏设备及元器件制造	2	732083	73887	10	47961	7
其他输配电及控制设备制造	1	57413	－2896	－5	13	
电线、电缆、光缆及电工器材制造	11	118301	8827	7	5965	5
电线、电缆制造	11	118301	8827	7	5965	5
计算机、通信和其他电子设备制造业	1	1627	1008	62	1234	76
电子器件制造	1	1627	1008	62	1234	76
光电子器件制造	1	1627	1008	62	1234	76
仪器仪表制造业	1	5115	578	11	577	11
通用仪器仪表制造	1	5115	578	11	577	11
工业自动控制系统装置制造	1	5115	578	11	577	11
废弃资源综合利用业	2	6775	2186	32	2147	32
金属废料和碎屑加工处理	2	6775	2186	32	2147	32
金属制品、机械和设备修理业	2	17562	11499	65	11327	65
铁路、船舶、航空航天等运输设备修理	1	2775	1576	57	1649	59
其他运输设备修理	1	2775	1576	57	1649	59
电气设备修理	1	14787	9922	67	9679	65
电力、热力、燃气及水生产和供应业	**67**	**6548417**	**1602022**	**24**	**1571717**	**24**
电力、热力生产和供应业	58	6037691	1401241	23	1398920	23
电力生产	32	444774	248478	56	245225	55
火力发电	2	101792	42097	41	44476	44
热电联产	3	153644	78313	51	71717	47
核力发电	5	35550	23328	66	23102	65
风力发电	22	153789	104740	68	105929	69
电力供应	1	5293241	1135743	21	1132008	21
热力生产和供应	25	299677	17020	6	21687	7
燃气生产和供应业	5	423046	131957	31	100778	24
燃气生产和供应业	5	423046	131957	31	100778	24
天然气生产和供应业	4	416641	128428	31	98559	24
液化石油气生产和供应业	1	6405	3530	55	2218	35
水的生产和供应业	4	87680	68823	78	72019	82
自来水生产和供应	2	71741	56501	79	59384	83
污水处理及其再生利用	2	15939	12322	77	12635	79

9—9 规模以上大中型工业企业一览表

（2017 年）

企业名称	登记注册类型	企业规模	隶属关系	所属行业
特变电工新疆新能源股份有限公司	股份有限公司	大型	市（地、州、盟）	光伏设备及元器件制造
新特能源股份有限公司	股份有限公司	大型	市（地、州、盟）	文化用信息化学品制造
神华新疆能源有限责任公司	其他有限责任公司	大型	中央	烟煤和无烟煤开采洗选
新疆特变电工集团有限公司	私营有限责任公司	大型	其他	其他输配电及控制设备制造
新疆焦煤（集团）有限责任公司	国有独资公司	大型	省（自治区、直辖市）	烟煤和无烟煤开采洗选
双钱集团（新疆）昆仑轮胎有限公司	其他有限责任公司	大型	市（地、州、盟）	轮胎制造
新疆统一企业食品有限公司	港澳台商独资	大型	其他	方便面制造
新疆燃气（集团）有限公司	其他有限责任公司	大型	市（地、州、盟）	天然气生产和供应业
新疆阜丰生物科技有限公司	其他有限责任公司	大型	其他	食品及饲料添加剂制造
乌鲁木齐水业集团有限公司	国有独资公司	大型	市（地、州、盟）	自来水生产和供应
乌鲁木齐环鹏有限公司	国有独资公司	大型	市（地、州、盟）	无机盐制造
中国石油天然气股份有限公司乌鲁木齐石化分公司	股份有限公司	大型	中央	原油加工及石油制品制造
新疆天润乳业股份有限公司	股份有限公司	大型	中央	液体乳制造
宝钢集团新疆八一钢铁有限公司	其他有限责任公司	大型	中央	炼铁
中国石油化工股份有限公司西北油田分公司	股份有限公司	大型	中央	陆地石油开采
新疆众和股份有限公司	股份有限公司	大型	其他	铝压延加工
国网新疆电力公司	国有	大型	中央	电力供应
中电投新疆能源化工集团有限责任公司	其他有限责任公司	大型	中央	火力发电
新疆华泰重化工有限责任公司	股份有限公司	大型	省（自治区、直辖市）	初级形态塑料及合成树脂制造
乌鲁木齐市热力总公司	国有	大型	市（地、州、盟）	热力生产和供应
新疆天山毛纺织股份有限公司	股份有限公司	大型	省（自治区、直辖市）	毛条和毛纱线加工
神华新疆化工有限公司	其他有限责任公司	大型	中央	初级形态塑料及合成树脂制造
新疆金风科技股份有限公司	私营有限股份公司	大型	其他	发电机及发电机组制造
中建西部建设新疆有限公司	其他有限责任公司	大型	中央	水泥制品制造
新疆八一钢铁股份有限公司	股份有限公司	大型	中央	钢压延加工
新疆天康食品有限责任公司	其他有限责任公司	中型	中央	牲畜屠宰
新疆兵团建工金石商品混凝土有限责任公司	其他有限责任公司	中型	中央	水泥制品制造
新疆新华印刷厂	国有	中型	省（自治区、直辖市）	书、报刊印刷
上汽大众（新疆）汽车有限公司	中外合资经营	中型	市（地、州、盟）	汽柴油车整车制造
国药集团新疆制药有限公司	国有独资公司	中型	中央	化学药品制剂制造
新疆天山筑友混凝土有限责任公司	其他有限责任公司	中型	中央	水泥制品制造
新疆牧神机械有限责任公司	其他有限责任公司	中型	其他	机械化农业及园艺机具制造
东风新疆汽车有限公司	中外合资经营	中型	其他	新能源车整车制造
新疆源盛科技发展有限公司	私营有限责任公司	中型	其他	铝压延加工
新疆神新发展有限责任公司	其他有限责任公司	中型	其他	烟煤和无烟煤开采洗选
红云红河烟草（集团）有限责任公司新疆卷烟厂	国有独资公司	中型	中央	卷烟制造
新疆广汇热力有限公司	其他有限责任公司	中型	市（地、州、盟）	热力生产和供应

9－9 续表　　（2017 年）

企业名称	登记注册类型	企业规模	隶属关系	所属行业
乌鲁木齐高新技术产业开发区热力公司	国有	中型	市（地、州、盟）	热力生产和供应
新疆乌鲁木齐正大畜牧有限公司	中外合作经营	中型	其他	其他饲料加工
新疆新化化肥有限责任公司	国有独资公司	中型	省（自治区、直辖市）	氮肥制造
新疆蒙牛乳业有限公司	私营有限责任公司	中型	其他	液体乳制造
新疆米东天山水泥有限责任公司	其他有限责任公司	中型	其他	水泥制造
新疆和融热力有限公司	其他有限责任公司	中型	其他	热力生产和供应
乌鲁木齐华源热力股份有限公司	股份有限公司	中型	市（地、州、盟）	热力生产和供应
新疆五江兴华实业有限公司	私营有限责任公司	中型	其他	玻璃保温容器制造
新疆天康饲料科技有限公司	其他有限责任公司	中型	其他	其他饲料加工
新疆昌平矿业有限责任公司	其他有限责任公司	中型	中央	烟煤和无烟煤开采洗选
新疆维吾尔药业有限责任公司	私营有限责任公司	中型	其他	中成药生产
新疆溢达纺织有限公司	港澳台商独资	中型	其他	棉纺纱加工
新疆新峰股份有限公司	股份有限公司	中型	中央	初级形态塑料及合成树脂制造
新疆会兴钢管有限公司	私营有限责任公司	中型	其他	钢压延加工
新疆天润生物科技股份有限公司	股份有限公司	中型	中央	液体乳制造
新疆中基红色番茄产业有限公司	其他有限责任公司	中型	市（地、州、盟）	蔬菜、水果罐头制造
兖矿新疆煤化工有限公司	其他有限责任公司	中型	省（自治区、直辖市）	氮肥制造
新疆天电电力工程有限责任公司	其他有限责任公司	中型	省（自治区、直辖市）	电气设备修理
乌鲁木齐西城热力有限公司	其他有限责任公司	中型	中央	热力生产和供应
新疆维泰热力股份有限公司	股份有限公司	中型	其他	热力生产和供应
新疆会兴超越建材有限公司	私营有限责任公司	中型	其他	钢压延加工
康师傅（乌鲁木齐）饮品有限公司	中外合资经营	中型	其他	茶饮料及其他饮料制造
华电新疆发电有限公司乌鲁木齐热电厂	国有独资公司	中型	中央	火力发电
天康生物股份有限公司	股份有限公司	中型	中央	生物药品制造
新疆航空食品有限责任公司	国有独资公司	中型	省（自治区、直辖市）	其他方便食品制造
新疆盐湖制盐有限责任公司	其他有限责任公司	中型	中央	采盐
华电新疆发电有限公司红雁池电厂	其他有限责任公司	中型	中央	热电联产
新疆雪峰科技（集团）股份有限公司	其他有限责任公司	中型	省（自治区、直辖市）	炸药及火工产品制造
新疆乌苏啤酒有限责任公司	外资企业	中型	其他	啤酒制造
国电新疆红雁池发电有限公司	国有独资公司	中型	中央	热电联产
新疆华世丹药业股份有限公司	股份有限公司	中型	其他	化学药品制剂制造
新疆中收农牧机械公司	国有	中型	市（地、州、盟）	机械化农业及园艺机具制造
新疆天山水泥股份有限公司	国有独资公司	中型	其他	水泥制造
中粮可口可乐饮料（新疆）有限公司	与港澳台商合资经营	中型	其他	碳酸饮料制造
乌鲁木齐伊利食品有限责任公司	其他有限责任公司	中型	其他	冷冻饮品及食用冰制造
新疆国统管道股份有限公司	股份有限公司	中型	其他	砼结构构件制造

9—10　近年规模以上工业分行业综合能源消费量

单位:万吨标准煤

指　　标	2010 年	2013 年	2014 年	2015 年	2016 年	2017 年
总　　计	**1370.83**	**1752.16**	**1715.97**	**1610.25**	**1568.09**	**1869.10**
按工业行业大类分						
煤炭开采和洗选业	34.34	65.85	25.34	28.86	17.28	14.90
石油和天然气开采业	77.23	66.78	73.68	69.40	58.85	67.40
有色金属矿采选业	0.08					
非金属矿采选业	5.93	4.46	4.62	4.55	2.98	1.70
开采辅助活动		0.01	0.01	0.01	0.01	
农副食品加工业	1.17	1.40	1.08	1.44	2.09	1.80
食品制造业	2.59	37.00	35.75	34.31	27.16	25.90
酒、饮料和精制茶制造业	1.14	2.26	1.94	1.72	1.88	1.60
烟草制造业			0.69	0.69	0.58	0.50
纺织业	5.78	1.91	1.85	1.35	1.42	1.30
纺织服装、服饰业	0.15	0.13	0.35	0.32	0.64	0.60
木材加工和木、竹、藤、棕、草制品业	0.59	1.99	1.35	0.64	0.28	
家具制造业	0.71	0.16	0.15	0.08	0.06	0.10
造纸和纸制品业	6.61	3.63	0.55	0.86	1.34	1.40
印刷和记录媒介复制业	0.53	0.42	0.35	0.32	0.31	0.30
石油加工、炼焦和核燃料加工业	256.18	301.40	259.29	260.26	221.73	219.00
化学原料和化学制品制造业	137.26	165.38	325.81	357.03	449.83	617.60
医药制造业	1.60	1.10	1.19	1.12	1.56	1.70
橡胶和塑料制品业	1.51	4.78	4.33	4.24	3.33	4.50
非金属矿物制品业	46.71	53.92	39.26	43.81	41.82	57.50
黑色金属冶炼和压延加工业	418.00	524.10	472.46	339.24	312.38	376.20
有色金属冶炼和压延加工业	5.99	6.54	114.34	93.77	86.91	106.60
金属制品业	2.64	1.65	1.70	1.28	1.02	1.10
通用设备制造业	0.71	0.26	0.48	0.30	0.23	0.20
专用设备制造业	1.72	1.28	0.91	1.00	0.84	0.50
汽车制造业	1.05	1.53	2.76	2.79	2.24	1.90
铁路、船舶、航空航天和其他运输设备制造业		0.01		0.01	0.01	
电气机械和器材制造业	1.24	1.56	2.00	1.53	1.20	0.80
计算机、通信和其他电子设备制造业	39.30	115.50			0.08	0.10
仪器仪表制造业	0.02	0.01	0.02	0.03	0.02	0.10
其他制造业	0.02	0.16	0.20	1.10	0.00	
电力、热力生产和供应业	318.83	385.91	342.25	356.70	327.89	360.20
燃气生产和供应业	0.21	0.26	0.27	0.47	0.80	0.60
水的生产和供应业	0.98	0.81	0.98	1.02	1.32	1.30

9—11 全市规模以上工业企业能源购进、消费与库存

（2017 年）

指　　标	年初库存	购进量	消费量	工业生产消费	非工业消费	年末库存
能源合计（吨标准煤）			**39583710**	**39578237**	**5472**	
原煤（吨）	1004992	18820444	20242990	20241373	1617	1161733
洗精煤（吨）	145802	2585463	2516804	2516804		214461
其他洗煤（吨）	63270	998602	1075951	1075951		15794
煤制品（吨）						
焦炭（吨）	34227	1034504	2777013	2777013		142466
焦炉煤气（万立方米）			84253	84253		
高炉煤气（万立方米）			693667	693667		
转炉煤气（万立方米）			114150	114150		
天然气（万立方米）	186	178566	213222	213139	83	80
液化天然气（吨）		121	121	119	2	
原油（吨）	189417	6552318	6708323	6708323		274696
汽油（吨）	7	12429	12837	12559	279	
煤油（吨）			79	79		
柴油（吨）	825	42140	42559	42360	198	687
燃料油（吨）						
液化石油气（吨）			161	161		
炼厂干气（吨）			145157	145157		
润滑油（吨）	15	449	457	457		8
溶剂油（吨）		86	86	86		
石油焦（吨）						
其他石油制品（吨）	11613	304127	517269	517269		7346
热力（百万千焦）		2351027	38612205	38559720	52485	
电力（万千瓦时）		1578411	2584348	2583780	569	
煤矸石用于原料（吨）		773298	817740	817740		
余热余压（百万千焦）			5043182	5043182		
其他燃料（吨标准煤）	141	4735	4677	4677		199

9—12 规模以上工业分行业能源消费量

（2017 年）

指　　标	综合能源消费量（吨标准煤）	工业总产值单位能耗（吨标准煤/万元）	工业增加值单位能耗（吨标准煤/万元）
总　　计	**18691499**	**0.81**	**3.02**
按工业行业大类分			
煤炭开采和洗选业	148632	0.30	0.58
石油和天然气开采业	674407	0.48	0.70
有色金属矿采选业			
非金属矿采选业	16772	2.06	5.13
开采辅助活动	99	0.02	0.03
农副食品加工业	17760	0.06	0.59
食品制造业	259428	0.44	1.46
酒、饮料和精制茶制造业	16444	0.12	0.51
烟草制造业	5374	0.01	0.02
纺织业	12660	0.13	0.41
纺织服装、服饰业	5797	0.33	2.07
木材加工和木、竹、藤、棕、草制品业	28		
家具制造业	544	0.03	0.18
造纸和纸制品业	13618	0.28	1.29
印刷和记录媒介复制业	3090	0.13	0.27
石油加工、炼焦和核燃料加工业	2189510	0.73	1.87
化学原料和化学制品制造业	6176361	3.88	10.10
医药制造业	17304	0.08	0.18
橡胶和塑料制品业	45152	0.16	0.98
非金属矿物制品业	574768	1.09	4.76
黑色金属冶炼和压延加工业	3762452	1.16	11.46
有色金属冶炼和压延加工业	1065710	1.55	9.47
金属制品业	11114	0.05	0.35
通用设备制造业	2396	0.07	0.24
专用设备制造业	4891	0.04	0.11
汽车制造业	18585	0.07	0.55
铁路、船舶、航空航天和其他运输设备制造业	42	0.00	0.06
电气机械和器材制造业	8495	0.00	0.05
计算机、通信和其他电子设备制造业	828	0.51	0.67
仪器仪表制造业	512	0.10	0.89
废弃资源综合利用业	17184	2.54	8.00
电力、热力生产和供应业	3601759	0.60	2.57
燃气生产和供应业	5571	0.01	0.06
水的生产和供应业	12585	0.14	0.17

9—13 规模以上工业企业主要能源品种分产品、分行业能源消费量

（2017年）

指 标	原煤(吨)	炼焦烟煤(吨)	一般烟煤(吨)	洗精煤(吨)	其它洗煤(吨)
总 计	**20242990**	**1487488**	**18755322**	**2516804**	**1075951**
按工业行业大类分					
煤炭开采和洗选业	1520168	1487488	32680		29872
石油和天然气开采业					
有色金属矿采选业					
非金属矿采选业	23689		23689		
开采辅助活动					
农副食品加工业	5067		5067		
食品制造业	348676		348676		
酒、饮料和精制茶制造业					
烟草制造业					
纺织业					
纺织服装、服饰业	4314		4314		
木材加工和木、竹、藤、棕、草制品业					
家具制造业					
造纸和纸制品业	7838		7838		
印刷和记录媒介复制业	3		3		
石油加工、炼焦和核燃料加工业	1286416		1286416		
化学原料和化学制品制造业	7373819		7373819		1046079
医药制造业	71		3		
橡胶和塑料制品业	21226		21226		
非金属矿物制品业	607302		607302		
黑色金属冶炼和压延加工业	752579		752579	2516804	
有色金属冶炼和压延加工业	1207347		1207347		
金属制品业	355		298		
通用设备制造业	107		52		
专用设备制造业					
汽车制造业					
铁路、船舶、航空航天和其他运输设备制造业					
电气机械和器材制造业					
计算机、通信和其他电子设备制造业					
仪器仪表制造业					
其他制造业					
电力、热力生产和供应业	7065050		7065050		
燃气生产和供应业					
水的生产和供应业	1496		1496		

9－13 续表 1　　（2017 年）

指　　标	煤制品（吨）	焦炭（吨）	其它焦化产品（吨）	焦炉煤气（万立方米）	高炉煤气（万立方米）
总　　计		**2777013**		**84253**	**693667**
按工业行业大类分					
煤炭开采和洗选业					
石油和天然气开采业					
有色金属矿采选业					
非金属矿采选业					
开采辅助活动					
农副食品加工业					
食品制造业					
酒、饮料和精制茶制造业					
烟草制造业					
纺织业					
纺织服装、服饰业					
木材加工和木、竹、藤、棕、草制品业					
家具制造业					
造纸和纸制品业					
印刷和记录媒介复制业					
石油加工、炼焦和核燃料加工业					
化学原料和化学制品制造业		129255			
医药制造业					
橡胶和塑料制品业					
非金属矿物制品业					
黑色金属冶炼和压延加工业		2647758		84253	693667
有色金属冶炼和压延加工业					
金属制品业					
通用设备制造业					
专用设备制造业					
汽车制造业					
铁路、船舶、航空航天和其他运输设备制造业					
电气机械和器材制造业					
计算机、通信和其他电子设备制造业					
仪器仪表制造业					
其他制造业					
电力、热力生产和供应业					
燃气生产和供应业					
水的生产和供应业					

9－13续表2　　(2017年)

指　　标	转炉煤气（万立方米）	天然气（万立方米）	液化天然气（吨）	原油（吨）	汽油（吨）
总　　计	**114150**	**213222**	**121**	**6708323**	**12837**
按工业行业大类分					
煤炭开采和洗选业		349			250
石油和天然气开采业		34898		241284	1461
有色金属矿采选业					
非金属矿采选业					18
开采辅助活动					46
农副食品加工业		573	12		145
食品制造业		1253	82		260
酒、饮料和精制茶制造业		876			20
烟草制造业		288			19
纺织业		173			34
纺织服装、服饰业		57			86
木材加工和木、竹、藤、棕、草制品业					
家具制造业		18			28
造纸和纸制品业		310			37
印刷和记录媒介复制业		33			53
石油加工、炼焦和核燃料加工业		23360		6467039	563
化学原料和化学制品制造业		3133			304
医药制造业		885			421
橡胶和塑料制品业		741	18		312
非金属矿物制品业		2491	5		868
黑色金属冶炼和压延加工业	114150	1078			448
有色金属冶炼和压延加工业		1793			82
金属制品业		320	2		357
通用设备制造业		11	1		78
专用设备制造业		1795			117
汽车制造业		553			158
铁路、船舶、航空航天和其他运输设备制造业					12
电气机械和器材制造业		115			297
计算机、通信和其他电子设备制造业					
仪器仪表制造业					16
其他制造业					
电力、热力生产和供应业		137668			5482
燃气生产和供应业		319			564
水的生产和供应业		59			287

9－13 续表 3　　(2017 年)

指　　标	煤油 (吨)	柴油 (吨)	燃料油 (吨)	液化石油气 (吨)	炼厂干气 (吨)
总　计	**79**	**42559**		**161**	**145157**
按工业行业大类分					
煤炭开采和洗选业		1025			
石油和天然气开采业		796			
有色金属矿采选业					
非金属矿采选业		150			
开采辅助活动					
农副食品加工业		74			
食品制造业		553			
酒、饮料和精制茶制造业		27			
烟草制造业					
纺织业		19			
纺织服装、服饰业		44			
木材加工和木、竹、藤、棕、草制品业		13			
家具制造业		27			
造纸和纸制品业		127			
印刷和记录媒介复制业		49			
石油加工、炼焦和核燃料加工业	79	397		161	145157
化学原料和化学制品制造业		1523			
医药制造业		91			
橡胶和塑料制品业		353			
非金属矿物制品业		29385			
黑色金属冶炼和压延加工业		5746			
有色金属冶炼和压延加工业		282			
金属制品业		150			
通用设备制造业		1			
专用设备制造业		29			
汽车制造业		146			
铁路、船舶、航空航天和其他运输设备制造业					
电气机械和器材制造业		68			
计算机、通信和其他电子设备制造业					
仪器仪表制造业					
其他制造业					
电力、热力生产和供应业		1340			
燃气生产和供应业		11			
水的生产和供应业		109			

9－13 续表 4 （2017 年）

指　　标	润滑油(吨)	石蜡(吨)	溶剂油(吨)	石油焦(吨)	其它石油制品(吨)
总　计	**457**	**9**	**86**		**517269**
按工业行业大类分					
煤炭开采和洗选业	130				3
石油和天然气开采业					
有色金属矿采选业					
非金属矿采选业					
开采辅助活动					
农副食品加工业			86		
食品制造业					
酒、饮料和精制茶制造业					
烟草制造业					
纺织业					
纺织服装、服饰业					
木材加工和木、竹、藤、棕、草制品业					
家具制造业					
造纸和纸制品业					
印刷和记录媒介复制业					
石油加工、炼焦和核燃料加工业	70				517250
化学原料和化学制品制造业					
医药制造业					
橡胶和塑料制品业	101				
非金属矿物制品业	153				16
黑色金属冶炼和压延加工业	3	9			
有色金属冶炼和压延加工业					
金属制品业					
通用设备制造业					
专用设备制造业					
汽车制造业					
铁路、船舶、航空航天和其他运输设备制造业					
电气机械和器材制造业					
计算机、通信和其他电子设备制造业					
仪器仪表制造业					
其他制造业					
电力、热力生产和供应业					
燃气生产和供应业					
水的生产和供应业					

9－13 续表 5　　(2017 年)

指　　标	热力 (百万千焦)	电力 (万千瓦时)	煤矸石用于 燃料(吨)	余热余压 (百万千焦)	其他燃料 (吨标准煤)
总　计	**38612205**	**2584348**	**817740**	**5043182**	**4677**
按工业行业大类分					
煤炭开采和洗选业	229732	16491			
石油和天然气开采业	135077	65441			
有色金属矿采选业					
非金属矿采选业	840	1857			
开采辅助活动	849	2			
农副食品加工业	37153	4021			
食品制造业	18794	12483			
酒、饮料和精制茶制造业		3847			
烟草制造业		1509			
纺织业	23108	7729			
纺织服装、服饰业	69916	382			
木材加工和木、竹、藤、棕、草制品业		7			
家具制造业	3013	99			
造纸和纸制品业	7031	3085			
印刷和记录媒介复制业	47977	698			
石油加工、炼焦和核燃料加工业	57958	141355			
化学原料和化学制品制造业	17491005	657312			4677
医药制造业	108571	2251			
橡胶和塑料制品业	29278	15146			
非金属矿物制品业	103944	40959			
黑色金属冶炼和压延加工业	16219092	255318		5043182	
有色金属冶炼和压延加工业	2039952	418579			
金属制品业	6722	4639			
通用设备制造业	52982	267			
专用设备制造业	43992	1388			
汽车制造业	230937	2633			
铁路、船舶、航空航天和其他运输设备制造业		19			
电气机械和器材制造业	51014	3827			
计算机、通信和其他电子设备制造业		674			
仪器仪表制造业	13880	12			
其他制造业					
电力、热力生产和供应业	1568482	909946	817740		
燃气生产和供应业		391			
水的生产和供应业	12562	7913			

9—14 大中型工业企业能源购进、消费与库存

（2017 年）

指　　标	年初库存	购进量	消费量	工业生产消费	非工业消费	年末库存
能源合计(吨标准煤)			**34232922**	**34228473**	**4449**	
原煤(吨)	863041	14614051	16004831	16003326	1505	1051809
洗精煤(吨)	145802	2585463	2516804	2516804		214461
其他洗煤(吨)	63270	998602	1075951	1075951		15794
煤制品(吨)						
焦炭(吨)	34227	1034504	2777013	2777013		142466
焦炉煤气(万立方米)			84253	84253		
高炉煤气(万立方米)			693667	693667		
转炉煤气(万立方米)			114150	114150		
天然气(万立方米)	104	97415	132041	131991	50	39
液化天然气(吨)		45	45	45		
原油(吨)	189417	6552318	6708323	6708323		274696
汽油(吨)	6	9486	9893	9693	200	
煤油(吨)			79	79		
柴油(吨)	410	19948	20257	20192	65	384
燃料油(吨)						
液化石油气(吨)			161	161		
炼厂干气(吨)			145157	145157		
润滑油(吨)	15	403	410	410		8
溶剂油(吨)						
石油焦(吨)						
其他石油制品(吨)	11613	304127	517269	517269		7346
热力(百万千焦)		1783990	21816521	21764036	52485	
电力(万千瓦时)		1411894	2385001	2384570	431	
煤矸石用于原料(吨)						
余热余压(百万千焦)			5043182	5043182		
其他燃料(吨标准煤)	141	4735	4677	4677		199

9—15　近年大中型工业企业分行业综合能源消费量

单位:万吨标准煤

指　　标	2010年	2013年	2014年	2015年	2016年	2017年
总　计	**1196.08**	**1564.15**	**1533.18**	**1441.71**	**1354.63**	**1512.20**
按工业行业大类分						
煤炭开采和洗选业	33.86	65.59	25.16	28.77	10.42	14.80
石油和天然气开采业	77.23	66.78	73.68	69.40	58.85	67.40
有色金属矿采选业						
非金属矿采选业	4.65	4.33	4.53	4.44	2.87	1.60
开采辅助活动						
农副食品加工业		0.09	0.08	0.09	0.33	0.80
食品制造业	1.61	36.28	34.93	33.82	20.51	25.40
酒、饮料和精制茶制造业	0.78	0.91	1.94	1.72	1.88	1.60
烟草制造业			0.69	0.69	0.58	0.50
纺织业	5.27	1.83	1.80	1.33	1.34	1.00
纺织服装、服饰业					0.01	0.20
木材加工和木、竹、藤、棕、草制品业						
家具制造业	0.59	0.06	0.05	0.03		
造纸和纸制品业	3.22	1.28				
印刷和记录媒介复制业	0.17	0.15	0.14	0.14	0.13	0.10
石油加工、炼焦和核燃料加工业	255.77	301.06	254.90	255.60	217.99	218.90
化学原料和化学制品制造业	133.06	160.84	321.12	354.08	378.21	363.50
医药制造业	1.35	0.59	0.62	0.49	0.56	0.90
橡胶和塑料制品业	0.10	2.39	2.85	2.43	2.14	2.30
非金属矿物制品业	23.07	31.47	21.02	25.77	25.26	29.90
黑色金属冶炼和压延加工业	413.50	515.12	462.57	333.72	306.62	374.80
有色金属冶炼和压延加工业	0.34	6.38	114.15	93.67	86.65	106.30
金属制品业			0.84	0.51		
通用设备制造业			0.19	0.19		
专用设备制造业	1.14	0.54	0.33	0.50	0.43	0.10
汽车制造业	0.24	0.83	1.91	2.04	1.72	1.50
铁路、船舶、航空航天和其他运输设备制造业						
电气机械和器材制造业	0.77	0.92	1.09	0.84	0.77	0.40
计算机、通信和其他电子设备制造业	39.04	115.48				
仪器仪表制造业						
其他制造业		0.16				
电力、热力生产和供应业	199.69	250.34	207.62	230.27	235.64	298.70
燃气生产和供应业	0.21	0.41	0.23	0.43	0.75	0.50
水的生产和供应业	0.43	0.44	0.74	0.74	0.97	0.90

9—16 大中型工业企业主要能源品种分行业消费量

（2017 年）

指　　标	原煤（吨）	炼焦烟煤（吨）	一般烟煤（吨）	洗精煤（吨）	其它洗煤（吨）
总　计	**16004831**	**1487488**	**14517343**	**2516804**	**1075951**
按工业行业大类分					
煤炭开采和洗选业	1520168	1487488	32680		29872
石油和天然气开采业					
有色金属矿采选业					
非金属矿采选业	23664		23664		
开采辅助活动					
农副食品加工业	1970		1970		
食品制造业	348126		348126		
酒、饮料和精制茶制造业					
烟草制造业					
纺织业					
纺织服装、服饰业	4094		4094		
木材加工和木、竹、藤、棕、草制品业					
家具制造业					
造纸和纸制品业					
印刷和记录媒介复制业					
石油加工、炼焦和核燃料加工业	1286416		1286416		
化学原料和化学制品制造业	4240734		4240734		1046079
医药制造业					
橡胶和塑料制品业	21222		21222		
非金属矿物制品业	342441		342441		
黑色金属冶炼和压延加工业	750760		750760	2516804	
有色金属冶炼和压延加工业	1207347		1207347		
金属制品业					
通用设备制造业					
专用设备制造业					
汽车制造业					
铁路、船舶、航空航天和其他运输设备制造业					
电气机械和器材制造业					
计算机、通信和其他电子设备制造业					
仪器仪表制造业					
其他制造业					
电力、热力生产和供应业	6256741		6256741		
燃气生产和供应业					
水的生产和供应业	1147		1147		

9－16 续表 1　　（2017 年）

指　　标	煤制品（吨）	焦炭（吨）	其它焦化产品（吨）	焦炉煤气（万立方米）	高炉煤气（石立方米）
总　计		**2777013**		**84253**	**693667**
按工业行业大类分					
煤炭开采和洗选业					
石油和天然气开采业					
有色金属矿采选业					
非金属矿采选业					
开采辅助活动					
农副食品加工业					
食品制造业					
酒、饮料和精制茶制造业					
烟草制造业					
纺织业					
纺织服装、服饰业					
木材加工和木、竹、藤、棕、草制品业					
家具制造业					
造纸和纸制品业					
印刷和记录媒介复制业					
石油加工、炼焦和核燃料加工业					
化学原料和化学制品制造业		129255			
医药制造业					
橡胶和塑料制品业					
非金属矿物制品业					
黑色金属冶炼和压延加工业		2647758		84253	693667
有色金属冶炼和压延加工业					
金属制品业					
通用设备制造业					
专用设备制造业					
汽车制造业					
铁路、船舶、航空航天和其他运输设备制造业					
电气机械和器材制造业					
计算机、通信和其他电子设备制造业					
仪器仪表制造业					
其他制造业					
电力、热力生产和供应业					
燃气生产和供应业					
水的生产和供应业					

9－16 续表 2　　（2017 年）

指　　标	转炉煤气（万立方米）	天然气（万立方米）	液化天然气（吨）	原油（吨）	汽油（吨）
总　计	**114150**	**132041**	**45**	**6708323**	**9893**
按工业行业大类分					
煤炭开采和洗选业		349			237
石油和天然气开采业		34898		241284	1461
有色金属矿采选业					
非金属矿采选业					
开采辅助活动					
农副食品加工业		331	4		7
食品制造业		1001	41		144
酒、饮料和精制茶制造业		876			20
烟草制造业		288			19
纺织业		172			23
纺织服装、服饰业					34
木材加工和木、竹、藤、棕、草制品业					
家具制造业					
造纸和纸制品业					
印刷和记录媒介复制业		8			31
石油加工、炼焦和核燃料加工业		23340		6467039	528
化学原料和化学制品制造业		2213			144
医药制造业		541			219
橡胶和塑料制品业		99			48
非金属矿物制品业		142			484
黑色金属冶炼和压延加工业	114150	582			329
有色金属冶炼和压延加工业		1628			75
金属制品业					
通用设备制造业					
专用设备制造业		32			20
汽车制造业		412			128
铁路、船舶、航空航天和其他运输设备制造业					
电气机械和器材制造业					133
计算机、通信和其他电子设备制造业					
仪器仪表制造业					
其他制造业					
电力、热力生产和供应业		64789			5073
燃气生产和供应业		284			467
水的生产和供应业		59			260

9-16续表3 (2017年)

指 标	煤油（吨）	柴油（吨）	燃料油（吨）	液化石油气（吨）	炼厂干气（吨）
总 计	**79**	**20257**		**161**	**145157**
按工业行业大类分					
煤炭开采和洗选业		911			
石油和天然气开采业		796			
有色金属矿采选业					
非金属矿采选业		129			
开采辅助活动					
农副食品加工业		47			
食品制造业		462			
酒、饮料和精制茶制造业		27			
烟草制造业					
纺织业		16			
纺织服装、服饰业					
木材加工和木、竹、藤、棕、草制品业					
家具制造业					
造纸和纸制品业					
印刷和记录媒介复制业		21			
石油加工、炼焦和核燃料加工业	79	390		161	145157
化学原料和化学制品制造业		696			
医药制造业		32			
橡胶和塑料制品业		60			
非金属矿物制品业		9894			
黑色金属冶炼和压延加工业		5282			
有色金属冶炼和压延加工业		276			
金属制品业					
通用设备制造业					
专用设备制造业		5			
汽车制造业		15			
铁路、船舶、航空航天和其他运输设备制造业					
电气机械和器材制造业		9			
计算机、通信和其他电子设备制造业					
仪器仪表制造业					
其他制造业					
电力、热力生产和供应业		1091			
燃气生产和供应业		11			
水的生产和供应业		88			

9－16 续表4 （2017 年）

指　　标	润滑油（吨）	石蜡（吨）	溶剂油（吨）	石油焦（吨）	其它石油制品（吨）
总　计	**410**				**517269**
按工业行业大类分					
煤炭开采和洗选业	130				3
石油和天然气开采业					
有色金属矿采选业					
非金属矿采选业					
开采辅助活动					
农副食品加工业					
食品制造业					
酒、饮料和精制茶制造业					
烟草制造业					
纺织业					
纺织服装、服饰业					
木材加工和木、竹、藤、棕、草制品业					
家具制造业					
造纸和纸制品业					
印刷和记录媒介复制业					
石油加工、炼焦和核燃料加工业	70				517250
化学原料和化学制品制造业					
医药制造业					
橡胶和塑料制品业	100				
非金属矿物制品业	110				16
黑色金属冶炼和压延加工业					
有色金属冶炼和压延加工业					
金属制品业					
通用设备制造业					
专用设备制造业					
汽车制造业					
铁路、船舶、航空航天和其他运输设备制造业					
电气机械和器材制造业					
计算机、通信和其他电子设备制造业					
仪器仪表制造业					
其他制造业					
电力、热力生产和供应业					
燃气生产和供应业					
水的生产和供应业					

9－16 续表 5　　(2017 年)

指　　标	热力（百万千焦）	电力（万千瓦时）	煤矸石用于燃料（吨）	余热余压（百万千焦）	其他燃料（吨标准煤）
总　计	**21816521**	**2385001**		**5043182**	**4677**
按工业行业大类分					
煤炭开采和洗选业	229732	15948			
石油和天然气开采业	135077	65441			
有色金属矿采选业					
非金属矿采选业		925			
开采辅助活动					
农副食品加工业	3306	1917			
食品制造业	3088	11806			
酒、饮料和精制茶制造业		3847			
烟草制造业		1509			
纺织业		5850			
纺织服装、服饰业		176			
木材加工和木、竹、藤、棕、草制品业					
家具制造业					
造纸和纸制品业					
印刷和记录媒介复制业	21672	280			
石油加工、炼焦和核燃料加工业	57958	141300			
化学原料和化学制品制造业	1471529	564052			4677
医药制造业	74144	833			
橡胶和塑料制品业		4893			
非金属矿物制品业		25642			
黑色金属冶炼和压延加工业	16219092	250418		5043182	
有色金属冶炼和压延加工业	2039952	417898			
金属制品业					
通用设备制造业					
专用设备制造业	14053	333			
汽车制造业	209577	2179			
铁路、船舶、航空航天和其他运输设备制造业					
电气机械和器材制造业	22646	2487			
计算机、通信和其他电子设备制造业					
仪器仪表制造业					
其他制造业					
电力、热力生产和供应业	1297923	861454			
燃气生产和供应业		195			
水的生产和供应业	12562	5610			

9—17　全市规模以上工业企业能源产品生产、销售与库存

（2017年）

产品名称	计量单位	年初库存量
原煤	吨	226123
无烟煤	吨	
炼焦烟煤	吨	19384
一般烟煤	吨	206739
褐煤	吨	
其他洗煤	吨	29550
洗精煤（用于炼焦）	吨	6900
天然原油	吨	400153
天然气	万立方米	
液化天然气	吨	
煤层气	万立方米	
原油加工量	吨	
汽油	吨	28686
煤油	吨	7288
柴油	吨	31468
润滑油	吨	511
燃料油	吨	1381
石脑油	吨	4795
溶剂油	吨	
润滑脂	吨	
液化石油气	吨	638
石油焦	吨	
石油沥青	吨	301
焦炭	吨	66839
发电量	万千瓦小时	
火力发电量	万千瓦小时	
水力发电量	万千瓦小时	
核能发电量	万千瓦小时	
风力发电量	万千瓦小时	
煤气生产量	万立方米	

9－17 续表 1

产品名称	计量单位	产品产量	
		2016 年	2017 年
原煤	吨	10017672	7842382
无烟煤	吨		
炼焦烟煤	吨	1541333	1404021
一般烟煤	吨	8476339	6438361
褐煤	吨		
其他洗煤	吨	188010	298646
洗精煤(用于炼焦)	吨	1156025	1188842
天然原油	吨	5953510	6299974
天然气	万立方米	147304	159408
液化天然气	吨	111820	119936
煤层气	万立方米		
原油加工量	吨	5668365	6447937
汽油	吨	1128570	1433033
煤油	吨	176679	169109
柴油	吨	2805918	3127208
润滑油	吨	18548	6783
燃料油	吨	8833	9204
石脑油	吨	71182	33133
溶剂油	吨		
润滑脂	吨		
液化石油气	吨	101926	130223
石油焦	吨	327100	401227
石油沥青	吨	72183	40351
焦炭	吨	1599029	1789980
发电量	万千瓦小时	2667969	2872744
火力发电量	万千瓦小时	2246029	2336051
水力发电量	万千瓦小时	74030	
核能发电量	万千瓦小时		
风力发电量	万千瓦小时	347910	536693
煤气生产量	万立方米	755747	896403

9－17 续表 2

产品名称	计量单位	销售量	
		2016 年	2017 年
原煤	吨	8674054	6491352
无烟煤	吨		
炼焦烟煤	吨	337776	41594
一般烟煤	吨	8336278	6449758
褐煤	吨		
其他洗煤	吨	1622898	229734
洗精煤(用于炼焦)	吨	1193520	1186909
天然原油	吨	5782733	6070903
天然气	万立方米	115705	124510
液化天然气	吨	111820	119936
煤层气	万立方米		
原油加工量	吨		
汽油	吨	1133832	1437049
煤油	吨	171961	176318
柴油	吨	2820663	3144751
润滑油	吨	20565	6562
燃料油	吨	10212	9906
石脑油	吨	66357	37878
溶剂油	吨		
润滑脂	吨		
液化石油气	吨	101614	130426
石油焦	吨	329044	401212
石油沥青	吨	87438	40345
焦炭	吨		
发电量	万千瓦小时	1688393	1861739
火力发电量	万千瓦小时	1275395	1334301
水力发电量	万千瓦小时	72539	
核能发电量	万千瓦小时		
风力发电量	万千瓦小时	340459	527438
煤气生产量	万立方米	2516	4333

9－17 续表 3

产品名称	计量单位	企业自用及其他	
		2016 年	2017 年
原煤	吨	1347885	1489567
无烟煤	吨		
炼焦烟煤	吨	1344035	1487488
一般烟煤	吨	3850	2079
褐煤	吨		
其他洗煤	吨	38994	29872
洗精煤(用于炼焦)	吨		3482
天然原油	吨	227617	241284
天然气	万立方米	31599	34898
液化天然气	吨		
煤层气	万立方米		
原油加工量	吨		
汽油	吨	311	426
煤油	吨	82	79
柴油	吨	330	283
润滑油	吨	334	
燃料油	吨		
石脑油	吨	30	50
溶剂油	吨		
润滑脂	吨		
液化石油气	吨	90	161
石油焦	吨	10	15
石油沥青	吨	32	
焦炭	吨	2088834	1850748
发电量	万千瓦小时	994633	1240223
火力发电量	万千瓦小时	985623	1231358
水力发电量	万千瓦小时	1490	
核能发电量	万千瓦小时		
风力发电量	万千瓦小时	7520	8865
煤气生产量	万立方米	753232	892071

9－17 续表 4

产品名称	计量单位	期末库存量	
		2016 年	2017 年
原煤	吨	226123	78360
无烟煤	吨		
炼焦烟煤	吨	19384	10090
一般烟煤	吨	206739	68270
褐煤	吨		
其他洗煤	吨	36450	68590
洗精煤(用于炼焦)	吨	6900	5351
天然原油	吨	400153	387940
天然气	万立方米		
液化天然气	吨		
煤层气	万立方米		
原油加工量	吨		
汽油	吨	28686	24244
煤油	吨	7288	
柴油	吨	31468	13642
润滑油	吨	511	733
燃料油	吨	1381	679
石脑油	吨	4795	
溶剂油	吨		
润滑脂	吨		
液化石油气	吨	638	274
石油焦	吨		
石油沥青	吨	301	307
焦炭	吨	66839	6071
发电量	万千瓦小时		
火力发电量	万千瓦小时		
水力发电量	万千瓦小时		
核能发电量	万千瓦小时		
风力发电量	万千瓦小时		
煤气生产量	万立方米		

9—18 全市规模以上工业企业供水用水情况

单位:万立方米

指 标	2005 年	2009 年	2010 年	2011 年	2012 年
取水总量	**21361.67**	**37769.01**	**30616.26**	**34019.00**	**33167.98**
#地表淡水	8783.84	13918.19	10502.40	15546.00	15671.24
地下淡水	10040.10	10404.37	16081.62	13444.00	12468.75
自来水	2536.05	2950.15	3500.49	4268.00	3934.51
其他水	0.80	10496.29	531.75	761.00	1093.49
重复用水量	**2646.55**	**11401.09**	**10681.26**	**11802.99**	**36896.26**
直流冷却水量(河湖水)			**1200.34**	**1200.00**	**1200.00**
外排水量			**7562.84**	**8765.12**	**3445.06**

指 标	2013 年	2014 年	2015 年	2016 年	2017 年
取水总量	**35374.22**	**44601.83**	**44255.30**	**44829.88**	**45561.67**
#地表淡水	17339.22	24903.77	25631.96	27548.21	29549.94
地下淡水	13259.25	14057.51	14159.13	12079.75	11008.07
自来水	3575.53	3166.34	3018.21	3150.75	3141.01
其他水	1200.22	322.12	266.18	241.94	3.20
重复用水量	**34447.95**	**84302.67**	**225776.64**	**177582.76**	**245424.69**
直流冷却水量(河湖水)	**1200.00**	**22922.27**	**17347.47**	**13737.69**	**14242.98**
外排水量	**3160.09**	**15204.76**	**18022.26**	**18633.80**	**18163.12**

9—19 规模以上工业企业分行业用水量

（2017 年）

单位：万立方米

指　　标	取水量	外供水量
总　　计	**45561.67**	**29580.85**
按工业行业大类分		
煤炭开采和洗选业	948.18	
石油和天然气开采业	229.97	
有色金属矿采选业		
非金属矿采选业	28.19	
开采辅助活动	0.27	
农副食品加工业	41.52	
食品制造业	1126.78	
酒、饮料和精制茶制造业	192.76	
纺织业	34.77	
纺织服装、服饰业	74.98	
木材加工和木、竹、藤、棕、草制品业		
家具制造业	2.44	
造纸和纸制品业	14.68	
印刷和记录媒介复制业	10.31	
石油加工、炼焦和核燃料加工业	2431.31	42.30
化学原料和化学制品制造业	3588.52	6.32
医药制造业	47.61	
橡胶和塑料制品业	76.98	
非金属矿物制品业	254.83	
黑色金属冶炼和压延加工业	3284.33	
有色金属冶炼和压延加工业	257.56	
金属制品业	45.85	
通用设备制造业	4.49	
专用设备制造业	68.84	
汽车制造业	50.18	
铁路、船舶、航空航天和其他运输设备制造业	1.03	
电气机械和器材制造业	25.13	
计算机、通信和其他电子设备制造业	0.09	
仪器仪表制造业	0.43	
其他制造业		
电力、热力生产和供应业	3092.25	
燃气生产和供应业	6.39	
水的生产和供应业	29584.13	29532.24

主要统计指标解释
EXPLANATORY NOTES ON MAIN STATISTICAL INDICATORS

工业 指从事自然资源的开采，对采掘品和农产品进行加工和再加工的物质生产部门。具体包括：(1)对自然资源的开采，如采矿、晒盐等(但不包括禽兽捕猎和水产捕捞)；(2)对农副产品的加工、再加工，如粮油加工、食品加工、缫丝、纺织、制革等；(3)对采掘品的加工、再加工，如炼铁、炼钢、化工生产、石油加工、机器制造、木材加工等，以及电力、自来水、煤气的生产和供应等；(4)对工业品的修理、翻新，如机器设备的修理、交通运输工具(如汽车)的修理等。

工业统计调查单位为独立核算法人工业企业。

独立核算法人工业企业指从事工业生产经营活动的单位。独立核算法人工业企业应同时具备以下条件：①依法成立，有自己的名称、组织机构和场所，能够承担民事责任；②独立拥有和使用资产，承担负债，有权与其他单位签订合同；③独立核算盈亏，并能够编制资产负债表。

国有及国有控股企业 指国有企业加上国有控股企业。国有企业(即原全民所有制工业或国营工业)指企业全部资产归国家所有，并按《中华人民共和国企业法人登记管理条例》规定登记注册的非公司制的经济组织。包括国有企业、国有独资公司和国有联营企业。1957 年以前的公私合营和私营工业，后均改造为国营工业，1992 年改为国有工业，这部分工业的资料不单独分列时，均包括在国有企业内。国有控股企业是对混合所有制经济的企业进行的" 国有控股" 分类。它是指这些企业的全部资产中国有资产(股份)相对其他所有者中的任何一个所有者占资(股)最多的企业。该分组反映了国有经济控股情况。

轻工业 指主要提供生活消费品和制作手工工具的工业。按其所使用的原料不同，可分为两大类：(1)以农产品为原料的轻工业，是指直接或间接以农产品为基本原料的轻工业。主要包括食品制造、饮料制造、烟草加工、纺织、缝纫、皮革和毛皮制作、造纸以及印刷等工业；(2)以非农产品为原料的轻工业，是指以工业品为原料的轻工业。主要包括文教体育用品、化学药品制造、合成纤维制造、日用化学制品、日用玻璃制品、日用金属制品、手工工具制造、医疗器械制造、文化和办公用机械制造等工业。

重工业 指为国民经济各部门提供物质技术基础的主要生产资料的工业。按其生产性质和产品用途，可以分为下列三类：(1)采掘(伐)工业，是指对自然资源的开采，包括石油开采、煤炭开采、金属矿开采、非金属矿开采等工业；(2)原材料工业，指向国民经济各部门提供基本材料、动力和燃料的工业。包括金属冶炼及加工、炼焦及焦炭、化学、化工原料、水泥、人造板以及电力、石油和煤炭加工等工业；(3)加工工业，是指对工业原材料进行再加工制造的工业。包括装备国民经济各部门的机械设备制造工业、金属结构、水泥制品等工业，以及为农业提供的生产资料如化肥、农药等工业。

工业总产值 是工业企业在一定时期内生产的以货币形式表现的工业最终产品和提供工业性劳务活动的总价值量。它反映一定时间内工业生产的总规模和总水平。

工业增加值 是指工业企业在报告期内以货币形式表现的工业生产活动的最终成果；是工业企业全部生产活动的总成果扣除了在生产过程中消耗或转移的物质产品和劳务价值后的余额，是工业企业生产过程中新增加的价值。

资产总计 指企业过去的交易或者事项形成的、由企业拥有或者控制的、预期会给企业带来经济利益的资源。资产一般按流动性分为流动资产和非流动资产。其中流动资产可分为货币资金、交易性金融资产、应收票据、应收账款、预付款项、其他应收款、存货等；非流动资产可分为长期股权投资、固定资产、无形资产及其他非流动资产等。根据会计“资产负债表”中“资产总计”项目的期末余额数填报。

固定资产原价 指固定资产的成本，包括企业在购置、自行建造、安装、改建、扩建、技术改造某项固定资产时所发生的全部支出总额。根据会计“固定资产”科目的期末借方余额填报。

累计折旧 指企业在报告期末提取的历年固定资产折旧累计数。根据会计“累计折旧”科目的期末贷方余额填报。

负债合计 指企业过去的交易或者事项形成的，预期会导致经济利益流出企业的现时义务。负债一般按偿还期长短分为流动负债和非流动负债。根据会计“资产负债表”中“负债合计”项目的期末余额数填报。

流动负债合计 负债满足下列条件之一的应归为流动负债：(1)预计在一个正常营业周期中清偿；(2)主要为交易目的而持有；(3)自资产负债表日起一年内到期应予清偿；(4)企业无权自主地将清偿推迟至资产负债表日后一年以上。包括短期借款、应付票据、应付账款、应付职工薪酬、应交税费等项目。根据会计“资产负债表”中“流动负债合计”项目的期末余额数填报。

所有者权益合计 指企业资产扣除负债后由所有者享有的剩余权益。公司的所有者权益又称股东权益。包括实收资本、资本公积、盈余公积、未分配利润等。根据会计“资产负债表”中“所有者权益合计”项目的期末余额数填报。

主营业务收入 指企业确认的销售商品、提供劳务等主营业务的收入。根据会计“主营业务收入”科目的期末贷方余额填报。

主营业务成本 指企业经营主要业务所发生的成本总额。根据会计“主营业务成本”科目的期末借方余额填报。

主营业务税金及附加 指企业经营主要业务应负担的

营业税、消费税、城市维护建设税、教育费附加等。根据会计“主营业务税金及附加”科目的期末借方余额填报。

利润总额 指企业在一定会计期间的经营成果,是生产经营过程中各种收入扣除各种耗费后的盈余,反映企业在报告期内实现的亏盈总额。根据会计“利润表”中“利润总额”项目的本期金额数填报。

应交增值税 指企业按税法规定,从事货物销售或提供加工、修理修配劳务等增加货物价值的活动本期应交纳的税金。

总资产贡献率 反映企业全部资产的获利能力,是企业经营业绩和管理水平的集中体现,是评价和考核企业盈利能力的核心指标。

资产负债率 该指标既反映企业经营风险的大小,也反映企业利用债权人提供的资金从事经营活动的能力。

流动资产周转次数 指一定时期内流动资产完成的周转次数,反映投入工业企业流动资金的周转速度。

流动资产周转次数 = 主营业务收入 / 全部流动资产平均余额

成本费用利润率 反映企业投入的生产成本及费用的经济效益,同时也反映企业降低成本所取得的经济效益。

产品销售率 该指标反映工业产品已实现销售的程度,是分析工业产销衔接情况,研究工业产品满足社会需求的指标。

能源生产总量 指一定时期内,一个地区一次能源生产量的总和。该指标是观察一个地区能源生产水平、规模、构成和发展速度的总量指标。一次能源生产量包括原煤、原油、天然气、水电、核能及其他动力能(如风能、地热能等)发电量,不包括低热值燃料生产量、生物质能、太阳能等的利用和由一次能源加工转换而成的二次能源产量。

从业人员平均人数 是指报告期内(年度、季度、月度)每天平均拥有的从业人员人数。

全员劳动生产率 指根据产品的价值量指标计算的平均每一个从业人员在单位时间内的产品生产量。是考核企业经济活动的重要指标,是企业生产技术水平、经营管理水平、职工技术熟练程度和劳动积极性的综合表现。目前我国的全员劳动生产率是将工业企业的工业增加值除以同一时期全部从业人员的平均人数来计算的。

能源消费总量 指一定时期内,一个地区的各行业和居民生活消费的各种能源的总和,该指标是观察能源消费水平、构成和增长速度的总量指标。能源消费总量包括原煤和原油及其制品、天然气、电力,不包括低热值燃料、生物质能和太阳能等的利用。能源消费总量分为终端能源消费量、能源加工转换损失量和能源损失量三部分。

(1)终端能源消费量:指一定时期内,一个地区生产和生活消费的各种能源在扣除了用于加工转换二次能源消费量和损失量以后的数量。

(2)能源加工转换损失量:指一定时期内,一个地区投入加工转换的各种能源数量之和与产出各种能源产品之和的差额,该指标是观察能源在加工转换过程中损失量变化的指标。

(3)能源损失量:指一定时期内,能源在输送、分配、储存过程中发生的损失和由客观原因造成的各种损失量,不包括各种气体能源放空、放散量。

10

建筑业

Chapter10　Construction

资料整理：徐晓军

10—1 历年国有建筑企业发展情况

年 份	企业个数（个）	建筑业产值（万元）	劳动生产率（元/人）	房屋建筑施工面积（平方米）	房屋建筑竣工面积（平方米）	年末实有机械设备总动力（千瓦）
1951	2	304	2259	31997	31997	110
1952	3	2129	1844	82288	74954	4442
“一五”时期						
1953	4	2396	1502	189660	132399	6314
1954	4	4855	3153	245084	210585	8276
1955	4	4822	4216	338654	279680	5258
1956	3	6720	5504	413535	257996	1427
1957	5	5742	3333	643981	587586	4885
“二五”时期						
1958	7	6253	4274	669704	342077	5882
1959	12	12599	5018	1152318	694760	13162
1960	15	13123	3404	1175686	604778	12415
1961	9	4507	1832	413941	225034	15127
1962	6	3233	1940	218490	136777	13014
三年调整期						
1963	11	8985	2553	206792	130441	31677
1964	13	13540	3096	355854	224567	79955
1965	13	18345	3201	732865	526285	80391
“三五”时期						
1966	15	12840	1999	852631	640214	79381
1967	17	8619	1271	523713	221936	69712
1968	16	2575	382	415922	170575	74493
1969	18	2630	376	494205	176931	80606
1970	18	9629	1846	811252	438438	59677
“四五”时期						
1971	19	7286	1414	584449	273849	62473
1972	19	6903	1135	650760	210211	70432
1973	19	5951	1045	753734	245206	72493
1974	21	7845	1512	934118	421562	75915
1975	20	11000	1937	999490	345451	91226
“五五”时期						
1976	20	11462	1777	991366	306455	100516
1977	20	14127	2410	1117547	471995	112993
1978	21	17795	3026	1225338	463578	136523
1979	23	21586	3030	1736952	667714	193077
1980	22	28218	3704	2011228	834296	186287
“六五”时期						
1983	36	40923	5723	2440170	1258349	194979
1984	32	103460	5832	5066900	2652900	211419
1985	33	65573	8723	3039978	1532784	272180

10－1 续表

年　份	企业个数（个）	建筑业产值（万元）	劳动生产率（元/人）	房屋建筑施工面积（平方米）	房屋建筑竣工面积（平方米）	年末实有机械设备总动力（千瓦）
“七五”时期						
1986	40	76388	9324	3132355	1548907	313682
1987	41	77371	9289	2905881	1358622	357622
1988	40	92273	10713	2739731	1240714	335778
1989	61	102606	11845	2890569	1416826	386747
1990	51	119239	13051	2817878	1417945	480475
“八五”时期						
1991	56	134890	14476	2972838	1450513	495762
1992	59	187146	18685	3344951	1483829	511534
1993	43	246119	27896	4491812	1517911	527809
1994	60	380567	39655	4960035	1891501	642965
1995	66	450791	46279	5403420	1964419	710381
“九五”时期						
1996	74	449297	45030	5393881	2015653	654738
1997	78	500238	49402	5396611	2050232	648285
1998	110	628736	60965	5949710	2465424	636977
1999	122	690101	71478	6537968	3237248	610318
2000	134	860503	85352	7938817	4071192	691138
“十五”时期						
2001	109	929409	101226	9476295	4654876	589302
2002	62	496635	107285	2762183	1508619	416302
2003	43	444587	120864	1785682	814890	320969
2004	51	503985	136681	1795430	748584	239960
2005	47	632395	166796	1885531	727289	244226
“十一五”时期						
2006	35	578397	172065	1651002	915421	217925
2007	40	775108	127154	1905261	780951	313458
2008	44	1015962	193734	3253485	1312811	288141
2009	48	1558998	234429	4345334	1930679	446371
2010	46	1649475	231525	4517149	1813178	386721
“十二五”时期						
2011	48	2181572	365606	5264406	1316816	366800
2012	39	2271967	259425	7127090	1768602	559122
2013	33	1757892	244396	5778196	1441246	924310
2014	32	1635466	287600	6118377	1792687	
2015	32	1385870	271234	4789379	1336078	140451
“十三五”时期						
2016	28	1260844	260596	5282460	1187483	130658
2017	24	4964838	565800	21197300	5719410	502831

10—2 建筑企业基本情况

（2017 年）

单位：万元

指标	企业个数（个）	建筑业合同情况		
		签订的合同额	上年结转合同额	本年新签合同额
总计	**440**	**20217322**	**6362730**	**13854592**
按登记注册类型分组				
内资企业	437	20216136	6361720	13854416
国有企业	13	907935	489482	418453
集体企业	6	64578	20438	44140
有限责任公司	98	13910334	4161046	9749288
国有独资公司	16	7399404	1008959	6390444
其他有限责任公司	82	6510930	3152087	3358843
股份有限公司	12	3130743	986457	2144287
私营企业	308	2202545	704297	1498248
私营有限责任公司	307	2199522	703643	1495879
私营股份有限公司	1	3024	654	2370
港、澳、台商投资企业	2	1046	1000	46
与港澳台商合资经营	2	1046	1000	46
港、澳、台商独资				
外商投资企业	1	140	10	130
按隶属关系分组				
中央	31	6119504	3042226	3077278
省（自治区、直辖市）	29	9219763	1688922	7530842
地区（州、盟、省辖市）	30	1613632	440436	1173196
县（区、市、旗）及县以下				
其他	350	3264423	1191147	2073276
按控股情况分组				
国有控股	73	16602700	5064773	11537926
集体控股	12	528964	211079	317885
私人控股	341	2988425	1029041	1959384
港澳台商控股	1	46		46
其他	13	97187	57837	39350

10-2 续表 1 （2017 年） 单位:万元

指　　标	承包工程完成情况			
	直接从建设单位承揽工程完成的产值	自行完成施工产值	分包出去工程的产值	从建设单位以外承揽工程完成的产值
总　计	**7072394**	**7022078**	**50316**	**110854**
国有及国有控股企业				
按登记注册类型分组				
内资企业	7071633	7021317	50316	110854
国有企业	334777	320596	14181	41730
集体企业	53403	53403		
有限责任公司	4149440	4137231	12209	23177
国有独资公司	1539855	1539855		
其他有限责任公司	2609585	2597376	12209	23177
股份有限公司	1274748	1274547	200	25200
私营企业	1259265	1235540	23725	20747
私营有限责任公司	1258663	1234938	23725	20747
私营股份有限公司	602	602		
港、澳、台商投资企业	646	646		
与港澳台商合资经营	646	646		
港、澳、台商独资				
外商投资企业	115	115		
按隶属关系分组				
中央	2239171	2224990	14181	61798
省(自治区、直辖市)	2405273	2394561	10712	26927
地区(州、盟、省辖市)	716577	716577		
县(区、市、旗)及县以下				
其他	1711373	1685950	25423	22129
按控股情况分组				
国有控股	5138329	5113235	25093	88925
集体控股	284344	284344		
私人控股	1611674	1586451	25223	21929
港澳台商控股	46	46		
其他	38001	38001		

10－2 续表 2 （2017 年） 单位：万元

指　　标	建筑业总产值	#装饰装修产值	在外省完成的产值	按构成分		
				建筑工程产值	安装工程产值	其他产值
总　计	**7132932**	**115434**	**955590**	**6273256**	**713522**	**146201**
按登记注册类型分组						
内资企业	7132171	115388	955590	6273210	713407	145555
国有企业	362325	2566	14585	296918	63319	2089
集体企业	53403			42343	11061	
有限责任公司	4160408	23107	434540	3710493	426735	23181
国有独资公司	1539855		35978	1446375	89610	3870
其他有限责任公司	2620553	23107	398562	2264118	337125	19311
股份有限公司	1299747		498835	1209393	125	90229
私营企业	1256286	89715	7629	1014063	212167	30056
私营有限责任公司	1255685	89715	7629	1014063	212167	29454
私营股份有限公司	602					602
港、澳、台商投资企业	646	46		46		646
与港澳台商合资经营	646	46		46		646
港、澳、台商独资						
外商投资企业	115				115	
按隶属关系分组						
中央	2286788	400	440371	1951937	328553	6299
省（自治区、直辖市）	2421487	4483	497905	2375108	38383	7997
地区（州、盟、省辖市）	716577	10066	2534	550066	69694	96817
县（区、市、旗）及县以下						
其他	1708080	100485	14780	1396145	276892	35089
按控股情况分组						
国有控股	5202160	14607	940972	4773057	409029	20074
集体控股	284344	4500		229589	54755	
私人控股	1608380	96281	11956	1241704	240624	126098
港澳台商控股	46	46		46		
其他	38001		2662	28859	9114	29

10－2 续表3　　　　（2017 年）

指　　标	竣工产值（万元）	企业总产值（万元）	房屋建筑施工面积（平方米）	#本年新开工面积	#实行投标承包面积
总　计	**2445297**	**7940865**	**28968572**	**9612632**	
按登记注册类型分组					
内资企业	2445251	7940104	28968572	9612632	
国有企业	168584	443259	332229	100413	
集体企业	50089	62636	26071715	365246	
有限责任公司	1321632	4712554	1657881	5872858	
国有独资公司	280832	1545268	146316	835642	
其他有限责任公司	1040801	3167286	1511565	5037216	
股份有限公司	74578	1443442	270877	1852169	
私营企业	830367	1278214	635870	1421946	
私营有限责任公司	830367	1276726	635870	1421946	
私营股份有限公司		1487			
港、澳、台商投资企业	46	646			
与港澳台商合资经营	46	646			
港、澳、台商独资					
外商投资企业		115			
按隶属关系分组					
中央	793321	2903028	11939353	2848921	
省（自治区、直辖市）	404486	2432405	4414322	1959577	
地区（州、盟、省辖市）	202659	727228	2359113	1001165	
县（区、市、旗）及县以下					
其他	1044830	1878204	10255784	3802969	
按控股情况分组					
国有控股	1303576	5830996	18311031	5612371	
集体控股	179082	293577	1410040	1036072	
私人控股	950054	1778032	9246496	2963305	
港澳台商控股	46	46			
其他	12540	38215	1005	884	

10－2 续表4 （2017 年） 单位:平方米

指　　标	房屋建筑竣工面积	住　宅	办公用房	文化、体育、娱乐用房	厂房及建筑物	#厂房
总　计	**7570511**	**4670307**	**670425**	**17740**	**331151**	**249084**
按登记注册类型分组						
内资企业	7570511	4670307	670425	17740	331151	249084
国有企业	678143	447190	64124		40295	781
集体企业						
有限责任公司	4250100	2653066	331747	14281	122010	87957
国有独资公司	532913	528345	4568			
其他有限责任公司	3717187	2124721	327179	14281	122010	87957
股份有限公司	438245	193431	186637	375	500	
私营企业	2204023	1376620	87917	3084	168346	160346
私营有限责任公司	2204023	1376620	87917	3084	168346	160346
私营股份有限公司						
港、澳、台商投资企业						
与港澳台商合资经营						
港、澳、台商独资						
外商投资企业						
按隶属关系分组						
中央	2371580	1234363	312318		94525	55011
省(自治区、直辖市)	1522872	1065927	47446		54185	33727
地区(州、盟、省辖市)	530975	267860	193887		12987	
县(区、市、旗)及县以下						
其他	3145084	2102157	116774	17740	169454	160346
按控股情况分组						
国有控股	4293019	2473539	535155	375	140960	80488
集体控股	372233	290499	36107	14281	13595	
私人控股	2905054	1906269	99163	3084	176596	168596
港澳台商控股						
其他	205					

10－2 续表5　　(2017年)　　单位:平方米

指　　标	房屋建筑竣工面积					
	商业及服务用房	商厦用房	宾馆用房	餐饮用房	商务会展	其他商业及服务用房
总　计	**845556**	**660898**		**37222**		**147436**
按登记注册类型分组						
内资企业	845556	660898		37222		147436
国有企业	56000	56000				
集体企业						
有限责任公司	587277	524327		37222		25728
国有独资公司						
其他有限责任公司	587277	524327		37222		25728
股份有限公司	16077					16077
私营企业	186202	80571				105631
私营有限责任公司	186202	80571				105631
私营股份有限公司						
港、澳、台商投资企业						
与港澳台商合资经营						
港、澳、台商独资						
外商投资企业						
按隶属关系分组						
中央	482232	470622				11610
省(自治区、直辖市)	160270	109500		36652		14118
地区(州、盟、省辖市)	14567	205				14362
县(区、市、旗)及县以下						
其他	188487	80571		570		107346
按控股情况分组						
国有控股	658579	580122		36652		41805
集体控股	570			570		
私人控股	186202	80571				105631
港澳台商控股						
其他	205	205				

10－2 续表 6 （2017 年） 单位：平方米

指　　标	房屋建筑竣工面积					
	科研、教育、医疗用房	科学研究用房	教育用房	医疗用房	仓　库	其他未列明的房屋建筑物
总　计	**766137**	**24703**	**674776**	**66658**		**269195**
国有及国有控股企业						
按登记注册类型分组						
内资企业	766137	24703		66658		269195
国有企业	70534		38770	31764		
集体企业						
有限责任公司	529961	11377	500346	18238		11758
国有独资公司						
其他有限责任公司	529961	11377	500346	18238		11758
股份有限公司	41225		43425			
私营企业	124417	13326	94435	16656		257437
私营有限责任公司	124417	13326	94435	16656		257437
私营股份有限公司						
港、澳、台商投资企业						
与港澳台商合资经营						
港、澳、台商独资						
外商投资企业						
按隶属关系分组						
中央	244987		244987			3155
省（自治区、直辖市）	195044	11377	136314	47353		
地区（州、盟、省辖市）	41674		39025	2649		
县（区、市、旗）及县以下						
其他	284432	13326	254450	16656		266040
按控股情况分组						
国有控股	481256	11377	422526	47353		3155
集体控股	8578		5929	2649		8603
私人控股	276303	13326	246321	16656		257437
港澳台商控股						
其他						

10－2 续表7　　(2017年)　　单位:万元

指　　标	竣工房屋价值合计	住　宅	办公用房	文化、体育、娱乐用房	厂房及建筑物	#厂房
总　计	**1405813**	**804896**	**172045**	**4232**	**48450**	**32938**
按登记注册类型分组						
内资企业	1405813	804896	172045	4232	48450	32938
国有企业	41785	23494			2164	2164
集体企业						
有限责任公司	923256	539459	97321	3531	31257	16878
国有独资公司	99850	98914	936			
其他有限责任公司	823406	440545	96384	3531	31257	16878
股份有限公司	74343	18895	41324	7	33	
私营企业	366429	223048	33400	695	14996	13896
私营有限责任公司	366429	223048	23018	695	14996	13896
私营股份有限公司						
港、澳、台商投资企业						
与港澳台商合资经营						
港、澳、台商独资						
外商投资企业						
按隶属关系分组						
中央	532003	271547	81321		18075	11021
省(自治区、直辖市)	275139	172577	14397		13551	8291
地区(州、盟、省辖市)	104715	46065	42787		1645	
县(区、市、旗)及县以下						
其他	493956	314707	33541	4232	15179	13626
按控股情况分组						
国有控股	884531	472496	132034	7	30235	17618
集体控股	71631	49055	11985	3531	1795	
私人控股	449596	283345	28025	695	16420	15320
港澳台商控股						
其他	55					

10－2 续表 8 （2017 年） 单位：万元

指　　标	竣工房屋价值					
	商业及服务用房	商厦用房	宾馆用房	餐饮用房	商务会展用房	其他商业及服务用房
总　计	**157823**	**116431**		**7133**		**34259**
按登记注册类型分组						
内资企业	157823	116431		7133		34259
国有企业	8000	8000				
集体企业						
有限责任公司	116565	103567		7133		5866
国有独资公司						
其他有限责任公司	116565	103567		7133		5866
股份有限公司	3954					3954
私营企业	29304	4864				2440
私营有限责任公司	29304	4864				24440
私营股份有限公司						
港、澳、台商投资企业						
与港澳台商合资经营						
港、澳、台商独资						
外商投资企业						
按隶属关系分组						
中央	91722	89587				2135
省（自治区、直辖市）	35023	23899		7045		4079
地区（州、盟、省辖市）	3660	55				3605
县（区、市、旗）及县以下						
其他	27418	2890		88		24440
按控股情况分组						
国有控股	128376	111512		7045		9820
集体控股	88			88		
私人控股	29304	4864				24440
港澳台商控股						
其他	55	55				

10－2 续表9 （2017 年） 单位:万元

指　　标	竣工房屋价值					
	科研、教育、医疗用房	科学研究用房	教育用房	医疗用房	仓　库	其他未列明的房屋建筑物
总　计	**162898**	**4229**	**143859**	**14810**		**55469**
国有及国有控股企业						
按登记注册类型分组						
内资企业	162898	4229	143859	14810		55469
国有企业	16127		8794	7333		
集体企业						
有限责任公司	111726	1893	106396	3437		5016
国有独资公司						
其他有限责任公司	111726	1893	106396	3437		5016
股份有限公司	10130		10130			
私营企业	24916	2336	18540	4040		50453
私营有限责任公司	24916	2336	18540	4040		50453
私营股份有限公司						
港、澳、台商投资企业						
与港澳台商合资经营						
港、澳、台商独资						
外商投资企业						
按隶属关系分组						
中央	67121		67121			2218
省(自治区、直辖市)	41914	1893	29830	10191		
地区(州、盟、省辖市)	10558		9978	579		
县(区、市、旗)及县以下						
其他	43305	2336	36929	4040		53251
按控股情况分组						
国有控股	119165	1893	107080	10191		2218
集体控股	2378		1799	579		2799
私人控股	41355	2336	34979	4040		50453
港澳台商控股						
其他						

10－2 续表 10 (2017 年)

指　　标	年末自有施工机械设备净值(万元)	年末自有施工机械设备总台数(台)	年末自有施工机械设备总功率(千瓦)
总　计	**154645**	**15543**	**826527**
国有及国有控股企业			
按登记注册类型分组			
内资企业	154630	15542	826522
国有企业	14928	2083	51687
集体企业	1250	97	4428
有限责任公司	54284	7028	426619
国有独资公司	13018	826	51704
其他有限责任公司	41266	6202	374915
股份有限公司	36094	1564	233978
私营企业	48074	4770	109810
私营有限责任公司	48074	4770	109810
私营股份有限公司			
港、澳、台商投资企业			
与港澳台商合资经营			
港、澳、台商独资			
外商投资企业	15	1	5
按隶属关系分组			
中央	39362	6457	374613
省(自治区、直辖市)	45500	8035	288794
地区(州、盟、省辖市)	15362	535	43963
县(区、市、旗)及县以下			
其他	54421	516	119157
按控股情况分组			
国有控股	87617	9446	665989
集体控股	2485	437	12731
私人控股	57802	5486	134591
港澳台商控股			
其他	6741	174	13216

10－2 续表 11　　（2017 年）

指　　标	主要建筑材料消耗量					
	钢　材（吨）	木　材（立方米）	水　泥（吨）	平板玻璃		铝　材（吨）
				重量箱	平方米	
总　计	**1566385**	**265737**	**2362786**	**321303**	**2094695**	**6018**
按登记注册类型分组						
内资企业	1566385	265737	2362786	321303	2094695	6018
国有企业	94313	9255	88536	47778	287068	1655
集体企业	2357		33114			
有限责任公司	923571	184193	1320515	221370	980240	476
国有独资公司	471798	19630	678927	9634	49663	
其他有限责任公司	451773	164563	641588	211736	930577	476
股份有限公司	245589	11884	539761	21470	621227	590
私营企业	300555	60405	380860	30685	206160	3297
私营有限责任公司	300555	60405	380860	30685	206160	3297
按隶属关系分组						
中央	359415	78499	548686	183337	872449	108
省（自治区、直辖市）	642642	22683	1002684	34364	168346	1653
地区（州、盟、省辖市）	173042	1060	219532	25462	639506	1
县（区、市、旗）及县以下						
其他	391286	163495	591884	78140	414394	4256
按控股情况分组						
国有控股	1127868	101357	1760910	269047	1720485	2086
集体控股	68541	5247	56201	12665	79324	8
私人控股	368875	158603	544657	39555	294395	3334
港澳台商控股						
其他	1101	530	1018	36	491	590

10—3　建筑企业主要财务指标

（2017 年）

单位：万元

指　　标	年初存货	资产合计	流动资产合计	#应收工程款	存　货
总　计	**1365077**		**9809791**	**3474607**	**13467614**
国有及国有控股企业					
按登记注册类型分组					
内资企业	1365053		9809456	3474472	13467151
国有企业	31874		392092	220870	220118
集体企业	2108		60064	15791	47521
有限责任公司	776668		5913174	1890578	8065733
国有独资公司	146079		1983203	760071	3128327
其他有限责任公司	630589		3929971	1130507	4937406
股份有限公司	423076		1866872	632751	3718173
私营企业	131327		1577254	714482	1415606
私营有限责任公司	131317		1575322	713915	1413682
私营股份有限公司	10		1932	567	1924
港、澳、台商投资企业			120	101	
与港澳台商合资经营			120	101	
港、澳、台商独资					
外商投资企业	24		215	34	463
按隶属关系分组					
中央	517108		3517175	1034006	3348009
省（自治区、直辖市）	429098		2968978	1097900	3524430
地区（州、盟、省辖市）	243187		1285009	422147	3303427
县（区、市、旗）及县以下					
其他	175685		2038629	920554	3291748
按控股情况分组					
国有控股	1108453		7314971	2487852	4087320
集体控股	24185		330542	137495	3061185
私人控股	216355		2051862	811661	3271664
港澳台商控股			120	101	
其他	16084		112296	37499	3047445

10－3 续表 1　　（2017 年）　　单位：万元

指　　标	固定资产合计	固定资产减值准备	固定资产原价	累计折旧	#本年折旧	在建工程
总　计	**746596**	**1385**	**1085802**	**519140**	**84048**	**104373**
国有及国有控股企业						
按登记注册类型分组						
内资企业	746485	1385	1085618	518986	84038	104373
国有企业	55524		71613	27556	2388	9413
集体企业	2384		7245	4871	361	10
有限责任公司	491289	546	680954	318291	55509	69094
国有独资公司	78777	345	125203	64663	14104	18191
其他有限责任公司	412512	201	555751	253628	41405	50903
股份有限公司	57742	186	88336	48285	6505	11177
私营企业	139546	653	237470	119983	19275	14679
私营有限责任公司	139083	653	236878	119644	19189	14470
私营股份有限公司	463		592	339	86	209
港、澳、台商投资企业						
与港澳台商合资经营	6		79	74		
港、澳、台商独资						
外商投资企业	105		105	80	10	
按隶属关系分组						
中央	369319	155	498920	221774	30304	37903
省（自治区、直辖市）	122880	506	206005	109142	22200	23912
地区（州、盟、省辖市）	85782		87027	34980	3837	26925
县（区、市、旗）及县以下						
其他	168615	724	293850	153244	27707	15633
按控股情况分组						
国有控股	527975	732	740967	344517	55239	68618
集体控股	17991		44803	27556	5966	484
私人控股	180808	653	284830	144987	22498	28643
港澳台商控股	6		79	74		
其他	19816		15123	2006	345	6628

10－3 续表 2　　（2017 年）　　单位：万元

指　　标	流动负债合计	#应付账款	非流动负债合计	负债合计
总　计	**8247057**	**3552680**	**1340466**	**9617320**
国有及国有控股企业				
按登记注册类型分组				
内资企业	8246815	3552512	1340466	9617077
国有企业	389422	235934	3599	393789
集体企业	59237	41648		59237
有限责任公司	5150042	2161087	889096	6051085
国有独资公司	1775586	745528	170599	1946185
其他有限责任公司	3374456	1415559	718497	4104900
股份有限公司	1530376	643186	422968	1953344
私营企业	1117738	470657	24803	1159622
私营有限责任公司	1115874	470059	24803	1157758
私营股份有限公司	1864	598		1864
港、澳、台商投资企业	128	126		128
与港澳台商合资经营	128	126		128
港、澳、台商独资				
外商投资企业	114	42		114
按隶属关系分组				
中央	3090004	1282365	713338	3814304
省（自治区、直辖市）	2751146	1165402	444957	3197088
地区（州、盟、省辖市）	923258	464495	150974	1075001
县（区、市、旗）及县以下				
其他	1482649	640418	31197	1530927
按控股情况分组				
国有控股	6465088	2745695	1303572	7676592
集体控股	300521	171995		300521
私人控股	1527494	611875	34162	1579722
港澳台商控股	128	126		128
其他	57625	22989	2732	60357

10－3 续表 3　　　　（2017 年）　　　　单位：万元

指　　标	所有者权益	#实收资本						
			国家资本	集体资本	法人资本	个人资本	港澳台资本	外商资本
总　计	**2631598**	**1638314**	**587892**	**34159**	**461926**	**553970**	**60**	**307**
国有及国有控股企业								
按登记注册类型分组								
内资企业	2631402	1638178	587892	34159	461884	553970		213
国有企业	150806	154441	153521		920			
集体企业	15402	11273		11273				
有限责任公司	1308330	715487	361718	15913	284510	53346		
国有独资公司	320071	203336	156077		46481	778		
其他有限责任公司	988259	512151	205641	15913	238029	52568		
股份有限公司	479071	133843	72653	40	25552	45384		213
私营企业	677793	623134		6933	150902	455240		
私营有限责任公司	667688	623134		6933	150902	455240		
私营股份有限公司	555							
港、澳、台商投资企业	60						60	
与港澳台商合资经营	60						60	
港、澳、台商独资								
外商投资企业	136	136			42			94
按隶属关系分组								
中央	904880	501717	379280	3404	118819	213		
省（自治区、直辖市）	475870	264724	147732	1046	72972	42702	60	213
地区（州、盟、省辖市）	398348	149182	55264	14474	56442	23002		
县（区、市、旗）及县以下								
其他	852500	722691	5616	15235	213693	488053		94
按控股情况分组								
国有控股	1664843	824167	565506	7653	212422	38374		213
集体控股	69144	35223		18861	9371	6991		
私人控股	822545	716734	2108	6973	203654	503905		94
港澳台商控股	－3	60					60	
其他	75069	62130	20278	672	36479	4700		

10－3 续表 4　　（2017 年）　　单位：万元

指　　标	营业收入	#主营业务收入	营业成本	#主营业务成本	营业税金及附加	#主营业务税金及附加
总　计	**8026093**	**7935718**	**7420620**	**7345809**	**30276**	**28115**
国有及国有控股企业						
按登记注册类型分组						
内资企业	8025853	7935478	7420433	7345622	30276	28115
国有企业	381845	371415	345084	335188	1912	1635
集体企业	71778	71088	66814	66626	360	360
有限责任公司	4886369	4860637	4544571	4525268	19370	17849
国有独资公司	1426173	1422865	1303968	1301212	3612	3485
其他有限责任公司	3460196	3437772	3240603	3224056	15758	14364
股份有限公司	1326123	1310844	1197414	1197231	3007	2962
私营企业	1359738	1321494	1266550	1221309	5627	5309
私营有限责任公司	1355767	1317526	1262289	1217048	5618	5309
私营股份有限公司	3971	3968	4261	4261	9	
港、澳、台商投资企业	45	45	24	24		
与港澳台商合资经营	45	45	24	24		
港、澳、台商独资						
外商投资企业	195	195	163	163		
按隶属关系分组						
中央	3026354	3010720	2843258	2831017	13993	13149
省（自治区、直辖市）	2431152	2427793	2242051	2238603	6114	5898
地区（州、盟、省辖市）	811555	785722	708840	699308	2564	2303
县（区、市、旗）及县以下						
其他	1757032	1711483	1626471	1576881	7605	6765
按控股情况分组						
国有控股	5996888	5961602	5544758	5528511	21577	20477
集体控股	310200	305129	294075	291843	1875	1163
私人控股	1664117	1623522	1533768	1486732	6553	6232
港澳台商控股	45	45	24	24		
其他	54843	45420	47995	38699	271	243

10－3 续表 5　　　　(2017 年)　　　　单位:万元

指　　标	其他业务利润	销售费用	管理费用	#税金	财务费用	#利息收入	利息支出
总　计	**18394**	**10923**	**279374**		**82803**	**37438**	**107301**
国有及国有控股企业							
按登记注册类型分组							
内资企业	18394	10923	279306		82803	37438	107301
国有企业	47	489	12712		2712	406	2754
集体企业			3527		32	48	9
有限责任公司	1901	5141	157211		49400	32819	77628
国有独资公司	197	1650	47976		14662	4513	17852
其他有限责任公司	1704	3491	109235		34738	28306	59776
股份有限公司	15096	1933	33774		23686	3635	22247
私营企业	1350	3360	72083		6973	531	4663
私营有限责任公司	1350	3360	71652		6973	531	4663
私营股份有限公司			431				
港、澳、台商投资企业			18				
与港澳台商合资经营			18				
港、澳、台商独资							
外商投资企业			50				
按隶属关系分组							
中央	－3188	1667	99179		37342	27383	62665
省(自治区、直辖市)	－222	2028	57179		28134	8188	29734
地区(州、盟、省辖市)	15523	2944	34722		9798	1065	9445
县(区、市、旗)及县以下							
其他	6281	4284	88294		7529	712	5457
按控股情况分组							
国有控股	12063	4750	176174		73985	36520	100456
集体控股	1241		10243		671	－39	843
私人控股	5039	6019	88981		7972	867	5819
港澳台商控股			18				
其他	51	154	3958		175		182

10－3 续表6 （2017 年） 单位:万元

指　　标	营业利润	营业外收入	补贴收入	营业外支出	利润总额	应交所得税
总　计	**238753**	**22823**		**12873**	**248715**	**64728**
国有及国有控股企业						
按登记注册类型分组						
内资企业	238769	22823		12873	248731	64728
国有企业	15583	3608		1416	17775	5100
集体企业	903	139		20	1022	290
有限责任公司	111153	14626		7455	118324	28854
国有独资公司	32900	5356		2934	35322	10703
其他有限责任公司	78253	9270		4521	83002	18151
股份有限公司	107431	2698		2606	107522	27716
私营企业	3699	1753		1376	4088	2768
私营有限责任公司	4464	1752		1366	4862	2768
私营股份有限公司	－765	1		10	－774	
港、澳、台商投资企业	3				3	
与港澳台商合资经营	3				3	
港、澳、台商独资						
外商投资企业	－19				－19	
按隶属关系分组						
中央	48827	11399		4508	55718	11579
省(自治区、直辖市)	65598	5734		6291	65040	20325
地区(州、盟、省辖市)	100750	1975		433	102293	27038
县(区、市、旗)及县以下						
其他	23578	3715		1644	25029	5786
按控股情况分组						
国有控股	214322	18055		11067	221311	58054
集体控股	3302	1357		69	4591	999
私人控股	19187	3092		1713	20579	5085
港澳台商控股	3				3	
其他	1939	319		24	1598	590

10－3 续表 7 （2017 年） 单位：万元

指　　标	资产减值损失	公允价值变动收益	投资收益	应付职工薪酬	建筑业企业在境外完成的营业收入	应交增值税
总　计	**66016**		**94263**	**943902**	**658462**	**190785**
国有及国有控股企业						
按登记注册类型分组						
内资企业	66016		94263	943877	658462	190784
国有企业	3282		8	28193		6675
集体企业	143			8452		1012
有限责任公司	44453		39767	702644	549567	101105
国有独资公司	23056		243	116297	263	25701
其他有限责任公司	21397		39524	586347	549304	75404
股份有限公司	16273		54017	46195	108385	54604
私营企业	1865		471	158393	510	27387
私营有限责任公司	1867		471	157603	510	27527
私营股份有限公司	－2			790		－139
港、澳、台商投资企业				13		1
与港澳台商合资经营				13		1
港、澳、台商独资						
外商投资企业				12		
按隶属关系分组						
中央	22291		36701	535988	544135	68455
省(自治区、直辖市)	33256		1526	118817	108385	78591
地区(州、盟、省辖市)	8187		53181	72920	3160	8438
县(区、市、旗)及县以下						
其他	2282		2855	216177	2782	35301
按控股情况分组						
国有控股	60930		91404	706090	652568	148821
集体控股	143		110	61452		7911
私人控股	4996		2749	168460	2782	32781
港澳台商控股				13		1
其他	－53			7887	3112	1271

10—4　乌鲁木齐市建筑业一级资质企业一览表

（2017年）

企业名称	经济类型	控股情况	隶属关系	所属行业
新疆云鹏消防工程有限公司	私营有限责任公司	私人控股	其他	电气安装
新疆九鑫河建设工程有限公司	私营有限责任公司	私人控股	其他	电气安装
新疆电力建设有限公司	国有独资公司	国有控股	中央	工矿工程建筑
新疆天一建工投资集团有限责任公司	其他有限责任公司	私人控股	其他	房屋建筑业
中城多路建设集团有限公司	私营有限责任公司	私人控股	其他	管道和设备安装
中建新疆建工（集团）第二建筑工程有限公司	其他有限责任公司	国有控股	中央	房屋建筑业
新疆天一建筑劳务有限责任公司	私营有限责任公司	私人控股	其他	其他未列明建筑业
新疆恒顺消防工程有限公司	私营有限责任公司	私人控股	其他	电气安装
乌鲁木齐恒信民生建筑安装有限公司	其他有限责任公司	国有控股	乌鲁木齐市	房屋建筑业
新疆平安装饰工程有限公司	私营有限责任公司	私人控股	其他	建筑装饰业
新疆羚羊建筑装饰企业有限公司	私营有限责任公司	私人控股	其他	建筑装饰业
乌鲁木齐久安消防工程有限公司	私营有限责任公司	私人控股	其他	电气安装
新疆得源山防水防腐保温有限公司	私营有限责任公司	私人控股	其他	房屋建筑业
新疆城市建筑装饰工程有限公司	私营有限责任公司	私人控股	其他	建筑装饰业
新疆建工集团建设工程有限责任公司	私营有限责任公司	私人控股	其他	房屋建筑业
新疆消防工程有限责任公司	其他有限责任公司	其他	自治区	电气安装
新疆路桥建设集团有限公司	国有独资公司	国有控股	自治区	公路工程建筑
新疆汇通水利电力工程建设有限公司	私营有限责任公司	私人控股	其他	水源及供水设施工程建筑
中建新疆建工集团装饰工程有限公司	其他有限责任公司	国有控股	自治区	建筑装饰业
中建新疆建工集团第四建筑工程有限公司	国有独资公司	国有控股	自治区	房屋建筑业
新疆地质工程公司	国有	国有控股	中央	其他工程准备活动
新疆中移通信技术工程有限公司	其他有限责任公司	国有控股	中央	架线及设备工程建筑
乌鲁木齐市建工（集团）第一建筑工程有限责任公司	其他有限责任公司	集体控股	乌鲁木齐市	房屋建筑业
新疆新海装饰工程有限公司	私营有限责任公司	私人控股	其他	建筑装饰业
乌鲁木齐市朗阁消防有限公司	私营有限责任公司	私人控股	其他	电气安装
阳光恒昌建筑装饰工程有限公司	私营有限责任公司	私人控股	其他	建筑装饰业
中建新疆安装工程有限公司	其他有限责任公司	国有控股	中央	管道和设备安装
乌鲁木齐市盛贯劳务有限公司	私营有限责任公司	私人控股	其他	房屋建筑业
新疆中油建筑安装工程有限责任公司	其他有限责任公司	国有控股	自治区	房屋建筑业
新疆现代国际建筑工程有限公司	私营有限责任公司	私人控股	其他	其他建筑安装业

10－4 续表 (2017 年)

企业名称	经济类型	控股情况	隶属关系	所属行业
新疆建化实业有限责任公司	国有独资公司	国有控股	中央	房屋建筑业
乌鲁木齐和信顺庆建筑劳务有限公司	私营有限责任公司	私人控股	其他	提供设施设备服务
中建新疆建工集团第一建筑工程有限公司	其他有限责任公司	国有控股	中央	房屋建筑业
新疆送变电有限公司	其他有限责任公司	国有控股	中央	架线及设备工程建筑
新疆消防设施安装维护有限公司	私营有限责任公司	私人控股	其他	电气安装
新疆环境工程技术有限责任公司	其他有限责任公司	私人控股	其他	其他建筑安装业
新疆建工装饰工程有限责任公司	私营有限责任公司	私人控股	其他	建筑装饰业
新疆新工勘岩土工程勘察设计院有限公司	私营有限责任公司	私人控股	其他	其他工程准备活动
新疆利安消防工程有限公司	私营有限责任公司	私人控股	其他	电气安装
新疆众诚铁保智能工程有限公司	私营有限责任公司	私人控股	其他	电气安装
中建新疆建工集团第五建筑工程有限公司	国有独资公司	国有控股	自治区	房屋建筑业
新疆宏泰建工集团有限公司	私营有限责任公司	私人控股	其他	房屋建筑业
新疆通汇建设集团有限公司	私营有限责任公司	私人控股	其他	房屋建筑业
新疆维泰开发建设(集团)股份有限公司	上市公司	国有控股	乌鲁木齐市	市政道路工程建筑
乌鲁木齐市建工(集团)有限责任公司	其他有限责任公司	集体控股	其他	房屋建筑业
中铁二十一局集团第一工程有限公司	国有独资公司	国有控股	中央	铁路工程建筑
葛洲坝新疆工程局(有限公司)	其他有限责任公司	国有控股	中央	水源及供水设施工程建筑
新疆安能爆破工程有限公司	其他有限责任公司	私人控股	其他	建筑物拆除活动
新疆七星建设科技股份有限公司	上市公司	私人控股	其他	房屋建筑业
中丝路建设投资有限公司	其他有限责任公司	私人控股	其他	建筑装饰业
乌鲁木齐东升建筑安装工程有限责任公司	私营有限责任公司	私人控股	其他	房屋建筑业
新疆城建洪源市政园林有限公司	私营有限责任公司	私人控股	其他	公路工程建筑
新疆忠泰工程有限责任公司	其他有限责任公司	私人控股	自治区	房屋建筑业
新疆维吾尔自治区冶金建设公司	国有	国有控股	自治区	房屋建筑业
新疆交通建设集团股份有限公司	国有独资公司	国有控股	自治区	公路工程建筑
新疆成飞装饰工程有限公司	私营有限责任公司	私人控股	其他	建筑装饰业
新疆世纪力源电力工程有限公司	私营有限责任公司	私人控股	其他	架线及设备工程建筑
新疆有色金属工业(集团)全鑫建设有限公司	其他有限责任公司	国有控股	自治区	房屋建筑业
乌鲁木齐绿宝石城市建筑装饰装修有限责任公司	私营有限责任公司	私人控股	其他	建筑装饰业
新疆凌云设计工程有限公司	私营有限责任公司	私人控股	其他	建筑装饰业

主 要 统 计 指 标 解 释
EXPLANATORY NOTES ON MAIN STATISTICAL INDICATORS

建筑业统计单位 指从事房屋、构筑物建造和设备安装活动的法人企业。建筑业法人企业应具有建筑业资质并能够独立核算，同时还应具备以下条件：①依法成立，有自己的名称、组织机构和场所，能够承担民事责任；②独立拥有和使用资产，承担负债，有权与其他单位签订合同；③独立核算盈亏，能够编制资产负债表。

建筑业总产值 是以货币形式表现的建筑业企业在一定时期内生产的建筑业产品和提供服务的总和。建筑业总产值包括：

(1)建筑工程产值：指列入建筑工程预算内的各种工程价值。

(2)安装工程产值：指设备安装工程价值，不包括被安装设备本身价值。

(3)其他产值：建筑业总产值中除建筑工程、安装工程以外的产值。包括房屋构筑物修理产值、非标准设备制造产值、总包企业向分包企业收取的管理费以及不能明确划分的施工活动所完成的产值。

a. 房屋构筑物修理产值：指房屋和构筑物修理所完成的产值，但不包括被修理房屋、构筑物本身价值和生产设备的修理价值。

b. 非标准设备制造产值：指加工制造没有定型的非标准生产设备的加工费和原材料价值（如化工厂、炼油厂用的各种罐、槽，矿井生产统一使用的各种漏斗、三角槽、阀门等）以及附属加工厂为本企业承建工程制作的非标准设备的价值。

建筑业增加值 指建筑业企业在报告期内以货币形式表现的建筑业生产经营活动的最终成果。

从2004年第一次全国经济普查开始，建筑业现价增加值按生产法和分配法（收入法）两种方法计算，以收入法的计算结果为准，即从收入的角度出发，根据生产要素在生产过程中应得的收入份额计算。具体计算方法：经济普查年度建筑业增加值按照《经济普查年度GDP核算方案》计算，非经济普查年度建筑业增加值按照《非经济普查年度GDP核算方案》计算

房屋建筑施工面积 指在报告期内施工的全部房屋建筑面积，包括本期新开工的房屋建筑面积、上期跨入本期继续施工的房屋建筑面积、上期停缓建在本期恢复施工的房屋建筑面积、本期竣工的房屋建筑面积及本期施工后又停缓建的房屋建筑面积。

房屋建筑竣工面积 指在报告期内房屋建筑按照设计要求已全部完工，达到住人和使用条件，经验收鉴定合格或达到竣工验收标准，可正式移交使用单位的各栋房屋建筑面积的总和。

11

交通运输、邮电通信业

Chapter11 Transportation, Postal and Telecommunications Services

资料整理:莫莉芝　高思梅

11—1　历年交通运输量

年　份	客运量(万人)				货运量(万吨)			
	总计	铁路	公路	民航	总计	铁路	公路	民航
1950	7.25		7	0.25	11.01		11	0.01
1951	5.63		5	0.63	52.04		52	0.04
1952	20.59		20	0.59	69.04		69	0.04
“一五”时期								
1953	22.62		22	0.62	79.05		79	0.05
1954	34.38		34	0.38	116.03		116	0.03
1955	44.43		44	0.43	179.02		179	0.02
1956	68.60		68	0.60	194.04		194	0.04
1957	108.45		108	0.45	176.04		176	0.04
“二五”时期								
1958	135.61		135	0.61	408.05		408	0.05
1959	152.04		151	1.04	582.07		582	0.07
1960	130.41		129	1.41	679.10		679	0.10
1961	217.38		216	1.38	500.06		500	0.06
1962	167.36		166	1.36	308.07		308	0.07
三年调整期								
1963	223.72	94.4	128	1.32	640.46	223.4	417	0.06
1964	244.17	89.4	153	1.77	750.42	240.3	510	0.12
1965	230.33	85.6	143	1.73	920.43	308.3	612	0.13
“三五”时期								
1966	244.04	89.7	153	1.34	1241.64	486.5	755	0.14
1967	263.27	92.3	169	1.97	882.08	333.9	548	0.18
1968	242.73	105.9	135	1.83	929.49	372.4	557	0.09
1969	221.05	112.0	107	2.05	855.41	350.3	505	0.11
1970	218.11	97.3	119	1.81	1198.32	519.2	679	0.12
“四五”时期								
1971	241.71	107.6	132	2.11	1373.70	610.6	763	0.10
1972	194.42	102.2	90	2.22	1025.36	405.3	620	0.06
1973	182.40	104.9	75	2.50	1015.76	363.7	652	0.06
1974	212.06	114.6	95	2.46	1085.27	397.2	688	0.07
1975	254.80	129.9	121	3.90	1307.30	628.2	679	0.10
“五五”时期								
1976	250.31	112.2	134	4.11	1457.80	666.7	791	0.10
1977	250.16	123.1	122	5.06	1674.20	788.1	886	0.10
1978	342.01	145.1	190	6.91	1992.30	907.2	1085	0.10
1979	365.54	170.5	186	9.04	2160.04	906.9	1253	0.14
1980	383.50	193.1	180	10.37	2190.66	883.5	1307	0.16
“六五”时期								
1981	384.81	195.9	179	9.91	2140.94	886.8	1254	0.14
1982	483.20	187.1	286	10.10	2536.34	1001.2	1535	0.14

11－1续表

年份	客运量（万人）				货运量（万吨）			
	总计	铁路	公路	民航	总计	铁路	公路	民航
1983	578.54	216.1	355	7.44	2753.71	1104.6	1649	0.11
1984	701.57	250.3	443	8.27	3264.62	1190.5	2074	0.12
1985	843.45	319.6	515	8.85	3348.21	1278.1	2070	0.11
“七五”时期								
1986	966.18	361.9	582	22.28	3351.80	1358.5	1993	0.30
1987	1067.60	376.5	657	34.10	3725.47	1437.9	2287	0.57
1988	1305.35	458.5	799	47.85	3864.52	1544.7	2319	0.82
1989	1369.53	452.5	870	47.03	3191.70	1643.9	1547	0.80
1990	1266.50	388.4	825	53.10	3654.57	1690.7	1963	0.87
“八五”时期								
1991	1339.96	383.4	900	56.56	3737.45	1707.6	2029	0.85
1992	1456.85	424.5	950	82.35	4147.74	1724.5	2422	1.24
1993	1494.87	428.9	976	89.97	3822.80	1741.4	2080	1.40
1994	1379.70	442.5	831	106.20	4008.19	1758.4	2248	1.79
1995	1977.53	456.2	1399	122.33	4441.34	1775.3	2664	2.04
“九五”时期								
1996	2052.55	469.8	1455	127.75	6114.03	1792.2	4319	2.83
1997	2308.54	483.4	1705	120.14	6613.40	1809.1	4800	4.30
1998	2642.00	497.0	2018	127.00	6969.96	1826.0	5139	4.96
1999	2057.70	510.7	1403	144.00	7570.07	1842.9	5724	3.17
2000	1496.65	524.3	805	167.35	8300.40	1859.9	6437	3.50
“十五”时期								
2001	1718.05	537.9	1023	157.15	7156.84	1876.8	5278	2.04
2002	1538.44	551.6	804	182.84	7552.40	1893.7	5656	2.70
2003	3008.00	565.2	2228	214.80	10346.76	1910.6	8434	2.16
2004	3587.20	578.8	2722	286.40	9214.02	1927.5	7284	2.52
2005	2897.06	592.5	1966	338.56	10204.43	1944.4	8257	3.03
“十一五”时期								
2006	3163.10	606.1	2193	364.00	10495.83	1961.4	8531	3.43
2007	3345.40	620.1	2414	311.30	10660.50	1978.3	8677	5.20
2008	3392.68	646.1	2411	335.58	10891.59	2199.3	8687	5.29
2009	3526.40	672.9	2521	332.50	14066.25	2074.0	11988	4.25
2010	3819.63	727.4	2676	416.23	15192.09	2047.0	13140	5.09
“十二五”时期								
2011	4435.40	956.0	2915	564.40	16539.60	2062.1	14472	5.50
2012	4909.90	1032.5	3194	683.40	18218.60	2070.3	16142	6.30
2013	5426.90	1119.2	3481	826.91	20135.47	2275.3	17853	6.97
2014	4144.67	1137.1	2170	837.57	17174.59	2316.2	14851	7.39
2015	4316.98	1349.1	2012	955.92	16657.01	1910.8	14739	7.21
“十三五”时期								
2016	4411.26	1563.6	1805	1042.66	17100.46	2155.3	14938	7.16
2017	4063.62	1491.7	1467	1104.46	19847.76	2696.2	17145	6.85

11—2 历年交通运输周转量

年 份	客运周转量（万人公里）				货运周转量（万吨公里）			
	总计	铁路	公路	民航	总计	铁路	公路	民航
1950	11109		10872	237	822		805	17
1951	5750		5108	642	3836		3801	35
1952	13518		12946	572	6327		6288	39
“一五”时期								
1953	12172		11423	749	7551		7491	60
1954	17120		16783	337	10798		10772	26
1955	16794		16352	442	15994		15973	21
1956	23443		22796	647	17784		17749	35
1957	25124		24700	424	15834		15796	38
“二五”时期								
1958	29413		28780	633	28625		28571	54
1959	41016		40253	763	45657		45592	65
1960	34927		34025	902	52063		51985	78
1961	41158		40362	796	43015		42964	51
1962	31965		31130	835	33900		33852	48
三年调整期								
1963	52376	29264	22270	842	100793	69254	31496	43
1964	55117	27714	26294	1109	105666	74493	31094	79
1965	52302	26536	24612	1154	135041	95573	39380	88
“三五”时期								
1966	54277	27807	25594	8764	194185	150815	43274	96
1967	55023	28613	25196	1215	140335	103509	36712	114
1968	57648	32829	23600	1219	148125	115444	32620	61
1969	57051	34720	20889	1442	139851	108593	31180	78
1970	52547	30163	21067	1317	209137	160952	48096	89
“四五”时期								
1971	58297	33356	23387	1554	243300	189286	53946	68
1972	50091	31682	16730	1679	164217	125643	38526	48
1973	49287	32519	14952	1816	149432	112747	36639	46
1974	56057	35526	18669	1862	160861	123132	37675	54
1975	69549	40269	26241	3039	246999	194742	52186	71
“五五”时期								
1976	74649	34782	36658	3209	258345	206677	51599	69
1977	84941	38161	42686	4094	310503	244311	66109	83
1978	108620	44981	58107	5532	364163	281232	82833	98
1979	113655	52855	53772	7028	372189	281139	90934	116
1980	114249	59861	46060	8328	370969	273885	96946	138
“六五”时期								
1981	117801	60729	48885	8187	363905	274908	88878	119
1982	127878	58001	61074	8803	420250	310372	109756	122

11－2 续表

年　份	客运周转量（万人公里）				货运周转量（万吨公里）			
	总计	铁路	公路	民航	总计	铁路	公路	民航
1983	149275	66991	75596	6688	466722	342426	124194	102
1984	174381	77593	88828	7960	509667	369055	140502	110
1985	207155	99076	99356	8723	531319	396211	135004	104
"七五"时期								
1986	255586	112189	103889	39508	572863	421135	151111	617
1987	297879	116715	110263	70901	627642	445749	180495	1398
1988	365331	142135	123562	99634	684740	478857	203902	1981
1989	374109	140275	135794	98040	655995	509609	144468	1918
1990	332433	120404	104692	107337	753710	524117	227545	2048
"八五"时期								
1991	362039	118854	122316	120869	774518	529355	243062	2101
1992	438413	131595	123003	183815	818707	534600	280957	3150
1993	447287	132956	107126	207205	779801	539845	236484	3472
1994	488350	137181	99726	251443	785763	545089	235609	5065
1995	542946	141407	104783	296756	823806	550334	267728	5744
"九五"时期								
1996	574060	145632	104215	324213	1084241	555578	522188	6475
1997	564410	149857	117629	296924	1116487	560823	548683	6981
1998	587785	154082	130203	303500	1171217	566067	597850	7300
1999	621781	158308	145573	317900	1175072	571312	594960	8800
2000	656570	162533	122237	371800	945950	576557	359593	9800
"十五"时期								
2001	683158	166758	162900	353500	981501	581801	393400	6300
2002	733383	170984	170799	391600	1097103	587046	501857	8200
2003	815190	175209	230481	409500	1280373	592290	681683	6400
2004	1015960	179434	308026	528500	1302769	597535	697834	7400
2005	1190808	183660	396815	610333	1450905	602780	840018	8107
"十一五"时期								
2006	1376185	187885	515300	673000	1584524	608024	967600	8900
2007	1326531	192231	558400	575900	1670169	613269	1043400	13500
2008	1410988	213228	576934	620826	1825140	725761	1085630	13749
2009	1478000	222100	552500	703400	2345900	684500	1649300	12100
2010	1862500	240100	586400	1036000	2569400	708200	1842100	19100
"十二五"时期								
2011	2351800	305200	642000	1404600	2805600	745600	2039300	20700
2012	2679000	334000	645000	1700000	3104000	792000	2288000	24000
2013	3185300	359700	768600	2057000	3429400	868000	2534800	26600
2014	2930981	352300	392081	2186600	2994848	845400	2121448	28000
2015	3200462	366392	338500	2495570	2901992	705909	2168765	27318
"十三五"时期								
2016	3408786	387643	299125	2722018	2966725	685438	2254158	27129
2017	3506766	402615	220795	2883356	3568049	869810	2672285	25954

11—3　交通运输工具

指　　标	2000年		2005年		2010年	
	总计	#私人	总计	#私人	总计	#私人
公路运输工具(辆)	**122932**	**44478**	**182132**	**135173**	**337225**	**193847**
#民用汽车	93056	24986	153471	58719	321347	186198
载客汽车	45386	19556	96027	56122	238969	180723
#大型	4931	147	6497	93	8750	148
#小轿车	40455	19409	81870	53360	216108	172447
普通载货汽车	42942	5399	37521	2268	65588	2218
#重型	16609	1571	13352	56	28276	49
其他汽车	2596	16	6571	273	16790	3257
摩托车	22297	12596	12001	65414	7627	7578
普通摩托车			10735	9997	7337	7289
轻便摩托车			1266	1214	290	289
农用运输车			3038	2188	16790	3257
#三轮运输车			989	343	572	544
四轮运输车			2049	1845	10525	1941
拖拉机	7579	6896	8790	8790	9239	9239
大中型			669	669	2883	2883
小　型			8121	8121	6356	6356
挂　车			4591	35	7957	7
其他类型车			241	27	294	64
铁路运输工具						
配属机车(台)	96		418		660	
客车(辆)	805		1165		1590	
民用运输工具						
民航飞机(架)	36		35		38	

11－3 续表

指　　标	2015年		2016年		2017年	
	总计	#私人	总计	#私人	总计	#私人
公路运输工具(辆)	**825758**	**654159**	**943126**	**777392**	**1054895**	**882576**
#民用汽车	793173	632144	917304	760229	1027277	861532
载客汽车	707742	625435	838303	753018	955210	854013
#大型	8911	241	8869	191	8520	90
#小轿车	686877	617747	819279	747147	938063	849622
普通载货汽车	75570	4803	71843	5570	66193	6016
#重型	25929	77	23418	104	19371	96
其他汽车	9861	1906	7158	1641	5874	1503
摩托车	15367	15281	10436	10382	15533	15431
普通摩托车	15122	15037	10363	10309	15286	15185
轻便摩托车	245	244	73	73	247	246
农用运输车	1376	1376	1347	1347	385	385
#三轮运输车	506	506	506	506	6	6
四轮运输车	870	870	841	841	379	379
拖拉机	5100	5100	5160	5160	4896	4896
大中型	3014	3014	3084	3084	3119	3119
小　型	2086	2086	2076	2076	1777	1777
挂　车	10228	15	8492	18	6404	28
其他类型车	514	243	387	256	400	304
铁路运输工具						
配属机车(台)	695		767			
客车(辆)	1657		2570			
民用运输工具						
民航飞机(架)	82		81			

11—4　邮电事业发展情况

年　份	邮电局所数（处）	邮电业务总收入（万元）	#电信	移动电话用户数（户）	固定电话用户数（户）
1949	5				250
1950	8	33			250
1951	16	68			400
1952	19	81			408
“一五”时期					
1953	24	100			477
1954	37	117			1032
1955	27	147			1607
1956	27	192			2053
1957	25	241			2660
“二五”时期					
1958	42	263			3516
1959	62	448			4908
1960	78	657			6597
1961	65	548			7203
1962	46	516			6107
三年调整期					
1963	47	433			5922
1964	48	464			6357
1965	53	485	131		6578
“三五”时期					
1966	55	485	142		6357
1967	55	496	157		6084
1968	54	500	179		6028
1969	54	521	144		6171
1970	54	540	143		6296
“四五”时期					
1971	50	546	189		6255
1972	50	546	185		6628
1973	53	553	201		7238
1974	54	643	212		8865
1975	52	744	244		7531
“五五”时期					
1976	57	785	264		8279
1977	63	862	292		9240
1978	62	910	314		11741
1979	67	1043	445		13968
1980	63	1167	568		16441
“六五”时期					
1981	66	1198	578		21507
1982	83	1306	628		22407

11－4 续表

年　份	邮电局所数（处）	邮电业务总收入（万元）	#电信	移动电话用户数（户）	固定电话用户数（户）
1983	88	1455	748		23447
1984	103	1680	972		21698
1985	137	2078	1209		27361
“七五”时期					
1986	143	2461	1451		38168
1987	170	2937	1795		42271
1988	191	3826	2313		47029
1989	219	4300	2551		51573
1990	230	6643	4255		56729
“八五”时期					
1991	241	6917	4397		67162
1992	262	9739	6695		79910
1993	290	14181	10574		108622
1994	332	21825	17357		157160
1995	371	35592	30203	19300	207137
“九五”时期					
1996	435	52750	46860	30499	289206
1997	593	69374	63547	51160	351357
1998	364	98804	90872	92505	404595
1999	173	141930	129699	186613	459462
2000	742	191234	181934	301600	564877
“十五”时期					
2001	641	225275	205288	688000	541186
2002	646	308595	288319	980000	730073
2003	366	356900	335900	1415000	957430
2004	396	426451	405974	1576000	1187540
2005	700	487274	459847	1579000	1717504
“十一五”时期					
2006	2467	497674	471652	1879000	1587756
2007	2833	381086	352428	1939000	1970901
2008	3207	410687	380361	2204800	1874174
2009	2680	399953	366657	2374300	1535107
2010	3102	450966	420856	2436000	1551100
“十二五”时期					
2011	2548	513400	480400	3520300	1400400
2012	2110	585425	550372	4598000	1382000
2013	1972	655300	614200	4669300	1473500
2014	2315	631600	587300	4634000	1446000
2015	2442	638800	590100	4571104	1353400
“十三五”时期					
2016	2309	743532	648558	5034900	1274866
2017	2306	686511	632498	4856346	1290735

注：1. 邮电局所数含各公司代办点，2005 年至 2007 年各指标中含网通、铁通相关数据，以前年度均不含。

2. 2007 年以前，邮电业务总收入指标为邮电业务总量。

11—5　邮电局所及网点基本情况

单位：处、个

指　　标	1995 年	2000 年	2005 年	2010 年	2015 年	2016 年	2017 年
邮政局所数	**156**	**128**	**180**	**185**	**188**	**167**	**160**
#邮政支局	155			84	96	98	94
自办邮政所	121		100	27	18	14	16
代办邮政所	34		80		74	55	50
#农村邮政局	17	30	28	20	21	14	14
#电子化局所		62	94	144	152	127	125
电信网点数	216		148		377	352	464
移动网点数			187	1674	1839	1751	1650
联通网点数			255	179	38	39	32
邮政报刊图书销售点		64	120	66	33	21	25
集邮品销售点		42	102	93	106	122	114
邮政储蓄点		74	79	85	84	81	82
邮政设施							
提供邮政普遍服务营业网点总数		118	118	120	128	136	121
邮政信筒信箱		311	308	309	242	245	234

注：以上电信、移动、联通网点数均含代办网点数。

11—6 邮电业务情况

指　　标	单位	1995 年	2005 年	2010 年	2011 年	2012 年
邮电业务总收入	万元	35592	487274	450966	513400	585425
国外及港澳台函件	万件		19.19	0.75	0.67	0.70
包裹	万件	90.28	45.97	31.66	45.59	56.31
#国内普通包裹	万件	66.70	123.30	109.55	113.57	105.47
快递包裹	万件					
国内标准快递	万件					
国内汇票	万笔	166.91	120.90	140.67	157.96	153.69
订销报纸累计份数	万份	9373.60	5750.00	6589.90	6489.57	6584.03
订销杂志累计份数	万份	788.05	982.50	904.07	927.39	811.71
集邮邮票枚数	万枚					
固定电话用户数	万户	20.71	171.75	155.11	140.04	138.20
移动电话用户数	万户	1.93	157.90	243.60	352.03	459.80
光纤入户端口数	万个					
互联网用户数	万户		33.30	50.50	61.70	74.90

指　　标	单位	2013 年	2014 年	2015 年	2016 年	2017 年
邮电业务总收入	万元	655300	631600	638800	671375	686511
国外及港澳台函件	万件	0.70	3.61	34.02	230.35	347.74
包裹	万件				209.89	450.79
#国内普通包裹	万件	58.73	39.13	28.79	28.10	19.40
快递包裹	万件				53.88	103.94
国内标准快递	万件				127.90	327.46
国内汇票	万笔	132.71	103.79	86.20	71.21	42.91
订阅报纸累计份数	万份	6649.19	6536.16	6799.21	6422.63	6736.38
订余阅杂志累计份数	万份	708.12	578.33	444.77	321.09	311.36
集邮邮票枚数	万枚				920.06	1655.17
固定电话用户数	万户	147.35	144.60	135.34	127.49	129.07
移动电话用户数	万户	466.93	463.40	457.11	503.49	485.63
光纤入户端口数	万个				434.52	568.31
互联网用户数	万户	85.85	91.80	97.02	111.44	133.08

注:1. 2005 年以后固定电话用户数和普通电话用户数中包含铁通和网通数据。

2. 2007 年以前邮电业务总收入指标为邮电业务总量。

3. 数据均来源于乌鲁木齐市邮政局、各电信企业年报。

主要统计指标解释
EXPLANATORY NOTES ON MAIN STATISTICAL INDICATORS

货(客)运量　指在一定时期内,各种运输工具实际运送的货物重量(旅客数量)。该指标是反映运输业为国民经济和人民生活服务的数量指标,也是制定和检查运输生产计划、研究运输发展规模和速度的重要指标。货运按吨计算,客运按人计算。货物不论运输距离长短、货物类别,均按实际重量统计。旅客不论行程远近或票价多少,均按一人一次客运量统计;半价票、小孩票也按一人统计。

货物(旅客)周转量　指在一定时期内,由各种运输工具运送的货物(旅客)数量与其相应运输距离的乘积之总和。该指标可以反映运输业生产的总成果,也是编制和检查运输生产计划,计算运输效率、劳动生产率以及核算运输单位成本的主要基础资料。计算货物周转量通常按发出站与到达站之间的最短距离,也就是计费距离计算。计算公式为:

货物(旅客)周转量 = Σ(货物(旅客)运输量 × 运输距离)

民用汽车拥有量　指报告期末,在公安交通管理部门按照《机动车注册登记工作规范》,已注册登记领有民用车辆牌照的全部汽车数量。汽车拥有量统计的主要分类:根据汽车结构分为载客汽车、载货汽车及其他汽车;根据汽车所有者不同分为个人(私人)汽车、单位汽车;根据汽车的使用性质分为营运汽车、非营运汽车;根据汽车大小规格不同,载客汽车分为大型、中型、小型和微型,载货汽车分为重型、中型、轻型和微型。

邮电业务总量　指以货币形式表现的邮电企业为社会提供各类邮电通信服务的总数量。该指标是用于观察邮电业务发展变化总趋势的综合性总量指标,分别按邮政业务总量和电信业务总量统计。邮电业务总量是以各类业务的实物量分别乘以相应的不变单价,求出各类业务的货币量加总求得。不变单价是一定时期内计算业务总量的同度量因素,是根据基年各类邮电业务量与相对应的邮电业务收入测算的平均单价。

移动电话用户　指在电信运营企业营业网点办理开户登记手续,通过移动电话交换机进入移动电话网,占用移动电话号码的各类电话用户。包括各类签约用户、智能网预付费用户、无线上网卡用户。

互联网上网人数　指过去半年内使用过互联网的6周岁及以上中国居民人数。

固定电话用户　指在电信企业营业网点办理开户登记手续并已接入固定电话网上的全部电话用户。包括普通电话用户、无线市话用户、公用电话用户、窄带综合业务数字网(N—ISDN)用户、智能网专用接入终端用户等。

城市电话用户　指按行政区划属于中央直辖市、省辖市、地级市、县级市的市区、市郊区及县城区范围内的电话用户数。包括分布在农村地区但以县团级以上建制的独立工矿区、林区、驻军的电话用户。

农村电话用户　指按行政区划属于城市范围以外的乡(镇)、村电话用户。

住宅电话用户　指私人付费或安装在居民住宅并按照私人或住宅电话用户登记注册和收费的各类电话用户。

长途电话交换机容量　指电信企业用于接入长途电话网的电话交换机的设备额定容量。

局用交换机容量　指安装在电信运营企业内用于接续本地固定电话的电话交换机容量,包括接入网设备容量(安装在电信运营企业用于连接语音用户的远端节点的设备容量)。

12

国内贸易、对外经济贸易和旅游

Chapter12 Domestic Trade, Foreign Trade and Economic and Economic Cooperation, Tourism

资料整理：扎依旦　王莹璐　麦热燕

12—1　历年按经济类型分的社会消费品零售总额

单位:万元

年　份	社会消费品零售总额	国有经济	集体经济	其他经济
1950	3496	370		3126
1951	6011	1665		4346
1952	6466	3312		3154
"一五"时期				
1953	10293	4437		5856
1954	11907	7431	3	4473
1955	14332	10660	199	3473
1956	17679	15211	1720	748
1957	21295	18101	2323	871
"二五"时期				
1958	19095	17936	1060	99
1959	29851	27146	2624	81
1960	35023	33208	1745	70
1961	27088	25702	1329	57
1962	22734	19691	2997	46
三年调整期				
1963	19686	16559	3084	43
1964	21556	18919	2340	297
1965	22757	20453	2181	123
"三五"时期				
1966	23711	20978	2598	135
1967	22285	19997	2173	115
1968	21906	19555	2265	86
1969	28906	26281	2552	73
1970	29586	28181	1321	84
"四五"时期				
1971	31277	29407	1765	105
1972	34895	33120	1668	107
1973	36491	34681	1716	94
1974	36861	34990	1760	111
1975	33732	30883	2700	149
"五五"时期				
1976	36249	32884	3209	156
1977	40972	36556	4215	201
1978	45301	40233	4799	269
1979	52249	46411	5406	432
1980	63801	50747	10659	2395
"六五"时期				
1981	72249	59783	10150	2316
1982	77384	61405	12511	3468

12－1 续表 单位：万元

年 份	社会消费品零售总额	国有经济	集体经济	其他经济
1983	91499	63642	19859	7998
1984	105144	72945	21973	10226
1985	133663	91549	26958	15156
“七五”时期				
1986	161180	105739	30068	25373
1987	187098	124387	38368	24343
1988	243183	148114	56574	38495
1989	274725	168782	48848	57095
1990	297736	185148	57355	55233
“八五”时期				
1991	358067	224826	68365	64876
1992	426819	269243	78803	78773
1993	564465	303427	68444	192594
1994	638113	329895	73249	234969
1995	810635	375986	58972	375677
“九五”时期				
1996	917254	403996	55183	458075
1997	982081	408765	54965	518351
1998	1052529	363184	59314	630031
1999	1140875	320894	61959	758022
2000	1265431	295862	57531	912038
“十五”时期				
2001	1386877	282202	37319	1067356
2002	1566088	182907	34835	1348346
2003	1773970	143954	26795	1603221
2004	2057964	142475	24603	1890886
2005	2403308	143307	30220	2229781
“十一五”时期				
2006	2811383	219237	30834	2561312
2007	3323964	387149	37107	2899708
2008	4186355	404880	44734	3736741
2009	4734172	171592	4566	4558014
2010	5636665	194985	5828	5435852
“十二五”时期				
2011	6950278	613270	5497	6331511
2012	8343507	735024	6556	7601927
2013	9700498	850423	7612	8842463
2014	10699649	935017	8366	9756266
2015	11515000	998760	9052	10507188
“十三五”时期				
2016	12366940	1060653	9522	11296765
2017	13171211	1119606	10100	12041505

12—2　社会消费品零售总额及构成

单位:万元

指　标	2005 年	2010 年	2015 年	2016 年	2017 年	2017 年比 2016 年增减%	构　成(%)	
							2016 年	2017 年
社会消费品零售总额	**2403308**	**5636665**	**11515000**	**12366940**	**13171211**	**6.5**	**100.0**	**100.0**
按销售地区分								
市的零售额	2340136	5636665	11515000	12366940	13112700	6.1	100.0	99.6
县以下零售额	63172				58511			0.4
按经济类型分								
国有经济	143307	194985	998760	1060653	1119606	5.6	8.7	8.5
集体经济	30220	5828	9052	9522	10100	6.3	0.1	0.1
私营经济	633046	1233937	2528868	2716167	2912901	7.2	22.0	22.1
个体经济	992594	3535662	7092800	7628562	8114702	6.4	61.6	61.6
其他经济	604141	666253	885520	952036	1013902	6.5	7.6	7.7
按行业分								
批发零售贸易业	1965453	5029143	10283127	11003677	11679910	6.1	89.3	88.7
住宿餐饮业	355142	607522	1231873	1363263	1491301	9.4	10.7	11.3

12—3　分区县社会消费品零售总额

单位:亿元

区　县	2016 年	2017 年	2017 年比 2016 年增减%
全　市	**1236.69**	**1317.12**	**6.5**
天山区	260.59	272.32	4.5
沙依巴克区	326.57	344.60	5.5
水磨沟区	174.64	185.10	6.0
米东区	64.72	70.68	9.0
高新技术产业开发区(新市区)	335.28	363.60	8.4
经济技术开发区(头屯河区)	64.60	69.77	8.0
达坂城区	1.46	1.59	8.7
乌鲁木齐县	8.76	9.46	8.0

12—4 分区县批发和零售业商品销售额

单位:亿元

区县名称	2016 年	2017 年	2017 年比 2016 年增减%
全 市	**5473.66**	**6572.95**	**20.1**
天山区	368.11	378.42	2.8
沙依巴克区	563.20	607.77	7.9
水磨沟区	648.29	625.64	-3.5
米东区	264.27	271.25	2.6
高新技术产业开发区(新市区)	1759.00	2679.80	52.3
经济技术开发区(头屯河区)	1854.96	1992.69	7.4
达坂城区	4.16	4.78	14.9
乌鲁木齐县	11.68	12.60	7.9

12—5 分区县住宿业营业额

单位:万元

区县名称	2012 年	2013 年	2014 年	2015 年	2016 年	2017 年	2017 年比 2016 年增减%
全 市	**286309**	**265658**	**247009**	**264810**	**279939**	**294933**	**5.3**
天山区	64375	55491	50497	52517	54524	53437	-4.0
沙依巴克区	99766	89789	81608	86913	88800	95104	7.1
水磨沟区	25285	24880	25432	27899	30465	31175	2.3
米东区	7570	7381	7244	7490	7640	8511	11.4
高新技术产业开发区(新市区)	71555	70625	64615	70818	78000	83928	7.6
经济技术开发区(头屯河区)	17076	16820	16899	18420	19700	21920	11.3
达坂城区	296	293	316	335	380	401	5.5
乌鲁木齐县	387	379	398	418	430	457	6.3

12—6 分区县餐饮业营业额

单位:万元

区县名称	2012 年	2013 年	2014 年	2015 年	2016 年	2017 年	2017 年比 2016 年增减%
全 市	**846930**	**967050**	**1063384**	**1176916**	**1287646**	**1399340**	**8.7**
天山区	250685	270614	288204	314142	348512	379892	9.0
沙依巴克区	155262	179483	194380	215906	238600	261378	9.5
水磨沟区	126135	146569	164450	181645	199734	209121	4.7
米东区	98881	115097	126953	140918	144800	156976	8.4
高新技术产业开发区(新市区)	148702	176509	202985	229546	250000	271500	8.6
经济技术开发区(头屯河区)	60984	71461	78321	85761	96200	109850	14.2
达坂城区	2722	3156	3472	3889	4300	4633	7.7
乌鲁木齐县	3560	4161	4619	5109	5500	5990	8.9

12—7　限额以上批发和零售业法人企业基本情况

（2017 年）

指　　标	法人企业数（个）	从业人员期末人数（人）	#女性
总　计	**747**	**50697**	**26269**
批发业	**507**	**19096**	**8538**
按国民经济行业分			
农、林、牧产品批发	16	315	94
食品、饮料及烟草制品批发	38	2140	879
纺织、服装及家庭用品批发	36	2594	1883
文化、体育用品及器材批发	6	704	356
医药及医疗器材批发	36	2223	1110
矿产品、建材及化工产品批发	247	7380	2984
机械设备、五金产品及电子产品批发	121	3435	1132
贸易经纪与代理	1	33	12
其他批发业	6	272	88
按登记注册类型分			
内资企业	505	18769	8426
国有企业	9	1135	466
集体企业			
有限责任公司	99	7911	3100
股份有限公司	11	847	350
私营企业	386	8876	4510
外商投资企业	2	293	112
按经营形式分			
独立门店	199	7495	3045
连锁总店	1	119	71
连锁直营店	2	891	445
其他	305	10591	4977
按单位规模分			
大型	11	5173	2088
中型	141	9740	4512
小型	271	3793	1765
微型	84	390	173

注：12－7 表—12－21 表中数据不含兵团。

12－7续表 （2017年）

指　　标	法人企业数（个）	从业人员期末人数（人）	#女性
零售业	**240**	**31601**	**17731**
按国民经济行业分			
综合零售	24	12987	7889
食品、饮料及烟草制品专门零售	6	121	64
纺织、服装及日用品专门零售	26	2270	1766
文化、体育用品及器材专门零售	8	637	391
医药及医疗器材专门零售	15	5121	3748
汽车、摩托车、燃料及零配件专门零售	140	8839	3326
家用电器及电子产品专门零售	19	1610	542
五金家具及室内装饰材料专门零售	2	16	5
按登记注册类型分			
内资企业	228	29759	16847
国有企业	3	362	195
集体企业			
有限责任公司	69	6874	3453
股份有限公司	10	10611	5988
私营企业	146	11912	7211
港、澳、台商投资企业	6	762	310
外商投资企业	6	1277	581
按经营形式分			
独立门店	192	16416	8537
连锁总店	18	12680	7784
其他	30	2505	1410
按单位规模分			
大型	12	16650	9939
中型	116	12627	6726
小型	82	2183	1006
微型	30	141	60

12—8 限额以上批发和零售业法人企业商品购进、销售和库存

（2017 年） 单位：万元

指 标	商品购进额	#进口	期末商品库存额	年末零售营业面积（平方米）
总 计	**48295891**	**12738537**	**3305892**	**2813621**
批发业	**42652718**	**12627902**	**2584903**	**671344**
按国民经济行业分				
农、林、牧产品批发	950780		66995	1037
食品、饮料及烟草制品批发	2054061	11408	219500	7065
纺织、服装及家庭用品批发	350217		64016	7858
文化、体育用品及器材批发	479394		52165	97519
医药及医疗器材批发	765948		82263	18958
矿产品、建材及化工产品批发	35948425	12578125	1846132	443947
机械设备、五金产品及电子产品批发	1989079	38369	245121	93716
贸易经纪与代理	6552		173	
其他批发业	108262		8537	1244
按登记注册类型分				
内资企业	42571885	12627902	2570979	632062
国有企业	1965217	47808	140021	97158
集体企业				
有限责任公司	21865838	9287765	454130	363522
股份有限公司	12730882	3235350	731840	20280
私营企业	6009949	56979	1244988	151102
港澳、台商投资企业	80833		13924	39282
外商投资企业				
按经营形式分				
独立门店	23697700	12405096	895326	247424
连锁总店	47042		6012	5100
连锁直营店	365913		13600	276150
其他	18542063	222806	1669965	142670
按单位规模分				
大型	7670252	22060	296594	313851
中型	25127037	9319346	697822	267444
小型	4169194	61488	1042643	79016
微型	5686235	3225009	547844	10978

12－8 续表1　　(2017年)　　单位:万元

指　　标	商品销售额	批发额	#出口	零售额
总　　计	**53253224**	**46683494**	**395487**	**6569730**
批发业	**46290992**	**45847393**	**395487**	**443599**
按国民经济行业分				
农、林、牧产品批发	976041	976041		
食品、饮料及烟草制品批发	2336466	2329041	17747	7426
纺织、服装及家庭用品批发	378797	351717	54810	27080
文化、体育用品及器材批发	285417	260139		25279
医药及医疗器材批发	878904	869152		9752
矿产品、建材及化工产品批发	39252595	39034680	151266	217915
机械设备、五金交电及电子产品批发	2067274	1914936	166256	152338
贸易经纪与代理	8359	8359	5409	
其他批发业	107138	103328		3810
按登记注册类型分				
内资企业	46209191	45780057	395487	429134
国有企业	1925030	1899657	270	25373
集体企业				
有限责任公司	22474607	22320330	131471	154277
股份有限公司	15466780	15446381	45022	20399
私营企业	6342774	6113689	218725	229085
港澳、台商投资企业	81801	67336		14466
外商投资企业				
按经营形式分				
独立门店	24326523	24151431	104822	175042
连锁总店	49995	29799		20196
连锁直营店	387972	319478		68494
其他	21526503	21346686	290666	179817
按单位规模分				
大型	10413677	10316393	30769	97285
中型	25750765	25571715	244866	179051
小型	4384700	4231049	114216	153651
微型	5741849	5728236	5636	13613

12－8 续表2　　（2017 年）　　单位：万元

指　　标	商品购进额	#进口	期末商品库存额	年末零售营业面积(平方米)
零售业	**5643173**	**110635**	**720989**	**2142277**
按国民经济行业分				
综合零售	717589		41092	954608
百货零售	565937		22178	811203
超级市场零售	151652		18914	143405
食品、饮料及烟草制品专门零售	8757		5659	1076
纺织、服装及日用品专门零售	146303		16679	154467
文化、体育用品及器材专门零售	42700		55473	14959
医药及医疗器材专门零售	1131420		166000	143578
汽车、摩托车、燃料及零配件专门零售	3277935	76050	305581	554337
家用电器及电子产品专门零售	177652		26475	111895
五金家具及室内装饰材料专门零售	140816	34585	104030	207397
按登记注册类型分				
内资企业	5238502	95808	686948	2028370
国有企业	31907		22714	23048
集体企业				
有限责任公司	2136749	25823	236015	331194
股份有限公司	1165318	34585	149390	1015230
私营企业	1904528	35399	278829	658898
港、澳、台商投资企业	247917	13524	24363	37443
外商投资企业	176280	1304	9682	76464
按经营形式分				
独立门店	3534854	76050	383111	1372974
连锁总店	1095041	34585	202118	695560
其他	1013277		135760	73743
按单位规模分				
大型	2134940	34585	286648	1256195
中型	2722772	65910	320177	727611
小型	724429	2050	108365	138438
微型	61033	8090	5799	20033
按零售业态分				
有店铺零售	5628820	110635	716142	2140754
超市	35856		6181	22890
大型超市	181472		19372	190902
百货店	604906		27093	835007
专业店	2636729	9394	304271	557218
专卖店	2140002	101241	354945	461532
购物中心	14453		4016	35480
厂家直销中心	15280		256	438
其它	123		8	37287
无店铺零售	14354		4846	1523

12－8 续表3　　(2017年)　　单位:万元

指　　标	商品销售额	批发额	#进口	零售额
零售业	**6962232**	**836102**		**6126131**
按零售行业分				
综合零售	1200382	5420		1194962
食品、饮料及烟草制品专门零售	9487	2686		6801
纺织、服装及日用品专门零售	234444	12616		221829
文化、体育用品及器材专门零售	51609	1869		49740
医药及医疗器材专门零售	1268517	430248		838269
汽车、摩托车、燃料及零配件专门零售	3534490	332434		3202055
家用电器及电子产品专门零售	288506	50828		237677
五金家具及室内装饰材料专门零售	374798			374798
按登记注册类型分				
内资企业	6446546	832220		5614326
国有企业	38663			38663
集体企业				
有限责任公司	2366194	481275		1884919
股份有限公司	1893682	145979		1747703
私营企业	2148006	204966		1943040
港、澳、台商投资企业	251448	3882		247566
外商投资企业	264239			264239
按经营形式分				
独立门店	4264076	355568		3908508
连锁总店	1592229	169038		1423191
其他	1105928	311496		794432
按单位规模分				
大型	3030294	378666		2651628
中型	3058552	360482		2698070
小型	805133	94084		711048
微型	68254	2869		65385
按零售业态分				
有店铺零售	6944984	830852		6114132
超市	39904	2531		37373
大型超市	189549	2379		187170
百货店	1125025	3898		1121127
专业店	3041761	625779		2415983
专卖店	2519223	184105		2335118
购物中心	14935			14935
厂家直销中心	12585	10158		2427
其它	2002	2001		
无店铺零售	17249	5250		11999

12—9　限额以上住宿和餐饮业法人企业基本情况

（2017 年）

指　标	法人企业数（个）	从业人员期末人数（人）		法人所属产业活动单位数（个）		
			#女性		住宿和餐饮业	其他
总　计	**91**	**13011**	**7389**	**210**	**56**	**154**
住宿业	**62**	**7957**	**4519**	**82**	**14**	**68**
按住宿行业分						
旅游饭店	43	6893	3866	60	14	46
一般旅馆	19	1064	653	22		22
按登记注册类型分						
内资企业	61	7935	4504	81	14	67
国有企业	14	1861	1004	14		14
股份有限公司	1	38	23	1		1
有限责任公司	19	3673	2121	35	14	21
私营企业	27	2363	1356	31		31
外商投资企业	1	22	15	1		1
按经营形式分						
独立门店	55	6385	3448	57		57
连锁总店	2	1310	963	17	14	3
连锁门店	1	93	19	4		4
其他	4	169	89	4		4
按星级分						
五星	6	2430	1382	21	14	7
四星	3	735	444	3		3
三星	21	2275	1218	23		23
二星	2	314	232	2		2
其他	30	2203	1243	33		33
餐饮业	29	5054	2870	128	42	86
按餐饮行业小类分						
正餐服务	24	2807	1539	24		24
快餐服务	5	2247	1331	104	42	62
按登记注册类型分						
内资企业	27	4331	2344	99	15	84
国有企业	4	688	443	4		4
有限责任公司	6	706	358	7		7
私营企业	15	2698	1473	82	15	67
其他企业	1	36	15	1		1
港、澳、台商投资企业	1	6	4	1		1
外商投资企业	1	717	522	28	27	1
按经营形式分						
独立门店	22	2272	1187	22		22
连锁总店	5	2265	1346	103	42	61
连锁门店						
其他	2	517	337	3		3

12—10 限额以上住宿和餐饮业法人企业经营情况

（2017 年）

指　　标	法人企业数(个)	从业人员期末人数(人)	营业额(万元)
总　计	**91**	**13011**	**251318**
住宿业	**62**	**7957**	**154174**
按住宿行业分			
旅游饭店	43	5851	113947
一般旅馆	19	2106	40227
按登记注册类型分			
内资企业	61	7935	153974
国有企业	14	1861	26068
集体企业			
有限责任公司	19	3673	72426
股份有限公司	1	38	575
私营企业	27	2363	54905
外商投资企业	1	22	200
按经营形式分			
独立门店	55	6385	118612
连锁总店	2	1310	29331
连锁门店	1	93	2263
其他	4	169	3970
按单位规模分			
大型	1	1050	21265
中型	16	4440	80536
小型	40	2437	46980
微型	5	30	5393
按星级分			
五星	6	2430	57857
四星	3	735	13844
三星	21	2275	31429
二星	2	314	8775
其他	30	2203	42268
餐饮业	**29**	**5054**	**97144**
按餐饮行业分			
正餐服务	24	2807	39641
快餐服务	5	2247	57503
按登记注册类型分			
内资企业	27	4331	70029
国有企业	4	688	2332
有限责任公司	6	706	14427
股份有限公司	1	203	5411
私营企业	15	2698	47305
其他企业	1	36	554
港、澳、台商投资企业	1	6	3
外商投资企业	1	717	27112
按经营形式分			
独立门店	22	2272	36281
连锁总店	5	2265	59902
连锁门店			
其他	2	517	961
按单位规模分			
大型	2	1762	48121
中型	9	1804	33994
小型	16	1463	15030
微型	2	25	

12－10 续表 1　　（2017 年）　　单位：万元

指　标	营业额			
	客房收入	餐费收入	商品销售收入	其他收入
总　计	**83794**	**139748**	**3825**	**23950**
住宿业	**81079**	**46520**	**3584**	**22991**
按住宿行业分				
旅游饭店	53981	37445	2654	19867
一般旅馆	27098	9074	930	3124
按登记注册类型分				
内资企业	80879	46520	3584	22991
国有企业	10440	6494	104	9030
集体企业				
有限责任公司	35761	22875	2933	10856
股份有限公司	252	211	55	57
私营企业	34426	16940	491	3048
外商投资企业	200			
按经营形式分				
独立门店	54775	40769	2742	20325
连锁总店	21602	4325	820	2584
连锁门店	2152	9	20	82
其他	2550	1416	3	
按单位规模分				
大型	13590	4289	814	2572
中型	36148	27178	2307	14903
小型	27803	13352	454	5371
微型	3539	1700	10	145
按星级分				
五星	27458	20054	3116	7230
四星	3947	1926		7972
三星	15405	10843	327	4855
二星	8513	232	6	24
其他	25757	13464	136	2911
餐饮业	**2715**	**93229**	**241**	**959**
按餐饮行业分				
正餐服务	2049	36719	241	632
快餐服务	666	56510		327
按登记注册类型分				
内资企业	2715	66114	241	959
国有企业	683	1228		420
有限责任公司		14254	49	124
股份有限公司	666	4676		69
私营企业	1339	45437	191	338
其他企业	27	518		9
港、澳、台商投资企业		3		
外商投资企业		27112		
按经营形式分				
独立门店	2036	33425	241	579
连锁总店	666	58910		327
连锁门店				
其他	13	894		54
按单位规模分				
大型		47862		258
中型	1920	31675	158	241
小型	795	13692	83	460
微型				

12－10 续表 2　　　　（2017 年）

指　　标	客房数（间）	床位数（个）	餐位数（位）	年末餐饮营业面积（平方米）
总　计	**15062**	**25305**	**53056**	**260263**
住宿业	**13893**	**23318**	**25799**	**128627**
按住宿行业分				
旅游饭店	9145	15399	19458	91383
一般旅馆	4748	7919	6341	37244
按登记注册类型分				
内资企业	13829	23174	25799	128627
国有企业	2869	5644	3702	17853
集体企业				
有限责任公司	5284	8850	13950	58131
股份有限公司	94	159	150	400
私营企业	5582	8521	7997	52243
外商投资企业	64	144		
按经营形式分				
独立门店	9502	16742	20287	102399
连锁总店	3510	5197	4794	22928
连锁门店	433	642	100	200
其他	448	737	618	3100
按单位规模分				
大型	2210	3687	4394	20528
中型	5614	9088	10386	36726
小型	5467	9413	10019	61221
微型	602	1130	1000	10152
按星级分				
五星	3829	6278	11813	41545
四星	1041	2167	468	6372
三星	3354	6195	6571	40636
二星	1420	1750	470	2700
其他	4249	6928	6477	37374
餐饮业	**1169**	**1987**	**27257**	**131636**
按餐饮行业分				
正餐服务	1052	1792	16671	89458
快餐服务	117	195	10586	42178
按登记注册类型分				
内资企业	1169	1987	23854	120274
国有企业	700	1169	2740	7300
有限责任公司			4632	23714
股份有限公司	117	195	1600	2000
私营企业	273	471	13502	80760
其他企业	79	152	1380	6500
港、澳、台商投资企业			120	1000
外商投资企业			3283	10362
按经营形式分				
独立门店	650	1182	14931	84152
连锁总店	117	195	10668	42904
连锁门店				
其他	402	610	1658	4580
按单位规模分				
大型			7188	29898
中型	273	446	11934	65125
小型	896	1541	8005	35463
微型			130	1150

12—11　限额以上批发业法人企业主要财务状况

（2017 年）

单位：万元

指　　标	法人企业数（个）	执行《2006 年企业会计准则》企业数	年初存货	流动资产	#应收账款	存货
总　计	**507**	**338**	**1424178**	**12550196**	**2489711**	**1687745**
按国民经济行业分						
农、林、牧产品批发	16	11	40235	406341	7738	62367
食品、饮料及烟草制品批发	38	30	163987	1058953	43284	171249
纺织、服装及家庭用品批发	36	22	60552	168297	29542	58938
文化、体育用品及器材批发	6	4	31730	182923	73089	27808
医药及医疗器材批发	36	21	72050	440130	227965	73019
矿产品、建材及化工产品批发	247	167	835428	8328649	1509779	1061688
机械设备、五金产品及电子产品批发	121	77	216114	1897060	572531	225109
贸易经纪与代理	1	1	661	9530	2769	173
其他批发业	6	5	3420	58315	23014	7397
按登记注册类型分						
内资企业	505	336	1416626	12089621	2467741	1678402
国有企业	9	8	103599	765662	69947	119823
集体企业						
有限责任公司	99	81	353857	5114259	1331352	390826
股份有限公司	11	11	545031	3224708	141826	704663
私营企业	386	236	414140	2984993	924617	463090
其他企业						
港澳台商投资企业	2	2	7552	460575	21970	9343
按经营形式分						
独立门店	199	130	717165	5411366	1094130	850821
连锁总店	1	1	8947	14310	3850	6012
连锁门店	2	2	21850	239477	6183	24465
其他	305	205	676216	6885043	1385547	806448
按单位规模分						
大型	11	11	165702	2983052	916394	210791
中型	141	107	578440	6710705	968325	674260
小型	271	161	240344	1750162	484359	270972
微型	84	59	439692	1106278	120633	543808

12－11 续表 1　　(2017 年)　　单位:万元

指　　标	固定资产合计	固定资产原价	累计折旧	#本年折旧
总　计	**587872**	**855970**	**333827**	**94421**
按国民经济行业分				
农、林、牧产品批发	6220	9921	4395	1002
食品、饮料及烟草制品批发	47702	83554	35971	3599
纺织、服装及家庭用品批发	6827	13807	6994	735
文化、体育用品及器材批发	31061	33079	16539	1222
医药及医疗器材批发	29626	37745	10575	4002
矿产品、建材及化工产品批发	337222	509111	214456	77527
机械设备、五金产品及电子产品批发	110938	144537	38294	5565
贸易经纪与代理	2845	2845	193	112
其他批发业	15433	21373	6411	658
按登记注册类型分				
内资企业	545804	809864	318266	93613
国有企业	74245	109188	49403	3970
集体企业				
有限责任公司	264590	412829	171146	74287
股份有限公司	74168	98260	24099	3951
私营企业	132802	189587	73618	11406
其他企业				
港、澳、台商投资企业	42068	46107	15561	808
按经营形式分				
独立门店	170640	234992	81896	13655
连锁总店	35	131	96	15
连锁门店	45920	66955	21035	3198
其他	371277	553893	230801	77554
按单位规模分				
大型	232030	365817	148247	71620
中型	279898	364805	131928	15114
小型	51629	85308	37902	5681
微型	24315	40040	15751	2006

12－11 续表2　　(2017 年)　　单位:万元

指　　标	在建工程	资产总计	流动负债合计	#应付账款
总　计	**170904**	**17847914**	**11585025**	**2675096**
按国民经济行业分				
农、林、牧产品批发	225	459113	407153	30704
食品、饮料及烟草制品批发	4905	1397838	295434	87060
纺织、服装及家庭用品批发	66	189926	137364	51228
文化、体育用品及器材批发	26351	271663	187862	130989
医药及医疗器材批发	2448	497774	321097	159478
矿产品、建材及化工产品批发	124395	12730123	8481146	1669101
机械设备、五金产品及电子产品批发	12464	2186431	1662160	520818
贸易经纪与代理		15510	12417	77
其他批发业	52	99535	83391	25640
按登记注册类型分				
内资企业	132110	17000372	11355761	2633896
国有企业	27698	991429	267449	153562
集体企业				
有限责任公司	77851	6108271	4817896	1465725
股份有限公司	3125	6545106	3678771	296288
私营企业	23436	3355566	2591646	718323
其他企业				
港、澳、台商投资企业	38794	847541	232264	41199
按经营形式分				
独立门店	51634	7269587	5337534	1266899
连锁总店		14345	5888	1437
连锁门店	8628	316275	373862	2994
其他	110641	10247708	5870742	1403765
按单位规模分				
大型	93526	5764433	2873723	587613
中型	72946	8859359	5807799	1518824
小型	2897	1913360	1401407	458012
微型	1535	1310762	1505096	110646

12－11 续表 3　　（2017 年）　　单位：万元

指　标	非流动负债	负债	所有者权益
总　计	**1082433**	**12672436**	**5175477**
按国民经济行业分			
农、林、牧产品批发	27665	434818	24295
食品、饮料及烟草制品批发	49287	344721	1053117
纺织、服装及家庭用品批发	12081	149446	40480
文化、体育用品及器材批发	9401	197263	74400
医药及医疗器材批发	1243	322340	175434
矿产品、建材及化工产品批发	923202	9407276	3322848
机械设备、五金产品及电子产品批发	58317	1719528	466903
贸易经纪与代理	850	13267	2243
其他批发业	387	83778	15757
按登记注册类型分			
内资企业	914583	12272323	4728049
国有企业	10330	277778	713651
集体企业			
有限责任公司	104372	4921312	1186959
股份有限公司	709805	4388575	2156531
私营企业	90078	2684658	670909
其他企业			
港、澳、台商投资企业	167849	400113	447428
按经营形式分			
独立门店	369610	5864507	1405080
连锁总店		5888	8457
连锁门店	260	374123	－57848
其他	553762	6427920	3819788
按单位规模分			
大型	378291	3252014	2512418
中型	609875	6417668	2441692
小型	48040	1451431	461929
微型	46227	1551323	－240561

12－11 续表 4　　（2017 年）　　单位:万元

指　　标	实收资本	国家资本	集体资本	法人资本
总　计	**2862874**	**389741**	**26267**	**1453227**
按国民经济行业分				
农、林、牧产品批发	26640	3620	3380	14770
食品、饮料及烟草制品批发	241457	65329	601	160007
纺织、服装及家庭用品批发	41794		500	21614
文化、体育用品及器材批发	15019	12269		1023
医药及医疗器材批发	108719	8400	500	68958
矿产品、建材及化工产品批发	1899765	268832	15800	886860
机械设备、五金产品及电子产品批发	507085	25321		294908
贸易经纪与代理	2001			2001
其他批发业	20395	5971	5486	3087
按登记注册类型分				
内资企业	2423133	389741	26267	1451651
国有企业	70392	68894		1497
集体企业				
有限责任公司	765529	261236	22887	364182
股份有限公司	873811	59521	3000	708755
私营企业	713401	90	380	377216
其他企业				
港、澳、台商投资企业	439741			1577
按经营形式分				
独立门店	1366380	26374	401	754171
连锁总店	5000			
连锁门店	1000			1000
其他	1490494	363368	25866	698056
按单位规模分				
大型	484947	104704	13800	266619
中型	1607306	158161	4030	778818
小型	577723	125045	6437	251631
微型	192898	1832	2000	156159

12－11 续表 5 （2017 年） 单位：万元

指　标	实收资本		
	个人资本	港澳台资本	外商资本
总　计	**554728**	**438165**	**746**
按国民经济行业分			
农、林、牧产品批发	4870		
食品、饮料及烟草制品批发	15520		
纺织、服装及家庭用品批发	19680		
文化、体育用品及器材批发	1728		
医药及医疗器材批发	30861		
矿产品、建材及化工产品批发	297082	438165	746
机械设备、五金产品及电子产品批发	179137		
贸易经纪与代理			
其他批发业	5851		
按登记注册类型分			
内资企业	554728		746
国有企业			
集体企业			
有限责任公司	117224		
股份有限公司	101789		746
私营企业	335715		
其他企业			
港、澳、台商投资企业		438165	
按经营形式分			
独立门店	147270	438165	
连锁总店	5000		
连锁门店			
其他	402458		746
按单位规模分			
大型	99079		746
中型	228131	438165	
小型	194611		
微型	32908		

12－11 续表 6　　（2017 年）　　单位：万元

指　　标	营业收入	#主营业务收入	营业成本	#主营业务收入
总　计	**40484844**	**40350891**	**39064565**	**38992612**
按国民经济行业分				
农、林、牧产品批发	880934	880517	865987	865987
食品、饮料及烟草制品批发	2024573	2016056	1765140	1762504
纺织、服装及家庭用品批发	339566	334134	309211	304990
文化、体育用品及器材批发	220711	219134	195050	194791
医药及医疗器材批发	772135	769768	681456	680813
矿产品、建材及化工产品批发	34306045	34203502	33412928	33358158
机械设备、五金产品及电子产品批发	1836945	1826297	1737469	1729055
贸易经纪与代理	7507	7507	7201	7201
其他批发业	96428	93978	90122	89112
按登记注册类型分				
内资企业	40400025	40277908	38998686	38929981
国有企业	1630186	1627400	1474822	1473910
集体企业				
有限责任公司	19849722	19822410	19355629	1934598
股份有限公司	13323825	13248847	12872417	12825623
私营企业	5596292	5579251	5295818	5284850
其他企业				
港、澳、台商投资企业	84819	72983	65879	62631
按经营形式分				
独立门店	21367858	21326271	20758018	20745060
连锁总店	42731	42660	41493	41465
连锁门店	346113	345790	324523	324427
其他	18728143	18636170	17940531	17881660
按单位规模分				
大型	9197045	9135676	8515791	8466648
中型	22525314	22460180	22058412	22038205
小型	3839067	3832922	3704342	3701977
微型	4923419	4922114	4786020	4785782

12－11 续表7 （2017 年） 单位:万元

指　　标	营业税金及附加	#主营业务税金及附加	其他业务利润	销售费用
总　计	**87586**	**81278**	**35781**	**543752**
按国民经济行业分				
农、林、牧产品批发	561	561	311	8802
食品、饮料及烟草制品批发	59581	59454	2371	44473
纺织、服装及家庭用品批发	439	439	744	20319
文化、体育用品及器材批发	194	194	834	12154
医药及医疗器材批发	2011	1998	81	36890
矿产品、建材及化工产品批发	21505	15769	29487	372983
机械设备、五金产品及电子产品批发	2816	2391	818	47482
贸易经纪与代理	4	4		52
其他批发业	476	468	1135	598
按登记注册类型分				
内资企业	87025	80983	35781	536393
国有企业	3081	3038	1124	16423
集体企业				
有限责任公司	72635	67609	4195	161696
股份有限公司	5332	4856	27097	202136
私营企业	5976	5479	3364	156138
其他企业				
港、澳、台商投资企业	562	295		7359
按经营形式分				
独立门店	71187	65601	15568	145637
连锁总店	15	15	43	721
连锁门店	621	621		21935
其他	15763	15040	20171	375459
按单位规模分				
大型	66878	65320	11125	283436
中型	16848	12354	20332	165990
小型	3104	3078	3445	68544
微型	756	526	879	25782

12-11 续表8 （2017年） 单位：万元

指　　标	管理费用	#税金	资产减值损失	公允价值变动收益
总　计	**182536**		**303095**	**394**
按国民经济行业分				
农、林、牧产品批发	4389		157	
食品、饮料及烟草制品批发	32890		54	445
纺织、服装及家庭用品批发	7827		1	
文化、体育用品及器材批发	6013		2895	
医药及医疗器材批发	21685		1035	-39
矿产品、建材及化工产品批发	75315		294524	-12
机械设备、五金产品及电子产品批发	30323		4553	
贸易经纪与代理	215			
其他批发业	3881		-123	
按登记注册类型分				
内资企业	177059		302259	394
国有企业	19468		7562	
集体企业				
有限责任公司	59664		284078	406
股份有限公司	22890		9834	-12
私营企业	75037		784	
其他企业				
港、澳、台商投资企业	5477		836	
按经营形式分				
独立门店	71560		277635	-39
连锁总店	346			
连锁门店	1024		-1194	
其他	109605		26788	433
按单位规模分				
大型	50254		281809	-51
中型	86845		20678	445
小型	38704		781	
微型	6733		-39	

12－11 续表9　　（2017年）　　单位：万元

指　　标	财务费用	#利息收入	#利息支出	投资收益
总　计	**161895**	**54237**	**175295**	**313945**
按国民经济行业分				
农、林、牧产品批发	2687	2051	3647	975
食品、饮料及烟草制品批发	－8778	17724	8139	2570
纺织、服装及家庭用品批发	1617	372	1424	60
文化、体育用品及器材批发	－276	693	343	683
医药及医疗器材批发	4735	252	4287	7896
矿产品、建材及化工产品批发	141779	27412	145863	297793
机械设备、五金产品及电子产品批发	18787	5674	10344	3696
贸易经纪与代理	88			
其他批发业	1256	60	1250	273
按登记注册类型分				
内资企业	158940	53442	171489	309996
国有企业	－14479	15628	920	2058
集体企业				
有限责任公司	51686	24644	55519	11962
股份有限公司	97630	4373	97797	286386
私营企业	24103	8777	17253	9589
其他企业				
港、澳、台商投资企业	2955	815	3806	3949
按经营形式分				
独立门店	89216	24396	90639	152966
连锁总店	45	65		
连锁门店	675	1	438	
其他	71959	29775	84218	160979
按单位规模分				
大型	22754	17600	27043	154968
中型	76523	29615	83791	153160
小型	5836	5594	8220	3916
微型	56782	1428	56241	1901

12－11 续表10　　(2017 年)　　单位:万元

指　　标	营业利润	营业外收入	#政府补助	营业外支出
总　计	**460554**	**41065**		**21703**
按国民经济行业分				
农、林、牧产品批发	－675	1060		57
食品、饮料及烟草制品批发	135236	20812		8595
纺织、服装及家庭用品批发	211	312		135
文化、体育用品及器材批发	5365	45		390
医药及医疗器材批发	32180	1249		304
矿产品、建材及化工产品批发	288406	10038		10789
机械设备、五金产品及电子产品批发	－545	7470		1391
贸易经纪与代理	－53	68		
其他批发业	430	11		43
按登记注册类型分				
内资企业	454988	41013		21646
国有企业	125367	17466		8238
集体企业				
有限责任公司	－120417	15554		3823
股份有限公司	401533	583		7509
私营企业	48505	7411		2076
其他企业				
港、澳、台商投资企业	5567	53		57
按经营形式分				
独立门店	107550	13268		2720
连锁总店	111			
连锁门店	－1472	13		948
其他	354366	27784		18036
按单位规模分				
大型	134320	17663		16782
中型	255113	19597		4015
小型	21558	2516		655
微型	49564	1289		252

12－11 续表11　　（2017年）　　单位：万元

指　　标	利润总额	应交所得税	应付职工薪酬	应交增值税
总　计	**483108**	**68570**	**180872**	**307347**
按国民经济行业分				
农、林、牧产品批发	342	436	4104	55249
食品、饮料及烟草制品批发	150620	38702	30633	134331
纺织、服装及家庭用品批发	415	352	10617	2535
文化、体育用品及器材批发	5020	1466	10990	571
医药及医疗器材批发	33125	5259	16430	8599
矿产品、建材及化工产品批发	287743	19176	82160	95482
机械设备、五金产品及电子产品批发	5404	2977	23260	9121
贸易经纪与代理	14	4	97	1
其他批发业	418	200	2852	1457
按登记注册类型分				
内资企业	477540	66617	178042	306110
国有企业	137135	34481	14489	13907
集体企业				
有限责任公司	－108907	14654	97291	225188
股份有限公司	394627	6884	18707	36487
私营企业	54684	10598	47555	30527
其他企业				
港、澳、台商投资企业	5562	1953	2830	1237
按经营形式分				
独立门店	117977	14139	73844	226787
连锁总店	111		506	
连锁门店	－2407	－183	5412	3624
其他	367421	54614	101112	76936
按单位规模分				
大型	135201	42964	77180	165225
中型	273040	19798	80400	122759
小型	23711	5491	20163	18073
微型	51150	317	3129	1290

12—12　限额以上零售业法人企业主要财务状况

（2017 年）

单位：万元

指　　标	法人企业数（个）	#执行《2006 年企业会计准则》	年初存货	流动资产	#应收账款	存货
总　计	**240**	**165**	**687732**	**2811563**	**534904**	**625632**
按国民经济行业分						
综合零售	24	17	53922	408750	38926	47512
百货零售	13	10	34043	339392	18223	33555
超级市场零售	11	7	19879	69358	20703	13956
食品、饮料及烟草制品专门零售	6	4	5375	11277	944	5589
纺织、服装及日用品专门零售	26	11	18694	99168	9274	17782
文化、体育用品及器材专门零售	8	5	51489	125060	6657	47009
医药及医疗器材专门零售	14	10	145039	582325	249961	139659
汽车、摩托车、燃料及零配件专门零售	140	102	255329	855934	106535	238434
家用电器及电子产品专门零售	19	14	15199	113457	17284	11469
五金家具及室内装饰材料专门零售	3	2	142686	615593	105325	118179
按登记注册类型分						
内资企业	228	154	658697	2669992	506186	595193
国有企业	3	2	19324	39435	4800	18405
集体企业						
有限责任公司	69	57	251158	972502	317948	212733
股份有限公司	10	10	178979	798255	71959	159014
私营企业	146	85	209237	859800	111479	205041
其他企业						
港、澳、台商投资企业	6	5	13525	61561	4346	21303
外商投资企业	6	6	15510	80010	24372	9135
按经营形式分						
独立门店	192	134	350679	1475145	182659	315583
连锁总店	18	14	211735	822365	113733	189986
其他	30	17	125318	514053	238512	120062
按单位规模分						
大型	12	10	301723	1352877	320181	272124
中型	116	90	283286	1065367	148335	258347
小型	82	53	94623	362035	60769	90055
微型	30	12	8099	31284	5619	5105
按零售业态分						
有店铺零售	230	161	682969	2797514	531996	620871
便利店	1	1	9	971	505	8
超市	8	3	8306	30195	1697	9745
大型超市	9	6	19681	104615	20726	12811
百货店	18	14	38637	348838	20420	37914
专业店	69	46	252639	1005624	352135	227605
专卖店	115	88	359485	1279987	130673	327357
购物中心	5	1	3335	10060	252	3552
厂家直销中心	4	2	877	10012	5590	1878
家居建材商店	1			7213		
无店铺零售	10	4	4763	14049	2908	4761

12－12 续表1　　（2017年）　　单位：万元

指　　标	固定资产合计	固定资产原价	累计折旧	#本年折旧
总　计	**542392**	**827487**	**304818**	**35563**
按国民经济行业分				
综合零售	269152	380923	124101	9033
百货零售	248033	338904	102606	7101
超级市场零售	21119	42019	21495	1932
食品、饮料及烟草制品专门零售	424	2418	1994	51
纺织、服装及日用品专门零售	28723	56926	29512	2233
文化、体育用品及器材专门零售	10870	16552	7154	751
医药及医疗器材专门零售	37087	56567	19480	3496
汽车、摩托车、燃料及零配件专门零售	138303	221371	87548	16351
家用电器及电子产品专门零售	2157	4695	2668	261
五金家具及室内装饰材料专门零售	55676	88036	32361	3388
按登记注册类型分				
内资企业	522650	779610	276414	32235
国有企业	6383	15140	8757	473
集体企业				
有限责任公司	112850	169036	56928	12196
股份有限公司	331685	468138	149925	9760
私营企业	71732	127296	60804	9806
其他企业				
港、澳、台商投资企业	6165	11358	5248	1150
外商投资企业	13577	36519	23155	2179
按经营形式分				
独立门店	1390350	568234	195987	24558
连锁总店	121599	208821	88694	7818
其他	30442	50432	20137	3186
按单位规模分				
大型	377847	545124	179592	14036
中型	139146	234926	99942	18747
小型	23249	43850	23844	2675
微型	2149	3587	1440	105
按零售业态分				
有店铺零售	542142	826557	304136	35492
便利店	20	56	36	4
超市	1543	6038	4510	430
大型超市	21393	42424	21626	3846
百货店	268291	373163	117670	6133
专业店	92678	165689	74642	9787
专卖店	157688	238073	84943	15178
购物中心	279	775	496	68
厂家直销中心	206	278	195	27
家居建材商店	44	63	19	19
无店铺零售	249	929	682	72

12－12 续表 2　（2017 年）　单位：万元

指　　标	在建工程	资产总计	流动负债合计	#应付账款
总　计	**48631**	**4037238**	**2367675**	**602765**
按国民经济行业分				
综合零售	10059	926173	624156	182359
百货零售	9722	824446	503429	148650
超级市场零售	337	101727	120727	33709
食品、饮料及烟草制品专门零售		12810	16608	977
纺织、服装及日用品专门零售	1383	138946	90038	29672
文化、体育用品及器材专门零售	2182	155257	56543	13373
医药及医疗器材专门零售	4635	759439	473222	225135
汽车、摩托车、燃料及零配件专门零售	14132	1133099	790250	86037
家用电器及电子产品专门零售	123	122903	83414	20213
五金家具及室内装饰材料专门零售	16117	788702	233445	44999
按登记注册类型分				
内资企业	47090	3850570	2277127	582097
国有企业	2182	54467	29160	10274
集体企业				
有限责任公司	10816	1166326	716010	243667
股份有限公司	28346	1617084	752273	181703
私营企业	5746	1012693	779684	146454
其他企业				
港、澳、台商投资企业	1013	87265	49158	10724
外商投资企业	528	99403	41389	9945
按经营形式分				
独立门店	22771	223921	1422859	294665
连锁总店	22263	1220836	610723	134558
其他	3597	592481	334092	173542
按单位规模分				
大型	33296	2265717	1256466	381065
中型	9090	1330422	829461	170935
小型	6112	407193	257714	45594
微型	132	33907	24034	5173
按零售业态分				
有店铺零售	48631	4022930	2357742	598299
便利店		991	709	136
超市		36302	25720	3847
大型超市	337	134852	125802	36558
百货店	10891	859937	534105	162626
专业店	12666	1248389	798142	248436
专卖店	24613	1712181	854917	140989
购物中心		11802	9186	462
厂家直销中心	123	11220	6958	5247
家居建材商店		7256	2202	
无店铺零售		14308	9933	4466

12－12 续表 3 （2017 年） 单位：万元

指　　标	非流动负债合计	负债合计	所有者权益合计
总　计	**291693**	**2642650**	**935083**
按国民经济行业分			
综合零售	121965	746121	180052
百货零售	121962	625391	199056
超级市场零售	3	120730	－19003
食品、饮料及烟草制品专门零售		16608	－3798
纺织、服装及日用品专门零售	35581	108901	30045
文化、体育用品及器材专门零售	56730	113273	41984
医药及医疗器材专门零售	2647	475869	283480
汽车、摩托车、燃料及零配件专门零售	13580	803829	－130235
家用电器及电子产品专门零售	90	83504	39398
五金家具及室内装饰材料专门零售	61100	294545	494157
按登记注册类型分			
内资企业	287051	2547460	843605
国有企业	5431	34590	19876
集体企业			
有限责任公司	7155	723165	443161
股份有限公司	152271	904544	253035
私营企业	122194	885161	127532
其他企业			
港、澳、台商投资企业	136	49294	37971
外商投资企业	4506	45895	53507
按经营形式分			
独立门店	220998	1627139	596781
连锁总店	68017	678741	82591
其他	2678	336770	255711
按单位规模分			
大型	152814	1409279	396932
中型	81405	894149	436273
小型	57974	315688	91505
微型	－500	23534	10373
按零售业态分			
有店铺零售	291693	2632717	930708
便利店		709	282
超市	136	25856	10447
大型超市	27032	152835	－17983
百货店	125874	643262	216675
专业店	19253	819596	－28512
专卖店	119397	974315	737867
购物中心		9186	2617
厂家直销中心		6958	4261
家居建材商店		2201	5055
无店铺零售		9933	4375

12－12 续表 4　　　　（2017 年）　　　　单位：万元

指　　标	实收资本	国家资本	集体资本	法人资本
总　计	**653379**	**117282**	**3246**	**355590**
按国民经济行业分				
综合零售	104887	7895	1746	42762
百货零售	79341	7895	1746	29587
超级市场零售	25546			13175
食品、饮料及烟草制品专门零售	3737			3287
纺织、服装及日用品专门零售	21202			5572
文化、体育用品及器材专门零售	17868	1499		15469
医药及医疗器材专门零售	113663	79058		25603
汽车、摩托车、燃料及零配件专门零售	177627	2534	1500	123949
家用电器及电子产品专门零售	28786			12835
五金家具及室内装饰材料专门零售	185610	26296		121114
按登记注册类型分				
内资企业	611968	116302	3246	339228
国有企业	1599	1499		100
集体企业				
有限责任公司	203119	83858	1500	110761
股份有限公司	251513	30945	1746	144308
私营企业	155738			84059
其他企业				
港、澳、台商投资企业	13360			3560
外商投资企业	23051	980		7802
按经营形式分				
独立门店	302458	10013	3246	184720
连锁总店	235047	28205		148761
其他	115874	79064		22110
按单位规模分				
大型	338087	107475	1746	141372
中型	213983	9224	1500	151767
小型	87701	584		59201
微型	13608			3250
按零售业态分				
有店铺零售	649469	117282	3246	354490
便利店	300			
超市	12870			12010
大型超市	23388			11576
百货店	78021	7895	1746	22983
专业店	189335	82091	1500	76374
专卖店	331996	27296		226396
购物中心	4950			
厂家直销中心	3610			150
家居建材商店	5000			5000
无店铺零售	3911			1100

12－12 续表 5　　（2017 年）　　单位：万元

指　　标	实收资本		
	个人资本	港澳台资本	外商资本
总　计	**149602**	**9300**	**18359**
按国民经济行业分			
综合零售	41683		10801
百货零售	39093		1020
超级市场零售	2590		9781
食品、饮料及烟草制品专门零售	450		
纺织、服装及日用品专门零售	12831	800	2000
文化、体育用品及器材专门零售	900		
医药及医疗器材专门零售	4001		
汽车、摩托车、燃料及零配件专门零售	39676	8500	1468
家用电器及电子产品专门零售	15951		
五金家具及室内装饰材料专门零售	34110		4090
按登记注册类型分			
内资企业	149102		4090
国有企业			
集体企业			
有限责任公司	7000		
股份有限公司	70423		4090
私营企业	71679		
其他企业			
港、澳、台商投资企业	500	9300	
外商投资企业			14269
按经营形式分			
独立门店	95191	4800	4488
连锁总店	44211		13871
其他	10201	4500	
按单位规模分			
大型	73623		13871
中型	39705	9300	2488
小型	25916		2000
微型	10358		
按零售业态分			
有店铺零售	146791	9300	18359
便利店	300		
超市	860		
大型超市	2030		9781
百货店	44376		1020
专业店	23570	3800	2000
专卖店	67245	5500	5558
购物中心	4950		
厂家直销中心	3460		
家居建材商店			
无店铺零售	2811		

12－12 续表6　　(2017年)　　单位:万元

指　标	营业收入	#主营业务收入	营业成本	#主营业务成本
总　计	**6129960**	**5991620**	**5330221**	**5295614**
按国民经济行业分				
综合零售	1035387	953367	817328	808749
百货零售	880000	809181	689100	683678
超级市场零售	155386	144186	128228	125071
食品、饮料及烟草制品专门零售	7895	7859	5702	5674
纺织、服装及日用品专门零售	202028	198319	160821	160503
文化、体育用品及器材专门零售	47466	47137	35808	35760
医药及医疗器材专门零售	1091752	1086034	979833	979038
汽车、摩托车、燃料及零配件专门零售	3141044	3111292	2930978	2916220
家用电器及电子产品专门零售	274550	266109	240643	235945
五金家具及室内装饰材料专门零售	329838	321504	159108	153725
按登记注册类型分				
内资企业	5653617	5527540	4917820	4887159
国有企业	35968	35271	26452	26448
集体企业				
有限责任公司	2068432	2056769	1896483	1895245
股份有限公司	1610051	1527623	1250264	1231333
私营企业	1939166	1907877	1744622	1734133
其他企业				
港、澳、台商投资企业	230585	224282	200924	197824
外商投资企业	245759	239798	211477	210631
按经营形式分				
独立门店	3758362	3666099	3335822	3335822
连锁总店	1404446	1366192	1107246	1085488
其他	967152	959329	887153	874304
按单位规模分				
大型	2612041	2515583	2140948	2121027
中型	2736375	2696781	2456623	2443205
小型	722815	720654	677102	675847
微型	58729	58601	55547	55535
按零售业态分				
有店铺零售	6113922	5975714	5316771	5282210
便利店	1711	1711	1562	1562
超市	36997	36284	33428	33165
大型超市	187099	170308	152886	147282
百货店	941558	873327	734235	731213
专业店	2690965	2662558	2467786	2454151
专卖店	2218374	2194308	1896003	1883965
购物中心	14920	14920	12185	12185
厂家直销中心	21134	21134	18687	18687
家居建材商店	1164	1164		
无店铺零售	16038	15906	13450	13405

12－12 续表7 （2017年） 单位：万元

指　　标	营业税金及附加	#主营业务税金及附加	其他业务利润	销售费用
总　计	**30282**	**29570**	**41432**	**376767**
按国民经济行业分				
综合零售	12279	12267	17251	86342
百货零售	11642	11632	10028	61697
超级市场零售	638	635	7224	24644
食品、饮料及烟草制品专门零售	51	51	14	1758
纺织、服装及日用品专门零售	1397	1394	3151	21279
文化、体育用品及器材专门零售	431	431	281	6248
医药及医疗器材专门零售	3372	3372	3832	37242
汽车、摩托车、燃料及零配件专门零售	7435	6737	12568	101307
家用电器及电子产品专门零售	626	626	1384	24701
五金家具及室内装饰材料专门零售	4691	4691	2951	97891
按登记注册类型分				
内资企业	28139	28139	34578	355530
国有企业	253	253	194	4366
集体企业				
有限责任公司	6723	6652	6537	66212
股份有限公司	16840	16352	8946	173659
私营企业	4324	4171	18901	111293
其他企业				
港、澳、台商投资企业	1149	1149	1739	7485
外商投资企业	994	994	5115	13751
按经营形式分				
独立门店	18950	18726	28578	155080
连锁总店	8156	7668	9156	197697
其他	3176	3176	3698	23990
按单位规模分				
大型	19684	19197	17804	225166
中型	9557	9333	23066	128690
小型	958	958	556	21293
微型	83	83	7	1618
按零售业态分				
有店铺零售	30246	29534	41345	375407
便利店	2	2		63
超市	45	42	1272	4571
大型超市	765	755	10418	28181
百货店	12592	12592	8727	66785
专业店	6569	6039	15250	107987
专卖店	10130	9960	5679	165605
购物中心	72	72		1233
厂家直销中心	64	64		654
家居建材商店	9	9		328
无店铺零售	36	36	87	1360

12－12 续表 8　　(2017 年)　　单位:万元

指　　标	管理费用	#税金	资产减值损失	公允价值变动收益
总　计	**254788**		**23659**	**－52**
按国民经济行业分				
综合零售	132485		21866	－16
百货零售	123839		383	－16
超级市场零售	8645		21482	
食品、饮料及烟草制品专门零售	739			
纺织、服装及日用品专门零售	14619		223	
文化、体育用品及器材专门零售	3453		198	
医药及医疗器材专门零售	23600		468	－36
汽车、摩托车、燃料及零配件专门零售	41543		771	
家用电器及电子产品专门零售	7231		15	
五金家具及室内装饰材料专门零售	31118			
按登记注册类型分				
内资企业	241785		23250	－52
国有企业	3772		154	
集体企业				
有限责任公司	31506		716	－36
股份有限公司	142570		545	－16
私营企业	63937		21835	
其他企业				
港、澳、台商投资企业	4877		408	
外商投资企业	8126		1	
按经营形式分				
独立门店	183783		1542	－16
连锁总店	59272		21835	
其他	11733		408	－36
按单位规模分				
大型	169236		22377	－52
中型	65727		1216	
小型	18111		66	
微型	1714			
按零售业态分				
有店铺零售	253996		23659	－52
便利店	49			
超市	1444			
大型超市	9945		21482	
百货店	129967		383	－16
专业店	41141		674	－36
专卖店	67495		1120	
购物中心	2394			
厂家直销中心	771			
家居建材商店	791			
无店铺零售	792			

12－12 续表9　　(2017年)　　单位:万元

指　　标	财务费用	#利息收入	#利息支出	投资收益
总　计	**67181**	**4859**	**27830**	**4547**
按国民经济行业分				
综合零售	33058	1767	1930	－1290
百货零售	30256	954	1321	4063
超级市场零售	2802	813	609	－5352
食品、饮料及烟草制品专门零售	－15	28	6	
纺织、服装及日用品专门零售	2799	33	2088	62
文化、体育用品及器材专门零售	4494	247	4717	186
医药及医疗器材专门零售	6976	317	6444	446
汽车、摩托车、燃料及零配件专门零售	14971	2172	7770	3914
家用电器及电子产品专门零售	378	82	38	33
五金家具及室内装饰材料专门零售	4519	213	4837	1197
按登记注册类型分				
内资企业	67254	3085	26685	3425
国有企业	－188	242		186
集体企业				
有限责任公司	13329	597	10314	3095
股份有限公司	33891	1318	6105	5260
私营企业	20222	927	10266	－5116
其他企业				
港、澳、台商投资企业	669	114	331	840
外商投资企业	－742	1660	813	282
按经营形式分				
独立门店	53841	2458	16477	10685
连锁总店	7739	2207	6059	－6593
其他	5600	194	5295	454
按单位规模分				
大型	41939	2183	11527	－2271
中型	16392	2169	8506	4170
小型	8466	476	7630	2648
微型	383	32	167	
按零售业态分				
有店铺零售	67180	4853	27824	4547
便利店	17		17	
超市	673	3	494	2648
大型超市	2709	945	302	－8000
百货店	31475	870	2476	4124
专业店	12178	2000	9165	1788
专卖店	20011	1018	15326	3978
购物中心	80	2	26	
厂家直销中心	42	10	19	9
家居建材商店	－4	4		
无店铺零售	1	6	6	

12－12 续表 10　　　　(2017 年)　　　　单位：万元

指　　标	营业利润	营业外收入	#政府补助	营业外支出
总　计	**52745**	**9780**		**10025**
按国民经济行业分				
综合零售	－69269	2036		5520
百货零售	－32864	1513		4832
超级市场零售	－36406	523		687
食品、饮料及烟草制品专门零售	－341	260		
纺织、服装及日用品专门零售	953	311		132
文化、体育用品及器材专门零售	－2980	35		113
医药及医疗器材专门零售	41836	782		391
汽车、摩托车、燃料及零配件专门零售	47967	4438		3456
家用电器及电子产品专门零售	989	782		196
五金家具及室内装饰材料专门零售	33590	1136		217
按登记注册类型分				
内资企业	24399	8952		9505
国有企业	1346	11		101
集体企业				
有限责任公司	57643	1621		1029
股份有限公司	－2475	5013		6923
私营企业	－32116	2307		1452
其他企业				
港、澳、台商投资企业	15913	398		497
外商投资企业	12434	429		24
按经营形式分				
独立门店	20033	3645		7217
连锁总店	－3960	5202		2564
其他	36672	933		245
按单位规模分				
大型	－8472	6114		7448
中型	62366	2286		2033
小型	－533	1182		498
微型	－616	197		47
按零售业态分				
有店铺零售	52345	9780		10011
便利店	18			
超市	－516	180		189
大型超市	－36869	520		564
百货店	－29763	1463		4865
专业店	57548	4829		2773
专卖店	62004	2730		1606
购物中心	－1043	28		11
厂家直销中心	924	29		
家居建材商店	41	1		3
无店铺零售	400			14

12－12 续表11 （2017年） 单位：万元

指　　标	利润总额	应交所得税	应付职工薪酬	应交增值税
总　计	**55223**	**26909**	**255311**	**106587**
按国民经济行业分				
综合零售	－72076	2596	73755	9532
百货零售	－35506	2120	61765	7846
超级市场零售	－36570	477	11990	1686
食品、饮料及烟草制品专门零售	－80	189	649	38
纺织、服装及日用品专门零售	1153	971	11370	7399
文化、体育用品及器材专门零售	－3058	609	5833	1487
医药及医疗器材专门零售	42227	6848	28587	23321
汽车、摩托车、燃料及零配件专门零售	50953	9400	72455	46667
家用电器及电子产品专门零售	1596	555	9640	5200
五金家具及室内装饰材料专门零售	34509	5741	53021	12943
按登记注册类型分				
内资企业	26549	21885	240199	94152
国有企业	1255	606	5212	421
集体企业				
有限责任公司	59011	9826	53895	35626
股份有限公司	－4093	6598	122411	23785
私营企业	－29625	4853	58682	34319
其他企业				
港、澳、台商投资企业	15835	3000	6806	7832
外商投资企业	12839	2024	8306	4604
按经营形式分				
独立门店	18478	13475	131361	54099
连锁总店	－642	7229	104262	32649
其他	37386	6205	19688	19839
按单位规模分				
大型	－9806	11852	151475	44606
中型	65060	13341	91653	56295
小型	396	1675	11492	5195
微型	－427	41	691	491
按零售业态分				
有店铺零售	54817	26819	254607	106321
便利店	18		29	20
超市	155		2295	375
大型超市	－36915	537	13406	1542
百货店	－33165	3054	65603	10619
专业店	60382	11078	64929	50254
专卖店	64369	11963	106327	42754
购物中心	－1025	12	1187	309
厂家直销中心	959	164	572	450
家居建材商店	39	12	260	
无店铺零售	406	90	704	266

12—13　限额以上住宿和餐饮业法人企业主要财务状况

（2017 年）

单位：万元

指　　标	法人企业数（个）	#执行《2006 年企业会计准则》	年初存货	流动资产	#应收账款	存货
总　计	**91**	**58**	**10344**	**205805**	**17986**	**10676**
住宿业	**62**	**38**	**6758**	**168355**	**14751**	**7271**
按住宿行业分						
旅游饭店	43	28	6000	136156	7633	6274
一般旅馆	19	10	757	32198	7118	997
按登记注册类型分						
内资企业	61	37	6748	167976	14745	7261
国有企业	14	12	1280	49894	1418	1197
集体企业						
有限责任公司	19	9	3217	72761	6356	3593
股份有限公司	1	1	17	247		12
私营企业	27	15	2234	45075	6971	2459
外商投资企业	1	1	10	378	6	10
按经营形式分						
独立门店	55	31	6101	149065	12464	6485
连锁总店	2	2	486	17435	2071	616
连锁加盟店	1	1	18	1124	75	17
其他	4	4	153	731	141	152
按星级分						
五星	6	4	2578	62977	4306	2571
四星	3	2	656	27511	608	593
三星	21	14	2048	40363	3561	2464
二星	2	2	45	2485	136	45
其他	30	16	1430	35018	6140	1596
餐饮业	**29**	**20**	**3587**	**37450**	**3235**	**3405**
按餐饮行业分						
正餐服务	24	16	2384	26089	2522	2272
快餐服务	5	4	1203	11361	713	1133
按登记注册类型分						
内资企业	27	19	3136	36116	3233	2954
国有企业	4	3	672	9223	1088	654
有限责任公司	6	3	515	5905	392	412
股份有限公司	1	1	225	2811	221	
私营企业	15	11	1723	18099	1502	1887
其他企业	1	1		78	30	
港、澳、台商投资企业	1		234	281		233
外商投资企业	1	1	217	1052	2	219
按经营形式分						
独立门店	22	15	1737	18327	1569	1707
连锁总店（总部）	5	5	1220	11583	727	1148
连锁门店						
其他	2		630	7540	939	550

12－13 续表 1　　（2017 年）　　单位:万元

指　　标	固定资产合计	固定资产原价	累计折旧	#本年折旧
总　计	**216583**	**379072**	**172303**	**14963**
住宿业	**150680**	**298487**	**153002**	**12166**
按住宿行业分				
旅游饭店	141420	284401	145119	10740
一般旅馆	9260	14086	7882	1426
按登记注册类型分				
内资企业	150680	298464	152979	12166
国有企业	26210	47282	21073	1239
集体企业				
有限责任公司	94893	188906	97070	7017
股份有限公司	15	214	199	2
私营企业	29562	62061	34638	3907
外商投资企业		23	23	
按经营形式分				
独立门店	141050	288103	147374	10683
连锁总店	7224	7586	3407	745
连锁加盟店	64	393	329	28
其他	2343	2405	1892	711
按星级分				
五星	83692	168002	87356	6876
四星	14825	38315	23491	1249
三星	21587	39180	17900	1390
二星	207	1250	1043	74
其他	30369	51739	23212	2576
餐饮业	**65903**	**80585**	**19302**	**2797**
按餐饮行业分				
正餐服务	45072	52607	12155	1597
快餐服务	20831	27978	7147	1201
按登记注册类型分				
内资企业	62824	75067	16863	2303
国有企业	37467	38361	5279	735
有限责任公司	2817	4518	1700	298
股份有限公司	10231	10231		
私营企业	12288	21829	9775	1249
其他企业	20	129	109	20
港、澳、台商投资企业	1740	2037	297	88
外商投资企业	1340	3481	2141	407
按经营形式分				
独立门店	13894	20986	7326	779
连锁总店（总部）	20915	28280	7365	1307
连锁门店				
其他	31094	31319	4610	712

12－13 续表 2　　（2017 年）　　单位：万元

指　　标	在建工程	资产总计	流动负债合计	#应付账款
总　计	**85737**	**554621**	**177294**	**31503**
住宿业	**5132**	**350603**	**124434**	**23770**
按住宿行业分				
旅游饭店	3294	304174	102476	14977
一般旅馆	1838	46430	21958	8793
按登记注册类型分				
内资企业	5132	350225	124425	23770
国有企业	1136	86358	32226	2942
集体企业				
有限责任公司	3679	181850	41372	12676
股份有限公司		388	376	24
私营企业	317	81629	50450	8128
外商投资企业		378	9	
按经营形式分				
独立门店	3704	316642	104812	17054
连锁总店	1429	27622	9675	6452
连锁加盟店		2388	2657	42
其他		3951	7290	222
按星级分				
五星	3220	159847	24859	10319
四星		48233	10570	484
三星	1443	66902	31870	5316
二星	9	4079	2074	939
其他	459	71542	55062	6711
餐饮业	**80605**	**204017**	**52860**	**7733**
按餐饮行业分				
正餐服务	78902	156565	41363	5713
快餐服务	1704	47452	11497	2020
按登记注册类型分				
内资企业	80156	195636	49357	7452
国有企业	75381	122714	2438	1027
有限责任公司	3561	15062	10699	1431
股份有限公司	31	16273	846	
私营企业	1183	41488	35374	4994
其他企业		98		
港、澳、台商投资企业		2021	2062	49
外商投资企业	450	6360	1441	232
按经营形式分				
独立门店	3564	42123	38475	5362
连锁总店（总部）	1578	46004	10159	1490
连锁门店				
其他	75464	115890	4225	882

12－13 续表3 （2017 年） 单位：万元

指 标	非流动负债合计	负债合计	所有者权益合计
总 计	**33748**	**210870**	**343751**
住宿业	**32011**	**156445**	**194158**
按住宿行业分			
旅游饭店	26492	128968	175206
一般旅馆	5519	27477	18953
按登记注册类型分			
内资企业	32011	156436	193789
国有企业	1539	33765	52593
集体企业			
有限责任公司	1887	43258	138591
股份有限公司	145	522	－134
私营企业	28440	78891	2739
外商投资企业		9	369
按经营形式分			
独立门店	30355	135167	181476
连锁总店		9675	17947
连锁加盟店		2657	－269
其他	1656	8947	－4996
按星级分			
五星	12806	37665	122182
四星	1700	12270	35963
三星	9659	41528	25374
二星	671	2745	1334
其他	7176	62237	9305
餐饮业	**1736**	**54425**	**149592**
按餐饮行业分			
正餐服务	1222	42413	114152
快餐服务	515	12012	35441
按登记注册类型分			
内资企业	1258	50444	145192
国有企业	41	2479	120235
有限责任公司		10700	4363
股份有限公司	15	861	15412
私营企业	1193	36397	5091
其他企业	8	8	91
港、澳、台商投资企业		2062	－41
外商投资企业	478	1919	4441
按经营形式分			
独立门店	1222	39526	2597
连锁总店（总部）	514	10673	35331
连锁门店			
其他	0	4226	111665

12－13 续表4　　(2017年)　　单位:万元

指　标	实收资本	国家资本	集体资本	法人资本
总　计	**345004**	**267210**	**555**	**56667**
住宿业	**198138**	**152399**	**520**	**35290**
按住宿行业分				
旅游饭店	174968	135949	520	30180
一般旅馆	23170	16450		5110
按登记注册类型分				
内资企业	198058	152399	520	35290
国有企业	27098	22645		4452
集体企业				
有限责任公司	133402	129701		3440
股份有限公司	52	52		
私营企业	37507		520	27398
外商投资企业	80			
按经营形式分				
独立门店	179949	136099	520	34240
连锁总店	16350	16300		50
连锁加盟店	200			
其他	1639			1000
按星级分				
五星	145326	123831		21495
四星	11800	5800		
三星	24170	18317		5252
二星	100	50		50
其他	16742	4400	520	8493
餐饮业	**146866**	**114812**	**35**	**21376**
按餐饮行业分				
正餐服务	124534	114812	35	5588
快餐服务	22332			15788
按登记注册类型分				
内资企业	144245	114812	35	21376
国有企业	114742	114742		
有限责任公司	1622	70	35	1010
股份有限公司	14528			14528
私营企业	13353			5838
其他企业				
港、澳、台商投资企业	2000			
外商投资企业	621			
按经营形式分				
独立门店	17771	8549	35	5088
连锁总店(总部)	22802			16258
连锁门店				
其他	106293	106263		30

12－13 续表 5　　(2017 年)　　单位:万元

指　　标	实收资本		
	个人资本	港澳台资本	外商资本
总　计	**19871**		**701**
住宿业	**9849**		**80**
按住宿行业分			
旅游饭店	8239		80
一般旅馆	1610		
按登记注册类型分			
内资企业	9849		
国有企业			
集体企业			
有限责任公司	260		
股份有限公司			
私营企业	9589		
外商投资企业			80
按经营形式分			
独立门店	9010		80
连锁总店			
连锁加盟店	200		
其他	639		
按星级分			
五星			
四星	6000		
三星	520		80
二星			
其他	3329		
餐饮业	**10022**		**621**
按餐饮行业分			
正餐服务	4099		
快餐服务	5923		621
按登记注册类型分			
内资企业	8022		
国有企业			
有限责任公司	507		
股份有限公司			
私营企业	7515		
其他企业			
港、澳、台商投资企业	2000		
外商投资企业			621
按经营形式分			
独立门店	4099		
连锁总店(总部)	5923		621
连锁门店			
其他			

12－13 续表 6　　（2017 年）　　单位：万元

指　　标	营业收入	#主营业务收入	营业成本	#主营业务成本
总　计	**244971**	**237111**	**111978**	**110155**
住宿业	**148839**	**143334**	**71728**	**71319**
按住宿行业分				
旅游饭店	110776	105711	45971	45628
一般旅馆	38063	37623	25757	25691
按登记注册类型分				
内资企业	148645	143140	71728	71319
国有企业	25859	24143	10633	10499
集体企业				
有限责任公司	69494	67973	42760	42617
股份有限公司	548	494	349	349
私营企业	52744	50530	17987	17855
外商投资企业	194	194		
按经营形式分				
独立门店	115399	110224	54443	54093
连锁总店	27610	27394	15718	15659
连锁加盟店	2148	2034	1029	1029
其他	3682	3682	538	538
按星级分				
五星	55367	54151	35430	35386
四星	13087	13066	5551	5549
三星	31945	28650	10764	10527
二星	8355	8271	585	501
其他	40086	39197	19397	19356
餐饮业	**96132**	**93777**	**40250**	**38835**
按餐饮行业分				
正餐服务	40964	39544	17024	16801
快餐服务	55168	54233	23227	22035
按登记注册类型分				
内资企业	70552	68197	28403	26988
国有企业	5009	3992	2140	2025
有限责任公司	13843	13676	5355	5340
股份有限公司	5121	4679	2781	1894
私营企业	46051	45322	17852	17455
其他企业	528	528	274	274
港、澳、台商投资企业	3	3	2	2
外商投资企业	25577	25577	11846	11846
按经营形式分				
独立门店	34912	34501	15217	15091
连锁总店（总部）	57615	56681	23881	22688
连锁门店				
其他	3604	2596	1153	1056

12－13 续表7 （2017 年） 单位：万元

指　　标	营业税金及附加	#主营业务税金及附加	其他业务利润	销售费用
总　计	**3040**	**2980**	**4705**	**73289**
住宿业	**2723**	**2694**	**1521**	**36127**
按住宿行业分				
旅游饭店	2378	2349	1396	32871
一般旅馆	345	345	125	3257
按登记注册类型分				
内资企业	2722	2693	1521	36056
国有企业	519	519	108	8393
集体企业				
有限责任公司	1792	1792	302	7931
股份有限公司	9	9		1
私营企业	403	374	1111	19732
外商投资企业	1	1		72
按经营形式分				
独立门店	2387	2359	1422	29659
连锁总店	252	252	99	3201
连锁加盟店	8	8		75
其他	75	75		3192
按星级分				
五星	1307	1307	99	4243
四星	217	217	18	3534
三星	653	626	923	12291
二星	23	23	12	3276
其他	523	522	469	12783
餐饮业	**317**	**286**	**3184**	**37162**
按餐饮行业分				
正餐服务	217	186	3184	18360
快餐服务	100	100		18802
按登记注册类型分				
内资企业	291	261	3184	30412
国有企业	33	33	－20	2600
有限责任公司	81	51	3069	6244
股份有限公司				
私营企业	173	173	135	21081
其他企业	2	2		280
港、澳、台商投资企业	5	5		50
外商投资企业	21	21		6700
按经营形式分	2	2		207
独立门店	217	186	3242	14523
连锁总店（总部）	98	98		20567
连锁门店				
其他	3	3	－58	2073

12－13 续表 8　　(2017 年)　　单位:万元

指　　标	管理费用	#税金	资产减值损失	公允价值变动收益
总　计	**52292**		**－147**	
住宿业	**37811**		**－147**	
按住宿行业分				
旅游饭店	32158		－186	
一般旅馆	5654		39	
按登记注册类型分				
内资企业	37748		－147	
国有企业	8364		2	
集体企业				
有限责任公司	15246		－150	
股份有限公司	188		1	
私营企业	13950			
外商投资企业	63			
按经营形式分				
独立门店	30716		－186	
连锁总店	5420		39	
连锁加盟店	1002			
其他	673			
按星级分				
五星	12056		－150	
四星	4240			
三星	8685		3	
二星	3892			
其他	8939			
餐饮业	**14481**			
按餐饮行业分				
正餐服务	8687			
快餐服务	5794			
按登记注册类型分				
内资企业	11937			
国有企业	2606			
有限责任公司	1706			
股份有限公司	1347			
私营企业	6278			
其他企业				
港、澳、台商投资企业	99			
外商投资企业	2445			
按经营形式分				
独立门店	6287			
连锁总店(总部)	5685			
连锁门店				
其他	2509			

12－13 续表9　　(2017年)　　单位:万元

指　　标	财务费用			投资收益
		利息收入	利息支出	
总　计	**2805**	**446**	**2666**	**1580**
住宿业	**2134**	**363**	**2245**	**1580**
按住宿行业分				
旅游饭店	1677	315	1795	1580
一般旅馆	457	48	450	
按登记注册类型分				
内资企业	2134	363	2245	1580
国有企业	－131	149	6	424
集体企业				
有限责任公司	－68	206	9	1155
股份有限公司	1	1	1	
私营企业	2332	8	2229	
外商投资企业				
按经营形式分				
独立门店	2035	322	2174	1580
连锁总店	16	40		
连锁加盟店	5			
其他	78		71	
按星级分				
五星	714	171	773	1155
四星	－64	123	48	424
三星	547	49	560	
二星	21			
其他	916	20	864	
餐饮业	**671**	**83**	**421**	
按餐饮行业分				
正餐服务	551	45	314	
快餐服务	119	38	108	
按登记注册类型分				
内资企业	674	78	421	
国有企业	3	2	1	
有限责任公司	177	7		
股份有限公司	48	19	29	
私营企业	442	51	391	
其他企业	3			
港、澳、台商投资企业				
外商投资企业	－3	5		
按经营形式分				
独立门店	538	45	303	
连锁总店(总部)	131	36	118	
连锁门店				
其他	2	2		

12－13 续表 10　　　　(2017 年)　　　　单位:万元

指　　标	营业利润	营业外收入	政府补助	营业外支出
总　计	**3318**	**6077**		**2497**
住宿业	**67**	**1151**		**312**
按住宿行业分				
旅游饭店	－2492	875		285
一般旅馆	2559	276		27
按登记注册类型分				
内资企业	8	1151		312
国有企业	－1497	500		75
集体企业				
有限责任公司	3159	526		102
股份有限公司	1	1		
私营企业	－1655	123		135
外商投资企业	59			
按经营形式分				
独立门店	－2051	1108		244
连锁总店	2964	36		64
连锁加盟店	28	1		1
其他	874	6		3
按星级分				
五星	2941	216		41
四星	33	127		46
三星	－998	179		67
二星	557	3		54
其他	－2466	625		104
餐饮业	**3251**	**4927**		**2185**
按餐饮行业分				
正餐服务	－3875	4846		2094
快餐服务	7126	81		90
按登记注册类型分				
内资企业	－1165	4909		2117
国有企业	－2375	4725		2051
有限责任公司	280	16		35
股份有限公司	736	26		
私营企业	225	140		31
其他企业	－31	2		
港、澳、台商投资企业	－152			
外商投资企业	4568	18		67
按经营形式分				
独立门店	－1869	120		44
连锁总店(总部)	7255	82		88
连锁门店				
其他	－2135	4725		2053

12－13 续表11　　(2017 年)　　单位:万元

指　　标	利润总额	应交所得税	应付职工薪酬	应交增值税
总　计	**7670**	**2742**	**73735**	**6370**
住宿业	**973**	**1128**	**49793**	**4779**
按住宿行业分				
旅游饭店	－1835	880	37247	3373
一般旅馆	2807	247	12546	1406
按登记注册类型分				
内资企业	914	1126	49725	4773
国有企业	－1047	120	12687	688
集体企业				
有限责任公司	3583	716	24590	1935
股份有限公司	2		247	27
私营企业	－1623	290	12201	2123
外商投资企业	59	2	68	6
按经营形式分				
独立门店	－1116	1128	40197	3256
连锁总店	2935		8120	1365
连锁加盟店	28		383	67
其他	－874		1094	91
按星级分				
五星	3116	650	17844	1359
四星	123	114	6755	590
三星	－862	67	11837	860
二星	506		1292	762
其他	－1911	297	12065	1208
餐饮业	**6697**	**1615**	**23942**	**1591**
按餐饮行业分				
正餐服务	－420	236	13875	942
快餐服务	7117	1379	10067	649
按登记注册类型分				
内资企业	2331	483	19639	1025
国有企业	990	1	4811	83
有限责任公司	267	142	3867	356
股份有限公司	761	192	834	
私营企业	341	143	9979	567
其他企业	733	198	981	20
港、澳、台商投资企业	－152		16	
外商投资企业	4519	1132	4288	566
按经营形式分				
独立门店	－1687	236	9676	942
连锁总店(总部)	7250	1379	10297	628
连锁门店				
其他	1135		3969	22

12—14　限额以上批发和零售业产业活动单位(个体户)经营情况

(2017 年)　　单位:万元

指　标	商品销售额	批发额	零售额	期末商品库存额
总　计	**762032**	**611561**	**150472**	**19240**
批发业	**613620**	**611561**	**2059**	**17056**
按批发业行业分				
食品、饮料及烟草制品批发	132314	130254	2059	3565
纺织、服装及家庭用品批发	62092	62092		10548
矿产品、建材及化工产品批发	343063	343063		
机械设备、五金产品及电子产品批发	76152	76152		2942
按登记注册类型分				
内资企业	343063	343063		
国有企业				
股份有限公司	343063	343063		
私营企业				
港、澳、台商投资企业	48455	48455		7885
外商投资企业	222102	220043	2059	9171
个体经营				
按经营形式分				
独立门店	170537	168478	2059	16269
其他	443083	443083		786
零售业	**148412**		**148412**	**2184**
按零售行业分				
综合零售	7321		7321	1635
纺织、服装及日用品专门零售	51380		51380	379
汽车、摩托车、燃料及零配件专门零售	113		113	41
家用电器及电子产品专门零售	89598		89598	129
按登记注册类型分组				
内资企业	7434		7434	1676
私营企业	7434		7434	1676
外商投资企业	140978		140978	508
个体经营				
按经营形式分组				
独立门店	58814		58814	2055
按零售业态分				
有店铺零售	148412		148412	2184
超市	6651		6651	780
百货店	670		670	856
专业店				
专卖店	141091		141091	549

12—15 限额以上住宿和餐饮业产业活动单位(个体户)经营情况

(2017 年)

指　　标	法人企业数(个)	从业人员期末人数(人)	营业额(万元)
总　计	**80**	**9794**	**175638**
住宿业	**32**	**4430**	**80890**
按住宿行业分			
旅游饭店	24	4052	75165
一般旅馆	8	378	5725
按登记注册类型分			
内资企业	25	3821	71328
国有企业	7	1355	20915
有限责任公司	5	714	14977
股份有限公司	1	142	2155
私营企业	12	1610	33281
外商投资企业	1	299	5004
个体经营户	6	310	4558
按经营形式分			
独立门店	31	4381	80300
其他	1	49	591
星级评定情况分			
五星	5	1633	30553
四星	5	1015	15690
三星	7	488	11294
其他	15	1294	23354
餐饮业	**48**	**5364**	**94748**
按餐饮行业分			
正餐服务	43	4559	85184
快餐服务	5	805	9564
按登记注册类型分			
内资企业	11	3123	70732
国有企业	1	30	456
私营企业	8	2839	62346
其他企业	2	254	7930
个体经营户	37	2241	24016
按经营形式分			
独立门店	48	5364	94748
其他			

12－15 续表 1　　（2017 年）　　单位：万元

指　　标	营　　业　　额			
	客房收入	餐费收入	商品销售收入	其他收入
总　计	**53907**	**106673**	**1248**	**13810**
住宿业	**38624**	**29278**	**173**	**12816**
按住宿行业分				
旅游饭店	33892	28300	165	12808
一般旅馆	4732	978	7	8
按登记注册类型分				
内资企业	33517	26072	156	11584
国有企业	7267	6594	16	7039
有限责任公司	6660	4765		3552
股份有限公司	1342	813		
私营企业	18248	13900	141	993
外商投资企业	1833	2053		1117
个体经营户	3274	1153	16	115
按经营形式分				
独立门店	38428	28892	173	12808
其他	197	386		8
星级评定情况分				
五星	13588	10825		6140
四星	7027	5471	16	3176
三星	5072	4265	16	1941
其他	12936	8718	141	1558
餐饮业	**15283**	**77395**	**1075**	**995**
按餐饮行业分				
正餐服务	15259	68363	568	995
快餐服务	25	9032	507	
按登记注册类型分				
内资企业	14081	55367	419	865
国有企业		456		
私营企业	11729	49332	419	865
其他企业	2351	5578		
个体经营户	1202	22029	656	129
按经营形式分				
独立门店	15283	77395	1075	995
其他				

12－15 续表 2

（2017 年）

指　　标	客房数（间）	床位数（个）	餐位数（位）	年末餐饮营业面积（平方米）
总　计	**7547**	**12135**	**40587**	**233917**
住宿业	**5630**	**9216**	**15085**	**103340**
按住宿行业分				
旅游饭店	4527	7663	14019	83984
一般旅馆	1003	1553	1066	19356
按登记注册类型分				
内资企业	4649	7591	13353	92024
国有企业	1291	2284	4048	25668
有限责任公司	924	1497	2563	17831
股份有限公司	177	314	1670	2089
私营企业	2257	3496	5072	46436
外商投资企业	263	427	446	3660
个体经营户	718	1198	1286	7656
按经营形式分				
独立门店	5552	9058	14785	102140
其他	78	158	300	1200
星级评定情况分				
五星	1406	2293	3269	35013
四星	1091	1925	5242	16672
三星	953	1628	2430	9004
其他	2180	3370	4144	42651
餐饮业	**1917**	**2919**	**25502**	**130577**
按餐饮行业分				
正餐服务	1847	2819	22014	119816
快餐服务	70	100	3488	10761
按登记注册类型分				
内资企业	1467	2157	12581	65380
国有企业			230	660
私营企业	1083	1650	10530	45839
其他企业	384	507	1821	18881
个体经营户	450	762	12921	65197
按经营形式分				
独立门店	1917	2919	25502	130577
其他				

12—16　批发和零售业连锁企业基本情况

单位:个

指　　标	连锁总店数	门店总数	
		2016 年	2017 年
总　计	**24**	**1359**	**1600**
按登记注册类型分			
内资企业	23	1355	1597
国有企业	2	12	12
有限责任公司	3	214	183
股份有限公司	4	307	367
私营企业	13	975	1013
其他企业	1	29	22
外商投资企业	1	4	3
按行业分			
批发业	2	153	106
矿产品、建材及化工产品批发	2	153	106
零售业	22	1206	1494
综合零售	7	252	261
文化、体育用品及器材专门零售	1	8	8
医药及医疗器材专门零售	8	602	818
汽车、摩托车、燃料及零配件专门零售	1	80	80
家用电器及电子产品专门零售	4	82	81
五金、家具及室内装饰材料专门零售	1	182	246
按批发零售连锁业态分			
便利店	1	167	179
超市	1	12	12
大型超市	3	11	10
百货店	1	37	33
专业店	17	1031	1120
#加油站	3	233	186
专卖店	1	101	246

12－16 续表1

单位:个

指　　标	门店总数			
	直营店		加盟店	
	2016年	2017年	2016年	2017年
总　计	**1102**	**1199**	**257**	**401**
按登记注册类型分				
内资企业	1098	1196	257	401
国有企业	12	12		
有限责任公司	214	183		
股份有限公司	125	250		117
私营企业	604	731	255	282
其他企业	143	20	2	2
外商投资企业	4	3		
按行业分				
批发业	153	106		
矿产品、建材及化工产品批发	153	106		
零售业	949	1093	257	401
综合零售	99	92	153	169
文化、体育用品及器材专门零售	8	8		
医药及医疗器材专门零售	581	703	104	115
汽车、摩托车、燃料及零配件专门零售	80	80		
家用电器及电子产品专门零售	82	81		
五金、家具及室内装饰材料专门零售	99	129		117
按批发零售连锁业态分				
便利店	22	18	145	161
超市	6	4	8	8
大型超市	11	10		
百货店	37	33		
专业店	927	1005	104	115
#加油站	233	186		
专卖店	99	129		117

12－16 续表 2　　　　单位：人

指　　标	年末从业人员数					
	2016 年	2017 年	直　营　店		加　盟　店	
			2016 年	2017 年	2016 年	2017 年
总　计	**20801**	**20494**	**19148**	**18358**	**1653**	**2136**
按登记注册类型分						
内资企业	20046	19913	18393	17777	1653	2136
国有企业	1199	290	1199	290		
有限责任公司	4256	1447	4256	1447		
股份有限公司	6806	9973	6806	9513		460
私营企业	7710	8138	6061	6466	1649	1672
其他企业	75	65	71	61	4	4
外商投资企业	755	581	755	581		
按行业分						
批发业	1202	974	1202	974		
矿产品、建材及化工产品批发	1202	974	1202	974		
零售业	19599	19520	17946	17384	1653	2136
综合零售	9385	7615	8066	6273	1319	1342
文化、体育用品及器材专门零售	258	261	258	261		
医药及医疗器材专门零售	3987	4505	3653	4171	334	334
汽车、摩托车、燃料及零配件专门零售	1169	1151	1169	1151		
家用电器及电子产品专门零售	1510	1322	1510	1322		
五金、家具及室内装饰材料专门零售	3290	4666	3290	4206		460
按批发零售连锁业态分						
便利店	560	586	134	137	426	449
超市	1535	1320	642	427	893	893
大型超市	1697	1620	1697	1620		
百货店	5386	3892	5386	3892		
专业店	8333	8410	7999	8076	334	334
#加油站	2371	2125	2371	2125		
专卖店	3290	4666	3290	4206		460

12－16 续表 3 单位:平方米

指　　标	年末零售营业面积					
	2016 年	2017 年	直　营　店		加　盟　店	
			2016 年	2017 年	2016 年	2017 年
总　计	**1675371**	**1728904**	**1607168**	**1593437**	**68203**	**135467**
按登记注册类型分						
内资企业	1646629	1708274	1578426	1572807	68203	135467
国有企业	149422	8222	149422	8222		
有限责任公司	196314	296443	196314	296443		
股份有限公司	919597	1006119	919597	941752		64367
私营企业	378702	395502	310699	324602	68003	70900
其他企业	2594	1988	2394	1788	200	200
外商投资企业	28742	20630	28742	20630		
按行业分						
批发业	150674	285174	150674	285174		
矿产品、建材及化工产品批发	150674	285174	150674	285174		
零售业	1524697	1443730	1456494	1308263	68203	135467
综合零售	898236	734807	837073	672547	61163	62260
文化、体育用品及器材专门零售	7470	7470	7470	7470		
医药及医疗器材专门零售	111161	136628	104121	127788	7040	8840
汽车、摩托车、燃料及零配件专门零售	215607	215607	215607	215607		
家用电器及电子产品专门零售	124044	114641	124044	114641		
五金、家具及室内装饰材料专门零售	168179	234577	168179	170210		64367
按批发零售连锁业态分						
便利店	29830	30790	7300	7163	22530	23627
超市	71530	63670	32897	25037	38633	38633
大型超市	103965	95853	103965	95853		
百货店	690399	542344	690399	542344		
专业店	611468	761670	604428	752830	7040	8840
#加油站	366281	500781	366281	500781		
专卖店	168179	234577	168179	170210		64367

12－16 续表 4　　单位：万元

指　标	连锁门店商品购进总额					
	2016 年	2017 年	直营店		加盟店	
			2016 年	2017 年	2016 年	2017 年
总　计	**1952738**	**2010993**	**1900003**	**1931250**	**52735**	**79743**
按登记注册类型分						
内资企业	1917551	1981321	1864816	1901577	52735	79743
国有企业	372451	23072	372451	23072		
有限责任公司	201324	439905	201324	441720		
股份有限公司	889216	1103990	889216	1095944		6230
私营企业	453656	412891	400948	339394	52708	73497
其他企业	904	1463	878	1448	27	16
外商投资企业	35186	29672	35186	29672		
按行业分						
批发业	424086	424880	424086	424880		
矿产品、建材及化工产品批发	424086	424880	424086	424880		
零售业	1528652	1586113	1475917	1506370	52735	79743
综合零售	616976	602877	567312	534276	49664	68601
文化、体育用品及器材专门零售	22659	22534	22659	22534		
医药及医疗器材专门零售	154265	182549	151194	177636	3071	4913
汽车、摩托车、燃料及零配件专门零售	410510	502630	410510	502630		
家用电器及电子产品专门零售	217059	155224	217059	155224		
五金、家具及室内装饰材料专门零售	107183	120300	107183	114070		6230
按批发零售连锁业态分						
便利店	16795	22617	3466	2058	13329	20559
超市	53735	66738	17400	18697	36335	48041
大型超市	117465	82212	117465	82212		
百货店	422078	425105	422078	425105		
专业店	1235482	1294020	1232411	1289108	3071	4913
#加油站	834596	927510	834596	927510		
专卖店	107183	120301	107183	114070		6230

12－16 续表 5

单位:万元

指　　标	#统一配送商品购进额					
	2016 年	2017 年	直　营　店		加　盟　店	
			2016 年	2017 年	2016 年	2017 年
总　计	**1846553**	**1938458**	**1793818**	**1858715**	**52735**	**79743**
按登记注册类型分						
内资企业	1811367	1908786	1758632	1829042	52735	79743
国有企业	349793	538	349793	538		
有限责任公司	198065	441720	198065	441720		
股份有限公司	889216	1102174	889216	1095945		6230
私营企业	373389	362890	320681	289392	52708	73497
其他企业	904	1464	877	1448	27	16
外商投资企业	35186	29672	35186	29672		
按行业分						
批发业	424086	424880	424086	424880		
矿产品、建材及化工产品批发	424086	424880	424086	424880		
零售业	1422467	1513578	1369732	1433835	52735	79743
综合零售	533450	552876	483786	484275	49664	68601
文化、体育用品及器材专门零售						
医药及医疗器材专门零售	154265	182549	151194	177636	3071	4913
汽车、摩托车、燃料及零配件专门零售	410510	502630	410510	502630		
家用电器及电子产品专门零售	217059	155224	217059	155224		
五金、家具及室内装饰材料专门零售	107183	120300	107183	114070		6230
按批发零售连锁业态分						
便利店	16795	22617	3466	2058	13329	20558
超市	50476	66738	14141	18697	36335	48042
大型超市	37198	32211	37198	32211		
百货店	422078	425105	422078	425105		
专业店	1212823	1271487	1209752	1266574	3071	4913
#加油站	834596	927510	834596	927510		
专卖店	107183	120300	107183	114070		6230

12－16 续表 6

单位：万元

指　　标	#自有配送商品购进额					
	2016 年	2017 年	直　营　店		加　盟　店	
			2016 年	2017 年	2016 年	2017 年
总　计	**1035366**	**1111277**	**994269**	**1049724**	**41097**	**61553**
按登记注册类型分						
内资企业	1031748	1081605	990651	1020052	41097	61553
国有企业						
有限责任公司	198065	82245	198065	82245		
股份有限公司	476758	684182	476757	677952		6230
私营企业	356021	313716	314952	258408	41070	55307
其他企业	903	1462	876	1447	27	16
外商投资企业	3619	29672	3619	29672		
按行业分						
批发业	75063	65405	75063	65405		
矿产品、建材及化工产品批发	75063	65405	75063	65405		
零售业	960303	1045872	919206	984319	41097	61553
综合零售	72302	110955	34276	60544	38026	50411
文化、体育用品及器材专门零售						
医药及医疗器材专门零售	153495	182011	150425	177098	3071	4913
汽车、摩托车、燃料及零配件专门零售	410510	502628	410510	502630		
家用电器及电子产品专门零售	216813	129978	216813	129978		
五金、家具及室内装饰材料专门零售	107183	120300	107183	114070		6230
按批发零售连锁业态分						
便利店	6733	7901	1409	728	5324	7173
超市	45428	60065	12727	16827	32702	43238
大型超市	3619	29672	3619	29672		
百货店	9619	7113	9619	7113		
专业店	862784	886227	859713	881314	3071	4913
#加油站	485573	568034	485573	568034		
专卖店	107183	120299	107182	114070		6229

12－16续表7

单位:万元

指　　标	非自有配送商品购进额					
	2016年	2017年	直　营　店		加　盟　店	
			2016年	2017年	2016年	2017年
总　计	**811187**	**826840**	**799549**	**808650**	**11638**	**18190**
按登记注册类型分						
内资企业	779619	408847	767981	808650	11638	18190
国有企业	349793	538	349793	538		
有限责任公司						
股份有限公司	412459	359475	412459	417993		
私营企业	17368	48834	5730	30644	11638	18190
其他企业						
外商投资企业	31567	417993	31567	359475		
按行业分						
批发业	349023	359475	349023	359475		
矿产品、建材及化工产品批发	349023	359475	349023	359475		
零售业	462164	467365	450526	449175	11638	18190
综合零售	461148	441921	449510	423731	11638	18190
文化、体育用品及器材专门零售						
医药及医疗器材专门零售	770	538	770	538		
汽车、摩托车、燃料及零配件专门零售						
家用电器及电子产品专门零售	246	24906	246	24906		
五金、家具及室内装饰材料专门零售						
按批发零售连锁业态分						
便利店	10062	14716	2057	1330	8005	13386
超市	5048	6674	1414	1870	3633	4804
大型超市	33580	2539	33580	2539		
百货店	412458	417992	412459	417992		
专业店	350039	384919	350039	384919		
#加油站	349023	359475	349023	359475		
专卖店						

12－16 续表 8

单位：万元

指　　标	连锁门店商品销售额					
	2016 年	2017 年	直　营　店		加　盟　店	
			2016 年	2017 年	2016 年	2017 年
总　计	**2757212**	**2811724**	**2673398**	**2698291**	**83814**	**113433**
按登记注册类型分						
内资企业	2709778	2776341	2625964	2662908	83814	113433
国有企业	406690	24217	406690	2417		
有限责任公司	424799	476518	424799	476518		
股份有限公司	1276631	1697557	1276631	1692703		26294
私营企业	600124	577002	516356	489900	83768	87102
其他企业	1534	1047	1488	1370	46	37
外商投资企业	47434	35383	47434	35383		
按行业分						
批发业	463945	452826	463945	452826		
矿产品、建材及化工产品批发	463945	452826	463945	452826		
零售业	2293267	2358898	2209453	2245465	83814	113433
综合零售	947741	915364	867822	832612	79918	82752
文化、体育用品及器材专门零售	22513	23410	22513	23410		
医药及医疗器材专门零售	177108	210528	173213	206141	3896	4387
汽车、摩托车、燃料及零配件专门零售	527901	619454	527901	619454		
家用电器及电子产品专门零售	301152	261467	301152	261467		
五金、家具及室内装饰材料专门零售	316852	328675	316852	302381		26294
按批发零售连锁业态分						
便利店	20688	22813	4506	2079	16182	20734
超市	84502	84501	20766	22483	63736	62018
大型超市	144630	109205	144630	109205		
百货店	675201	688144	675201	688144		
专业店	1505339	1578386	1501444	1573999	3896	4387
#加油站	991847	1072279	991847	1072279		
专卖店	316852	328675	316851	302381		26294

12－16 续表9

单位:万元

指标	#零售额					
	2016年	2017年	直营店		加盟店	
			2016年	2017年	2016年	2017年
总计	**2245169**	**2279125**	**2167729**	**2171894**	**77440**	**107231**
按登记注册类型分						
内资企业	2197735	2243742	2120295	2136511	77440	107231
国有企业	89690	24217	89690	24217		
有限责任公司	383918	124837	383918	124837		
股份有限公司	1165875	1554528	1165875	1528234		26294
私营企业	556719	538753	479324	457853	77394	80901
其他企业	1533	1407	1488	1370	46	36
外商投资企业	47434	35383	47434	35383		
按行业分						
批发业	106064	101145	106064	101145		
矿产品、建材及化工产品批发	106064	101145	106064	101145		
零售业	2139105	2177980	2061665	2070749	77440	107231
综合零售	939790	906915	866245	830364	73544	76551
文化、体育用品及器材专门零售	22513	23410	22513	23410		
医药及医疗器材专门零售	177108	210528	173213	206141	3896	4387
汽车、摩托车、燃料及零配件专门零售	417145	476784	417145	476784		
家用电器及电子产品专门零售	265697	231669	265697	231669		
五金、家具及室内装饰材料专门零售	316852	328675	316852	302381		26294
按批发零售连锁业态分						
便利店	20688	22813	4506	2079	16182	20734
超市	76552	76051	19189	20234	57362	55816
大型超市	144630	109205	144630	109205		
百货店	685201	688144	685201	688144		
专业店	1001246	1054237	997351	1049851	3896	4387
#加油站	523209	577929	523209	577929		
专卖店	316852	328675	316852	302381		26294

12—17　住宿和餐饮业连锁企业基本情况

单位:个

指　　标	连锁总店数	门店总数					
		2016年	2017年	直营店		加盟店	
				2016年	2017年	2016年	2017年
总　计	**5**	**143**	**140**	**116**	**115**	**27**	**25**
按登记注册类型分							
内资企业	4	118	113	91	88	27	25
有限责任公司	1	11	16	11	16		
股份有限公司	1	57	60	57	60		
私营企业	2	50	37	23	12	27	25
外商投资企业	1	25	27	25	27		
按行业分							
住宿业	2	25	28	24	28	1	
餐饮业	3	118	112	92	87	26	25

12－17 续表1

单位:人

指　　标	年末从业人员数					
	2016年	2017年	直营店		加盟店	
			2016年	2017年	2016年	2017年
总　计	**3300**	**3972**	**2707**	**3422**	**593**	**550**
按登记注册类型分						
内资企业	2639	3262	2046	2712	593	550
有限责任公司	830	1050	830	1050		
股份有限公司	890	1412	890	1412		
私营企业	919	800	326	250	593	550
外商投资企业	661	710	661	710		
按行业分						
住宿业	1077	1300	1054	1300	23	
餐饮业	2223	2672	1653	2122	570	550

12－17 续表 2

单位:平方米

指　　标	年末餐饮营业面积					
	2016 年	2017 年	直营店		加盟店	
			2016 年	2017 年	2016 年	2017 年
总　计	**47197**	**55425**	**41997**	**50425**	**5200**	**5000**
按登记注册类型分						
内资企业	36846	45078	31646	40078	5200	5000
有限责任公司	10256	20528	10256	20528		
股份有限公司	19216	19350	19216	19350		
私营企业	7374	5200	2174	200	5200	5000
外商投资企业	10351	10347	10351	10347		
按行业分						
住宿业	10906	20728	10906	20728		
餐饮业	36291	34697	31091	29697	5200	5000

12－17 续表 3

单位:间

指　　标	客房数					
	2016 年	2017 年	直营店		加盟店	
			2016 年	2017 年	2016 年	2017 年
总　计	**3846**	**3510**	**3786**	**3510**	**60**	
按登记注册类型分						
内资企业	3846	3510	3786	3510	60	
有限责任公司	1526	2210	1526	2210		
股份有限公司						
私营企业	2320	1300	2260	1300	60	
外商投资企业						
按行业分						
住宿业	3846	3510	3786	3510	60	
餐饮业						

12－17 续表 4　　　　单位:张

指　　标	床位数					
	2016 年	2017 年	直营店		加盟店	
			2016 年	2017 年	2016 年	2017 年
总　计	**5184**	**5197**	**5104**	**5197**	**80**	
按登记注册类型分						
内资企业	5184	5197	5104	5197	80	
有限责任公司	2654	3687	2654	3687		
股份有限公司						
私营企业	2530	1510	2450	1510	80	
外商投资企业						
按行业分						
住宿业	5184	5197	5104	5197	80	
餐饮业						

12－17 续表 5　　　　单位:位

指　　标	餐位数					
	2016 年	2017 年	直营店		加盟店	
			2016 年	2017 年	2016 年	2017 年
总　计	**14088**	**13942**	**11988**	**11942**	**2100**	**2000**
按登记注册类型分						
内资企业	10459	10659	8359	8659	2100	2000
有限责任公司	2896	4394	2896	4394		
股份有限公司	3765	3865	3765	3865		
私营企业	3798	2400	1698	400	2100	2000
外商投资企业	3629	3283	3629	3283		
按行业分						
住宿业	3596	4794	3596	4794		
餐饮业	10492	9148	8392	7148	2100	2000

12－17 续表 6

单位:万元

指 标	连锁门店商品购进额					
	2016 年	2017 年	直营店		加盟店	
			2016 年	2017 年	2016 年	2017 年
总 计	**24932**	**31613**	**23062**	**29815**	**1870**	**1798**
按登记注册类型分						
内资企业	18866	19767	16996	17969	1870	1798
有限责任公司	8584	9766	8584	9766		
股份有限公司	7365	8059	7365	8059		
私营企业	2917	1942	1047	144	1870	1798
外商投资企业	6066	11846	6066	11846		
按行业分						
住宿业	9164	9910	9164	9910		
餐饮业	15768	21703	13898	19905	1870	1798

12－17 续表 7

单位:万元

指 标	#统一配送商品购进额					
	2016 年	2017 年	直营店		加盟店	
			2016 年	2017 年	2016 年	2017 年
总 计	**16348**	**20049**	**14478**	**20049**	**1870**	
按登记注册类型分						
内资企业	10282	8203	8412	8203	1870	
有限责任公司						
股份有限公司	7365	8059	7365	8059		
私营企业	2917	144	1047	144	1870	
外商投资企业	6066	11846	6066	11846		
按行业分						
住宿业	580	144	580	144		
餐饮业	15768	19905	13898	19905	1870	

12－17 续表 8

单位：万元

指 标	#自有配送商品购进额					
	2016 年	2017 年	直营店		加盟店	
			2016 年	2017 年	2016 年	2017 年
总 计	**8403**	**11846**	**6533**	**11846**	**1870**	
按登记注册类型分						
内资企业	2337		467		1870	
有限责任公司						
股份有限公司						
私营企业	2337		467		1870	
外商投资企业	6066	11846	6066	11846		
按行业分						
住宿业						
餐饮业	8403	11846	6533	11846	1870	

12－17 续表 9

单位：万元

指 标	连锁门店营业额					
	2016 年	2017 年	直营店		加盟店	
			2016 年	2017 年	2016 年	2017 年
总 计	**69600**	**83783**	**62921**	**76994**	**6679**	**6789**
按登记注册类型分						
内资企业	47719	56671	41040	49882	6679	6789
有限责任公司	17800	21265	17800	21265		
股份有限公司	15729	20936	15729	20936		
私营企业	14190	14470	7511	7681	6679	6789
外商投资企业	21881	27112	21881	27112		
按行业分						
住宿业	24488	28947	24050	28947	438	
餐饮业	45112	54836	38871	48047	6241	6789

12－17 续表 10

单位:万元

指　　标	#餐费收入					
	2016 年	2017 年	直营店		加盟店	
			2016 年	2017 年	2016 年	2017 年
总　计	**49641**	**58880**	**43400**	**52091**	**6241**	**6789**
按登记注册类型分						
内资企业	27760	31768	21519	24979	6241	6789
有限责任公司	4488	4289	4488	4289		
股份有限公司	15150	20678	15150	20678		
私营企业	8122	6801	1881	12	6241	6789
外商投资企业	21881	27112	21881	27112		
按行业分						
住宿业	5108	4301	5108	4301		
餐饮业	44533	54579	38292	47790	6241	6789

12－17 续表 11

单位:万元

指　　标	#商品销售额					
	2016 年	2017 年	直营店		加盟店	
			2016 年	2017 年	2016 年	2017 年
总　计	**1124**	**1030**	**1124**	**1030**		
按登记注册类型分						
内资企业	1124	1030	1124	1030		
有限责任公司	854	814	854	814		
股份有限公司						
私营企业	270	216	270	216		
外商投资企业						
按行业分						
住宿业	1124	1030	1124	1030		
餐饮业						

12—18　亿元以上商品交易市场一览表

（2017 年）

市　场　名　称	年末营业面积（平方米）	总摊位数（个）	成交额（万元）
新疆边疆宾馆商贸市场	40000	2000	86172
新疆西部信息数码港物业服务有限责任公司	10698	360	8352
新疆财苑股份有限公司（红旗路电脑城）	9100	326	14640
乌鲁木齐市长征市场开发股份有限责任公司	8650	500	124300
新疆德汇商业管理有限公司	57000	2054	20204
新疆明珠花业有限责任公司（新疆明珠花卉市场）	30000	400	23000
乌鲁木齐市仓房沟农工商贸公司月明楼小商品市场	9000	673	134630
新疆凌庆果品有限公司粮油批发市场	25000	208	32000
新疆小商品城商贸有限公司	6000	379	14516
新疆凌庆蔬菜果品有限公司（新疆凌庆蔬菜批发市场）	23000	280	28200
新疆国际商贸城有限责任公司（新疆国际商贸城服装批发市场）	78216	2800	103673
乌鲁木齐北园春（集团）有限责任公司北园春市场	78800	1588	428608
新疆亚中机电销售租赁股份有限公司（新疆亚中机电市场）	72000	1200	600000
中亚国际钢材交易中心	20000	230	58000
新疆赛博特国际汽车城有限公司	121304	857	800000
新联农副产品综合市场	390276	4845	2803048
新疆新怡发中润物资有限公司华南机械设备交易市场	133334	230	30526
新疆华凌工贸集团有限公司华凌综合市场	1328959	19841	1175376
华凌畜牧产业基地（华凌畜产品市场）	858064	72	172958
新疆华凌建材出口基地	3862800	7285	708462
新疆华隆美特市场	18164	463	18217
新疆通汇市场有限公司	14000	890	534403
新疆皮毛绒商会（新疆皮毛绒市场）	60000	35	30520
新疆皇牛畜产品发展有限公司（新疆皇牛畜产品市场）	12000	20	32952
海鸿国际食品物流港	100000	955	52600
新疆亚中物流商务网络有限责任公司广汇美居物流园（新疆亚中建材、家具市场）	371834	2392	90828

12—19 亿元以上商品交易市场分类值成交额

（2017年）

指　　标	年末出租摊位数(个)	成交额(万元)
总　计	**49462**	**8126185**
粮油、食品类	7342	3006219
#粮油类	444	138899
肉禽蛋类	744	654030
水产品类	884	144935
蔬菜类	1885	1222983
干鲜果品类	2238	562175
饮料类	205	42387
烟酒类	525	55379
服装、鞋帽、针纺织品类	6598	347453
服装类	4414	224085
鞋帽类	1240	54729
针纺织品类	944	68639
化妆品类	290	22030
金银珠宝类	4006	94688
日用品类	1312	88679
#儿童玩具类	53	4022
五金、电料类	3190	281970
体育、娱乐用品类	171	7047
书报杂志类	205	972
电子出版物及音像制品类	1	7
家用电器和音像器材类	629	34490
中西药品类	5	983
文化办公用品类	1185	82259
#计算机及其配套产品	550	20352
家具类	2592	260626
通讯器材类	611	22583
木材及制品类	597	110422
化工材料及制品类	87	2579
金属材料类	2331	177783
建筑及装潢材料类	9356	799393
机电产品及设备类	4273	979451
汽车类	1811	1187745
种子饲料类	15	328
其他类	2125	520712

12—20　亿元以上商品交易市场摊位分类情况

（2017 年）

指　标	市场数量（个）	总摊位数（个）	年末出租摊位数（个）	营业面积（平方米）	成交额（万元）
总　计	**26**	**50883**	**49462**	**7738199**	**8126185**
综合市场类别分	**6**	**29802**	**29802**	**2197033**	**4650707**
综合贸易市场	6	29802	29802	2197033	4650707
生产资料综合市场	1	2392	2392	371834	90828
农产品综合市场	2	2051	2051	96964	446825
其他综合市场	3	25359	25359	1728235	4113054
专业市场	20	21081	19660	5541166	3475478
生产资料市场	4	9605	8775	3968800	1900865
建材市场	1	7285	6532	3862800	708462
金属材料市场	1	230	153	20000	58000
机械设备市场	1	1200	1200	72000	600000
其他生产资料市场	1	890	890	14000	534403
农产品市场	6	1570	1363	1078064	349230
粮油市场	1	208	155	25000	32000
肉禽蛋市场	2	92	92	870064	205910
水产品市场	1	955	845	100000	52600
蔬菜市场	1	280	236	23000	28200
其他农产品市场	1	35	35	60000	30520
纺织、服装、鞋帽市场	4	7354	7100	183866	334349
服装市场	4	7354	7100	183866	334349
日用品及文化用品市场	1	379	379	6000	14516
小商品市场	1	379	379	6000	14516
电器、通讯器材、电子设备市场	2	686	629	19798	22992
计算机及辅助设备市场	2	686	629	19798	22992
汽车、摩托车及零配件市场	2	1087	1014	254638	830526
汽车市场	2	1087	1014	254638	830526
花、鸟、鱼、虫市场	1	400	400	30000	23000
花卉市场	1	400	400	30000	23000
常年营业	**26**	**50883**	**49462**	**7738199**	**8126185**
按经营方式分					
以批发为主	22	48877	47513	7578933	7284976
以零售为主	4	2006	1949	159266	841209
按经营环境分					
露天式	6	3486	3442	196800	1189313
封闭式	19	40112	39488	3678599	6228410
其他	1	7285	6532	3862800	708462

12—21 主要年份进出口贸易情况

单位:万美元

年份	进出口总额	进口额	出口额
1995	87277	33132	54145
1996	87524	54777	32747
1997	83956	39197	44759
1998	82078	34743	47335
1999	59442	22949	36493
2000	55846	19582	36264
2001	45567	19529	26038
2002	50871	14843	36029
2003	96182	53974	42208
2004	165287	73530	91757
2005	240147	95859	144288
2006	239157	36564	202593
2007	381681	32340	349341
2008	522894	42445	480449
2009	368299	71415	296884
2010	598534	154839	443695
2011	902984	233395	669589
2012	1039689	233291	806398
2013	779800	139800	639900
2014	828458	106788	721670
2015	584312	103194	481118
2016	490258	69638	420620
2017	680712	147666	533046

12—22　主要年份旅游人数和旅游收入

年　份	国际旅游人数（人）	国际旅游收入（万元）	国内旅游人数（万人）	国内旅游收入（亿元）
1984	13623	486		
1985	19932	599		
1986	25805	1175		
1987	35706	2056		
1988	40081	2698		
1989	25697	1632		
1990	39501	4930		
1991	54380	7829		
1992	80427	11598		
1993	71325	10895		
1994	60312	6854		
1995	66128	13468		
1996	81968	19689		
1997	103579	24383		
1998	105136	25053		
1999	107477	25542		
2000	134413	31962		
2001	115100	26124	363.74	40.12
2002	102677	24462	384.98	45.72
2003	78592	18681	383.48	44.21
2004	115657	27034	447.83	56.02
2005	176906	41270	464.85	58.27
2006	191772	44720	502.98	65.26
2007	195110	45490	589.46	71.53
2008	200396	46756	519.32	62.57
2009	211478	49359	429.05	53.41
2010	264170	61662	465.57	68.37
2011	396000	110507	681.60	102.74
2012	365600	129821	811.50	215.15
2013	352000	135033	902.40	239.55
2014	316000	118387	879.30	235.01
2015	312900	117487	957.70	256.14
2016	317900	120072	1093.41	293.05
2017	321200	121357	1251.62	382.46

注:国内旅游人数和收入不含一日游。

12—23　A 级景区(景点)接待情况

指　　标	单位	2016 年	2017 年	2017 年较 2016 年增长%
A 级景区	家	27	27	
2A 级	家	8	8	
3A 级	家	10	10	
4A 级	家	8	8	
5A 级	家	1	1	
营业收入	万元	27845	24403	-12.4
#门票收入	万元	7381	5914	-19.9
利润总额	万元	-1549	-4123	-166.2
资产总计	万元	239249	195567	-18.3
从业人员	人	3046	3649	19.8
接待人数	万人	3943	2039	-48.0
#境外人数	人	17227	12518	-27.0
本年实际完成投资额	万元	15925	12934	-18.8
基础设施建设	万元	12987	6817	-47.5
设备购置	万元	738	5212	606.0
其他	万元	2200	905	58.9

12—24　主要年份人民币对美元平均汇率

年　份	100 美元	年　份	100 美元
1985	293.66	2006	797.18
1990	478.32	2007	760.40
1995	835.10	2008	694.51
1996	831.42	2009	683.10
1997	828.98	2010	676.95
1998	827.91	2011	645.88
1999	827.83	2012	631.25
2000	827.84	2013	619.32
2001	827.70	2014	621.66
2002	827.70	2015	622.84
2003	827.70	2016	664.23
2004	827.68	2017	675.18
2005	819.17		

12—25 近年实际利用外资

单位:万美元

年 份	实际利用外资
1995	3272
1996	4628
1997	2465
1998	5598
1999	2141
2000	431
2001	1690
2002	1506
2003	1400
2004	1520
2005	2520
2006	5198
2007	6671
2008	10000
2009	12500
2010	13900
2011	16000
2012	19000
2013	22300
2014	25800
2015	28700
2016	23700
2017	577

12—26　分行业私营企业基本情况

行　业	户数(户)		从业人数(人)		注册资金(万元)	
	2016年	2017年	2016年	2017年	2016年	2017年
合　计	**91095**	**102306**	**558899**	**614372**	**62793211**	**76822806**
农林牧渔业	768	796	4931	5102	429770	461780
采矿业	184	207	1310	1278	261050	308067
制造业	4380	4487	45702	46844	2577424	3083300
电力、燃气及水的生产和供应业	288	323	1987	2059	664149	865752
建筑业	5220	6283	33778	56460	5506291	7593793
批发和零售业	43584	48553	250431	262912	15600798	18478272
交通运输、仓储和邮政业	2375	2497	15507	15015	1024597	1160300
住宿和餐饮业	752	915	4588	5534	253430	354992
信息传输、软件和信息技术服务业	4596	5288	23549	26425	1850231	2492424
金融业	796	888	5220	5745	3485409	3560520
房地产业	2938	3127	20359	20157	3515458	3866332
租赁和商务服务业	14926	16325	94265	100120	20298022	25409887
科学研究和技术服务业	6704	8417	36715	43644	5822364	7229957
水利、环境和公共设施管理业	427	449	2825	2883	493873	533141
居民服务、修理和其他服务业	1879	2071	10098	10775	443978	613713
教育业	143	187	728	953	44062	59281
卫生和社会工作	167	197	2178	2258	61493	89851
文化、体育和娱乐业	875	1201	4266	5730	380385	575517
其他	93	95	462	478	80427	85927

12—27　分行业个体工商户基本情况

行　业	户数(户)		从业人数(人)		注册资金(万元)	
	2016年	2017年	2016年	2017年	2016年	2017年
合　计	**196902**	**217906**	**396450**	**438024**	**1096559**	**1207842**
农、林、牧、渔业	843	868	1493	1498	31319	17381
采矿业	66	68	415	426	3648	3794
制造业	9789	10093	25776	26150	68036	67338
电力、热力、燃气及水生产和供应业	9	10	20	22	81	82
建筑业	124	141	386	417	2011	2364
批发和零售业	126626	139559	220205	242939	564123	665097
交通运输、仓储和邮政业	1395	1488	2518	2843	10229	11113
住宿和餐饮业	25889	29846	77975	87947	210250	239215
信息传输、软件和信息技术服务业	928	964	1652	1724	18293	2414
房地产业	492	607	1312	1649	3786	5245
租赁和商务服务业	4455	4969	8238	9255	40600	30000
科学研究和技术服务业	344	379	626	746	1725	2358
水利、环境和公共设施管理业	12	13	21	23	139	143
居民服务、修理和其他服务业	22520	25038	47171	52511	99708	112609
教育业	16	34	50	111	120	302
卫生和社会工作	1049	1178	2831	3266	5830	6970
文化、体育和娱乐业	2111	2419	5002	5742	36351	41118
其他	234	232	759	755	310	299

12—28　分区县私营企业基本情况

（2017 年）

区　　县	户数（户）	比上年增减%	年末从业人员(人)	#投资者人数	比上年增减%	注册资金（万元）	比上年增减%
合　计	**102306**	**12.3**	**614372**	**197238**	**9.9**	**76822806**	**22.3**
市局注册处	5318	-35.2	39116	12034	-37.5	7146196	-27.7
天山区	18703	15.4	60943	24503	18.1	8647734	33.5
沙依巴克区	21932	17.7	112920	34531	7.7	11761896	24.9
新市区	13657	6.7	80886	32905	2.7	4350287	18.8
水磨沟区	9648	17.3	50596	19379	12.1	3361003	47.7
头屯河区	3364	19.2	23394	5971	30.1	1915821	21.2
米东区	7377	22.3	77344	17667	15.3	4919051	32.6
达坂城区	440	9.5	3760	638	8.6	793949	3.4
乌鲁木齐县	472	17.7	2524	802	15.4	648409	84.2
高新技术产业开发区	11380	10.7	100338	27090	29.5	16512408	22.7
经济技术开发区	10015	41.2	62551	21718	31	16766052	49.6

12—29 分区县个体工商户基本情况

（2017年）

区 县	户数（户）	比上年增减%	从业人员（人）	比上年增减%	注册资金（万元）	比上年增减%
合 计	**217906**	**10.7**	**438024**	**10.5**	**1207842**	**10.1**
天山区	51800	6.3	94397	6.0	169644	12.4
沙依巴克区	49156	9.4	97240	9.9	151075	18.5
新市区	28283	9.0	59186	6.1	186085	9.5
水磨沟区	25318	8.8	53897	9.4	150875	-32.3
头屯河区	9900	11.4	18344	11.0	54183	32.7
达坂城区	1671	34.6	3246	25.9	5656	25.8
乌鲁木齐县	2963	22.9	4594	27.6	29967	37.8
高新技术产业开发区	8157	7.6	21164	13.3	104170	22.6
经济技术开发区	7669	22.2	17069	19.2	40499	31.7
米东区	32989	19.3	68887	18.3	315688	30.1

主要统计指标解释

EXPLANATORY NOTES ON MAIN STATISTICAL INDICATORS

批发业 指向其他批发或零售单位(含个体经营者)及其他企事业单位、机关团体等批量销售生活用品、生产资料的活动,以及从事进出口贸易和贸易经纪与代理的活动,包括拥有货物所有权,并以本单位(公司)的名义进行交易活动,也包括不拥有货物的所有权,收取佣金的商品代理、商品代售活动;还包括各类商品批发市场中固定摊位的批发活动,以及以销售为目的的收购活动。

零售业 指百货商店、超级市场、专门零售商店、品牌专卖店、售货摊等主要面向最终消费者(如居民等)的销售活动,以互联网、邮政、电话、售货机等方式的销售活动,还包括在同一地点,后面加工生产,前面销售的店铺(如面包房);谷物、种子、饲料、牲畜、矿产品、生产用原料、化工原料、农用化工产品、机械设备(乘用车、计算机及通信设备除外)等生产资料的销售不作为零售活动;多数零售商对其销售的货物拥有所有权,但有些则是充当委托人的代理人,进行委托销售或以收取佣金的方式进行销售。

住宿业 指为旅行者提供短期留宿场所的活动,有些单位只提供住宿,也有些单位提供住宿、饮食、商务、娱乐一体的服务,不包括主要按月或按年长期出租房屋住所的活动。

餐饮业 指通过即时制作加工、商业销售和服务性劳动等,向消费者提供食品和消费场所及设施的服务。

社会消费品零售总额 指批发和零售业、住宿和餐饮业、新闻出版业、邮政业和其他服务业等,售予城乡居民用于生活消费的商品和社会集团用于公共消费的商品之总量。社会消费品零售总额包括:

一、批发和零售业企业(单位)售予城乡居民用于生活消费和社会集团用于公共消费的商品。包括:

1、售予城乡居民的各种生活消费品。

2、售予入境旅游得到外国人、华侨、港澳台同胞的各类商品。

3、售予行政事业单位、社会团体、军队和武警等机构的商品,以及以零售方式售予各类企业的商品。具体包括:用于非生产和社会交往的办公用品,如通讯设备、计算器具和设备、电讯网络设备、文印设备、音像视听器材和设备、纸张、本册、文具及装订文印材料、家具、日用电器、针纺织品、清洁卫生用品、文体用品、奖品、纪念品、礼品等;供内部人员乘坐的交通工具和燃料;用于办公设施修缮的各类配件、材料、工具等;用于取暖和防暑降温的设备、燃料、材料及食品等;专用于教学的用品和设备;非营利医疗机构的中、西药品、中药材和医疗设备器材;军队、武警用于其人员生活的衣着品和个人用品;其他各类非生产性设备和用品。

二、餐饮业出售的主食、菜肴、烟酒饮料和其他商品。

三、新闻出版业、邮政业售予城乡居民、企事业单位、军队和武警等机构的书报杂志、音像制品、邮品等。

四、其他服务业出售的食品、烟酒饮料、服装鞋帽、日常生活用品、医药保健用品、艺术品、工艺美术品、玩具、殡葬用品以及其他消费品。

批发和零售业商品购进、销售、库存额 指各种登记注册类型的批发和零售业企业(单位)以本企业(单位)为总体的,从国内、国外市场购进的商品总量,销售和出口的商品总量、库存的商品总量等情况。该指标可以反映商品流转过程中商品的购进、销售、库存之间的比例关系和存在的问题。

营业额 指住宿和餐饮业单位在经营活动中因提供服务或销售商品等取得的收入。包括:客房收入、餐费收入、商品销售额(含增值税)和其他收入。其中,客房收入指住宿和餐饮业单位在经营活动中因提供住宿服务取得的收入。餐费收入指本单位为顾客提供就餐服务取得的收入,包括:经烹饪、调制加工后出售的各种食品,如主食、炒菜、凉拌菜等的收入。

连锁总店(总部) 指负责连锁企业资源(商号、商誉、经营模式、服务标准、管理模式等等)的开发、配置、控制或使用等功能的企业核心管理机构。连锁经营是指经营同类商品或服务,使用统一商号的若干店铺,在同一总店(总部)的管理下,采取统一采购或特许经营等方式,实现规模效益的组织形式,包括直营连锁、特许连锁和自愿连锁三种形式。其中,直营连锁是指连锁店铺由连锁公司全资或控股开设,在总部的直接控制下,开展统一经营的连锁经营形式;特许连锁是指拥有注册商标、企业标志、专利、专有技术等经营资源的企业(特许人),以合同形式将其拥有的经营资源许可其他经营者(被特许人)使用,被特许人按合同约定在统一的经营模式下开展经营,并向特许人支付特许经营费用的连锁经营形式;自愿连锁是指若干个店铺或企业自愿组合起来,在不改变各自资产所有权关系的情况下,以同一个品牌形象面对消费者,以共同进货为纽带开展的连锁经营形式。

亿元以上商品交易市场 指年成交额在亿元及以上的商品交易市场。商品交易市场是指经有关部门和组织批准设立,有固定场所、设施,有经营管理部门和监管人员,若干市场经营者入内,常年或实际开业三个月以上,集中、公开、独立地进行生活消费品、生产资料等现货商品交易以及提供相关服务的交易场所,包括各类消费品市场、生产资料市场等。

货物进出口总额 指实际进出我国国境的货物总金额。包括对外贸易实际进出口货物,来料加工装配进出口货物,国家间、联合国及国际组织无偿援助物资和赠送品,华侨、港澳台同胞和外籍华人捐赠品,租赁期满归承租人所有的租赁货物,进料加工进出口货物,边境地方贸易及边境地区小额贸易进出口货物(边民互市贸易除外),中外合资企业、中外合作经营企业、外商独资经营企业进出口货物和公用物品,到、离岸价格在规定限额以上的进出口货样和广告品(无商业价值、无使用价值和免费提供出口的除外),从保税仓库提取在中国境内销售的进口货物,以及其他进出口货物。该指标可以观察一个国家在对外贸易方面的总规模。我国规定出口货物按离岸价格统计,进口货物按到岸价格统计。

外商直接投资 是指外国投资者在我国境内通过设立外商投资企业、合伙企业、与中方投资者共同进行石油资源的合作勘探开发以及设立外国公司分支机构等方式进行投资。外国投资者可以用现金、实物、无形资产、股权等投资,还可以用从外商投资企业获得的利润进行再投资。

入境游客 指报告期内来中国(大陆)观光、度假、探亲访友、就医疗养、购物、参加会议或从事经济、文化、体育、宗教活动的外国人、港澳台同胞等游客(即入境旅游人数)。统计时,入境游客按每入境一次统计 1 人次。入境旅游人数包括入境过夜游客和入境一日游游客。

出境人数 指中国(大陆)居民因公或因私出境前往其他国家、中国香港特别行政区、澳门特别行政区和台湾省观光、度假、探亲访友、就医疗养、购物、参加会议或从事经济、文化、体育、宗教活动的人数(即出境游客)。统计时,出境游客按每出境一次统计 1 人次。

国内游客 指在报告期内在中国(大陆)观光游览、度假、探亲访友、就医疗养、购物、参加会议或从事经济、文化、体育、宗教活动的中国(大陆)居民人数,其出游的目的不是通过所从事的活动谋取报酬。统计时,国内游客按每出游一次统计 1 人次。

国际旅游(外汇)收入 指入境游客在中国(大陆)境内旅行、游览过程中用于交通、参观游览、住宿、餐饮、购物、娱乐等全部花费。

国内旅游收入 指国内游客在国内旅行、游览过程中用于交通、参观游览、住宿、餐饮、购物、娱乐等全部花费。

13

规模以上服务业

SERVICE ENTERPRISES ABOVE DESIGNATED SIZE

资料整理:凯丽比努尔·拜克都拉

13—1 按登记注册类型分的规模以上服务业主要经济指标

（2017 年）

单位：万元

指 标	单位数（个）	年初存货	流动资产合计	#应收账款	存货
总 计	**537**	**1485236**	**18786677**	**1389812**	**1446733**
按登记注册类型分					
内资企业	530	1483664	18755771	1382151	1444606
国有企业	45	136549	1945597	363063	141654
集体企业	8		6448	3812	
股份合作					
联 营					
国有联营					
集体联营					
国有与集体联营					
其他联营					
有限责任公司	211	1235342	15173472	773548	1152121
国有独资公司	32	469664	5852275	224645	467703
其他有限责任公司	179	765678	9321197	548903	684419
股份有限公司	16	8991	346779	33834	14816
私营企业	249	102781	1283475	207894	136015
私营独资企业					
私营有限责任公司	241	93904	1132125	163228	116461
私营股份有限公司	8	8878	151350	44666	19554
其他企业	1				
港、澳、台商投资企业	5	1281	25869	7661	1828
合资经营企业	4	731	16257	75	729
合作经营					
港、澳、台商独资经营					
港、澳、台商投资股份有限公司					
其他港、澳、台商投资	1	550	9612	7586	1099
外商投资企业	2	292	5038		299
中外合资经营企业	1	292	5038		299
中外合作经营企业					
外资企业					
外商投资股份有限公司					
其他外商投资	1				

13－1 续表 1　　（2017 年）　　单位：万元

指　标	固定资产原价	#房屋和构筑物	机器设备	运输工具	累计折旧	#本年折旧
总　计	**21213724**	**6043449**	**5252605**	**1659640**	**6448995**	**1143144**
按登记注册类型分						
内资企业	20708980	6015705	4848593	1610518	6165746	1104303
国有企业	1833492	379818	268185	1000360	1002779	78348
集体企业	10850	6018	487	893	7064	1062
股份合作						
联　营						
国有联营						
集体联营						
国有与集体联营						
其他联营						
有限责任公司	17350858	4941720	4384586	462307	4659992	922647
国有独资公司	4392049	1134970	1358826	232147	2130737	320448
其他有限责任公司	12958808	3806751	3025760	230160	2529256	602199
股份有限公司	657016	91527	119587	29027	173459	53417
私营企业	856765	596622	75748	117931	322451	48829
私营独资企业						
私营有限责任公司	794274	549287	74039	108407	298587	46294
私营股份有限公司	62491	47335	1709	9524	23864	2536
其他企业						
港、澳、台商投资企业	471649	17532	403177	49121	261815	38068
合资经营企业	54974	3429	2093	47632	24368	4454
合作经营						
港、澳、台商独资经营						
港、澳、台商投资股份有限公司						
其他港、澳、台商投资	416675	14103	401084	1489	237447	33614
外商投资企业	33095	10212	834	2	21434	772
中外合资经营企业	33095	10212	834	2	21434	772
中外合作经营企业						
外资企业						
外商投资股份有限公司						
其他外商投资						

13－1 续表 2　　(2017 年)　　单位:万元

指　标	资产总计	应付账款	负债合计	所有者权益合计	营业收入	#主营业务收入
总　计	**65081301**	**1770627**	**30932383**	**34148918**	**8841987**	**8510087**
按登记注册类型分						
内资企业	64788937	1721006	30722451	34066486	8699140	8375955
国有企业	3600274	466245	2245144	1355130	1843888	1804969
集体企业	14705	2132	5423	9281	11682	10200
股份合作						
联　营						
国有联营						
集体联营						
国有与集体联营						
其他联营						
有限责任公司	56605418	996583	25453959	31151460	5357432	5127517
国有独资公司	27432283	426247	15337274	12095009	811650	781704
其他有限责任公司	29173135	570336	10116684	19056451	4545782	4345813
股份有限公司	1071875	82138	433674	638201	352112	338508
私营企业	3496666	173908	2584252	912414	1133326	1094761
私营独资企业						
私营有限责任公司	3254186	154720	2468994	785192	930821	898964
私营股份有限公司	242480	19189	115257	127222	202504	195797
其他企业				701		
港、澳、台商投资企业	275377	49173	176792	98585	133935	129413
合资经营企业	52782	10037	36675	16107	21157	19407
合作经营						
港、澳、台商独资经营						
港、澳、台商投资股份有限公司						
其他港、澳、台商投资	222595	39136	140117	82478	112778	110006
外商投资企业	16987	449	33140	－16153	8912	4719
中外合资经营企业	16987	449	33140	－16153	4719	4719
中外合作经营企业						
外资企业						
外商投资股份有限公司						
其他外商投资					4193	

13－1 续表 3　　（2017 年）　　单位：万元

指　　标	营业成本	#主营业务成本	税金及附加	#主营业务税金及附加	销售费用	管理费用
总　计	**6729817**	**6515130**	**83353**	**64222**	**281854**	**579184**
按登记注册类型分						
内资企业	6605652	6398490	83023	64039	263601	567769
国有企业	1665222	1649233	18354	9496	21587	88335
集体企业	6675	6164	117	59	1841	2539
股份合作						
联　营						
国有联营						
集体联营						
国有与集体联营						
其他联营						
有限责任公司	3933265	3772315	45090	36096	134323	296814
国有独资公司	983268	967060	14037	11053	61589	92242
其他有限责任公司	2949997	2805255	31053	25044	72734	204572
股份有限公司	188950	178847	1660	1307	28066	31919
私营企业	810994	791931	17797	17080	77783	148031
私营独资企业						
私营有限责任公司	638450	623967	16406	15692	73840	138647
私营股份有限公司	172544	167964	1391	1389	3943	9384
其他企业	546	5	130			
港、澳、台商投资企业	119102	115629	241	95	16497	8365
合资经营企业	43335	42527	147	66	49	4475
合作经营						
港、澳、台商独资经营						
港、澳、台商投资股份有限公司						
其他港、澳、台商投资	75767	73102	94	29	16448	3890
外商投资企业	5063	1011	88	88	1756	3050
中外合资经营企业	1011	1011	88	88	1756	2822
中外合作经营企业						
外资企业						
外商投资股份有限公司						
其他外商投资	4052					228

13－1 续表 4　　（2017 年）　　单位：万元

指　　标	财务费用	#利息收入	利息支出	资产减值损失	公允价值变动收益	投资收益
总　计	**382676**	**151048**	**500368**	**119354**	**5138**	**298682**
按登记注册类型分						
内资企业	376447	151016	494108	115030	5138	298682
国有企业	11760	11883	20999	47214	5229	897
集体企业	176	16	－1			1631
股份合作						
联　营						
国有联营						
集体联营						
国有与集体联营						
其他联营						
有限责任公司	287607	132669	391402	63339	－15	261319
国有独资公司	111297	24415	128573	33432		87228
其他有限责任公司	176311	108254	262829	29906	－15	174091
股份有限公司	2785	680	3355	1270		5596
私营企业	74118	5767	78353	3207	－75	29239
私营独资企业						
私营有限责任公司	70457	5431	75469	893	－44	30492
私营股份有限公司	3662	337	2884	2314	－32	－1253
其他企业						
港、澳、台商投资企业	6223	29	6260	4324		
合资经营企业	976	29	1024			
合作经营						
港、澳、台商独资经营						
港、澳、台商投资股份有限公司						
其他港、澳、台商投资	5247		5236	4324		
外商投资企业	6	3				
中外合资经营企业	10	3				
中外合作经营企业						
外资企业						
外商投资股份有限公司						
其他外商投资	－4					

13－1 续表 5 （2017 年） 单位:万元

指　　标	行政事业性收费	材料和燃料费	经营租赁费	运输费	研发、试验检验费	水电费
总　计	**15289**	**816021**	**131572**	**551545**	**19428**	**149061**
按登记注册类型分						
内资企业	15169	809169	130886	550860	19428	148739
国有企业	4822	425809	27606	305056	466	10253
集体企业	1	149	73	95		102
股份合作						
联　营						
国有联营						
集体联营						
国有与集体联营						
其他联营						
有限责任公司	9336	336204	76418	173044	9515	129333
国有独资公司	5	75233	12495	3633	1346	13182
其他有限责任公司	9332	260971	63923	169411	8169	116152
股份有限公司	447	9911	3040	237	4467	2387
私营企业	564	37097	23749	72428	4980	6664
私营独资企业						
私营有限责任公司	561	31851	23542	34854	2911	6108
私营股份有限公司	3	5246	206	37574	2070	556
其他企业						
港、澳、台商投资企业	114	6724	686	685		165
合资经营企业		6724	678	685		161
合作经营						
港、澳、台商独资经营						
港、澳、台商投资股份有限公司						
其他港、澳、台商投资	114		8			4
外商投资企业	6	127				157
中外合资经营企业	6	127				157
中外合作经营企业						
外资企业						
外商投资股份有限公司						
其他外商投资						

13－1 续表6　　(2017 年)　　单位:万元

指　标	邮政通信费	应付职工薪酬	#社会保险和住房公积金	应交增值税	平均用工人数(人)
总　计	**20560**	**1472913**	**285206**	**327694**	**137174**
按登记注册类型分					
内资企业	20495	1433793	274186	321931	133664
国有企业	1178	530735	103778	63614	41798
集体企业	5	4934	1125	494	874
股份合作					
联　营					
国有联营					
集体联营					
国有与集体联营					
其他联营					
有限责任公司	9628	656035	126882	225128	54069
国有独资公司	668	302650	61455	13636	20497
其他有限责任公司	8961	353386	65427	211492	33572
股份有限公司	9059	53109	14440	3429	5889
私营企业	626	188641	27960	29223	30989
私营独资企业					
私营有限责任公司	571	173450	26161	24563	29091
私营股份有限公司	55	15191	1800	4660	1898
其他企业		339		44	45
港、澳、台商投资企业	51	36873	10409	5619	3215
合资经营企业	51	29313	7845	27	3095
合作经营					
港、澳、台商独资经营					
港、澳、台商投资股份有限公司					
其他港、澳、台商投资		7560	2564	5592	120
外商投资企业	14	2246	611	144	295
中外合资经营企业	14	2136	611	144	290
中外合作经营企业					
外资企业					
外商投资股份有限公司					
其他外商投资		110			5

13—2 按规模分的规模以上服务业主要经济指标

（2017年）

单位:万元

指标	总计	大型企业	中型企业	小型企业	微型企业
单位数(个)	537	29	90	302	86
年初存货	1485236	91980	736799	643548	3787
流动资产合计	18786677	439928	4564471	9708237	3839622
#应收账款	1389812	617953	166943	536880	28893
存货	1446733	90694	693255	652052	3686
固定资产原价	21213724	12743198	2157174	868817	4497144
#房屋和构筑物	6043449	4695259	461503	520960	134257
机器设备	5252605	3481563	546412	151172	1033009
运输工具	1659640	1314841	234971	92955	7703
累计折旧	6448995	4322398	1105817	326455	506913
#本年折旧	1143144	775382	117318	57165	170171
资产总计	65081301	11246047	12706271	30637140	9234221
应付账款	1770627	893679	259823	437842	61651
负债合计	30932383	4022038	7915119	16636908	1788319
所有者权益合计	34148918	7224009	4791152	14000232	7445902
营业收入	8841987	4389437	1125226	2088807	937163
#主营业务收入	8510087	4307980	983965	2033933	887649
营业成本	6729817	3291727	946850	1682145	549301
#主营业务成本	6515130	3224428	858842	1667992	507377
税金及附加	83353	42695	15335	19112	3374
#主营业务税金及附加	64222	30917	10438	17168	2913
销售费用	281854	130083	63247	59302	23839
管理费用	579184	207822	145149	180385	16025
财务费用	382676	-3097	265811	148289	-41234
#利息收入	151048	30332	12104	26749	81657
利息支出	500368	23951	270144	159803	33643
资产减值损失	119354	99061	11125	8310	-856
公允价值变动收益	5138		-32	5170	
投资收益	298682	3950	110301	111154	70899
其他收益	198852	170633	2014	26121	62
营业利润	1164952	795730	-209842	133797	453951
营业外收入	228655	20942	112785	90197	2693
营业外支出	44477	21775	8633	3179	627
利润总额	1351746	794897	-105690	220814	458631
所得税费用	95959	-9405	14305	27325	62867
行政事业性收费	15289	13392	748	817	265
材料和燃料费	816021	570623	50695	138022	52299
经营租赁费	131572	70317	12171	20176	25102
运输费	551545	315034	9880	107256	35404
研发、试验检验费	19428	5984	6531	5170	1729
水电费	149061	84468	8276	7670	47329
邮政通信费	20560	10688	2483	1128	70
应付职工薪酬	1472913	821197	283824	287640	49605
#社会保险和住房公积金	285206	161721	59672	49664	7674
应交增值税	327694	223181	31125	59790	5803
平均用工人数(人)	137174	63449	30176	35865	3979

13—3 按行业分的规模以上服务业主要经济指标

(2017 年)

单位:万元

指 标	单位数(个)	年初存货	流动资产合计	#应收账款	存货
总 计	**537**	**1485236**	**18786677**	**1389812**	**1446733**
按国民经济行业大类分					
铁路运输业	5	6574	141731	14257	4605
道路运输业	40	25628	1697806	291820	26398
航空运输业	4	451	455724	51977	639
管道运输业	3	47299	3790320	20101	45802
多式联运和运输代理业	20	1367	72101	17835	1005
装卸搬运和仓储业	18	157303	249676	8561	180926
邮政业	8	3294	106954	13709	4235
电信、广播电视和卫星传输服务	13	3931	－1905840	111948	6877
互联网和相关服务	2		4820	1378	1175
软件和信息技术服务业	41	24714	264673	99956	38005
物业管理	72	1439	285569	26456	1726
房地产中介服务	1		213	26	
房地产租赁经营	5	212	213960	17894	160
其他房地产业	1	5	2032	174	5
租赁业	7	107	402529	81893	83
商务服务业	117	1094327	11722169	272956	1037966
研究和试验发展	1		9475	344	
专业技术服务业	102	81908	800040	304027	63389
科技推广和应用服务业	4	2367	14321	6421	2817
水利管理业	2		225794		
生态保护和环境治理业	1	76	2356		76
公共设施管理业	12	13776	86747	31516	18269
居民服务业	7	1309	7267	174	529
机动车、电子产品和日用产品修理业	5	1367	5026	1320	1073
其他服务业	6	2697	17456	2318	2341
教育	2		1144	154	
卫生	19	2359	26258	7113	2311
新闻和出版业	8	10132	67083	4819	1295
广播、电视、电影和录音制作业	9	2594	18711	658	5020
体育	1				
娱乐业	1		566	8	8

13－3 续表 1　　(2017 年)　　单位:万元

指　标	固定资产原价	#房屋和构筑物	机器设备	运输工具	累计折旧	#本年折旧
总　计	**21213724**	**6043449**	**5252605**	**1659640**	**6448995**	**1143144**
按国民经济行业大类分						
铁路运输业	764633	89290	21270	6986	130086	12881
道路运输业	1697517	254707	104041	1197985	959510	127097
航空运输业	1156988	772817	84836	135345	365340	49347
管道运输业	11650152	3366613	3017608	139963	2258963	563037
多式联运和运输代理业	20975	9595	1497	6978	11570	962
装卸搬运和仓储业	165506	121900	5567	17304	49303	8942
邮政业	60737	12794	11605	6833	33214	3966
电信、广播电视和卫星传输服务	3978555	385236	1764435	11364	2022217	285717
互联网和相关服务	1642	509	758	367	1285	95
软件和信息技术服务业	29957	4894	7913	3490	13407	2558
物业管理	105259	62694	10647	3937	47657	4998
房地产中介服务	162		111	51	128	9
房地产租赁经营	229880	162302	1211	233	32119	7950
其他房地产业	409			58	333	49
租赁业	27991	5191	8202	12984	11753	5712
商务服务业	978011	660280	116092	77676	345983	36877
研究和试验发展	104			14	60	18
专业技术服务业	189634	74195	49874	18489	91652	22279
科技推广和应用服务业	2316	359	712	1115	1683	238
水利管理业	1158	276	270	613	788	147
生态保护和环境治理业	10751	7442	518	1079	6180	539
公共设施管理业	44305	12381	17546	12969	18515	3989
居民服务业	2287	446	468	69	1401	239
机动车、电子产品和日用产品修理业	1931	1078	424	125	648	194
其他服务业	3454	2257	339	363	1482	147
教育	3472	292	327	1262	1754	236
卫生	47133	14661	17742	691	26362	3631
新闻和出版业	26542	15784	3892	1083	9071	809
广播、电视、电影和录音制作业	12053	5458	4491	215	6500	455
体育						
娱乐业	212		212		32	24

13－3 续表 2 （2017 年） 单位：万元

指 标	资产总计	应付账款	负债合计	所有者权益合计	营业收入	#主营业务收入
总 计	**65081301**	**1770627**	**30932383**	**34148918**	**8841987**	**8510087**
按国民经济行业大类分						
铁路运输业	988260	102887	370496	617764	200864	198933
道路运输业	2917993	391883	1232558	1685435	2114426	2095378
航空运输业	1702593	42054	684103	1018489	305205	291254
管道运输业	13471766	125377	771694	12700072	2295382	2236871
多式联运和运输代理业	95785	10989	62855	32930	187908	175585
装卸搬运和仓储业	401666	22651	314484	87182	157847	155283
邮政业	146060	13355	115839	30221	136557	135656
电信、广播电视和卫星传输服务	320099	491565	1984965	－1664865	641988	633192
互联网和相关服务	6844	1690	3199	3644	6029	5660
软件和信息技术服务业	316057	87205	165323	150735	286862	277245
物业管理	486220	15382	343774	142446	227147	212909
房地产中介服务	358		115	243	650	650
房地产租赁经营	553738	1707	382497	171241	24777	24097
其他房地产业	7125	41	4603	2522	2502	2502
租赁业	2197910	17930	1475794	722116	204109	192912
商务服务业	38843953	151665	21430312	17413641	1064014	917906
研究和试验发展	9605	10	1345	8261	4358	4358
专业技术服务业	1784377	248029	1177495	606883	710054	695748
科技推广和应用服务业	15685	3200	6165	9520	15853	15849
水利管理业	420408		196456	223952	6686	
生态保护和环境治理业	6941		5264	1677	1873	1833
公共设施管理业	132152	22207	79248	52904	60735	60601
居民服务业	9282	－1277	13201	－3919	5942	5942
机动车、电子产品和日用产品修理业	8840	974	5604	3236	6218	5595
其他服务业	19487	5009	7033	12453	12536	12410
教育	2310	149	2169	141	2436	2436
卫生	57320	12896	36108	21212	78508	76324
新闻和出版业	124573	2369	40331	84242	58828	55020
广播、电视、电影和录音制作业	33081	629	18900	14180	19455	16223
体育					523	
娱乐业	815	54	452	362	1716	1716

13－3 续表3　　(2017 年)　　单位:万元

指　　标	营业成本	#主营业务成本	税金及附加	#主营业务税金及附加	销售费用	管理费用
总　计	**6729817**	**6515130**	**83353**	**64222**	**281854**	**579184**
按国民经济行业大类分						
铁路运输业	201210	199709	1595	1593		3837
道路运输业	2027492	2014391	15345	7542	26885	64197
航空运输业	307633	304245	5952	5952	4570	25511
管道运输业	1076998	1022574	17538	15246	110	55670
多式联运和运输代理业	177218	165657	424	357	2302	5906
装卸搬运和仓储业	138957	138349	790	732	9221	12423
邮政业	134799	134378	1065	1065	1745	19944
电信、广播电视和卫星传输服务	748468	742775	3168	1436	106509	46125
互联网和相关服务	4814	4814	45	45	255	980
软件和信息技术服务业	224212	217339	1741	1200	9172	23401
物业管理	157868	152269	2610	2451	12351	26545
房地产中介服务			4	4	44	708
房地产租赁经营	5071	4405	1477	1428	1245	11505
其他房地产业	1413	1413	17	17		972
租赁业	81848	69223	818	548	30157	14315
商务服务业	696200	617127	24592	18820	35548	126666
研究和试验发展	1809	1809	31	31		499
专业技术服务业	537474	532770	4320	3996	22533	88552
科技推广和应用服务业	12044	12044	71	71	544	2978
水利管理业	9075		34			2330
生态保护和环境治理业	109	109	5	5	243	2440
公共设施管理业	47816	47812	443	443	2813	6626
居民服务业	2690	2690	55	55	1005	2012
机动车、电子产品和日用产品修理业	4203	4093	96	96	156	1414
其他服务业	10138	10138	68	68	984	1747
教育	1143	1143	17	17	38	1233
卫生	53837	52703	7	7	4287	16447
新闻和出版业	52398	49475	527	515	5045	10414
广播、电视、电影和录音制作业	11803	11036	490	479	2615	3471
体育	139		4		1436	73
娱乐业	937	643	4	4	43	246

13－3 续表 4　　(2017 年)　　单位:万元

指　　标	财务费用	#利息收入	利息支出	资产减值损失	公允价值变动收益	投资收益
总　计	**382676**	**151048**	**500368**	**119354**	**5138**	**298682**
按国民经济行业大类分						
铁路运输业	9739	32	9551	656		603
道路运输业	－1850	11812	4547	44814		13138
航空运输业	－1049	3123	1979	349		4404
管道运输业	－76086	87757	11262			
多式联运和运输代理业	1702	292	566	160		55
装卸搬运和仓储业	6878	1616	8820	90	－43	－361
邮政业	410	50	313	94		
电信、广播电视和卫星传输服务	15179	11206	22097	33889		3842
互联网和相关服务	21	32	49	－73		870
软件和信息技术服务业	1146	475	1364	3000	－44	385
物业管理	6504	385	6625	130		319
房地产中介服务						
房地产租赁经营	3439	591	3927	1000		2027
其他房地产业	－1	1				
租赁业	406	－442	688	20725		3167
商务服务业	395467	28567	401645	10421	5224	247882
研究和试验发展	－111	－112		25		
专业技术服务业	18450	4184	23211	3195		20765
科技推广和应用服务业	55	12	48			
水利管理业	2305	200	2531			974
生态保护和环境治理业	－2	5				
公共设施管理业	453	28	444	224		250
居民服务业	175	3	165			11
机动车、电子产品和日用产品修理业	21	2	16	580		83
其他服务业	－643	644		10		
教育	8	2				
卫生	119	53	125	59		
新闻和出版业	－329	524	201			266
广播、电视、电影和录音制作业	266	6	196	9		
体育						5
娱乐业	3					

13－3 续表5　　(2017年)　　单位:万元

指　　标	其他收益	营业利润	营业外收入	营业外支出	利润总额	所得税费用
总　计	**198852**	**1164952**	**228655**	**44477**	**1351746**	**95959**
按国民经济行业大类分						
铁路运输业	22	－15548	697	10130	－24978	－156
道路运输业	79156	29835	69493	9993	89156	25469
航空运输业	17550	－15807	938	2809	－17678	1354
管道运输业	74771	1295922	282	7448	1288756	60115
多式联运和运输代理业	580	1373	1941	236	2768	864
装卸搬运和仓储业	4149	－7309	6455	129	－411	420
邮政业	26	－21475	350	199	－21324	312
电信、广播电视和卫星传输服务	660	－306846	5879	6691	－307658	－45170
互联网和相关服务		858	95	3	949	40
软件和信息技术服务业	1158	25852	1356	194	26994	3672
物业管理	4	22307	4603	312	25840	5449
房地产中介服务		－105			－105	
房地产租赁经营		3115	1505	61	4511	451
其他房地产业		101			101	23
租赁业	8265	67129	294	105	67461	12955
商务服务业	1284	25137	120918	4286	144898	15768
研究和试验发展		2106	1	45	2062	321
专业技术服务业	2	56208	2399	1300	57353	10196
科技推广和应用服务业		161	124	6	279	68
水利管理业		－6083	8436	3	2469	1265
生态保护和环境治理业		－922		1	－923	
公共设施管理业		2611	766	103	3275	738
居民服务业		94	145	8	153	32
机动车、电子产品和日用产品修理业		－169	8	1	－162	－32
其他服务业		232	70	52	250	32
教育		－4		1	－4	8
卫生		3752	655	72	4335	664
新闻和出版业	11171	2210	949	275	2884	628
广播、电视、电影和录音制作业	54	854	298	14	1138	386
体育		－1123			－1126	
娱乐业		484			484	88

13－3 续表6　　(2017 年)　　单位:万元

指　　标	行政事业性收费	材料和燃料费	经营租赁费	运输费	研发、试验检验费	水电费
总　计	**15289**	**816021**	**131572**	**551545**	**19428**	**149061**
按国民经济行业大类分						
铁路运输业		818	184	83941		39
道路运输业	4791	476062	26240	400520	255	7565
航空运输业	2	327	86	788		2555
管道运输业	8673	139122	41847	14842	5605	108010
多式联运和运输代理业	33	2900	1247	19942	19	64
装卸搬运和仓储业	3	3665	757	7804	257	900
邮政业	98	4046	12070	15951		759
电信、广播电视和卫星传输服务	140	5171	13653	11	1833	11216
互联网和相关服务	6	105	17	31	592	7
软件和信息技术服务业	468	9658	9021	127	7107	198
物业管理	33	12768	2667	694	139	9384
房地产中介服务		7	45	1		3
房地产租赁经营	14	74				941
其他房地产业		61	555	17		36
租赁业	1	826	2072	710	193	73
商务服务业	480	4502	9421	2046	397	4709
研究和试验发展		42	19	4		2
专业技术服务业	430	134363	5822	2781	2389	777
科技推广和应用服务业	2	525	57	426	41	7
水利管理业						
生态保护和环境治理业		69				74
公共设施管理业	18	8514	390	626	291	328
居民服务业	1	68	90	10	4	250
机动车、电子产品和日用产品修理业		431	21	27		21
其他服务业	1	6185	8	9	294	12
教育	1	364	9	3		6
卫生	52	3164	3614	27	14	587
新闻和出版业		1968	350	188		204
广播、电视、电影和录音制作业	43	213	1168	18		299
体育						
娱乐业			144			36

13－3续表7　（2017年）　单位：万元

指　标	邮政通信费	应付职工薪酬	#社会保险和住房公积金	应交增值税	平均用工人数（人）
总　计	**20560**	**1472913**	**285206**	**327900**	**137174**
按国民经济行业大类分					
铁路运输业	6041	5442	1768	7056	393
道路运输业	229	516246	106086	68762	46076
航空运输业	503	127969	26726	1267	6413
管道运输业	75	79932	15904	135247	3131
多式联运和运输代理业	30	6456	1238	1332	1775
装卸搬运和仓储业	38	11744	1974	1032	552
邮政业	2449	39680	9310	1592	4398
电信、广播电视和卫星传输服务	9134	112824	23436	6144	5912
互联网和相关服务	19	1069	181	263	191
软件和信息技术服务业	264	31833	4952	8944	3430
物业管理	183	78199	12199	10356	14718
房地产中介服务	1	463	49	29	61
房地产租赁经营	3	2301	418	383	152
其他房地产业	2	191	19	69	35
租赁业	283	5816	1161	23016	924
商务服务业	436	221332	39350	26924	25772
研究和试验发展	1	1325	219	262	40
专业技术服务业	587	161527	27260	26381	14098
科技推广和应用服务业	4	1620	291	452	399
水利管理业		4675	189	1468	293
生态保护和环境治理业	4	1102	272	34	192
公共设施管理业	21	10746	1158	1680	1751
居民服务业	11	2831	539	151	514
机动车、电子产品和日用产品修理业	3	1160	231	192	203
其他服务业	9	3404	584	224	555
教育	3	865	153	78	151
卫生	146	22980	4317	279	3009
新闻和出版业	67	16190	4566	3165	1582
广播、电视、电影和录音制作业	16	2758	624	809	425
体育		22		69	1
娱乐业	1	210	35	37	28

13—4 按隶属关系分的规模以上服务业主要经济指标

（2017 年）

单位:万元

指标	单位数(个)	年初存货	流动资产合计	#应收账款	存货	固定资产原价
总计	**537**	**1485236**	**18786677**	**1389812**	**1446733**	**21213724**
按隶属关系分						
中央	43	188902	5794967	433671	165050	15038721
省(自治区、直辖市)	61	43237	2716091	213796	50830	1556121
地(区、市、州、盟)	57	1040462	6996184	122210	985563	587766
县(区、市、旗)	5	88757	1072648	7740	79469	5407
街道						
镇						
乡						
居委会(社区)						
村委会						
其他	371	123877	2206788	612396	165822	4025710

指标	#房屋和构筑物	机器设备	运输工具	累计折旧	#本年折旧	资产总计
总计	**6043449**	**5252605**	**1659640**	**6448995**	**1143144**	**65081301**
按隶属关系分						
中央	3855102	3293834	1150907	3811625	658563	17866114
省(自治区、直辖市)	963093	143362	197308	530534	72146	12409337
地(区、市、州、盟)	133977	16282	116263	159750	81796	19806408
县(区、市、旗)	3105	234	788	1696	544	2436388
街道						
镇						
乡						
居委会(社区)						
村委会						
其他	1088171	1798893	194374	1945390	330096	12563055

13－4续表1　　(2017年)　　单位:万元

指　　标	应付账款	负债合计	所有者权益合计	营业收入	#主营业务收入	营业成本
总　　计	**1770627**	**30932383**	**34148918**	**8841987**	**8510087**	**6729817**
按隶属关系分						
中　央	810257	3348835	14517278	4495054	4414463	3198143
省(自治区、直辖市)	87104	6539378	5869958	716500	678122	631918
地(区、市、州、盟)	182180	10235892	9570516	866073	756259	673517
县(区、市、旗)	5025	1468257	968131	152009	145312	48583
街　道						
镇						
乡						
居委会(社区)						
村委会						
其　他	686062	9340021	3223035	2612350	2515931	2177656

指　　标	#主营业务成本	税金及附加	主营业务税金及附加	销售费用	管理费用	财务费用
总　　计	**6515130**	**83353**	**64222**	**281854**	**579184**	**382676**
按隶属关系分						
中　央	3139854	36452	25643	14350	121413	－63693
省(自治区、直辖市)	613489	9677	9292	14294	116446	78722
地(区、市、州、盟)	586759	6924	2564	42062	59036	19483
县(区、市、旗)	46309	3412	3410	2665	6495	41349
街　道						
镇						
乡						
居委会(社区)						
村委会						
其　他	2128719	26888	23314	208483	275793	306815

13－4 续表 2 （2017 年） 单位：万元

指　　标	财务费用		资产减值损失	公允价值变动收益	投资收益	其他收益
	#利息收入	利息支出				
总　　计	**151048**	**500368**	**119354**	**5138**	**298682**	**198852**
按隶属关系分						
中　央	107463	35240	48675		7900	80630
省（自治区、直辖市）	11626	82664	5003	－15	111326	85338
地（区、市、州、盟）	11142	18911	2994		23354	20550
县（区、市、旗）	1315	42657	85		6698	567
街　道						
镇						
乡						
居委会（社区）						
村委会						
其　他	19502	320896	62597	5153	149405	11766

指　　标	营业利润	营业外收入	营业外支出	利润总额	所得税费用	行政事业性收费
总　　计	**1164952**	**228655**	**44477**	**1351746**	**95959**	**15289**
按隶属关系分						
中　央	1228334	32109	31983	1228461	79522	13493
省（自治区、直辖市）	57086	20615	5230	72722	7785	461
地（区、市、州、盟）	105962	95753	2796	199038	12240	60
县（区、市、旗）	56684	26069	202	82551	1761	
街　道						
镇						
乡						
居委会（社区）						
村委会						
其　他	－283117	54109	4266	－231027	－5349	1276

13－4 续表 3 （2017 年） 单位：万元

指 标	材料和燃料费	经营租赁费	运输费	研发、试验检验费	水电费	邮政通信费
总 计	**816021**	**131572**	**551545**	**19428**	**149061**	**20560**
按隶属关系分						
中 央	680563	69333	408622	6296	118318	6962
省（自治区、直辖市）	32108	4676	8899	3275	6069	2858
地（区、市、州、盟）	40472	5391	11820	563	4834	9123
县（区、市、旗）	78	19	1		95	18
街 道						
镇						
乡						
居委会（社区）						
村委会						
其 他	62800	52153	122203	9294	19745	1598

指 标	应付职工薪酬	#社会保险和住房公积金	应交增值税	平均用工人数（人）
总 计	**1472913**	**285206**	**327694**	**137174**
按隶属关系分				
中 央	597548	121332	202383	42748
省（自治区、直辖市）	314168	64839	17593	22305
地（区、市、州、盟）	130244	28948	24629	14851
县（区、市、旗）	7435	1199	3777	66
街 道				
镇				
乡				
居委会（社区）				
村委会				
其 他	423518	68889	79312	56609

主 要 统 计 指 标 解 释
EXPLANATORY NOTES ON MAIN STATISTICAL INDICATORS

国家统计局规模以上服务业统计标准　辖区内年营业收入1000万元及以上，或年末从业人员50人及以上服务业法人单位。包括：交通运输、仓储和邮政业，信息传输、软件和信息技术服务业，租赁和商务服务业，科学研究和技术服务业，水利、环境和公共设施管理业，教育，卫生和社会工作；以及物业管理、房地产中介服务、自有房地产经营活动、其他房地产业等行业。辖区内年营业收入500万元及以上，或年末从业人员50人及以上服务业法人单位。包括：居民服务、修理和其他服务业，文化、体育和娱乐业。

从事服务业活动从业人员平均数　指报告期（年度、月度）平均拥有的从事服务业活动的人数。按“谁用工，谁统计”的原则实时统计，包括参加企业服务业活动的正式人员，劳务派遣人员和临时聘用人员。不包括在本企业领取工资、股息、红利会参加服务业活动的人员。

14

教育、文化及科技

EDUCATION CULTURE AND SCIENCE&TECHNOLOGY

资料整理:徐晓军　潘世锦　高思梅

14—1　乌鲁木齐市教育事业基本情况

年　份	学校数（个）	#普通高等学校	中等学校	小学	在校学生数（人）	#普通高等学校
1949	32	1	10	21	9608	379
1950	31	1	7	23	12558	336
1951	31	1	7	23	13263	499
1952	36	3	7	26	16943	1582
“一五”时期						
1953	41	3	10	28	19073	1714
1954	44	3	11	30	21931	1921
1955	50	4	15	31	26772	2125
1956	60	5	18	37	35121	3445
1957	110	5	21	84	49160	3909
“二五”时期						
1958	138	8	41	89	56568	4564
1959	148	8	44	96	72034	4954
1960	182	9	39	133	81207	5126
1961	203	9	37	156	79025	5300
1962	207	8	36	162	78688	5128
三年调整期						
1963	206	5	37	163	85483	4755
1964	227	4	43	179	99669	4781
1965	345	5	57	282	120730	5360
“三五”时期						
1966	205	4	44	156	91911	5297
1967	205	4	44	156	80420	4900
1968	205	4	44	156	67740	2770
1969	208	4	43	160	85961	1774
1970	334	4	43	286	97883	331
“四五”时期						
1971	362	4	43	314	109860	
1972	336	5	46	284	118591	1341
1973	457	5	95	356	192134	2598
1974	474	5	106	362	209749	3516
1975	524	5	169	349	229620	4112
“五五”时期						
1976	520	4	166	349	248591	4292
1977	647	4	205	437	276932	5019
1978	584	5	204	374	286493	6579
1979	511	5	187	318	280299	7425
1980	597	6	208	382	296928	9453
“六五”时期						
1981	596	6	211	378	284323	10985
1982	462	6	203	252	270165	10814

14－1 续表 1

年　　份	学校数（个）	#普通高等学　　校	中等学校	小学	在校学生数（人）	#普通高等学　　校
1983	440	7	210	222	255064	11015
1984	440	7	216	216	252459	13288
1985	591	9	248	333	306452	16663
“七五”时期						
1986	581	10	245	325	301856	20004
1987	597	10	257	329	289828	19705
1988	578	10	263	304	278201	19590
1989	551	11	258	281	263541	20217
1990	534	11	260	262	256550	19722
“八五”时期						
1991	529	11	262	255	248100	19920
1992	530	11	264	254	246158	21562
1993	526	11	268	246	254560	25251
1994	509	11	253	244	258670	27321
1995	487	11	250	225	277741	28136
“九五”时期						
1996	558	11	252	293	309861	27888
1997	527	11	242	272	316551	28817
1998	550	10	266	272	340408	28983
1999	539	10	245	282	361756	34202
2000	735	10	258	284	429227	45029
“十五”时期						
2001	655	9	230	247	427098	58249
2002	628	11	202	234	438416	75663
2003	617	13	193	225	459401	86107
2004	660	13	200	224	491891	88705
2005	676	13	207	218	513958	94932
“十一五”时期						
2006	648	13	200	196	534735	99119
2007	674	17	210	175	629209	112218
2008	675	18	206	154	655447	124949
2009	623	18	199	144	625816	130264
2010	630	17	192	143	632647	127139
“十二五”时期						
2011	641	17	191	145	650323	131222
2012	667	18	196	147	659862	135954
2013	670	20	192	142	662381	146066
2014	682	25	196	133	677466	172388
2015	719	25	191	132	698019	180484
“十三五”时期						
2016	752	25	191	132	730065	193026
2017	809	22	184	130	744861	193853

14－1 续表2　　　　　　　　　　　　　　　　　　　　　　单位：人

年　份	在校学生数		每一教师负担学生数			
	中等学校	小　学		#普通高等学　校	中等学校	小　学
1949	1164	8065	16.65	10.53	7.14	21.34
1950	1328	10894	21.92	25.85	9.35	26.06
1951	1526	11238	20.22	18.48	10.67	23.12
1952	2174	13187	18.72	7.75	11.04	26.16
“一五”时期						
1953	3424	13935	21.05	7.36	14.15	32.33
1954	4434	15576	19.69	5.86	15.56	31.09
1955	7203	17444	19.04	4.48	19.31	31.21
1956	10792	20884	15.91	4.14	17.05	28.18
1957	15724	29527	16.79	4.14	15.82	29.86
“二五”时期						
1958	17852	34152	17.15	4.89	13.97	31.42
1959	22552	44528	17.69	4.47	13.81	33.45
1960	19682	56375	16.52	3.44	14.02	27.95
1961	18272	55415	15.42	3.48	12.30	26.26
1962	15907	57613	16.60	4.54	12.58	24.60
三年调整期						
1963	17239	63414	17.20	4.44	12.71	24.92
1964	20033	74772	17.90	4.49	13.07	25.18
1965	25418	89858	19.77	4.93	14.92	27.16
“三五”时期						
1966	16082	70532	18.75	4.70	11.65	29.47
1967	8916	66604	16.45	4.35	6.51	27.83
1968		64970	13.83	2.46		27.15
1969	23115	61072	17.64	1.58	17.00	25.52
1970	20748	76804	15.77	0.30	12.42	22.48
“四五”时期						
1971	21897	87963	16.62		11.43	24.61
1972	26600	90650	17.49	1.15	13.17	25.22
1973	52070	137466	20.80	2.07	17.06	28.00
1974	62410	143823	19.64	2.66	17.18	25.21
1975	81847	143661	19.81	3.06	18.03	25.27
“五五”时期						
1976	97342	146957	20.28	3.01	19.02	25.82
1977	110858	161055	18.64	3.26	17.20	23.54
1978	114517	165127	18.74	3.90	17.18	23.91
1979	111766	160842	17.59	4.15	15.97	22.61
1980	114025	173147	18.23	4.67	15.31	25.55
“六五”时期						
1981	108442	164571	15.76	4.95	13.49	21.25
1982	110547	148432	14.35	4.04	13.36	18.94

14－1 续表 3

单位:人

年份	在校学生数		每一教师负担学生数	#普通高等学校	中等学校	小学
	中等学校	小学				
1983	109634	134010	13.70	3.41	13.13	19.16
1984	114349	124410	14.03	3.95	13.92	19.48
1985	141737	147671	13.89	4.36	13.65	18.84
“七五”时期						
1986	148594	132868	13.49	4.64	14.06	17.79
1987	150319	119387	12.10	4.14	12.81	16.11
1988	146194	112030	11.57	4.14	12.43	14.91
1989	136713	106255	11.06	4.27	11.40	15.10
1990	132418	104098	10.77	4.09	11.20	14.66
“八五”时期						
1991	121544	106327	10.58	3.96	10.85	14.86
1992	118293	106043	10.39	4.33	10.24	14.95
1993	118366	110652	10.93	5.16	10.56	15.50
1994	115180	115767	11.30	5.27	11.04	16.03
1995	121220	128112	12.01	5.30	11.77	17.16
“九五”时期						
1996	136109	145662	12.13	5.10	11.53	17.74
1997	139454	148010	12.48	5.27	12.17	17.69
1998	144804	166330	13.11	5.55	12.29	18.68
1999	164533	162783	13.32	7.00	12.90	17.30
2000	171338	169051	15.03	9.00	14.89	17.25
“十五”时期						
2001	167607	165258	14.93	10.74	14.47	17.26
2002	158681	169093	15.24	12.63	14.67	17.12
2003	167562	171245	15.14	13.13	14.36	17.26
2004	182944	181663	15.65	13.24	15.08	17.92
2005	190560	189680	16.17	14.41	15.92	17.87
“十一五”时期						
2006	198291	196471	16.15	14.06	15.55	18.58
2007	254853	197916	16.68	13.07	17.50	18.79
2008	263384	197556	17.02	13.81	17.88	18.93
2009	256600	192785	16.49	14.11	16.90	18.34
2010	257379	193869	17.07	14.43	17.59	18.69
“十二五”时期						
2011	259491	197244	17.35	14.01	17.78	19.42
2012	257118	200248	17.00	14.18	17.24	18.59
2013	251522	198708	16.99	14.13	17.27	18.80
2014	238733	202295	16.45	15.15	16.11	18.31
2015	230199	211467	16.64	15.88	15.43	18.66
“十三五”时期						
2016	230203	221390	17.15	17.31	15.41	19.08
2017	229205	220658	17.19	17.08	15.35	19.20

说明:1996 年以后数据含原米泉市。

14—2　各级各类学校基本情况

（2017 年）

单位：所、人

指　　标	学校数	毕业生数	#民族	招生数	#民族
合　　计	**809**	**177965**	**63829**	**218477**	**95494**
普通高等学校	22	44196	20228	59477	34557
普通中等职业学校	29	15328	7067	20050	12338
普通中学	155	55488	16279	57675	18875
高　中	56	21881	5204	21665	5451
#双 语	17	2419		2451	
#十二年一贯制	23	6259	914	5573	1097
初　中	99	33607	11075	36010	13424
#双　语	35	4099		5511	
#十二年一贯制		3511	849	3693	866
小　学	130	33811	11592	38954	14652
#双　语	50	5609		6354	
#十二年一贯制		3006	599	2297	723
盲聋哑学校	4	127	40	168	76
幼儿园	469	29015	8623	42153	14996

指　　标	在校学生数	#民族	教职工人数	专任教师数	#民族
合　　计	**744861**	**305971**	**60139**	**43342**	**12436**
普通高等学校	193853	106199	17664	11347	3602
普通中等职业学校	61707	36277	3476	2316	1053
普通中学	167498	52964	18963	12615	2712
高　中	65942	16167	9149	4876	963
#双 语	7468			625	
#十二年一贯制	17595	3142	3477	1339	193
初　中	101556	36797	9814	7739	1749
#双　语	14218			1021	
#十二年一贯制	10325	2495		847	
小　学	220658	81217	7938	11491	3706
#双　语	40326			1899	
#十二年一贯制	15090	3968		862	223
盲聋哑学校	464	166	182	146	27
幼儿园	100681	29148	11916	5427	1336

14—3 普通高等学校一览表

(2017年)

单位:人

学校名称	毕业生数	#民族	招生数	#民族	在校生数	#民族
合　　计	**44196**	**20228**	**59477**	**34557**	**193853**	**106199**
新疆大学	3738	1640	5282	2715	21025	11314
新疆工程学院	4053	1814	3942	2344	14298	7893
新疆农业大学	3057	1250	4539	2431	16243	8626
新疆医科大学	2100	1052	2361	1256	10409	5815
新疆师范大学	3317	1660	4373	2388	16421	8589
新疆财经大学	2738	1521	3316	1963	12145	7135
新疆艺术学院	892	382	1246	692	4562	2356
乌鲁木齐职业大学	3398	1509	4713	2747	13108	7486
新疆轻工职业技术学院	3411	1279	4459	2619	12042	6065
新疆警察学院	1442	792	1165	484	4004	1790
新疆建设职业技术学院	1298	456	2035	1194	5605	3095
新疆能源职业技术学院	529	136	929	780	2219	1421
新疆现代职业技术学院	1258	962	1637	1435	4738	3973
新疆天山职业技术学院	1408	454	2096	1202	5360	2655
新疆师范高等专科学校	1859	1092	2863	2035	7410	4968
新疆职业大学	2768	1178	3768	2169	10964	5649
新疆交通职业技术学院	2378	1083	3450	2234	9616	5737
新疆铁道职业技术学院	697	258	1373	778	3293	1720
新疆体育职业技术学院	121	109	116	97	368	307
新疆生产建设兵团兴新职业技术学院	403	29	640	89	2426	226
新疆工业职业技术学院			496	374	679	512
新疆大学科学技术学院	1055	371	1844	909	6624	3363
新疆农业大学科学技术学院	1483	825	1875	1105	6247	3431
新疆医科大学厚博学院	793	376	959	517	4047	2073

14－3 续表1　　(2017年)　　单位:人

学校名称	教职工	#民族	专任教师	#民族
合　计	**17664**	**5739**	**11347**	**3602**
新疆大学	3057	1141	1879	720
新疆工程学院	894	206	592	120
新疆农业大学	1691	731	977	308
新疆医科大学	1368	427	770	267
新疆师范大学	1858	619	1120	377
新疆财经大学	1340	458	816	284
新疆艺术学院	471	199	327	141
乌鲁木齐职业大学	719	208	477	143
新疆轻工职业技术学院	781	218	564	148
新疆警察学院	612	204	352	134
新疆建设职业技术学院	424	120	267	104
新疆能源职业技术学院	148	36	106	21
新疆现代职业技术学院	279	109	180	73
新疆天山职业技术学院	545	47	432	33
新疆师范高等专科学校	829	344	530	237
新疆职业大学	479	212	357	152
新疆交通职业技术学院	498	157	384	123
新疆铁道职业技术学院	335	43	241	31
新疆体育职业技术学院	131	61	86	39
新疆生产建设兵团兴新职业技术学院	263	15	183	7
新疆工业职业技术学院	107	25	75	16
新疆大学科学技术学院	462	87	371	70
新疆农业大学科学技术学院	210	46	152	39
新疆医科大学厚博学院	163	26	109	15

14—4 中等职业学校一览表

（2017 年）

单位：人

学校名称	毕业生数	#民族	招生数	#民族	在校学生数	#民族	教职工	#民族	专任教师	#民族	聘请教师
合　计	**15328**	**7067**	**20050**	**12338**	**61707**	**36277**	**3476**	**1452**	**2316**	**1053**	**1743**
新疆科信中等职业技术学校							11	2	2	1	
新疆安装工程学校	23	1	115	96	156	113	41	4	36	4	16
新疆电力学校							173	55	39	14	
新疆商贸经济学校	203	167	444	439	1125	1017	61	23	47	22	6
新疆地质矿产勘查开发局职业中等专业学校	35	2	32	3	113	7	72	4	53	4	
新疆人民武装学校											
新疆文化艺术学校	29	28	304	300	668	656	86	68	48	43	13
新疆特殊教育职业中专学校	63	49	155	138	388	298	74	22	61	20	22
新疆司法警官学校	339	93			203	60	227	78	141	58	
新疆信息工程学校	34	34	151	151	283	283	49	7	36	6	
新疆广播影视学校	134	112	809	798	1165	1145	39	23	39	23	26
新疆水利水电学校	530	429	1275	1126	2802	2267	207	91	124	54	
新疆矿业中等职业学校	60	34	1021	961	1463	1354	81	29	61	22	32
新疆中华会计函授学校	27	10			27		102	32	25	5	
新疆艺术学校（新疆艺术学院附中）	291	236	387	307	1787	1448	159	104	123	87	58
新疆民俗艺术学校	200	200	326	326	467	467	40	38	12	12	6
新疆工业经济学校（新疆经济贸易技术学校）	1062	592	1205	780	3811	2711	213	98	147	72	
新疆农业广播电视学校	1878	1415			8062	6955	553	369	446	298	1045
新疆林业学校	212	188	497	444	1041	947	162	78	109	61	
新疆供销学校	409	337	2013	1386	5520	4299	219	120	175	104	
兵团民族师范学校	92	65	742	735	1240	1182	95	86	68	62	
兵团农业广播电视学校	1331	174	1736	193	6243	722	151	3	70	3	415
建工师职业技术学校	211	18	316	45	664	80	124	6	71	3	1
第十二师职业技术学校	73	13	87	16	272	70	34	1	23	1	15

14－4 续表　　（2017 年）　　单位：人

学校名称	毕业生数	#民族	招生数	#民族	在校学生数	#民族	教职工	#民族	专任教师	#民族	聘请教师
乌鲁木齐市体育运动学校	90	37	114	50	288	109	100	19	72	14	
乌鲁木齐市职业中等专业学校	363	88	746	272	2007	554	141	40	108	26	
乌鲁木齐市财政会计职业学校	222	42	468	107	1397	269	60	4	42	3	21
乌鲁木齐市第二职业中专学校	194	57	363	120	1224	289	136	29	74	13	48
乌鲁木齐市米东区职业中等专业学校	295	106	507	155	1058	265	66	19	64	18	19
新疆工程学院附设中职班											
乌鲁木齐职业大学附设中职班	697	225	809	362	2381	993					
新疆机电职业技术学院附设中职班											
新疆轻工职业技术学院附设中职班	1490	641	1180	875	2355	1329					
新疆能源职业技术学院附设中职班	14	7	143	139	173	158					
新疆警察学院附设中职班	441	284			313	134					
新疆建设职业技术学院附设中职班	531	153	224	45	726	188					
新疆现代职业技术学院附设中职班	138	138	173	173	825	815					
新疆天山职业技术学院附设中职班	935	96	1201	329	3380	744					
新疆交通职业技术学院附设中职班	386	348	66	45	821	686					
新疆职业大学附设中职班	13	13	25	13	94	52					
新疆体育职业技术学院附设中职班	259	198	265	193	889	689					
新疆师范高等专科学校附设中职班	190	188	304	255	1254	1006					
新疆铁道职业技术学院附设中职班	613	122	563	116	1945	351					
新疆生产建设兵团兴新职业技术学院附设中职班	725	30	244	38	917	146					
新疆工业职业技术学院附设中职班	184	36	799	713	1359	1112					
新疆生产建设兵团广播电视大学附设中职班	214	39	124	51	506	199					
新疆维吾尔自治区广播电视大学附设中职班											
乌鲁木齐市金剑桥学校附设中职班	19										
乌鲁木齐市盲人学校附设中职班	39	10	61	14	178	64					
乌鲁木齐市聋人学校附设中职班	40	12	56	29	117	44					

14—5 成人教育基本情况

（2017 年）

单位：所、人

学校名称	学校数	毕业生数	#民族	招生数	#民族	在校生数	#民族
合　计	**24**	**20300**	**7988**	**17459**	**8569**	**41715**	**18514**
大学	**5**	**16451**	**6522**	**14276**	**7250**	**34382**	**15751**
新疆大学		5272	962	3720	2087	7577	3812
新疆农业大学		2972	2012	2081	1211	2615	880
新疆师范大学		2774	1568	3484	1887	12163	7022
新疆医科大学		3064	1287	3047	1642	5572	2909
新疆财经大学		2369	693	1944	423	6455	1128
学院	**3**	**1190**	**513**	**840**	**285**	**1812**	**560**
新疆工程学院		534	424	259	214	497	369
新疆艺术学院		656	89	574	71	1112	168
新疆生产建设兵团教育学院				7		203	23
高等专科学校	**1**	**840**	**690**	**881**	**770**	**1821**	**1555**
新疆师范高等专科学校		840	690	881	770	1821	1555
高等职业学校	**13**	**656**	**72**	**494**	**72**	**1218**	**167**
新疆建设职业技术学院		140	2	34	2	139	10
新疆职业大学		36	5	32	12	86	24
乌鲁木齐职业大学		212	48	225	38	451	79
新疆天山职业技术学院		14	2				
新疆现代职业技术学院		16	6			11	6
新疆轻工职业技术学院		148	5	92	11	302	28
新疆交通职业技术学院		16	4	20	2	62	9
新疆工业职业技术学院		74		20	1	96	5
新疆机电职业技术学院							
新疆能源职业技术学院							
新疆体育职业技术学院							
新疆铁道职业技术学院							
新疆生产建设兵团兴新职业技术学院				71	6	71	6
广播电视大学	**2**	**1163**	**191**	**968**	**192**	**2482**	**481**
新疆生产建设兵团广播电视大学		942	130	813	114	1905	264
新疆维吾尔自治区广播电视大学		221	61	155	78	577	217

14—6　研究生培养情况

（2017 年）

单位：人

学校名称	硕士、博士合计						硕士生		
	毕业生	#民族	招生数	#民族	博士	#民族	毕业生	#民族	招生数
合　计	**4274**	**759**	**5988**	**1320**	**16041**	**3439**	**4115**	**724**	**5718**
新疆大学	1502	250	2199	475	5852	1173	1428	237	2087
新疆农业大学	556	64	884	110	2261	290	529	60	827
新疆医科大学	887	228	1145	436	3356	1137	831	210	1078
新疆师范大学	771	170	921	232	2393	633	769	170	899
新疆财经大学	527	41	739	54	1897	171	527	41	727
新疆艺术学院	31	6	100	13	282	35	31	6	100

学校名称	硕士生			博士生					
	#民族	博士	#民族	毕业生	#民族	招生数	#民族	博士	#民族
合　计	**1277**	**14996**	**3226**	**159**	**35**	**270**	**43**	**1045**	**213**
新疆大学	456	5399	1066	74	13	112	19	453	107
新疆农业大学	106	2017	268	27	4	57	4	244	22
新疆医科大学	419	3101	1067	56	18	67	17	255	70
新疆师范大学	230	2329	622	2		22	2	64	11
新疆财经大学	53	1968	168			12	1	29	3
新疆艺术学院	13	282	35						

14—7 学龄儿童入学和小学、初中毕业生情况

指 标	1995年	2005年	2010年	2015年	2016年	2017年
学龄儿童入学情况						
学龄儿童数(人)	113415	154155	168263	184046	197485	195394
已入学学龄儿童数(人)	11815	153473	168264	184046	197485	195394
学龄儿童入学率(%)	99.00	99.56	100.00	100.00	100.00	100.00
小学毕业生升学情况						
小学毕业生数(人)	18483	26674	32729	30388	30857	33811
初级中学学校招生数(人)	18055	27042	35276	33189	33786	36010
小学毕业生升学率(%)	98.00	99.44	99.98	100.00	100.00	100.00
初中毕业生升学情况						
初中毕业生数(人)	13448	27025	31571	34163	34214	33607
高中学校招生数(人)	6281	20438	21559	23397	21930	21665
初中毕业生升学率(%)	93.00	75.63	68.29	68.49	64.10	64.47

14—8 文化事业机构及从业人员数

（2017 年）

单位：个、人

指　　标	机构数	从业人员数
图书馆业	7	127
文化馆和文化站	119	357
文化馆	10	172
文化站	109	185
文化市场经营机构	756	7582
非国有艺术表演团体	20	338
娱乐场所	195	4929
歌舞娱乐场所	169	4380
演艺娱乐场所	26	549
互联网上网服务营业场所（网吧）	528	2224
动漫企业	13	91
文化艺术科研机构		
文化产业示范（试验）园区和产业示范基地	106	648
#国家级	5	268
省　级	56	380

注：文化事业资料取自自治区文化厅、市文化局，不含兵团。

14—9 文化馆、文化站基本情况

（2017 年）

指　　标	总　计	文化馆	文化站	乡镇	街道
机构数（个）	119	10	109	22	87
全部从业人员（人）	357	172	185	49	136
举办展览个数（个）	349	83	266	55	211
组织文艺活动次数（次）	4168	1099	3069	364	2705
举办训练班次（班次）	832	253	579	111	468
培训人次（人次）	42637	19687	22950	5550	17400
藏书（册）	488048	69148	418900	131750	287150
固定资产原值（万元）	4721	1667	3054	488	2566
公用房屋建筑面积（平方米）	70720	17440	53280	14740	38540

14—10 公共图书馆基本情况

指　标	1995 年	2000 年	2005 年	2010 年	2011 年
公共图书馆数(个)	2	2	3	4	4
从业人员人数(人)	100	107	98	108	114
总藏量(千册、件)	1026	1160	1307	2197	2758
#古籍	81	81	81	82	82
图书(千册)	675	716	891	1509	1356
报刊(千册)	269	360	407	595	600
有效借书证(千个)	2	8	24	96	79
总流通人次(千人次)	53	234	198	575	866
#书刊外借人次	34	150	72	316	406
书刊外借册次(千册次)	66	293	149	647	579
为读者服务举办各种活动次数(次)	2	42	48	97	189
本年新购藏量(千册、件)	10	5	42	150	620
固定资产原值(万元)	717	629	5402	1251	9251

指　标	2013 年	2014 年	2015 年	2016 年	2017 年
公共图书馆数(个)	7	7	7	7	7
从业人员人数(人)	134	131	124	132	127
总藏量(千册、件)	3131	2518	2124	3008	3130
#古籍	83	83	111	113	113
图书(千册)	1629	1815	1762	2517	2587
报刊(千册)	654	618	93	225	264
有效借书证(千个)	41	44	38	41	84
总流通人次(千人次)	873	862	482	557	700
#书刊外借人次	368	116	245	260	190
书刊外借册次(千册次)	516	496	475	536	416
为读者服务举办各种活动次数(次)	148	172	150	155	119
本年新购藏量(千册、件)	90	95	102	90	125
固定资产原值(万元)	9610	9903	11461	12106	12579

14—11　文化市场管理机构基本情况

单位：个、人

指　　标	1995 年	2000 年	2005 年	2010 年	2015 年	2016 年	2017 年
一、文化市场管理机构数	**10**	**11**	**11**	**10**	**10**	**10**	**10**
管理机构从业人员	75	92	99	114	144	144	135
二、文化市场管理机构登记单位							
文艺表演团体	12				16	19	19
歌舞娱乐场所					148	178	195
游艺娱乐场所					29	31	28
网　吧		335	559	545	504	539	528

14—12　宗教情况

指　　标	1997 年	2000 年	2005 年	2010 年	2015 年	2016 年	2017 年
宗教活动场所（座）	**361**	**364**	**371**	**462**	**462**	**447**	**425**
伊斯兰教清真寺	334	342	348	434	434	419	399
汉传佛教寺院	2	2	2	3	3	3	3
道教宫观	1	1	1	1	1	1	1
天主教教堂	1	1	1	1	1	1	1
基督教教堂（聚会点）	22	17	18	22	22	22	20
东正教教堂	1	1	1	1	1	1	1
宗教信教群众（万人）	**20**	**21**	**40**	**45**	**45**	**70**	**70**

14—13 规模以上工业企业科技活动情况

（2017 年）

指　标	企业数（个）	#有 R&D 活　动	#有研发机　构	从业人员期末人数(人)	从业人员平均人数(人)	出口交货值(万元)
总计	**359**	**58**	**33**	**137726**	**139713**	**344597**
按企业规模分						
大型	24	9	9	84991	85639	279813
中型	39	6	5	19827	20238	19867
小型	228	34	13	23605	23897	44917
微型	39		1	566	709	
按隶属关系分						
中央	57	15	9	71534	72370	44162
省（自治区、直辖市）	37	4	4	12794	12893	8819
地（区、市、州、盟）	29	5	3	15725	16062	50322
县（区、市、旗）						
村委会						
其他	235	34	17	37643	38358	241294
按登记注册类型分						
内资企业	343	56	32	131832	133916	335582
国有企业	10	4	2	30763	30675	549
集体企业	1			199	200	
有限责任公司	163	22	15	50739	55794	82503
国有独资公司	27	3	1	12018	12215	216
其他有限责任公司	136	19	14	38721	43579	82287
股份有限公司	30	14	10	34526	30991	110280
私营企业	139	16	5	15605	16256	142251
私营独资企业	1			257	282	
私营有限责任公司	130	11	5	12439	13144	11925
私营股份有限公司	8	5		2909	2830	130325
港、澳、台商投资企业	5	1		2858	2717	2783
合资经营企业（港或澳、台资）	3			829	834	
港、澳、台商独资经营企业	2	1		2029	1883	2783

14－13 续表 1　　（2017 年）

指　　标	企业数（个）	#有 R&D 活　动	#有研发机　构	从业人员期末人数（人）	从业人员平均人数（人）	出口交货值（万元）
外商投资企业	**11**	**1**	**1**	**3036**	**3080**	**6232**
中外合资经营企业	7	1		2224	2222	6232
中外合作经营企业	2			812	858	
按国民经济行业大类分						
采矿业	9	2	2	14266	14823	
煤炭开采和洗选业	5	2	2	9629	10138	
石油和天然气开采业	1			3983	4019	
非金属矿采选业	2			472	481	
开采辅助活动	1			182	185	
制造业	283	54	30	79195	80833	344597
农副食品加工业	20	1		2259	2282	3834
食品制造业	17	3	3	9585	9674	74318
酒、饮料和精制茶制造业	3		1	1214	1235	
烟草制品业	1			757	762	
纺织业	6	1		2021	2104	11601
纺织服装、服饰业	5	1	1	588	657	7944
木材加工和木、竹、藤、棕、草制品业						
家具制造业	3	1		284	271	
造纸和纸制品业	8			504	587	
印刷和记录媒介复制业	7			1007	1022	
文教、工美、体育和娱乐用品制造业	1			140	138	
石油加工、炼焦和核燃料加工业	5	4	2	8700	8862	
化学原料和化学制品制造业	27	8	8	11331	11456	583
医药制造业	13	8	4	3357	3388	247
化学纤维制造业	1			20	35	
橡胶和塑料制品业	22	3	1	3282	3200	34487
非金属矿物制品业	43	6	3	7372	7718	

14－13 续表 2　　（2017 年）

指　　标	企业数（个）	#有 R&D 活　动	#有研发机　构	从业人员期末人数(人)	从业人员平均人数(人)	出口交货值(万元)
黑色金属冶炼和压延加工业	20	1	1	9786	10047	40853
有色金属冶炼和压延加工业	5	1		3245	3467	37488
金属制品业	23	1		1652	1781	
通用设备制造业	6	2	1	939	925	
专用设备制造业	10	5	2	1818	1914	2916
汽车制造业	6	2	1	1615	1636	
铁路、船舶、航空航天和其他运输设备制造业	1			80	78	
电气机械和器材制造业	24	5	1	6324	6292	130325
计算机、通信和其他电子设备制造业	1		1	89	89	
仪器仪表制造业	1	1		211	211	
废弃资源综合利用业	2			157	143	
金属制品、机械和设备修理业	2			858	859	
电力、热力、燃气及水生产和供应业	67	2	1	44265	44057	
电力、热力生产和供应业	58	2	1	40601	40493	
燃气生产和供应业	5			1796	1745	
水的生产和供应业	4			1868	1819	
按经济成份分						
公有经济	144	29	21	105259	106575	132755
非公有经济	215	29	12	32467	33138	211842
按企业控股分						
国有控股	132	27	18	97730	99112	80761
集体控股	12	2	3	7529	7463	51995
私人控股	178	24	11	24064	24768	205225
港澳台商控股	3	1		2473	2327	2783
外商控股	6		1	1350	1398	3834
其他	28	4		4580	4645	

14－13 续表3 （2017年） 单位:人

指 标	R&D人员合计	#参加项目人员	管理和服务人员	#女性	#研究人员	#全时人员
总计	**2978**	**2639**	**339**	**660**	**1186**	**1902**
按企业规模分						
大型	1784	1649	135	239	711	1014
中型	614	515	99	218	244	525
小型	580	475	105	203	231	363
微型						
按隶属关系分						
中央	1301	1165	136	226	454	838
省（自治区、直辖市）	60	58	2	19	21	52
地（区、市、州、盟）	416	361	55	43	140	81
县（区、市、旗）						
村委会						
其他	1201	1055	146	372	571	931
按登记注册类型分						
内资企业	2925	2586	339	635	1173	1854
国有企业	143	110	33	27	66	115
集体企业						
有限责任公司	1035	918	117	158	356	642
国有独资公司	158	109	49	51	64	115
其他有限责任公司	877	809	68	107	292	527
股份有限公司	986	860	126	276	374	530
私营企业	761	698	63	174	377	567
私营独资企业						
私营有限责任公司	217	176	41	93	98	163
私营股份有限公司	544	522	22	81	279	404
港、澳、台商投资企业	39	39		21	6	35
合资经营企业（港或澳、台资）						
港、澳、台商独资经营企业	39	39		21	6	35

14－13 续表 4 （2017 年） 单位：人

指　　标	R&D 人员合计	#参加项目人员	管理和服务人员	#女性	#研究人员	#全时人员
外商投资企业	14	14		4	7	13
中外合资经营企业	14	14		4	7	13
中外合作经营企业						
按国民经济行业大类分						
采矿业	169	148	21	8	79	118
煤炭开采和洗选业	169	148	21	8	79	118
石油和天然气开采业						
非金属矿采选业						
开采辅助活动						
制造业	2714	2426	288	636	1056	1713
农副食品加工业	8	8		1	2	7
食品制造业	124	96	28	71	44	95
酒、饮料和精制茶制造业						
烟草制品业						
纺织业	39	39		21	6	35
纺织服装、服饰业	28	8	20	11	15	3
木材加工和木、竹、藤、棕、草制品业						
家具制造业	1	1			1	1
造纸和纸制品业						
印刷和记录媒介复制业						
文教、工美、体育和娱乐用品制造业						
石油加工、炼焦和核燃料加工业	110	94	16	38	54	67
化学原料和化学制品制造业	388	382	6	47	107	102
医药制造业	488	430	58	198	191	402
化学纤维制造业						
橡胶和塑料制品业	25	18	7	7	13	19
非金属矿物制品业	364	308	56	70	91	155

14－13 续表 5　　（2017 年）　　单位：人

指　　标	R&D 人员合计	#参加项目人员	管理和服务人员	#女性	#研究人员	#全时人员
黑色金属冶炼和压延加工业	317	317		26	117	285
有色金属冶炼和压延加工业	67	42	25	29	36	59
金属制品业	5	5		1	3	5
通用设备制造业	44	24	20	5	23	5
专用设备制造业	79	76	3	9	23	44
汽车制造业	20	20		5	9	18
铁路、船舶、航空航天和其他运输设备制造业						
电气机械和器材制造业	590	542	48	91	312	397
计算机、通信和其他电子设备制造业						
仪器仪表制造业	17	16	1	6	9	14
废弃资源综合利用业						
金属制品、机械和设备修理业						
电力、热力、燃气及水生产和供应业	95	65	30	16	51	71
电力、热力生产和供应业	95	65	30	16	51	71
燃气生产和供应业						
水的生产和供应业						
按经济成份分						
公有经济	1940	1697	243	354	689	1111
非公有经济	1038	942	96	306	497	791
按企业控股分						
国有控股	1551	1356	195	314	563	1053
集体控股	389	341	48	40	126	58
私人控股	925	835	90	253	459	695
港澳台商控股	39	39		21	6	35
外商控股						
其他	74	68	6	32	32	61

14－13 续表6

（2017年）

指　　标	#非全时人员（人）	R&D人员折合全时当量合计（人年）	#研究人员	应用研究人员	试验发展人员
总计	**1076**	**1748**	**745**	**65**	**1683**
按企业规模分					
大型	770	976	425	39	937
中型	89	399	161	15	384
小型	217	373	159	11	362
微型					
按隶属关系分					
中央	463	698	284	39	659
省（自治区、直辖市）	8	39	12		39
地（区、市、州、盟）	335	196	57		196
县（区、市、旗）					
村委会					
其他	270	815	392	26	789
按登记注册类型分					
内资企业	1071	1708	734	65	1643
国有企业	28	98	44	18	79
集体企业					
有限责任公司	393	460	189	8	453
国有独资公司	43	72	34		72
其他有限责任公司	350	389	155	8	381
股份有限公司	456	618	236	15	603
私营企业	194	531	265	24	508
私营独资企业					
私营有限责任公司	54	167	75	24	144
私营股份有限公司	140	364	190		364
港、澳、台商投资企业	4	26	4		26
合资经营企业（港或澳、台资）					
港、澳、台商独资经营企业	4	26	4		26

14－13 续表 7 （2017 年）

指　　标	#非全时人员（人）	R&D 人员折合全时当量合计（人年）	#研究人员	应用研究人员	试验发展人员
外商投资企业	1	14	7		14
中外合资经营企业	1	14	7		14
中外合作经营企业					
按国民经济行业大类分					
采矿业	51	112	52		112
煤炭开采和洗选业	51	112	52		112
石油和天然气开采业					
非金属矿采选业					
开采辅助活动					
制造业	1001	1562	653	47	1516
农副食品加工业	1	1			1
食品制造业	29	82	36	24	58
酒、饮料和精制茶制造业					
烟草制品业					
纺织业	4	26	4		26
纺织服装、服饰业	25	28	15		28
木材加工和木、竹、藤、棕、草制品业					
家具制造业		1	1		1
造纸和纸制品业					
印刷和记录媒介复制业					
文教、工美、体育和娱乐用品制造业					
石油加工、炼焦和核燃料加工业	43	80	40		80
化学原料和化学制品制造业	286	246	69		246
医药制造业	86	359	141	15	344
化学纤维制造业					
橡胶和塑料制品业	6	22	12		22
非金属矿物制品业	209	113	40		113

14－13 续表 8　　　　　　　　　　（2017 年）

指　　标	#非全时人员（人）	R&D 人员折合全时当量合计（人年）	#研究人员	应用研究人员	试验发展人员
有色金属冶炼和压延加工业	8	55	30		133
金属制品业		1	1		55
通用设备制造业	39	12	6		1
专用设备制造业	35	20	8		12
汽车制造业	2	20	9		20
铁路、船舶、航空航天和其他运输设备制造业					20
电气机械和器材制造业	193	338	179		
计算机、通信和其他电子设备制造业					338
仪器仪表制造业	3	17	9		
废弃资源综合利用业					17
金属制品、机械和设备修理业					
电力、热力、燃气及水生产和供应业	24	74	40	18	55
电力、热力生产和供应业	24	74	40	18	55
燃气生产和供应业					
水的生产和供应业					
按经济成份分					
公有经济	829	1025	394	39	987
非公有经济	247	723	351	26	696
按企业控股分					
国有控股	498	848	347	39	
集体控股	331	177	47		809
私人控股	230	667	333	24	177
港澳台商控股	4	26	4		644
外商控股					26
其他	13	30	14	2	27

14－13 续表 9　　(2017 年)　　单位:万元

指　　标	R&D 经费内部支出合计	经常费支出	#人员劳务费	资产性支出	#土建工程	仪器和设备
总　　计	**113866**	**103879**	**8557**	**9987**	**48**	**9939**
按企业规模分						
大型	74043	68705	2978	5338	12	5326
中型	27601	24656	3815	2945	12	2933
小型	12222	10518	1765	1704	24	1680
微型						
按隶属关系分						
中央	46350	42895	4447	3455	11	3444
省(自治区、直辖市)	1130	1046	291	84	7	77
地(区、市、州、盟)	23676	19825	1253	3851	12	3839
县(区、市、旗)						
村委会						
其他	42710	40114	2567	2596	18	2579
按登记注册类型分						
内资企业	111684	101697	8012	9987	48	9939
国有企业	1109	1042	342	66	6	60
集体企业						
有限责任公司	27608	26258	1695	1350	2	1349
国有独资公司	6886	6319	351	567		567
其他有限责任公司	20723	19939	1344	784	2	782
股份有限公司	48852	41166	4719	7686	24	7662
私营企业	34115	33231	1256	885	16	869
私营独资企业						
私营有限责任公司	2098	1864	697	234	16	218
私营股份有限公司	32017	31367	559	650		650
港、澳、台商投资企业	455	455	149			
合资经营企业(港或澳、台资)						
港、澳、台商独资经营企业	455	455	149			

14－13 续表10 （2017年） 单位：万元

指　　标	R&D经费内部支出合计	经常费支出	#人员劳务费	资产性支出	#土建工程	仪器和设备
外商投资企业	1727	1727	396			
中外合资经营企业	1727	1727	396			
中外合作经营企业						
按国民经济行业大类分						
采矿业	1176	861	195	315		315
煤炭开采和洗选业	1176	861	195	315		315
石油和天然气开采业						
非金属矿采选业						
开采辅助活动						
制造业	112134	112490	8199	9644	48	9596
农副食品加工业	55	12	3	44		43
食品制造业	2147	628	303	1519	6	1514
酒、饮料和精制茶制造业						
烟草制品业						
纺织业	455	455	150			
纺织服装、服饰业	128	103	6	25		25
木材加工和木、竹、藤、棕、草制品业						
家具制造业						
造纸和纸制品业						
印刷和记录媒介复制业						
文教、工美、体育和娱乐用品制造业						
石油加工、炼焦和核燃料加工业	2761	2059	662	702	10	692
化学原料和化学制品制造业	17732	14941	929	2791	17	2774
医药制造业	22826	20562	3118	2264	12	2253
化学纤维制造业						
橡胶和塑料制品业	166	133	44	33	1	32
非金属矿物制品业	7685	6967	826	718		717

14－13 续表 11　　(2017 年)　　单位:万元

指　　标	R&D 经费内部支出合计	经常费支出	#人员劳务费	资产性支出	#土建工程	仪器和设备
黑色金属冶炼和压延加工业	12650	12650	230			
有色金属冶炼和压延加工业	462	437	1	25	1	24
金属制品业	49	49	22			
通用设备制造业	524	510	59	13		13
专用设备制造业	4552	4392	218	160		160
汽车制造业	1763	1763	403			
铁路、船舶、航空航天和其他运输设备制造业						
电气机械和器材制造业	37344	36040	1076	1304		1304
计算机、通信和其他电子设备制造业						
仪器仪表制造业	836	789	151	46		46
废弃资源综合利用业						
金属制品、机械和设备修理业						
电力、热力、燃气及水生产和供应业	556	528	163	28		28
电力、热力生产和供应业	556	528	163	28		28
燃气生产和供应业						
水的生产和供应业						
按经济成份分						
公有经济	74820	66640	6405	8180	30	8150
非公有经济	39045	37239	2152	1807	18	1789
按企业控股分						
国有控股	51558	47196	5233	4362	19	4343
集体控股	23262	19444	1173	3818	11	3807
私人控股	36153	34603	1577	1550	17	1533
港澳台商控股	455	455	150			
外商控股						
其他	2438	2181	425	257	1	256

14－13 续表 12　　（2017 年）　　单位：万元

指　　标	R&D 经费内部支出				
	按活动类型分		按资金来源分		
	应用研究支出	试验发展支出	政府资金	企业资金	其他资金
总计	**1072**	**112794**	**2931**	**110935**	
按企业规模分					
大型	528	73515	510	73533	
中型	350	27251	695	26906	
小型	194	12028	1726	10496	
微型					
按隶属关系分					
中央	528	45822	998	45352	
省（自治区、直辖市）		1130	150	979	
地（区、市、州、盟）		23676	61	23615	
县（区、市、旗）					
村委会					
其他	544	42166	1722	40988	
按登记注册类型分					
内资企业	1072	110612	2931	108753	
国有企业	300	809	11	1098	
集体企业					
有限责任公司	18	27590	1293	26316	
国有独资公司		6886	300	6586	
其他有限责任公司	18	20705	993	19730	
股份有限公司	449	48402	952	47900	
私营企业	305	33811	675	33440	
私营独资企业					
私营有限责任公司	305	1793	278	1820	
私营股份有限公司		32017	397	31620	
港、澳、台商投资企业		455		455	
合资经营企业（港或澳、台资）					
港、澳、台商独资经营企业		455		455	

14－13 续表 13　　(2017 年)　　单位:万元

指　　标	R&D 经费内部支出				
	按活动类型分		按资金来源分		
	应用研究支出	试验发展支出	政府资金	企业资金	其他资金
外商投资企业		1727		1727	
中外合资经营企业		1727		1727	
中外合作经营企业					
按国民经济行业大类分					
采矿业		1176	109	1067	
煤炭开采和洗选业		1176	109	1067	
石油和天然气开采业					
非金属矿采选业					
开采辅助活动					
制造业	772	111362	2822	109312	
农副食品加工业		55		55	
食品制造业	404	1744	637	1511	
酒、饮料和精制茶制造业					
烟草制品业					
纺织业		455		455	
纺织服装、服饰业		128	30	98	
木材加工和木、竹、藤、棕、草制品业					
家具制造业					
造纸和纸制品业					
印刷和记录媒介复制业					
文教、工美、体育和娱乐用品制造业					
石油加工、炼焦和核燃料加工业		2762	372	2389	
化学原料和化学制品制造业		17732	153	17579	
医药制造业	350	22476	783	22043	
化学纤维制造业					
橡胶和塑料制品业		166	21	145	
非金属矿物制品业		7685	380	7305	

14－13 续表 14　　(2017 年)　　单位:万元

指　　标	R&D 经费内部支出				
	按活动类型分		按资金来源分		
	应用研究支出	试验发展支出	政府资金	企业资金	其他资金
黑色金属冶炼和压延加工业	18	12632		12650	
有色金属冶炼和压延加工业		462	2	460	
金属制品业		49		49	
通用设备制造业		524	164	359	
专用设备制造业		4552	70	4482	
汽车制造业		1763		1763	
铁路、船舶、航空航天和其他运输设备制造业					
电气机械和器材制造业		37344	71	37273	
计算机、通信和其他电子设备制造业					
仪器仪表制造业		836	139	696	
废弃资源综合利用业					
金属制品、机械和设备修理业					
电力、热力、燃气及水生产和供应业	300	256		556	
电力、热力生产和供应业	300	256		556	
燃气生产和供应业					
水的生产和供应业					
按经济成份分					
公有经济	528	74292	1862	72959	
非公有经济	544	38501	1069	37977	
按企业控股分					
国有控股	528	51030	1822	49736	
集体控股		23262	40	23222	
私人控股	305	35848	828	35325	
港澳台商控股		455		455	
外商控股					
其他	239	2198	241	2197	

14－13 续表 15　　（2017 年）　　单位：万元

指　　标	R&D 经费外部支出	对境内研究机构支出	对境内高等学校支出	对境内企业支出	对境外支出
总计	**6934**	**3666**	**1352**	**1864**	**52**
按企业规模分					
大型	5229	3294	1009	925	
中型	1116	260	295	561	
小型	590	113	47	377	52
微型					
按隶属关系分					
中央	2854	963	966	925	
省（自治区、直辖市）	24		24		
地（区、市、州、盟）	28	21	6		
县（区、市、旗）					
村委会					
其他	4028	2683	355	938	52
按登记注册类型分					
内资企业	6930	3666	1352	1859	52
国有企业	2547	895	737	915	
集体企业					
有限责任公司	354	139	204	10	
国有独资公司					
其他有限责任公司	354	139	204	10	
股份有限公司	2559	2381	135	43	
私营企业	1470	252	276	892	52
私营独资企业					
私营有限责任公司	1394	228	276	892	
私营股份有限公司	76	24			52
港、澳、台商投资企业	4			4	
合资经营企业（港或澳、台资）					
港、澳、台商独资经营企业	4			4	

14-13 续表 16　　(2017 年)　　单位:万元

指　　标	R&D 经费外部支出	对境内研究机构支出	对境内高等学校支出	对境内企业支出	对境外支出
外商投资企业					
中外合资经营企业					
中外合作经营企业					
按国民经济行业大类分					
采矿业	191	67	114	10	
煤炭开采和洗选业	191	67	114	10	
石油和天然气开采业					
非金属矿采选业					
开采辅助活动					
制造业	4220	2704	525	938	52
农副食品加工业					
食品制造业					
酒、饮料和精制茶制造业					
烟草制品业					
纺织业	4			4	
纺织服装、服饰业	9		9		
木材加工和木、竹、藤、棕、草制品业					
家具制造业					
造纸和纸制品业					
印刷和记录媒介复制业					
文教、工美、体育和娱乐用品制造业					
石油加工、炼焦和核燃料加工业	155	34	68		52
化学原料和化学制品制造业	416		38	377	
医药制造业	1182	334	294	554	
化学纤维制造业					
橡胶和塑料制品业	3	3			
非金属矿物制品业	9	1	6	3	

14－13 续表 17　　(2017 年)　　单位:万元

指　　标	R&D 经费外部支出	对境内研究机构支出	对境内高等学校支出	对境内企业支出	对境外支出
黑色金属冶炼和压延加工业	66		66		
有色金属冶炼和压延加工业	2350	2313	37		
金属制品业					
通用设备制造业					
专用设备制造业					
汽车制造业					
铁路、船舶、航空航天和其他运输设备制造业					
电气机械和器材制造业	25	19	6		
计算机、通信和其他电子设备制造业					
仪器仪表制造业					
废弃资源综合利用业					
金属制品、机械和设备修理业					
电力、热力、燃气及水生产和供应业	2523	895	713	916	
电力、热力生产和供应业	2523	895	713	916	
燃气生产和供应业					
水的生产和供应业					
按经济成份分					
公有经济	2933	998	1007	928	
非公有经济	4001	2669	345	935	52
按企业控股分					
国有控股	2908	980	1001	928	
集体控股	25	18	6		
私人控股	3830	2565	323	891	52
港澳台商控股	4			4	
外商控股					
其他	167	104	22	41	

14－13 续表 18　　(2017 年)

指　　标	机构数（个）	机构人员合计(人)	#博士毕业	硕士毕业	机构经费支　　出（万元）	仪器和设备原　　价（万元）
总计	**55**	**2150**	**80**	**499**	**33202**	**144398**
按企业规模分						
大型	16	1163	34	342	24156	35149
中型	16	436	19	72	5115	12677
小型	22	541	27	84	3728	10460
微型	1	10		1	203	86113
按隶属关系分						
中央	14	493	13	94	11651	12354
省(自治区、直辖市)	6	175	2	24	3888	13923
地(区、市、州、盟)	5	601	24	233	6040	6731
县(区、市、旗)						
村委会						
其他	30	881	41	148	11623	111391
按登记注册类型分						
内资企业	55	2150	80	499	33202	144398
国有企业	4	193	3	65	941	4884
集体企业						
有限责任公司	27	810	35	117	15109	19958
国有独资公司	5	80	9	43	300	6256
其他有限责任公司	22	730	26	74	14809	13702
股份有限公司	18	925	36	280	16280	119052
私营企业	6	222	6	37	872	504
私营独资企业						
私营有限责任公司	6	222	6	37	872	504
私营股份有限公司						
港、澳、台商投资企业						
合资经营企业(港或澳、台资)						
港、澳、台商独资经营企业						

14－13 续表 19

（2017 年）

指　　标	机构数（个）	机构人员合计（人）	#博士毕业	硕士毕业	机构经费支出（万元）	仪器和设备原价（万元）
中外合作经营企业						
按国民经济行业大类分						
采矿业	2	67	1	14	1261	1978
煤炭开采和洗选业	2	67	1	14	1261	1978
石油和天然气开采业						
非金属矿采选业						
开采辅助活动						
制造业	52	1930	76	428	31912	142101
农副食品加工业						
食品制造业	3	382	4	31	8173	10400
酒、饮料和精制茶制造业	1	20			16	6
烟草制品业						
纺织业						
纺织服装、服饰业	1	54	2	1	128	104
木材加工和木、竹、藤、棕、草制品业						
家具制造业						
造纸和纸制品业						
印刷和记录媒介复制业						
文教、工美、体育和娱乐用品制造业						
石油加工、炼焦和核燃料加工业	2	41	2	11	545	7087
化学原料和化学制品制造业	14	330	16	65	5888	17384
医药制造业	5	162	15	48	1253	1775
化学纤维制造业						
橡胶和塑料制品业	1	37	1	2	110	154
非金属矿物制品业	17	298	19	55	9419	12731

14－13 续表20　　(2017年)

指　　标	机构数(个)	机构人员合计(人)	#博士毕业	硕士毕业	机构经费支出(万元)	仪器和设备原价(万元)
有色金属冶炼和压延加工业						
金属制品业						
通用设备制造业	2	45	1	1	260	130
专用设备制造业	2	46	1	5	608	87924
汽车制造业	1	6		1	8	89
铁路、船舶、航空航天和其他运输设备制造业						
电气机械和器材制造业	1	484	14	206	5479	3477
计算机、通信和其他电子设备制造业	2	25	1	2	26	763
仪器仪表制造业						
废弃资源综合利用业						
金属制品、机械和设备修理业						
电力、热力、燃气及水生产和供应业	1	153	3	57	29	320
电力、热力生产和供应业	1	153	3	57	29	320
燃气生产和供应业						
水的生产和供应业						
按经济成份分						
公有经济	41	1792	65	427	30664	53215
非公有经济	14	358	15	72	2539	91183
按企业控股分						
国有控股	36	1026	41	185	19734	38452
集体控股	5	766	24	242	10929	14764
私人控股	13	338	15	72	2523	91177
港澳台商控股						
外商控股	1	20			16	6
其他						

14－13 续表 21　　(2017 年)　　单位:件

指　标	专利申请数	#发明专利	有效发明专利数	#已被实施	境外授权
总计	**1467**	**402**	**1103**	**415**	**120**
按企业规模分					
大型	1198	311	616	142	106
中型	55	21	84	75	7
小型	214	70	403	198	7
微型					
按隶属关系分					
中央	948	169	233	74	37
省(自治区、直辖市)	59	15	101	58	5
地(区、市、州、盟)	125	64	214	51	2
县(区、市、旗)					
村委会					
其他	335	154	555	232	76
按登记注册类型分					
内资企业	1464	402	1056	368	120
国有企业	285	55	136	7	6
集体企业					
有限责任公司	748	147	195	171	5
国有独资公司	8	2	18	18	
其他有限责任公司	740	145	177	153	5
股份有限公司	214	107	442	96	41
私营企业	217	93	283	94	68
私营独资企业					
私营有限责任公司	54	23	178	70	
私营股份有限公司	163	70	105	24	68
港、澳、台商投资企业	3		34	34	
合资经营企业(港或澳、台资)			13	13	
港、澳、台商独资经营企业	3		21	21	

14－13 续表22　(2017年)　单位:件

指　标	专利申请数	#发明专利	有效发明专利数	#已被实施	境外授权
外商投资企业			13	13	
中外合资经营企业			13	13	
中外合作经营企业					
按国民经济行业大类分					
采矿业	28	6	1		
煤炭开采和洗选业	22	6	1		
石油和天然气开采业					
非金属矿采选业					
开采辅助活动	6				
制造业	1147	339	1001	410	119
农副食品加工业					
食品制造业	17	16	43	38	
酒、饮料和精制茶制造业					
烟草制品业					
纺织业	8		29	21	
纺织服装、服饰业					
木材加工和木、竹、藤、棕、草制品业					
家具制造业	4	4	12	4	
造纸和纸制品业					
印刷和记录媒介复制业					
文教、工美、体育和娱乐用品制造业					
石油加工、炼焦和核燃料加工业	51	19	97	31	32
化学原料和化学制品制造业	112	63	369	91	1
医药制造业	35	19	76	47	3
化学纤维制造业					
橡胶和塑料制品业	19	13	16	6	
非金属矿物制品业	38	9	30	24	10

14－13 续表23　　　　(2017 年)　　　　单位:件

指　标	专利申请数	#发明专利	有效发明专利数	#已被实施	境外授权
黑色金属冶炼和压延加工业	580	80	57	57	
有色金属冶炼和压延加工业	22	13	78		
金属制品业	7	1			
通用设备制造业	24	4	49	38	
专用设备制造业	19	1	24	1	5
汽车制造业					
铁路、船舶、航空航天和其他运输设备制造业					
电气机械和器材制造业	189	92	94	26	68
计算机、通信和其他电子设备制造业	10		2	1	
仪器仪表制造业	12	5	25	25	
废弃资源综合利用业					
金属制品、机械和设备修理业					
电力、热力、燃气及水生产和供应业	292	57	101	5	1
电力、热力生产和供应业	292	57	101	5	1
燃气生产和供应业					
水的生产和供应业					
按经济成份分					
公有经济	1138	262	614	250	49
非公有经济	329	140	489	165	71
按企业控股分					
国有控股	1025	190	387	186	47
集体控股	113	72	227	64	2
私人控股	291	119	442	126	69
港澳台商控股	3		21	21	
外商控股					
其他	35	21	26	18	2

14－13 续表24 （2017年）

指　　标	专利所有权转让及许可数（项）	专利所有权转让及许可收入（万元）	发表科技论文（篇）	拥有注册商标（件）	#境外注册（件）	形成国家或行业标准（项）
总计	**12**	**589**	**744**	**623**	**24**	**29**
按企业规模分						
大型	1		649	95	23	6
中型	6		51	61		17
小型	5	589	44	467	1	6
微型						
按隶属关系分						
中央	6		465	18		2
省（自治区、直辖市）			76	6		15
地（区、市、州、盟）			58	27		
县（区、市、旗）						
村委会						
其他	6	589	145	572	24	12
按登记注册类型分						
内资企业	11	1	735	616	24	28
国有企业			228	1		1
集体企业						
有限责任公司	9	1	253	47		17
国有独资公司	6		9	8		
其他有限责任公司	3	1	244	39		17
股份有限公司	2		219	395		5
私营企业			35	173	24	5
私营独资企业						
私营有限责任公司			14	64	1	5
私营股份有限公司			21	109	23	
港、澳、台商投资企业			9	3		1
合资经营企业（港或澳、台资）				2		1
港、澳、台商独资经营企业			9	1		

14－13 续表25 （2017年）

指　　标	专利所有权转让及许可数（项）	专利所有权转让及许可收入（万元）	发表科技论　文（篇）	拥有注册商　标（件）	#境外注册（件）	形成国家或行业标准（项）
外商投资企业	1	588		4		
中外合资经营企业	1	588		2		
中外合作经营企业						
按国民经济行业大类分						
采矿业			33			
煤炭开采和洗选业			33			
石油和天然气开采业						
非金属矿采选业						
开采辅助活动						
制造业	12	589	497	623	24	28
农副食品加工业						
食品制造业			10	2	1	4
酒、饮料和精制茶制造业				2		
烟草制品业						
纺织业			9	1		
纺织服装、服饰业						
木材加工和木、竹、藤、棕、草制品业						
家具制造业						
造纸和纸制品业						
印刷和记录媒介复制业						
文教、工美、体育和娱乐用品制造业						
石油加工、炼焦和核燃料加工业			54	89		
化学原料和化学制品制造业			92	17		16
医药制造业	8	588	17	415		1
化学纤维制造业						
橡胶和塑料制品业			5	31		1
非金属矿物制品业			48	9		3

14－13续表26

（2017年）

指　　标	专利所有权转让及许可数（项）	专利所有权转让及许可收入（万元）	发表科技论　文（篇）	拥有注册商　标（件）	#境外注册（件）	形成国家或行业标准（项）
黑色金属冶炼和压延加工业			130			
有色金属冶炼和压延加工业	1		70			3
金属制品业	3	1	6			
通用设备制造业						
专用设备制造业			3	2		
汽车制造业				1		
铁路、船舶、航空航天和其他运输设备制造业						
电气机械和器材制造业			43	51	23	
计算机、通信和其他电子设备制造业				2		
仪器仪表制造业			10	1		
废弃资源综合利用业						
金属制品、机械和设备修理业						
电力、热力、燃气及水生产和供应业			214			1
电力、热力生产和供应业			214			1
燃气生产和供应业						
水的生产和供应业						
按经济成份分						
公有经济	7	588	619	66		20
非公有经济	5	1	125	557	24	9
按企业控股分						
国有控股	7	588	563	65		19
集体控股			56	1		1
私人控股	2		106	554	24	9
港澳台商控股			9	1		
外商控股				2		
其他	3	1	10			

主 要 统 计 指 标 解 释
EXPLANATORY NOTES ON MAIN STATISTICAL INDICATORS

普通高等学校 指按国家规定的设置标准和审批程序批准举办的，通过全国普通高等学校统一招生考试，招收高中毕业生为主要培养对象，实施高等学历教育的全日制大学、独立设置的学院、独立学院和高等专科学校、高等职业学校及其他机构（独立学院和分院、大转班）。

大学、独立设置的学院主要实施本科及本科层次以上的教育。独立学院主要实施本科层次的教育。高等专科学校、高等职业学校实施专科层次的教育。其他机构是指承担国家普通招生计划任务不计校数的机构，包括独立学院、普通高等学校分校、大专班和批准筹建的普通高等学校等。独立学院指由普通本科高校按新机制、新模式举办的本科层次的二级学院，一些普通本科高校按公办机制和模式建立的二级学院，"分校"或其他类似的二级办学机构不属此范畴。

小学学龄儿童净入学率 指调查范围内已入小学学习的学龄儿童占校内外学龄儿童总数的比重。计算公式为：

小学学龄儿童净入学率＝已入学的小学学龄儿童数/校内外小学学龄儿童总数＊100％

艺术表演团体 指由文化部门主办或实行行业管理（经文化行政部门审批或已申报登记并领取相关许可证），专门从事表演艺术等活动的各类专业艺术表演团体，含民间职业剧团。不包括群众业余文艺表演团体。

艺术表演场馆 指由文化部门主办或实行行业管理（经文化市场行政部门审批或已申报登记并领取相关许可证），有观众席、舞台、灯光设备，公开售票、专供文艺团体演出的文化活动场所。

文化市场经营机构 经文化市场行政部门审批或已申报登记并领取相关许可证的、从事文化经营和文化服务活动的机构。

研究与试验发展（R&D） 指在科学技术领域，为增加知识总量、以及运用这些知识去创造新的应用进行的系统的创造性的活动，包括基础研究、应用研究、试验发展三类活动。国际上通常采用 R&D 活动的规模和强度指标反映一国的科技实力和核心竞争力。

基础研究 指为了获得关于现象和可观察事实的基本原理的新知识（揭示客观事物的本质、运动规律，获得新发现、新学说）而进行的实验性或理论性研究，它不以任何专门或特定的应用或使用为目的。其成果以科学论文和科学著作为主要形式。用来反映知识的原始创新能力。

应用研究 指为获得新知识而进行的创造性研究，主要针对某一特定的目的或目标。应用研究是为了确定基础研究成果可能的用途，或是为达到预定的目标探索应采取的新方法（原理性）或新途径。其成果形式以科学论文、专著、原理性模型或发明专利为主。用来反映对基础研究成果应用途径的探索。

试验发展 指利用从基础研究、应用研究和实际经验所获得的现有知识，为产生新的产品、材料和装置，建立新的工艺、系统和服务，以及对已产生和建立的上述各项作实质性的改进而进行的系统性工作。其成果形式主要是专利、专有技术、具有新产品基本特征的产品原型或具有新装置基本特征的原始样机等。在社会科学领域，试验发展是指把通过基础研究、应用研究获得的知识转变成可以实施的计划（包括为进行检验和评估实施示范项目）的过程。人文科学领域没有对应的试验发展活动。主要反映将科研成果转化为技术和产品的能力，是科技推动经济社会发展的物化成果。

R&D 人员 指参与研究与试验发展项目研究、管理和辅助工作的人员，包括项目（课题）组人员，企业科技行政管理人员和直接为项目（课题）活动提供服务的辅助人员。反映投入从事拥有自主知识产权的研究开发活动的人力规模。

R&D 人员全时当量 指全时人员数加非全时人员按工作量折算为全时人员数的总和。例如：有两个全时人员和三个非全时人员（工作时间分别为 20％、30％和 70％），则全时当量为 2＋0.2＋0.3＋0.7＝3.2 人年。为国际上比较科技人力投入而制定的可比指标。

R&D 经费支出合计 指调查单位用于内部开展 R&D 活动（基础研究、应用研究和试验发展）的实际支出。包括用于 R&D 项目（课题）活动的直接支出，以及间接用于 R&D 活动的管理费、服务费、与 R&D 有关的基本建设支出以及外协加工费等。不包括生产性活动支出、归还贷款支出以及与外单位合作或委托外单位进行 R&D 活动而转拨给对方的经费支出。

R&D 经费支出中政府资金 指 R&D 经费内部支出中来自各级政府部门的各类资金，包括财政科学技术拨款、科学基金、教育等部门事业费以及政府部门预算外资金的实际支出。

R&D 经费支出中企业资金 指 R&D 经费内部支出中来自本企业的自有资金和接受其他企业委托而获得的经费，以及科研院所、高校等事业单位从企业获得的资金的实际支出。

新产品 指采用新技术原理、新设计构思研制、生产的全新产品，或在结构、材质、工艺等某一方面比原有产品有明显改进，从而显著提高了产品性能或扩大了使用功能的产品。既包括政府有关部门认定并在有效期内的新产品，也包括企业自行研制开发，未经政府有关部门认定，从投产之日起一年之内的新产品。用来反映科技产出及对经济增长的直接贡献。

新产品产值 指报告期企业生产的新产品的产值。新产品是指采用新技术原理、新设计构思研制、生产的全新产品，或在结构、材质、工艺等某一方面比原有产品有明显改进,从而显著提高了产品性能或扩大了使用功能的产品。新产品产值、新产品销售收入既包括经政府有关部门认定并在有效期内的新产品,也包括企业自行研制开发,未经政府有关部门认定,从投产之日起一年之内的新产品。

专利 是专利权的简称,是对发明人的发明创造经审查合格后,由专利局依据专利法授予发明人和设计人对该项发明创造享有的专有权。包括发明、实用新型和外观设计。反映拥有自主知识产权的科技和设计成果情况。

发明(专利) 指对产品、方法或者其改进所提出的新的技术方案。是国际通行的反映拥有自主知识产权技术的核心指标。

实用新型(专利) 指对产品的形状、构造或者其结合所提出的适于实用的新的技术方案。反映具有一定技术含量的技术成果情况。

外观设计(专利) 指对产品的形状、图案、色彩或者其结合所作出的富有美感并适于工业上应用的新设计。反映拥有自主知识产权的外观设计成果情况。

15

城市公用事业及环境保护

Chapter15 Urban Public Utilities and Environment Protections

资料整理:潘世锦　高思梅

15—1　城市建设事业发展情况

年　份	全年供水总量(万吨)	#居民家庭用水	建成区面积(平方公里)	年末实有道路长度(公里)	城市排水管道长度(公里)	建成区园林绿地面积(公顷)
1978	2134	1029		170	88	540
1980	2578	1692		193	133	599
1985	3460	2419	49.00	215	178	769
1990	9144	5564	63.50	402	193	2236
1991	10341	6617	65.00	425	225	1468
1992	11337	7082	66.50	429	228	2412
1993	13342	7490	66.70	459	173	2412
1994	13712	8243	67.40	460	193	2412
1995	13637	7949	83.00	886	280	5844
1996	14336	8522	84.78	905	292	5891
1997	14135	8522	83.00	923	300	5884
1998	14644	8690	86.47	962	306	6117
1999	15536	9509	90.70	991	337	6327
2000	16224	10422	139.55	994	348	6293
2001	16932	7770	166.80	1002	427	4591
2002	31241	8323	167.10	976	419	4756
2003	42331	17030	169.19	1008	514	3801
2004	15037	11331	173.26	1064	785	4141
2005	17963	11947	176.43	1072	816	4225
2006	21954	12191	235.88	1196	937	4342
2007	29074	14198	259.08	1226	1023	5575
2008	29771	16006	302.80	1546	1090	6446
2009	29771	12255	339.00	1599	1122	10601
2010	29771	12255	343.00	1632	1172	10907
2011	31034	12942	383.80	1695	1222	12731
2012	30363	14019	368.40	1740	1302	12470
2013	30826	14170	391.20	2037	1352	13574
2014	29855	13825	412.26	2159	1442	14574
2015	29805	13820	429.96	2237	1740	15910
2016	29655	13665	436.00	2314	1840	16393
2017	30375	14393	438.06	2304	1890	16865

注:数据取自市建委。

15－1续表

年　　份	年末实有营运公共汽车(辆)	平均每万人拥有公共汽车(标台)	城市天然气供应总量(万立方米)	天然气用气人口(万人)	全年用电量(万千瓦时)	#城乡居民生活用电
1978	240	2.38			74017	
1980	626	3.11			79787	
1985	435	3.75			132403	
1990	550	6.00			173475	14859
1991	526	7.20			187730	18863
1992	644	7.80			201613	21685
1993	675	7.80			221098	26241
1994	685	14.10			245885	30403
1995	2347	17.30			275886	38092
1996	2226	15.63			325251	45357
1997	2497	17.80			341589	53950
1998	2768	18.86			358814	54177
1999	2898	19.05			381212	49673
2000	3163	20.28			426438	55220
2001	3285	16.61			467029	66264
2002	3311	12.86			448035	79391
2003	4256	8.80	13621	97.0	478085	93976
2004	4196	19.26	21407	128.4	552533	96909
2005	4110	18.37	25918	138.5	592190	96717
2006	4191	19.78	31192	170.0	687038	114239
2007	4704	20.11	39858	180.9	810397	106661
2008	3988	16.88	48280	202.4	975594	124360
2009	3862	16.35	53502	215.9	981327	126838
2010	3634	12.80	66491	250.9	1141579	132712
2011	3732	15.00	86500	265.0	1257910	138975
2012	3914	16.00	144054	275.3	1592352	140159
2013	4149	17.00	231251	285.0	1851668	149806
2014	4567	18.91	295702	288.4	1498683	183798
2015	4684	17.21	277416	291.9	1616422	184181
2016	4668	17.29	307847	292.5	2784096	190923
2017	4412	17.03	306163	275.0	3228386	195594

注：数据取自市建委。

15—2 城市公共设施水平

指 标	1990 年	1995 年	2000 年	2005 年	2006 年	2009 年	2010 年
城市人口密度(人/平方公里)							
人均日生活用水量(升)	148.70	151.00	166.51	165.34	158.59	142.45	142.45
用水普及率(%)	92.00	100.00	99.79	99.99	99.99	99.93	99.93
每万人拥有公共交通车辆(标台)	6.00	17.30	20.28	18.37	19.78	16.35	12.80
燃气普及率(%)	79.70	99.00	98.82	99.65	99.73	86.04	99.6
人均城市道路面积(平方米)	4.20	8.00	8.40	7.28	8.16	7.97	7.18
建成区排水管道密度(公里/平方公里)		2.60	2.67	4.53	3.84	3.31	3.42
污水处理率(%)			66.56	67.21	66.70	49.92	60.65
人均公园绿地面积(平方米)	4.30	4.00	5.00	4.20	5.40	6.91	7.39
建成区绿化覆盖率(%)	21.8	21.6	20.0	25.3	21.5	34.3	34.8

指 标	2011 年	2012 年	2013 年	2014 年	2015 年	2016 年	2017 年
城市人口密度(人/平方公里)					2123	2043	1929
人均日生活用水量(升)	143.68	148.69	150.04	145.46	144.74	143.22	160.27
用水普及率(%)	99.94	99.95	99.95	99.96	99.98	99.96	99.95
每万人拥有公共交通车辆(标台)	15.00	16.00	17.00	18.91	17.21	17.29	17.03
燃气普及率(%)	99.51	99.83	99.83	99.85	99.85	99.85	100.00
人均城市道路面积(平方米)	7.42	7.45	9.57	10.08	10.34	10.71	10.53
建成区排水管道密度(公里/平方公里)	3.18	3.53	3.46	3.50	4.05	4.22	4.31
污水处理率(%)	77.38	81.89	84.81	84.90	88.75	90.38	89.99
人均公园绿地面积(平方米)	9.07	9.20	10.05	10.66	10.93	11.35	12.20
建成区绿化覆盖率(%)	36.2	37.0	37.9	38.5	40.3	40.9	41.8

注:资料取自市建委。

15—3 城市供水

指标	1990年	1995年	2000年	2005年	2006年	2009年	2010年
全社会							
供水综合生产能力(万立方米/日)	27.00	40.60	72.64	116.80	115.80	120.38	120.38
#地下水	18.00	31.00	48.30	65.00	66.10	70.38	70.38
年末供水管道长度(公里)	282.00	289.00	552	800	860	1270	1323
全年供水总量(万立方米)	9144	13637	16224	17963	21954	29771	29771
#生产运营用水	3480	4893	5041	4959	5682	6317	6317
居民家庭用水	5564	7949	10422	11947	12191	12255	12255
用水人口(万人)	102.5	144.50	169.98	201.48	191.54	279.00	279.00
人均日生活用水量(升)	149	150.71	308.00	363.28	274.26	142.45	142.45
公共供水企业							
供水综合生产能力(万立方米/日)	20	26.5	50.24	70.10	51.80	115.00	115.00
#地下水	11	16.9	27.80	35.70	46.94	65.00	65.00
供水总量(万立方米)	6603	11027	13674	17892	22000	28074	28074
#居民家庭用水	4929	7073	9632	9552	9833	11399	11399
用水人口(万人)	99.50	108.40	133.68	201.48	191.54	274.77	274.77

指标	2011年	2012年	2013年	2014年	2015年	2016年	2017年
全社会							
供水综合生产能力(万立方米/日)	125.38	125.38	145.38	145.38	147.48	147.48	147.48
#地下水	59.38	59.38	59.38	59.38	45.48	45.18	45.18
年末供水管道长度(公里)	1373	1432	1498	1568	1868	1923	1939
全年供水总量(万立方米)	31034	30363	30826	29855	29805	29655	30375
#生产运营用水	6781	6481	6865	6675	6439	6434	8044
居民家庭用水	12942	14019	14170	13825	13820	13665	14394
用水人口(万人)	290.45	298.65	304.35	307.70	311.85	312.20	294.80
人均日生活用水量(升)	143.68	148.69	150.04	145.46	144.74	143.22	160.27
公共供水企业							
供水综合生产能力(万立方米/日)	120.00	125.38	140.00	140.00	142.30	142.30	142.30
#地下水	54.00	59.38	54.00	54.00	40.30	40.00	40.00
供水总量(万立方米)	29581	28910	29660	28689	28719	28569	29508
#居民家庭用水	11969	13046	13500	13155	13210	13050	14136
用水人口(万人)	287.78	295.98	301.85	305.20	309.45	310.04	293.30

注:资料取自市建委。

15—4　城市燃气及供热

指　　标	1990 年	1995 年	2000 年	2005 年	2006 年	2009 年	2010 年
液化石油气							
供气总量(吨)	32793	50454	94213	78902	60003	19505	19620
#家庭用量	30567	47519	86983	39218	27434	18063	18581
用气人口(万人)	83.5	117.2	115.9	51.6	26.7	18.1	18.4
天然气							
供气总量(万立方米)				25918	31192	53502	66491
#家庭用量				10048	10110	16900	21000
供气管道长度(公里)				485	1942	2716	3178
用气人口(万人)				138.49	170.00	215.93	250.93
集中供热							
热水供热能力(兆瓦)		429	2440	6021	5576	9074	9200
集中供热面积(万平方米)	95	431	2174	4486	5460	7329	8723
热水管道长度(公里)				631	1339	1788	1933

指　　标	2011 年	2012 年	2013 年	2014 年	2015 年	2016 年	2017 年
液化石油气							
供气总量(吨)	26853	26625	27340	31326	35563	32857	47199
#家庭用量	26150	26046	26734	31250	31712	31446	35446
用气人口(万人)	18.0	16.0	14.0	14.0	14.5	14.4	14.9
天然气							
供气总量(万立方米)	86500	144054	231251	295702	277416	307847	306163
#家庭用量	23900	27000	34200	36600	36000	41000	42000
供气管道长度(公里)	3505	4066	4475	4975	5478	5769	6022
用气人口(万人)	265.00	275.30	285.00	288.35	291.93	292.47	275.00
集中供热							
热水供热能力(兆瓦)	9575	11711	12759	13138	16553	19758	19837
集中供热面积(万平方米)	9215	9151	9023	9485	12088	15003	17073
热水管道长度(公里)	2180	2297	2649	2779	3149	4126	4508

注:资料取自市建委。

15—5 城市公共交通

指　　标	1990年	1995年	2000年	2005年	2006年	2009年	2010年
公共交通运营车辆(辆)	550	2347	3163	4110	4191	3862	3634
#天然气燃料车CNG				1978	3337	3815	3634
#快速公交							
#BRT							
标准运营车数(标台)	633	2036	2713	3566	3999	3437	3979
客运总量(万人次)		46139	61059	52744	64365	71318	73490
出租汽车(辆)	673	4554	6381	7070	7151	7940	7950

指　　标	2011年	2012年	2013年	2014年	2015年	2016年	2017年
公共交通运营车辆(辆)	3732	3914	4149	4567	4684	4668	4412
#天然气燃料车CNG	3732	3914	4149	4567	4684	4668	4412
#快速公交		362	362	505	610	597	597
#BRT		362	362	505	597	552	552
标准运营车数(标台)	4669	4988	5296	5889	6110	6104	5996
客运总量(万人次)	74386	85871	117571	114565	114451	114993	112920
出租汽车(辆)	9963	10046	12188	12338	12338	12338	13003

注:资料取自市交通局。

15—6 城 市 用 电

单位:万千瓦时

指　标	1990年	1995年	2000年	2005年	2010年	2011年
全社会用电合计	**173475**	**275886**	**426438**	**592190**	**1141579**	**1257910**
城乡居民生活用电	**14859**	**38092**	**55220**	**96717**	**132712**	**138975**
乡村	42	1290	2700	5975	7840	8024
城市	14817	36802	52520	90742	124872	130951
全行业用电	**158616**	**237794**	**371218**	**495473**	**1008867**	**1118935**
第一产业	8670	13861	15600	9105	10738	11671
第二产业	128700	192247	278968	389810	829645	924542
第三产业	21246	31686	76650	96558	168484	182722
分行业用电	**158616**	**237794**	**371218**	**495473**	**1008867**	**1118935**
农、林、牧、渔业	8670	13861	15600	9105	10738	11671
#排灌	6045	8984	11013	1045	4191	5320
工业	126776	188568	274288	386950	816263	907322
轻工业	25991	36279	49265	46583	65695	86754
重工业	100785	152289	225023	340367	750568	820568
#制造业				274269	703416	777806
建筑业	1924	3679	4680	2803	13382	17220
交通运输、仓储、邮政业	4665	7022	10417	11252	16666	17257
信息传输、计算机服务和软件业				4784	13572	15246
商业、住宿和餐饮业	2211	5395	44229	52680	69887	73423
金融、房地产、商务及居民服务业				11409	29493	33896
公共事业及管理组织				16485	38866	42900

15－6 续表

单位:万千瓦时

指　　标	2012 年	2013 年	2014 年	2015 年	2016 年	2017 年
全社会用电合计	**1592392**	**1851668**	**1498683**	**1616422**	**2784096**	**3228386**
城乡居民生活用电	**140159**	**149806**	**183798**	**184181**	**190923**	**195594**
乡村	8917	9020	10663	10860	11940	13299
城市	131242	140023	173135	173321	178983	182295
全行业用电	**1452233**	**1738287**	**1314855**	**1432241**	**2593173**	**3032792**
第一产业	15777	26038	28877	19587	19144	21033
第二产业	1231796	1475230	1016903	1107499	2240040	2642724
第三产业	204660	236384	269105	305155	333989	369035
分行业用电	**1452233**	**1738287**	**1314855**	**1432241**	**2593173**	**3032792**
农、林、牧、渔业	15777	26038	28877	19587	19144	21033
#排灌	7976	13965	16087	10381	9820	10729
工业	1210834	1448948	985876	1074275	2203736	2603095
轻工业	90868	94667	106833	89499	81570	109007
重工业	1119966	1354280	879043	984776	2122166	2494088
#制造业	1053989	1232406	832463	919942	1387521	1707915
建筑业	20978	24448	31044	33247	36325	39645
交通运输、仓储、邮政业	23869	37998	38063	47922	53188	61518
信息传输、计算机服务和软件业	16727	19123	23171	25412	28429	32299
商业、住宿和餐饮业	76895	82852	93977	99404	106049	110288
金融、房地产、商务及居民服务业	39620	43854	54690	65779	72085	80656
公共事业及管理组织	47533	52557	59187	66615	74217	84258

注:1. 2000 年以前因行业分组不同,分行业用电分组与总计不相等。
2. 2016 年全行业用电量含自备电厂,与以前年份不可比。

15—7　市政设施及园林绿化

指　　标	1990 年	1995 年	2000 年	2005 年	2010 年	2011 年
市政设施						
道路长度(公里)	402	886	994	1072	1632	1695
道路面积(万平方米)	440	943	1081	1320	2005	2156
路灯盏数(盏)	5700	8578	12206	66532	108024	109024
排水管道长度(公里)	193	280	348	816	1172	1222
桥梁数(座)	49	59	91	114	140	148
污水处理厂数(座)				5	7	7
污水年排放量(万立方米)		11591	13371	13678	18388	21839
污水日处理能力(万立方米/日)			20.0	36.4	41.8	33.1
污水年处理量(万立方米)		3056	8900	7894	11153	16900
污水再生利用总量(万立方米)				3580	3512	5276
园林绿化						
绿化覆盖面积(公顷)		6019	6304	4478	17316	22399
园林绿地面积(公顷)	2236	5844	6128	4477	15697	19901
公园绿地面积(公顷)	450	471	615	809	2063	2636
公园个数(个)	4	18	18	30	26	26
公园面积(公顷)	191	448	454	751	987	987

注:资料取自市建委。

15－7 续表

指　　标	2012 年	2013 年	2014 年	2015 年	2016 年	2017 年
市政设施						
道路长度（公里）	1740	2037	2159	2237	2314	2304
道路面积（万平方米）	2225	2914	3101	3224	3346	3106
路灯盏数（盏）	116957	120757	127052	129090	134588	137324
排水管道长度（公里）	1302	1352	1442	1740	1840	1890
桥梁数（座）	150	150	172	174	179	180
污水处理厂数（座）	8	8	8	8	8	8
污水年排放量（万立方米）	21317	21581	20899	21129	21484	21649
污水日处理能力（万立方米/日）	73.1	73.1	73.1	73.1	73.5	73.5
污水年处理量（万立方米）	17457	17692	17133	17798	18463	18945
污水再生利用总量（万立方米）	4886	4868	4868	5110	5310	3092
园林绿化						
绿化覆盖面积（公顷）	24197	25404	26902	28712	29315	29915
园林绿地面积（公顷）	23372	24476	25931	27679	28258	28848
公园绿地面积（公顷）	2750	3061	3282	3409	3545	3598
公园个数（个）	26	28	28	28	29	29
公园面积（公顷）	987	1080	1080	1080	1103	1103

15—8 环境卫生事业基本情况

指　　标	1990 年	1995 年	2000 年	2005 年	2010 年
道路清扫保洁面积(万平方米)	290	589	780	1425	1846
生活垃圾清运量(万吨)	76	82	91.9	135	104.36
无害化处理量(万吨)			96.00	59.10	91.21
餐厨垃圾清运量(万吨)					
清运粪便(万吨)	3.8	0.6	4.1	0.5	0.8
公共厕所(座)	415	458	518	488	701
市容环卫专用车辆总数(辆)	179	192	246	426	856

指　　标	2013 年	2014 年	2015 年	2016 年	2017 年
道路清扫保洁面积(万平方米)	2440	2682	3024	3311	3368
生活垃圾清运量(万吨)	132.26	136.3	133.59	145.06	154.44
无害化处理量(万吨)	121.01	126.81	132.73	138.81	144.78
餐厨垃圾清运量(万吨)	1.13	1.12	1.84	1.99	2.41
生活垃圾转运站(座)	52	59	65	65	65
公共厕所(座)	932	1065	1065	969	820
市容环卫专用车辆总数(辆)	2374	2666	2997	3279	3292

注:资料取自市建委。

15—9 重点调查企业污染排放及处理利用情况

指　　标	2000 年	2005 年	2008 年	2009 年
被调查企业基本情况				
汇总工业企业数(个)	32	105	130	177
工业锅炉数(台/蒸吨)		342/14365	57/2899	280/10575
工业炉窑数(座)		125	89	138
煤炭消费量(万吨)		827.64	1250.8	1197.08
燃料油消费量(不含车船用,万吨)		0.32	0.46	4.54
焦炭消耗量(万吨)				
天然气消耗量(万立方米)				
用电量(亿千瓦时)				
其他燃料消耗量(万吨标准煤)				
工业废水				
废水治理设施处理能力(万吨/日)		29.45	69.20	91.06
废水治理设施设备运行费用(万元)		5287	17735	7880
工业废水排放量(万吨)	4007.3	4197.01	5765.99	5968.32
#直接排入环境的				
排入污水处理厂的		262.94	267.75	285.45
工业废气				
工业废气排放总量(亿标立方米)		1141.87	1845.48	1505.44
废气治理设施处理能力(万标立方米/时)		1597.78	40423.92	3802.48
废气治理设施设备运行费用(万元)		52720	9776	24411
二氧化硫排放量(吨)	91756.31	87694.09	124724.75	107971.08
烟(粉)尘排放量(吨)	64593.60	51876.37	42015.39	41873.25
工业固体废物				
工业固体废物产生量(万吨)	187.94	329.84	529.54	550.63
#危险废物产生量(万吨)		3.68	2.13	
工业固体废物综合利用量(万吨)	187.94	237.64	356.09	359.56
#危险废物综合利用量(万吨)		2.30	1.05	
工业固体废物处置量(万吨)		44.21	72.98	46.73
#危险废物处置量(万吨)		1.38	1.08	

15－9 续表 1

指　　标	2010 年	2011 年	2012 年	2013 年
被调查企业基本情况				
汇总工业企业数(个)	214	227	244	211
工业锅炉数(台/蒸吨)	496/25390	483/27448	379/24578	184/18252
工业炉窑数(座)	151	171	184	174
煤炭消费量(万吨)	1863.53	2358.14	2167.39	2200.64
燃料油消费量(不含车船用,万吨)	5.57	2.00	0.46	0.55
焦炭消耗量(万吨)		321.62	374.51	361.79
天然气消耗量(万立方米)		84114	111373	163991
用电量(亿千瓦时)		96.90	50.66	50.13
其他燃料消耗量(万吨标准煤)		228.08	230.81	234.03
工业废水				
废水治理设施处理能力(万吨/日)	71.20	79.00	74.31	30.08
废水治理设施设备运行费用(万元)	10622	14057	13654	12978
工业废水排放量(万吨)	5822.45	4820.16	5748.06	4889.15
#直接排入环境的				
排入污水处理厂的	349.50	680.78	402.11	1158.43
工业废气				
工业废气排放总量(亿标立方米)	2224.85	3267.68	3629.40	3526.67
废气治理设施处理能力(万标立方米/时)	5522.35	12504.35	6496.11	9173.95
废气治理设施设备运行费用(万元)	36920	47844	44880	74840
二氧化硫排放量(吨)	94146.40	129445.15	109801.70	74215.89
烟(粉)尘排放量(吨)	41583.30	62364.94	51108.76	52440.77
工业固体废物				
工业固体废物产生量(万吨)	691.75	1000.70	1282.08	1127.52
#危险废物产生量(万吨)			16.41	13.02
工业固体废物综合利用量(万吨)	471.76	809.87	1140.37	988.11
#危险废物综合利用量(万吨)			7.27	11.89
工业固体废物处置量(万吨)	41.07	188.44	135.38	139.39
#危险废物处置量(万吨)			0.97	1.13

15－9 续表2

指　　标	2014 年	2015 年	2016 年	2017 年
被调查企业基本情况				
汇总工业企业数(个)	389	482	173	963
工业锅炉数(台/蒸吨)	701/27699	659/22872	153/16511	1315/39552
工业窑炉数(座)	194	288	168	187
煤炭消费量(万吨)	2158.48	1936.11	1802.95	2126.69
燃料油消费量(不含车船用,万吨)	0.68	0.16	0.37	0.49
焦炭消耗量(万吨)	370.45	216.26	208.88	264.78
天然气消耗量(万立方米)	252881	95352	23964	181378
用电量(亿千瓦时)	89.36	132.21	172.46	186.97
其他燃料消耗量(万吨标准煤)	227.54	144.27	128.03	165.58
工业废水				
废水治理设施处理能力(万吨/日)	31.89	37.87	35.62	31.40
废水治理设施设备运行费用(万元)	13639	16653	13702	26491
工业废水排放量(万吨)	4848.51	3521.14	4488.63	3337.13
#直接排入环境的	4346.67	2931.52	2119.88	1514.80
排入污水处理厂的	501.84	589.62	2368.76	1822.34
工业废气				
工业废气排放总量(亿标立方米)	4068.36	3219.62	2789.29	3699.38
废气治理设施处理能力(万标立方米/时)	9319.58	7955.39	5955.47	6468.15
废气治理设施设备运行费用(万元)	78907	53235	45454	52934.14
二氧化硫排放量(吨)	71250.59	58978.13	40165.66	37483.31
烟(粉)尘排放量(吨)	77075.58	45969.13	34023.51	39751.28
工业固体废物				
工业固体废物产生量(万吨)	962.36	778.46	762.66	935.75
#危险废物产生量(万吨)	7.82	6.89	9.57	17.24
工业固体废物综合利用量(万吨)	901.31	703.53	703.72	876.69
#危险废物综合利用量(万吨)	3.31	3.22	5.98	8.75
工业固体废物处置量(万吨)	25.3	48.58	57.42	57.34
#危险废物处置量(万吨)	4.53	3.61	3.52	5.49

注:2016 年重点调查企业口径有调整。

主要统计指标解释

EXPLANATORY NOTES ON MAIN STATISTICAL INDICATORS

建成区面积　是指城市行政区内实际已成片开发建设、市政公用设施和公共设施基本具备的区域。对核心城市,它包括集中连篇的部分以及分散的若干个已经成片建设起来,市政公用设施和公共设施基本具备的区域;对一城多镇来说,它包括由几个连片开发建设起来的,市政公用设施和公共设施基本具备的地区组成。因此建成区范围,一般是指建成区外轮廓线所能包括的地区,也就是这个城市实际建设用地多达到的范围。

供水综合生产能力　指按供水设施取水、净化、送水、出厂输水干管等环节设计能力计算的综合生产能力。包括在原设计能力的基础上,经挖、革、改增加的生产能力。计算时,以四个环节中最薄弱的环节为主确定能力。

供水管道长度　指从送水泵至用户水表之间所有管道的长度。不包括新安装尚未使用、水厂内以及用户建筑物内的管道。

供水总量　指报告期供水企业(单位)供出的全部水量。包括有效供水量和漏损水量。

生产运营用水　指在城区范围内生产、运营的农、林、牧、渔业、工业、建筑业、交通运输业等单位在生产、运营过程中的用水。

用水普及率　指报告期末城区用水人口数与城市人口总数的比率。计算公式为:用水普及率=城区用水人口数(含暂住人口)/城区人口+城区暂住人口×100%

人工煤气生产能力　指报告期末人工煤气生产厂制气、净化、输送等环节的综合生产能力,不包括备用设备能力。一般按设计能力计算,当实际生产能力大于设计能力时,应按实际测定的生产能力计算。测定时应以制气、净化、输送三个环节中最薄弱的环节为主。

供气管道长度　指报告期末从气源厂压缩机的出口或门站出口至各类用户引入管之间的全部已经通气、投入使用的管道长度。不包括煤气生产厂、输配站、液化气储存站、灌瓶站、储配站、气化站、混气站、供应站等厂(站)内的管道。

供气总量　指报告期燃气企业(单位)向用户供应的燃气数量。包括销售量和损失量。

燃气普及率　指报告期末城区使用燃气的城市人口数与城市人口总数的比率。计算公式为:

燃气普及率=城区用气人口(含暂住人口)/城区人口+城区暂住人口×100%

城市供热能力　指供热企业(单位)向城市热用户输送热源的设计能力。

供热总量　指在报告期供热企业(单位)向城市热用户输送全部蒸汽和热水的总热量。

供热管道长度　指从各类热源到热用户建筑物接入口之间的全部蒸汽和热水的管道长度。不包括各类热源厂内部的管道长度。

供热面积　指在报告期末符合集中供热标准的供热单位(企业),向城市各类房屋建筑物、构筑物及其它设施供热的建筑面积。

道路长度　指道路长度和与道路相通的桥梁、隧道的长度,按车行道中心线计算。

道路面积　指道路面积和与道路相通的广场、桥梁、隧道的面积(统计时,将人行道面积单独统计)。人行道面积按道路两侧面积相加计算。道路面积为机动车道面积与人行道面积之和。包括步行街和广场,不含人车混行的道路。

城市桥梁　指为跨越天然或人工障碍物而修建的构筑物。包括跨河桥、立交桥、人行天桥以及人行地下通道等。

排水管道长度　指所有排水总管、干管、支管、检查井及连接井进出口等长度之和。

污水日处理能力　指污水处理厂(污水处理装置)每昼夜处理污水量的设计能力。

城市绿地面积　指报告期末用作园林和绿化的各种绿地面积。包括公园绿地、生产绿地、防护绿地、附属绿地和其他绿地面积。

公园绿地　城市中向公众开放的、以游憩为主要功能,有一定的游憩设施和服务设施,同时兼有健全生态、美化景观,防灾减灾等综合作用的绿化用地。包括综合公园、社区公园、专类公园、带状公园和街旁绿地。其中综合公园、专类公园和带状公园面积之和为公园面积。

人均道路面积　指的是报告期末城区内平均每一居民拥有的的城市道路面积

道路清扫保洁面积　指报告期末对城市道路和公共场所(主要包括城市行车道、人行道、车行隧道、人行过街地下通道、道路附属绿地、地铁站、高架路、人行过街天桥、立交桥、广场、停车场及其他设施等)进行清扫保洁的面积。一天清扫多次的,按清扫保洁面积最大的一次计算。

市容环卫专用车辆设备　指用于环境卫生作业、监察的专用车辆和设备,包括用于道路清扫、冲洗、洒水、除雪、垃圾粪便清运、市容监察以及与其配套使用的车辆和设备。

生活垃圾清运量　指报告期收集和运送到各生活垃圾处理厂(场)和生活垃圾最终消纳点的生活垃圾数量。生活垃圾指城市日常生活或为城市日常生活提供服务的活动中产生的固体废物以及法律行政规定的视为城市生活垃圾的固体废物。包括:居民生活垃圾、商业垃圾、集市贸易市场垃圾、街道清扫垃圾、公共场所垃圾和机关、学校、厂矿等单位的生活垃圾。

生活垃圾无害化处理率　指报告期生活垃圾无害化处理量与生活垃圾产生量比率。在统计上,由于生活垃圾产生量不易取得，可用清运量代替。计算公式为：

生活垃圾无害化处理率 = 生活垃圾无害化处理量/生活垃圾产生量 × 100%

一般工业固体废物产生量 指未被列入《国家危险废物名录》或者根据国家规定的危险废物鉴别标准（GB5085）、固体废物浸出毒性浸出方法（GB5086）及固体废物浸出毒性测定方法（GB/T 15555）鉴别方法判定不具有危险特性的工业固体废物。计算公式是：

一般工业固体废物产生量 =（一般工业固体废物综合利用量 − 其中：综合利用往年贮存量）+ 一般工业固体废物贮存量 +（一般工业固体废物处置量 − 其中：处置往年贮存量）+ 一般工业固体废物倾倒丢弃量

一般工业固体废物综合利用量 指报告期内企业通过回收、加工、循环、交换等方式，从固体废物中提取或者使其转化为可以利用的资源、能源和其他原材料的固体废物量（包括当年利用的往年工业固体废物累计贮存量）。如用作农业肥料、生产建筑材料、筑路等。综合利用量由原产生固体废物的单位统计。

一般工业固体废物处置量 指报告期内企业将工业固体废物焚烧和用其他改变工业固体废物的物理、化学、生物特性的方法，达到减少或者消除其危险成分的活动，或者将工业固体废物最终置于符合环境保护规定要求的填埋场的活动中，所消纳固体废物的量。

一般工业固体废物贮存量 指报告期内企业以综合利用或处置为目的，将固体废物暂时贮存或堆存在专设的贮存设施或专设的集中堆存场所内的量。专设的固体废物贮存场所或贮存设施必须有防扩散、防流失、防渗漏、防止污染大气、水体的措施。

16

卫生、社会福利、体育和其他

Chapter16 Health, Welfare, Sports and other

资料整理:潘世锦　高思梅

16—1　乌鲁木齐市卫生事业发展情况

年　份	卫生机构数（个）	#医院	卫生技术人员数（人）	#医生	卫生机构床位数（张）	#医院
1949	2	2	68	17	165	165
1950	11	2	163	49	170	165
1951	19	2	314	75	220	165
1952	32	2	453	113	385	195
“一五”时期						
1953	49	3	744	181	471	
1954	63	5	1033	278	560	
1955	76	5	1257	431	684	
1956	93	7	1832	580	1128	
1957	99	6	2227	654	1493	1227
“二五”时期						
1958	110	9	2349	738	1828	
1959	170	15	3838	1236	3776	
1960	202	23	4028	1410	4984	
1961	273	22	5212	1758	5978	
1962	246	21	4184	1566	5027	
三年调整期						
1963	250	21	4561	1797	5270	
1964	265	21	4870	1910	5331	
1965	179	27	3307	1311	3515	2653
“三五”时期						
1966	210	31	3540	1372	4103	3107
1967	206	31	3458	1338	4025	3097
1968	229	31	3685	1484	4235	3167
1969	193	30	3919	1665	4153	3143
1970	212	45	3668	1425	4181	3457
“四五”时期						
1971	265	45	4334	1718	3909	3611
1972	358	51	5293	2096	4738	4058
1973	347	51	5435	1933	4714	3882
1974	367	46	5641	2015	4613	3785
1975	430	42	8236	2757	7205	5224
“五五”时期						
1976	460	48	8811	3006	7312	5746
1977	502	50	9759	3360	7931	6283
1978	494	51	10144	3565	7760	6195
1979	499	51	10644	3718	8149	6432
1980	478	56	11391	4098	8553	7080
“六五”时期						
1981	521	55	11970	4424	8680	7183
1982	517	58	12546	4668	9039	7570

16－1 续表

年　份	卫生机构数（个）	#医院	卫生技术人员数（人）	#医生	卫生机构床位数（张）	#医院
1983	531	57	13441	5083	9423	7813
1984	530	56	13988	5601	9526	7923
1985	518	50	14172	5809	9548	8051
“七五”时期						
1986	545	50	14692	5840	10194	8470
1987	573	52	15251	6027	10555	8765
1988	574	53	15488	6577	11240	9241
1989	603	57	15680	6662	11911	9813
1990	681	59	16356	6794	12167	9847
“八五”时期						
1991	680	59	16668	7091	12029	9764
1992	681	59	17221	7260	12391	9936
1993	691	63	18083	7758	13126	10394
1994	693	75	18593	8221	13177	10766
1995	694	80	18378	8085	13587	11173
“九五”时期						
1996	907	72	18137	8120	13706	11468
1997	914	70	18319	8203	13364	11332
1998	914	71	18207	8042	13677	11533
1999	912	71	17995	7924	13828	11557
2000	1127	71	18317	8330	14114	11697
“十五”时期						
2001	1127	72	17588	8927	14204	11700
2002	832	95	13623	5682	11306	10374
2003	1084	106	18486	7950	15254	13901
2004	1450	133	20947	9513	17710	15576
2005	1478	134	19875	8723	17750	16169
“十一五”时期						
2006	1554	143	20856	9163	18765	17467
2007	1606	134	23469	10039	19399	18308
2008	1491	137	24533	10022	20829	19493
2009	1630	137	26908	10934	30617	21267
2010	1768	139	28639	11539	24204	21128
“十二五”时期						
2011	1685	143	30402	12033	25453	22504
2012	1691	143	31418	12037	25579	22589
2013	1682	136	32961	12902	25983	22835
2014	1726	142	33783	12990	27636	24834
2015	1784	148	35516	13425	28052	25256
“十三五”时期						
2016	1743	125	38326	14410	29405	26426
2017	1756	127	38583	14482	30827	27464

注：资料取自市卫生局统计年报，不含兵团。

16—2　医疗机构、床位、人员数

(2017 年)

机构分类	机构个数(个)	床位数(张)	工作人员合计(人)	#卫生技术人员
总计	**1756**	**30827**	**48518**	**38583**
医院	**127**	**27464**	**36306**	**28514**
综合医院	63	14963	21040	16875
中医医院	15	4140	4721	3757
中西医结合医院	2	525	631	538
民族医院	1	537	740	555
专科医院	46	7299	9174	6789
口腔医院	2	42	328	276
眼科医院	3	130	263	150
耳鼻喉科医院	1	110	175	144
肿瘤医院	1	1659	2274	1697
心血管病医院	1	282	563	352
胸科医院	1	513	610	518
妇产(科)医院	8	427	819	548
儿童医院	2	1060	1628	1380
精神病医院	2	1589	1279	871
传染病医院	1	524	372	224
皮肤病医院	3	124	156	102
骨科医院	1	60	39	30
康复医院	4	189	95	74
整形外科医院	3	102	79	52
美容医院	2	40	74	62
其他专科医院	11	448	420	309
基层医疗卫生机构	**1596**	**2688**	**9717**	**8186**
社区卫生服务中心(站)	302	2291	5042	4070
社区卫生服务中心	67	2013	3123	2467
社区卫生服务站	235	278	1919	1603
卫生院	27	375	544	496
乡镇卫生院	27	375	544	496
中心卫生院	6	179	212	194
乡卫生院	21	196	332	302

注:卫生技术人员不含乡镇卫生院在村卫生室工作的执业(助理)医师、注册护士数。

16－2 续表 1　　（2017 年）　　单位：人

机构分类	卫生技术人员			其他技术人员	管理人员	工勤技能人员
	#执业（助理）医师	#执业医师	注册护士			
总计	**14482**	**13863**	**16915**	**2334**	**2469**	**4889**
医院	**9509**	**9309**	**13689**	**1846**	**1849**	**4097**
综合医院	5540	5455	8213	1072	961	2132
中医医院	1430	1417	1696	279	313	372
中西医结合医院	157	119	204	5	40	48
民族医院	230	217	183	27	15	143
专科医院	2152	2101	3393	463	520	1402
口腔医院	165	164	100	9	13	30
眼科医院	46	44	61	23	21	69
耳鼻喉科医院	59	58	64	4	16	11
肿瘤医院	552	551	885	121	89	367
心血管病医院	118	115	187	60	22	129
胸科医院	129	129	228	40	4	48
妇产（科）医院	149	136	226	33	71	167
儿童医院	470	460	733	22	56	170
精神病医院	184	178	499	92	34	282
传染病医院	63	62	112	18	100	30
皮肤病医院	30	29	58	5	33	16
骨科医院	9	9	9		5	4
康复医院	36	34	27	6	8	7
整形外科医院	16	12	26	2	8	17
美容医院	21	19	36		2	10
其他专科医院	105	101	142	28	38	45
基层医疗卫生机构	**4276**	**3901**	**2824**	**327**	**390**	**571**
社区卫生服务中心（站）	1725	1594	1527	282	324	366
社区卫生服务中心	922	849	967	193	193	270
社区卫生服务站	803	745	560	89	131	96
卫生院	223	177	147	15	12	21
乡镇卫生院	223	177	147	15	12	21
中心卫生院	86	67	45	7	4	7
乡卫生院	137	110	102	8	8	14

16－2续表2　　　　　　　　　　（2017年）

机构分类	机构个数(个)	床位数(张)	工作人员合计(人)	#卫生技术人员
村卫生室	188		317	74
门诊部	76	22	930	706
综合门诊部	39	20	555	401
中医门诊部	3		17	13
中西医结合门诊部	2		10	8
民族医门诊部				
专科门诊部	32	2	348	284
诊所、卫生所、医务室	1003		2884	2840
诊　所	901		2457	2433
卫生所、医务室	102		427	407
专业公共卫生机构	**29**	**484**	**2303**	**1791**
疾病预防控制中心	11		1019	754
省属	1		407	277
省辖市(地区)属	1		153	131
地辖市属	7		301	237
县属	1		35	30
其他	1		123	79
专科疾病防治院(所、站)	2	84	98	27
专科疾病防治所(站、中心)				
药物戒毒所(中心)	2	84	98	27
其他				
妇幼保健院(所、站)	1	400	697	611
妇幼保健院	1	400	697	611
急救中心(站)	1		56	40
采供血机构	1		103	86
卫生监督所(中心)	10		275	243
省属	1		76	63
省辖市(地区)属	1		49	45
地辖市属	7		137	125
县属	1		13	10
计划生育技术服务机构	3		55	30
其他卫生机构	**4**	**191**	**192**	**92**
疗养院	2	191	126	54
临床检验中心(所、站)	2		66	38

16－2 续表 3　　（2017 年）　　单位：人

机构分类	卫生技术人员			其他技术人员	管理人员	工勤技能人员
	#执业（助理）医师	#执业医师	注册护士			
村卫生室	62	32	12			
门诊部	402	363	235	30	45	149
综合门诊部	220	207	133	20	28	106
中医门诊部	8	7	2			4
中西医结合门诊部	5	5	2			2
民族医门诊部						
专科门诊部	169	144	98	10	17	37
诊所、卫生所、医务室	1864	1735	903		9	35
诊所	1640	1522	747		5	19
卫生所、医务室	224	213	156		4	16
专业公共卫生机构	**668**	**626**	**382**	**150**	**197**	**165**
疾病预防控制中心	425	392	18	101	68	96
省　属	134	131	4	56	13	61
省辖市（地区）属	75	75	1	13	2	7
地辖市属	140	127	13	12	40	12
县属	17	14		1		4
其他	59	45		19	13	12
专科疾病防治院（所、站）	11	6	9		71	
专科疾病防治所（站、中心）						
药物戒毒所（中心）	11	6	9		71	
其　他						
妇幼保健院（所、站）	175	173	282	32	24	30
妇幼保健院	175	173	282	32	24	30
急救中心（站）	15	14	23	7	4	5
采供血机构	27	27	41	1	8	8
卫生监督所（中心）					18	14
省属					4	9
省辖市（地区）属					4	
地辖市属					9	3
县　属					1	2
计划生育技术服务机构	15	14	9	9	4	12
其他卫生机构	**29**	**27**	**20**	**11**	**33**	**56**
疗养院	23	21	20	11	19	42
临床检验中心（所、站）	6	6			14	14

16—3　医院等级情况

（2017 年）

单位：个

指　标	医院	综合医院	中医医院	中西医结合医院	民族医院	专科医院
总计	**127**	**63**	**15**	**2**	**1**	**46**
三级	**18**	**6**	**2**		**1**	**9**
甲等	14	5	2		1	6
乙等	1	1				
丙等						
未定等	3					3
二级	**25**	**14**	**3**	**1**		**7**
甲等	15	14	1			
乙等	1			1		
丙等						
未定等	9		2			7
一 级	**84**	**43**	**10**	**1**		**30**
甲等	16	10	2			4
乙等						
丙等						
未定等	68	33	8	1		26

16—4 分区县卫生机构数

（2017 年）

单位:个

地 区	合计	医院						
		小计	综合医院	中医医院	中西医结合医院	民族医院	专科医院	护理院
总 计	**1756**	**127**	**63**	**15**	**2**	**1**	**46**	
天山区	405	38	14	3	1	1	19	
沙依巴克区	355	30	12	4	1		13	
高新区（新市区）	342	30	18	4			8	
水磨沟区	216	14	8	2			4	
经济区（头屯河区）	97	3	2	1				
米东区	240	11	8	1			2	
达坂城区	35	1	1					
乌鲁木齐县	66							

地 区	基层医疗卫生机构							
	小计	社区卫生服务中心	社区卫生服务站	街道卫生院	乡镇卫生院	村卫生室	门诊部	诊所、卫生所、医务室、护理站
总 计	**1596**	**67**	**235**		**27**	**188**	**76**	**1003**
天山区	359	18	50				21	270
沙依巴克区	321	13	37			2	33	236
高新区（新市区）	306	12	67		6	26	4	191
水磨沟区	199	8	26		1	5	11	148
经济区（头屯河区）	90	5	16			2	3	64
米东区	226	8	39		7	80	4	88
达坂城区	32	3			5	21		3
乌鲁木齐县	63				8	52		3

16－4 续表　　（2017 年）　　单位：个

地　　区	专业公共卫生机构								
	小计	疾病预防控制中心（防疫站）	专科疾病防治院（所、站）	健康教育所、站	妇幼保健院（所、站）	急救中心（站）	采供血机构	卫生监督所	计划生育技术服务机构
总　计	**29**	**11**	**2**		**1**	**1**	**1**	**10**	**3**
天山区	6	2			1			2	1
沙依巴克区	4	1				1	1	1	
高新区（新市区）	5	2	1					2	
水磨沟区	3	1	1					1	
经济区（头屯河区）	3	2						1	
米东区	3	1						1	1
达坂城区	2	1						1	
乌鲁木齐县	3	1						1	1

地　　区	其　他　机　构					
	小计	疗养院	医学科研机构	医学在职培训机构	统计信息中心	其他
总　计	**4**	**2**				**2**
天山区	2	2				
沙依巴克区						
高新区（新市区）	1					1
水磨沟区						
经济区（头屯河区）	1					1
米东区						
达坂城区						
乌鲁木齐县						

16—5 医疗机构诊疗人次及诊疗情况

(2017年)

机 构	总诊疗人次数(人次)	#门、急诊	观察室留观病例数(例)	健康检查人数(人)	急诊病死率(%)
总计	**23941815**	**23418559**	**132728**	**1773918**	**0.03**
医院	**15538162**	**15246795**	**113202**	**879062**	**0.04**
综合医院	9583640	9347446	67184	513331	0.04
中医医院	2840524	2837026	29747	146222	0.10
中西医结合医院	163389	163387			
民族医院	197984	197984	144	3488	0.05
专科医院	2752625	2700952	16127	216021	0.01
口腔医院	233466	232900	5		
眼科医院	81396	78281		11818	
耳鼻喉科医院	135221	135221		4750	
肿瘤医院	373463	373463	94	43882	
心血管病医院	60395	60395	166	23785	0.10
胸科医院	107267	107267	320	254	
妇产(科)医院	177574	175131	1915	13845	
儿童医院	1135167	1135167	12270	88666	0.01
精神病医院	260614	227714		16446	
传染病医院	63671	61163		2508	
皮肤病医院	9025	8451	50		
骨科医院	3420	2758			
康复医院	8627	8602		825	
整形外科医院	6093	6093	278		
美容医院	10920	6237	529	2890	
其他专科医院	86306	82109	500	6352	
基层医疗卫生机构	**7697361**	**7476102**	**19510**	**883516**	**0.03**
社区卫生服务中心(站)	4710467	4516306	19388	761548	0.03
社区卫生服务站	1708131	1647082	7606	225475	
卫生院	390596	376999	122	105104	
村卫生室	190356	183843			
门诊部	401256	397117		16864	
诊所、卫生所、医务室	2004686	2001837			
专业公共卫生机构	**559346**	**548716**	**16**	**11140**	
专科疾病防治院(所、站)	13260	13260		510	
妇幼保健院(所、站)	483642	473012	16	10630	
急救中心(站)	62444	62444			
其他卫生机构	**146946**	**146946**		**200**	
疗养院	41146	41146		200	
临床检验中心	105800	105800			

16—6　医疗机构床位利用及服务情况

（2017 年）

机　　构	平均开放病床数（张）	病床使用率（%）	出院者平均住院日（天）	病床周转次数（次）	病床工作日（日）
总计	**29046**	**91.20**	**9.60**	**33.59**	**332.90**
医院	**26251**	**95.55**	**9.70**	**34.57**	**348.80**
综合医院	14350	92.26	9.31	35.55	336.76
中医医院	4061	118.19	10.06	42.71	431.38
中西医结合医院	405	94.34	11.73	29.36	344.34
民族医院	537	116.32	13.97	29.43	424.57
专科医院	6898	87.51	10.10	28.45	319.41
口腔医院	42	17.63	4.64	13.55	64.36
眼科医院	130	53.14	5.19	30.42	193.98
耳鼻喉科医院	95	67.88	7.30	34.05	247.76
肿瘤医院	1659	111.03	9.05	42.82	405.25
心血管病医院	282	100.74	10.34	35.85	367.71
胸科医院	514	98.08	13.14	27.67	357.99
妇产（科）医院	426	26.71	5.10	18.74	97.51
儿童医院	1060	99.99	6.86	53.19	364.98
精神病医院	1455	103.96	28.33	8.96	379.46
传染病医院	405	104.56	16.16	23.33	381.66
皮肤科医院	105	22.82	9.92	8.34	83.30
骨科医院	60	50.00	12.48	10.99	182.50
康复医院	150	1.12	9.41	0.34	4.07
整形外科医院	102	2.89	1.02	10.33	10.56
美容医院	38	26.99	3.34	29.45	98.51
其他专科医院	376	23.19	11.92	6.74	84.65
基层医疗卫生机构	**2120**	**49.08**	**7.88**	**21.34**	**179.15**
社区卫生服务中心（站）	1772	49.09	7.78	21.46	179.18
社区卫生服务站	219	20.19	2.83	25.83	73.70
卫生院	348	49.04	8.42	20.71	179.01
专业公共卫生机构	**484**	**74.38**	**5.52**	**47.33**	**271.48**
疾病预防控制中心	84	47.35	2.90	51.72	172.84
妇幼保健院（所、站）	400	80.05	6.13	46.41	292.19
其他卫生机构	**191**	**2.79**	**38.08**	**0.27**	**10.17**
疗养院	191	2.79	38.08	0.27	10.17

16—7 区(县)基层组织情况

(2017 年)

单位:个、人

地区	社区居委会(村委会)	居民1000户以下	居民1000户至3000户	居民3000户以上	社区居委会(村委会)成员人数	#党员	#女性
乌鲁木齐市	1037	449	476	104	15327	4685	6187
天山区	196	48	125	23	11786	2357	3892
沙依巴克区	185	54	110	21	873	509	477
高新区(新市区)	172	49	75	42	175	654	679
水磨沟区	161	64	90	2	842	119	355
经济区(头屯河区)	81	49	32	3	469	195	221
米东区	156	101	42	13	822	620	400
达坂城区	38	36	2		325	196	160
乌鲁木齐县	48	48			35	35	3

16—8 区(县)城市居民最低生活保障情况

(2017 年)

单位:人

地区	城市居民最低生活保障人数	分类施保情况		低保对象分类				
				成年人			未成年人	
		#残疾人	#老年人	灵活就业人员	登记失业人员	未登记失业人员	在校生	其他
乌鲁木齐市	17251	5409	2518	408	723	9001	2785	1760
天山区	3873	1222	747	38	96	2007	614	369
沙依巴克区	5593	1645	857	83	152	3067	924	495
高新区(新市区)	1422	877	118	15	266	746	144	128
水磨沟区	3275	644	401	38	66	1712	628	406
经济区(头屯河区)	1582	513	175	16	66	790	271	258
米东区	1041	392	133	204	34	446	157	64
达坂城区	128	55	38	5	7	59	14	4
乌鲁木齐县	337	61	49	9	36	174	33	36

16—9　社会保险参保人数

单位:人

年　份	基本养老保险参保人数	基本医疗保险参保人数	失业保险参保人数	工伤保险参保人数	生育保险参保人数
2002	305700	309700	373106		
2003	322500	365400	39600		
2004	342268	405822	403799		
2005	369151	459334	410592	300536	313458
2006	406248	529894	434440	369562	339011
2007	444506	609857	467389	424329	371865
2008	513668	689570	519978	484828	415958
2009	567319	780247	562917	532964	455557
2010	649110	862571	608231	587574	502816
2011	749630	991334	679901	661387	575884
2012	821997	1061161	720815	712703	615243
2013	1074564	1113154	751354	750198	642520
2014	1109545	1146075	766382	760205	657012
2015	1123974	1185750	780521	765623	670384
2016	1241706	1197128	788476	771025	691213
2017	1268004	1220090	820006	777313	726853

16—10 优抚、救济情况

指　标	1995 年	2000 年	2005 年	2010 年	2011 年
优抚对象优待抚恤情况					
定期抚恤金人数(人)	135	115	153	462	195
烈属	97	54	72	313	68
牺牲军人家属			34	51	57
病故军人家属			47	98	70
定期补助人数(人)	261	307	301	1280	1188
优待优抚对象户数(户)			2562	3391	3096
#优待军属户数			1377	1482	1055
优待总金额(万元)	12	61	175	1129	963
#固定优待军属总额			135	593	444
城镇社会救济情况					
城镇居民最低生活保障人数(人)			26627	19858	21605
在职人员			674	244	233
灵活就业			1226	2138	1996
老年人			509	4247	3238
登记失业人员			3118	2183	2066
其他人员			21100	11046	14072
城镇居民最低生活保障家庭数(户)			11438	11557	13166

指　标	2013 年	2014 年	2015 年	2016 年	2017 年
优抚对象优待抚恤情况					
定期抚恤金人数(人)	198	216	218	194	172
烈属	67	71	73	54	50
牺牲军人家属	61	61	61	55	48
病故军人家属	70	84	84	85	74
定期补助人数(人)	1241	1257	1261	1263	1378
优待优抚对象户数(户)	2279	2039	1487	935	4895
#优待军属户数	1050	996	823	689	1110
优待总金额(万元)	1278	1234	1201	1002	1443
#固定优待军属总额	286	660	523	416	
城镇社会救济情况					
城镇居民最低生活保障人数(人)	19917	19955	18880	18039	17251
在职人员	135	123	74	63	56
灵活就业	1149	838	583	468	408
老年人	2583	2552	2598	2634	2518
登记失业人员	1398	1271	931	876	723
其他人员	14652	15171	14694	13998	13546
城镇居民最低生活保障家庭数(户)	12994	13170	12874	12588	12079

16—11 按项目分等级运动员、裁判员发展人数

单位:枚、人

指 标	2000 年	2005 年	2010 年	2013 年	2014 年	2015 年	2016 年	2017 年
省级比赛获奖情况								
金牌		94	238	181	375	189	185	231
银牌		79	129	202	173	170	168	153
铜牌		83	87	223	134	132	135	128
当年新增等级裁判员	**241**	**206**	**78**	**229**	**532**	**251**		
#女	55	57	23	50	247	91		
#二 级	179	206	78	229	532	251		
等级运动员	**55**	**58**	**395**	**425**	**271**	**232**	**254**	**313**
田径	38	22	193	144	87	73	72	80
游泳		16	32	8	10	7	12	7
速度滑冰	17	10	7	5	3	5	6	2
射击		6	10	9	4	4	5	2
射箭		4	11	9	5	5	3	9
篮球				114	64	57	56	67
乒乓球			19	35	8		15	7
武术			12	18	4	14	12	22
柔道			14	2	9	6	8	10
跆拳道			49	7	5	11	5	9
国际摔跤			39	24	12	11	21	24
足球				41	20	14	16	39
健美操						5		
排球					2	6	5	6
拳击			9	5	9	8	11	13
举重								
沙滩排球				4	4	6		4
围棋								
中国式摔跤								
网 球					15		5	8
航空模型							2	1
车辆模型								3

注:资料取自市体育局,为乌鲁木齐市属口径。

16—12 主要年份律师、公证、调节工作基本情况

单位:件

指 标	1995 年	2000 年	2005 年	2010 年	2011 年
刑事诉讼辩护及代理合计	**1206**	**633**	**676**	**1060**	**958**
#公诉案件辩护				187	107
被告人委托辩护	921	441	499	354	459
法律援助辩护	57	53	27	119	110
民事诉讼代理合计	**1649**	**1377**	**4155**	**6020**	**5557**
#合同纠纷				2994	2648
侵权纠纷				628	679
婚姻家庭纠纷	348	389	514	471	432
继承权纠纷	82	32	93	131	157
劳动争议案件				676	967
涉及农民工案件				21	12
知识产品案件				24	501
其他				1075	17
行政诉讼代理合计	57	106	84	431	72
常年法律顾问(家)	498	322	460	585	690
非诉讼法律事务	1836	853	1434	639	453
咨询和代理文书(人次)	8010	13301	23288	15987	26225
代写法律文书	2327	2719	6344	2225	2835
法律咨询	5683	10582	16944	13762	23390
仲裁业务				450	543
提供法律援助				252	697
参加公益事业和社会活动				4192	7015

16－12 续表

单位：件

指　　标	2013 年	2014 年	2015 年	2016 年	2017 年
刑事诉讼辩护及代理合计	**1206**	**1510**	**1221**	**797**	**1296**
#公诉案件辩护	121	328	207	207	509
被告人委托辩护	181	462	346	296	597
法律援助辩护	51	248	272	163	190
民事诉讼代理合计	4626	7680	9099	8462	12664
#合同纠纷	2103	3547	4107	4909	5187
侵权纠纷	481	695	820	670	1421
婚姻家庭纠纷	305	546	617	532	973
继承权纠纷	134	144	134	12	362
劳动争议案件	400	972	1236	1037	1345
涉及农民工案件	149	74	66	29	48
知识产品案件	42	20	25	10	67
其他	1012	1682	2119	1248	3241
行政诉讼代理合计	78	137	733	164	474
常年法律顾问（家）	1257	997	1006	1383	1251
非诉讼法律事务	3086	1108	744	2646	704
咨询和代理文书（人次）	14581	24588	20321	13405	22007
代写法律文书	1966	3235	2894	1566	3813
法律咨询	12615	17133	15465	11839	18194
仲裁业务	236	417	684	527	336
提供法律援助	376	1018	1096	587	580
参加公益事业和社会活动	4869	5303	7589	2726	2380

16—13 律师执业机构情况

单位:个

指 标	1995 年	2000 年	2005 年	2011 年	2015 年	2016 年	2017 年
律师事务所	**25**	**31**	**43**	**74**	**109**	**118**	**136**
按组织形式分							
合伙所	4	17		51	59	64	65
合伙人 3 至 10 人所				45	47	40	56
合伙人 11 至 50 人所				6	12	24	9
国资所	1	14		1			
个人开业所	20			22	50	54	71
按规模分							
律师 30 人以下所			25	72	103	110	129
律师 31 - 50 人所			18	2	3	5	3
律师 51 - 100 人所					36	3	4

16—14 执业律师情况

单位:人

指 标	1995 年	2000 年	2005 年	2011 年	2015 年	2016 年	2017 年
律师合计	**227**	**386**	**496**	**784**	**1197**	**1271**	**1465**
#女 性	39	75		212	463	490	596
按类别分							
专职律师	178	307	458	713	1127	1183	1382
兼职律师	49	79	38	63	48	57	46
公务律师					14	21	30
法律援助律师				8	8	9	7
军队律师						1	
按文化程度分							
博士		3		16	16	15	23
硕士、双学位	1	8		152	117	129	186
法律专业本科	44	77		514	1020	910	1095
其他专业本科	15	18		22	23	157	99
法律专业专科	83	158		39	16	57	59
其他专业专科	28	37			4	2	2
专科以下	7	6		41	1	1	1

注:律师执业机构、执业律师情况资料取自市司法局,为乌鲁木齐市属口径。

主要统计指标解释

EXPLANATORY NOTES ON MAIN STATISTICAL INDICATORS

医疗卫生机构　指从卫生行政部门取得《医疗机构执业许可证》、《计划生育技术服务许可证》，或从民政、工商行政、机构编制管理部门取得法人单位登记证书，为社会提供医疗保健、疾病控制、卫生监督服务或从事医学科研和医学在职培训等工作的单位。医疗卫生机构包括医院、基层医疗卫生机构、专业公共卫生机构、其他医疗卫生机构。

医院　包括综合医院、中医医院、中西医结合医院、民族医院、各类专科医院和护理院，不包括专科疾病防治院、妇幼保健院和疗养院。

基层医疗卫生机构　包括社区卫生服务中心、社区卫生服务站、街道卫生院、乡镇卫生院、村卫生室、门诊部、诊所(医务室)。

专业公共卫生机构　包括疾病预防控制中心、专科疾病防治机构、妇幼保健机构(含妇幼保健计划生育服务中心)、健康教育机构、急救中心(站)、采供血机构、卫生监督机构、取得《医疗机构执业许可证》或《计划生育技术服务许可证》的计划生育技术服务机构。

其他医疗卫生机构　包括疗养院、临床检验中心、医学科研机构、医学在职教育机构、医学考试中心、农村改水中心、人才交流中心、统计信息中心等卫生事业单位。

卫生人员　指在医院、基层医疗卫生机构、专业公共卫生机构及其他医疗卫生机构工作的职工，包括卫生技术人员、乡村医生和卫生员、其他技术人员、管理人员和工勤人员。一律按支付年底工资的在岗职工统计，包括各类聘任人员(含合同工)及返聘本单位半年以上人员，不包括临时工、离退休人员、退职人员、离开本单位仍保留劳动关系人员、本单位返聘和临聘不足半年人员。

卫生技术人员　包括执业医师、执业助理医师、注册护士、药师(士)、检验技师(士)、影像技师、卫生监督员和见习医(药、护、技)师(士)等卫生专业人员。不包括从事管理工作的卫生技术人员(如院长、副院长、党委书记等)。

执业医师　指《医师执业证》"级别"为"执业医师"且实际从事医疗、预防保健工作的人员，不包括实际从事管理工作的执业医师。执业医师类别分为临床、中医、口腔和公共卫生四类。

执业助理医师　指《医师执业证》"级别"为"执业助理医师"且实际从事医疗、预防保健工作的人员，不包括实际从事管理工作的执业助理医师。执业助理医师类别分为临床、中医、口腔和公共卫生四类。

参加新农合人数　指根据本地新农合实施方案到年内新农合筹资截止时已缴纳新农合资金的人口数。

城市居民最低生活保障人数　指在报告期末家庭平均收入在当地规定的最低生活保障线以下的城镇居民数。包括"三无"对象，失业人员和在职、下岗、退休人员等。

农村居民最低生活保障人数　指报告期末在建立农村最低生活保障制度的地区，得到当地政府或集体给予最低生活保障的农业人口家庭人数。

参保职工人数　指报告期末按照国家法律、法规和有关政策规定参加基本养老保险并在社保经办机构已建立缴费记录档案的职工人数。包括中断缴费但未终止养老关系的职工人数，不包括只登记未建立缴费记录档案的人数。

基本医疗保险参保人数　指报告期末按国家有关规定参加相应基本医疗保险的人数。

失业保险参保人数　指报告期末按照国家法律、法规和有关政策规定参加了失业保险的城镇企业、事业单位的职工及地方政府规定参加失业保险的其他人员的人数。

工伤保险参加保险人数　指报告期末依据国家有关规定参加工伤保险的职工人数和有雇工的个体工商户的雇工数。

生育保险参保人数　指报告期末依据有关规定参加生育保险的人数。

律师　指依法取得律师执业证书，担任法律顾问，民事(刑事、行政)案件代理人、刑事案件辩护人、办理非诉讼业务，解答法律询问，代写法律事务文书等，为社会提供法律服务的人员。

公证文书　指公证处根据当事人申请，依照事实和法律，按照法定程序制作的，具有法律效力的司法证明文书。

调解民间纠纷　指调解委员会按照法律规定，根据自愿原则，用说服教育的方法调解民间发生的有关民事权利和义务争执的件数，包括调解成功数和调解未成功数。该指标主要反映人民调解委员会的工作量。

17

区县主要经济指标

MAIN ECONOMIC INDICATORS OF DISTRICT COUNTIES

资料整理:马晓丽　靳雪梅　郑雪箐　王尚立
王　琰　李东晖　王丽华　黄　姗

17—1　区县主要经济指标

（2017年）

指　　标	单　位	天山区	沙依巴克区	高新区（新市区）	水磨沟区
一、综合					
行政区划面积	平方公里	171.0	422.5	262.5	277.6
从业人员(劳资口径)	万人	11.82	9.43	12.94	9.61
第一产业	万人	0.03	0.02		
第二产业	万人	1.35	2.06	4.67	4.72
第三产业	万人	10.44	7.35	8.27	4.89
地方财政收入	亿元	49.27	32.90	127.50	55.41
增长速度	%	96.6	61.3	25.4	94.6
地方财政支出	亿元	31.43	26.26	80.36	30.43
增长速度	%	9.8	10.5	18.7	-2.1
国税收入	万元	626458	372700	1009385	277920
#国有经济	万元	80400	59179	508823	19114
集体经济	万元	375	1132	140	131
私营经济	万元	96257	126941	133326	64196
个体经济	万元	22250	5281	68231	45285
国税收入增长速度	%	49.5	34.7	28.5	12.2
地税收入	万元	183420	185845	460430	149627
#国有经济	万元	16329	19800	40692	4559
集体经济	万元	596	1863	748	133
私营经济	万元	18475	29758	98831	25737
个体经济	万元	10612	12488	18874	12487
地税收入增长速度	%	-17.7	-15.5	-17.6	10.9
二、核算					
地区生产总值	亿元	321.91	330.89	1005.27	281.31
第一产业	亿元	0.32		3.03	0.41
第二产业	亿元	37.63	35.77	185.50	135.54
#工业	亿元	9.31	12.37	152.93	109.82
第三产业	亿元	283.96	295.31	816.74	145.36
地区生产总值增长速度	%	7.2	6.7	9.8	7.5
第一产业	%	-3.2		-2.9	3.3
第二产业	%	4.7	8.3	8.2	11.8
#工业	%	10.6	-1.4	8.4	14.7
第三产业	%	7.6	6.6	10.3	4.1
三、投资、建筑					
固定资产投资完成额	亿元	115.01	130.05	520.01	320.02

17－1 续表1　　(2017年)

指　　标	单　位	经济技术开发区(头屯河区)	米东区	达坂城区	乌鲁木齐县
一、综合					
行政区划面积	平方公里	275.59	3407.42	4759.20	4141.00
从业人员(劳资口径)	万人	12.40	4.63		0.43
第一产业	万人	0.01	0.01		0.01
第二产业	万人	6.40	2.58		0.02
第三产业	万人	6.00	2.04		0.40
地方财政收入	亿元	129.03	56.48	3.42	12.21
增长速度	%	28.3	31.8	12.5	5.8
地方财政支出	亿元	71.56	45.25	8.01	19.35
增长速度	%	4.9	-4.2	19.0	-2.7
国税收入	万元	892768	1190341	22462	
#国有经济	万元	301413	9542	531	
集体经济	万元	1597	1027	-32	
私营经济	万元	108705	59998	2345	
个体经济	万元	47583	65305	2480	
国税收入增长速度	%	13.3	23.8	22.2	
地税收入	万元	493949	233874	13818	
#国有经济	万元	55706	5625	155	
集体经济	万元	608	1437	65	
私营经济	万元	90472	13393	2044	
个体经济	万元	36622	13704	583	
地税收入增长速度	%	-0.7	-6.0	7.8	
二、核算					
地区生产总值	亿元	444.71	301.76	22.97	23.12
第一产业	亿元	7.14	8.78	1.67	7.61
第二产业	亿元	165.24	215.78	12.01	4.92
#工业	亿元	103.46	205.13	11.22	4.00
第三产业	亿元	272.33	80.54	9.27	10.6
地区生产总值增长速度	%	7.2	13.7	5.4	5.2
第一产业	%	3.0	5.0	5.1	2.4
第二产业	%	-1.1	17.2	3.4	9.6
#工业	%	-5.8	17.9	3.4	20.5
第三产业	%	13.5	6.9	8.3	5.3
三、投资、建筑					
固定资产投资完成额	亿元	510.02	252.00	53.03	65.00

17－1 续表2　　（2017 年）

指　　标	单　位	天山区	沙依巴克区	高新技术开发区（新市区）	水磨沟区
增长速度	%	26.6	20.2	32.9	27.3
#房地产开发	亿元	52.33	45.27	45.80	81.65
增长速度	%	-9.1	14.6	29.7	104.9
建筑业企业单位数	个	86		108	42
建筑业企业年平均从业人员	人	59220		36000	10644
建筑业总产值	万元	1153040		946352	152488
四、农业					
农业总产值	万元			63092	4936
农业产值	万元			43956	1227
林业产值	万元			3372	
牧业产值	万元			11178	3709
渔业产值	万元			4175	
农林牧渔服务业	万元				
农业总产值增长速度	%			1.1	-3.5
农作物播种面积	公顷			5361.50	541.00
五、工业					
全部工业总产值	亿元	50.45	61.99	409.50	549.51
规模以上工业企业数	个	10	16	83	10
规模以上工业总产值	亿元	34.15	57.02	381.00	542.62
轻工业	亿元	7.88	1.78	23.20	1.67
重工业	亿元	26.27	55.24	357.80	540.95
内资企业	亿元	34.15	57.02	381.00	529.32
国有企业	亿元	11.81	0.66	3.30	
集体企业	亿元				
股份合作企业	亿元				13.29
联营企业	亿元				
有限责任公司	亿元	20.36	51.02	32.70	
股份有限公司	亿元			317.10	
私营企业	亿元	1.98	5.34	22.90	
其他企业	亿元			2.60	
港澳台商投资企业	亿元			2.40	

17－1 续表3　　(2017年)

指　　标	单　位	经济技术开发区（头屯河区）	米东区	达坂城区	乌鲁木齐县
增长速度	%	30.9	25.3	26.7	27.4
#房地产开发	亿元	142.70	22.75		7.44
增长速度	%	44.0	-8.8		266.5
建筑业企业单位数	个	75	21		
建筑业企业年平均从业人员	人	29764	12131		
建筑业总产值	万元	2080020	378617		4403
四、农业					
农业总产值	万元	129724	154044	39922	132024
农业产值	万元	80109	53077	11267	46596
林业产值	万元	16720	1106	224	3310
牧业产值	万元	17246	92701	28431	79726
渔业产值	万元	2795	2700		192
农林牧渔服务业	万元	12854	4460		2200
农业总产值增长速度	%	2.2	5.0	8.4	5.5
农作物播种面积	公顷	4344	13806	4838	10693
五、工业					
全部工业总产值	亿元	679.00	546.70	26.48	10.77
规模以上工业企业数	个	115	71	25	8
规模以上工业总产值	亿元	664.60	519.19	24.86	10.35
轻工业	亿元	107.70	11.52		
重工业	亿元	556.90	507.67	24.86	10.35
内资企业	亿元	626.60	516.64	24.86	10.35
国有企业	亿元	2.00	0.84		1.04
集体企业	亿元	0.50			9.31
股份合作企业	亿元				
联营企业	亿元				
有限责任公司	亿元	250.80	101.48	21.34	
股份有限公司	亿元	114.20	359.49	3.52	
私营企业	亿元	259.00	54.83		
其他企业	亿元				
港澳台商投资企业	亿元	7.50	2.54		

17－1 续表 4　　（2017 年）

指　　标	单　位	天山区	沙依巴克区	高新技术开发区（新市区）	水磨沟区
外商投资企业	亿元			2.50	
规模以上工业企业利润总额	亿元	－2.98	4.59	20.70	2.68
规模以下工业企业总产值	亿元	16.30	4.97	28.50	2.33
主要产品产量					
#原煤产量	万吨				
家具产量	万件				
水泥产量	万吨	5.05			
发电量	亿千瓦时	53.74		68.92	47.89
六、贸易					
社会消费品零售总额	亿元	272.32	344.60	363.60	185.10
#批发、零售贸易业	亿元	205.81	296.30	306.30	127.00
住宿和餐饮业	亿元	66.51	48.30	57.30	21.00
其　他	亿元				37.10
社会消费品零售总额增长速度	%	4.5	5.5	8.4	6.3
限额以上批零业商品销售总额	亿元	278.42	607.70	2472.90	102.00
七、人民生活					
农村居民人均可支配收入	元	16649	18017	22273	18490
增长速度	%	9.0	9.9	9.7	9.5
城镇登记失业率	%	2.2	2.9	3.7	2.9
八、教育					
普通中学					
学校数	个	28	24	30	13
在校生数	人	43647	27545	34238	12049
专任教师	人	3250	4049	2594	852
小学					
学校数	个	25	28	16	16
在校生数	人	52887	39204	45266	20862
专任教师	人	2693	2070	2058	1057
幼儿园					
学校数	个	59	77	83	60
在校生数	人	17567	16729	20661	12184
专任教师	人	898	913	1195	624
九、医疗					
卫生机构数	个	405	355	387	247
#医　院	个	38	30	30	15
卫生技术人员	人	16490	7500	11154	3270
#医　生	人	4690	3084	7234	2337
卫生机构床位数	张	10439	6385	9136	2172
#医院床位数	张	9192	5635	8747	1939

17－1续表5 （2017年）

指　　标	单　位	经济技术开发区（头屯河区）	米东区	达坂城区	乌鲁木齐县
外商投资企业	亿元	30.50			
规模以上工业企业利润总额	亿元	15.30	9.12	3.12	
规模以下工业企业总产值	亿元	14.40	21.04	1.62	
主要产品产量					
#原煤产量	万吨		3543.84	137.75	
家具产量	万件		17.10		
水泥产量	万吨		92.57	251.61	
发电量	亿千瓦时	9.70	50.13	29.05	
六、贸易					
社会消费品零售总额	亿元	69.77	70.68	1.59	9.46
#批发、零售贸易业	亿元	53.77	63.70		8.50
住宿和餐饮业	亿元	0.40	6.98		0.96
其　他	亿元	15.60			
社会消费品零售总额增长速度	%	8.0	9.0	8.7	8.0
限额以上批零业商品销售总额	亿元	1912.80	138.97	0.36	
七、人民生活					
农村居民人均可支配收入	元	19473	17790	16534	17245
增长速度	%	9.0	8.8	9.0	
城镇登记失业率	%	2.5	3.0	3.7	
八、教育					
普通中学					
学校数	个	8	23	5	10
在校生数	人	9781	22001	1454	1653
专任教师	人	758	2486	164	222
小学					
学校数	个	8	20	4	11
在校生数	人	13539	29437	2268	4305
专任教师	人	715	710	235	355
幼儿园					
学校数	个	32	81	11	51
在校生数	人	9073	15550	1275	1755
专任教师	人	506	730	175	376
九、医疗					
卫生机构数	个	97	246	37	8
#医　院	个	2	19	1	8
卫生技术人员	人	1306	2098	245	170
#医　生	人	513	830	95	91
卫生机构床位数	张	669	1458	351	125
#医院床位数	张	551	1051	351	125

注：农业、教育、医疗为地方数据，不含兵团。

附　录

APPENDIX

资料整理:潘世锦　刘艳梅

附录－1　全疆地州市主要经济指标

地州市	地区生产总值(亿元)			
	2017 年	位次	增长%	位次
乌鲁木齐市	2730.65	1	8.1	8
昌吉州	1220.00	2	7.0	12
石河子市	333.86	10	3.7	15
克拉玛依市	722.40	7	7.5	10
吐鲁番市	262.52	13	9.8	2
哈密市	478.14	9	8.3	6
伊犁州	875.80	5	8.6	4
阿勒泰地区	246.77	14	7.8	9
塔城地区	620.25	8	7.4	11
博州	311.17	11	10.0	1
巴州	951.51	3	7.0	12
阿克苏地区	921.11	4	8.6	4
克州	112.12	15	8.2	7
喀什地区	848.20	6	6.1	14
和田地区	268.26	12	8.7	3

地州市	第一产业(亿元)			
	2017 年	位次	增长%	位次
乌鲁木齐市	25.00	12	2.6	15
昌吉州	242.00	3	4.0	10
石河子市	10.68	14	5.0	9
克拉玛依市	4.90	15	3.0	13
吐鲁番市	52.81	9	5.4	3
哈密市	38.58	11	5.4	3
伊犁州	199.70	5	5.1	7
阿勒泰地区	48.01	10	5.2	5
塔城地区	234.87	4	6.3	2
博州	61.32	8	5.1	7
巴州	187.06	6	5.2	5
阿克苏地区	244.14	2	7.0	1
克州	15.75	13	3.0	13
喀什地区	282.40	1	3.2	11
和田地区	62.13	7	3.2	11

附录－1 续表 1

地州市	第二产业(亿元)			
	2017 年	位次	增长%	位次
乌鲁木齐市	823.80	1	7.3	8
昌吉州	577.00	2	6.0	11
石河子市	190.33	9	1.2	15
克拉玛依市	501.30	3	5.3	12
吐鲁番市	119.31	11	11.3	2
哈密市	274.82	6	9.5	6
伊犁州	259.60	7	7.6	7
阿勒泰地区	86.02	13	5.3	12
塔城地区	162.81	10	7.0	10
博州	93.85	12	12.4	1
巴州	478.18	4	7.3	8
阿克苏地区	335.05	5	10.1	5
克州	39.63	15	11.0	3
喀什地区	215.50	8	2.3	14
和田地区	45.42	14	10.3	4

地州市	第三产业(亿元)			
	2017 年	位次	增长%	位次
乌鲁木齐市	1881.85	1	8.5	10
昌吉州	401.00	3	10.4	8
石河子市	132.85	12	7.4	14
克拉玛依市	216.10	8	12.4	1
吐鲁番市	89.77	14	10.6	7
哈密市	164.74	9	7.0	15
伊犁州	416.50	2	10.8	4
阿勒泰地区	112.75	13	11.4	2
塔城地区	222.57	7	8.8	9
博州	156.00	11	10.8	4
巴州	286.27	6	7.6	13
阿克苏地区	341.92	5	8.3	11
克州	56.74	15	7.9	12
喀什地区	350.30	4	10.9	3
和田地区	160.71	10	10.7	6

附录－1 续表2

地州市	工业增加值(亿元)			
	2017年	位次	增长%	位次
乌鲁木齐市	633.96	1	8.6	6
昌吉州	392.00	3	5.0	12
石河子市	153.37	8	3.1	14
克拉玛依市	555.80	2	8.4	7
吐鲁番市	92.09	9	15.6	2
哈密市	183.77	5	10.7	3
伊犁州	169.91	6	10.2	4
阿勒泰地区	51.94	12	4.8	13
塔城地区	71.79	11	6.3	11
博州	51.48	13	7.0	10
巴州	382.60	4	7.5	8
阿克苏地区	169.20	7	9.7	5
克州	21.09	14	7.4	9
喀什地区	85.60	10	2.8	15
和田地区	14.16	15	17.8	1

地州市	固定资产投资(亿元)			
	2017年	位次	增长%	位次
乌鲁木齐市	2020.15	1	25.6	6
昌吉州	1846.00	2	20.1	12
石河子市	251.66	14	8.4	14
克拉玛依市	264.00	12	40.5	3
吐鲁番市	452.81	8	25.2	7
哈密市	394.74	10	0.4	15
伊犁州	516.70	6	42.9	1
阿勒泰地区	255.77	13	25.8	5
塔城地区	461.30	7	25.1	8
博州	328.90	11	23.6	10
巴州	740.70	5	22.1	11
阿克苏地区	813.28	4	24.0	9
克州	195.30	15	36.1	4
喀什地区	1046.20	3	16.2	13
和田地区	426.15	9	41.6	2

附录-1 续表3

地州市	社会消费品零售总额(亿元)			
	2017 年	位次	增长%	位次
乌鲁木齐市	1317.12	1	6.5	12
昌吉州	266.12	2	9.2	8
石河子市	113.15	7	12.8	2
克拉玛依市	66.15	11	5.5	15
吐鲁番市	50.67	12	11.3	5
哈密市	93.38	8	8.6	10
伊犁州	224.35	3	8.8	9
阿勒泰地区	73.21	10	11.4	4
塔城地区	86.50	9	9.4	7
博州	46.17	13	12.7	3
巴州	114.40	6	6.7	11
阿克苏地区	147.28	5	12.8	1
克州	21.98	15	9.5	6
喀什地区	187.21	4	6.0	14
和田地区	42.34	14	6.5	12

地州市	商品零售价格指标(%)			
	2017 年	位次	增长%	位次
乌鲁木齐市	100.7	10	0.7	10
昌吉州	102.9	1	2.9	1
克拉玛依市	100.3	12	0.3	12
吐鲁番市	101.6	6	1.6	6
哈密市	101.1	8	1.1	8
伊犁州	100.5	11	0.5	11
阿勒泰地区	102.5	2	2.5	2
塔城地区	102.1	4	2.1	4
博州	101.4	7	1.4	7
巴州	101.9	5	1.9	5
阿克苏地区	100.2	13	0.2	13
克州	100.2	13	0.2	13
喀什地区	101.0	9	1.0	9
和田地区	102.3	3	2.3	3

附录－1 续表4

地州市	外贸进出口总额(万美元)			
	2017 年	位次	增长%	位次
乌鲁木齐市	680713	1	41.8	3
昌吉州	64097	7	-43.8	12
石河子市	44721	8	19.9	5
克拉玛依市	9151	13	-30.6	11
吐鲁番市	927	15	-56.8	14
哈密市	11568	12	-69.3	15
伊犁州	495715	2	16.8	6
阿勒泰地区	108607	5	14.4	7
塔城地区	85508	6	50.4	2
博州	142990	4	8.0	9
巴州	37573	10	-4.5	10
阿克苏地区	31265	11	101.8	1
克州	39762	9	30.4	4
喀什地区	312491	3	10.2	8
和田地区	987	14	-47.2	13

地州市	外贸出口总额(万美元)			
	2017 年	位次	增长%	位次
乌鲁木齐市	533046	1	30.0	5
昌吉州	50407	7	-50.4	13
石河子市	39640	8	11.5	9
克拉玛依市	6975	12	10.2	10
吐鲁番市	639	15	-66.5	14
哈密市	5180	13	-84.9	15
伊犁州	471977	2	14.2	7
阿勒泰地区	99323	4	14.2	7
塔城地区	78822	6	46.1	2
博州	99056	5	27.3	6
巴州	19184	11	31.1	4
阿克苏地区	30362	10	120.5	1
克州	35271	9	31.4	3
喀什地区	302080	3	8.1	11
和田地区	957	14	-45.6	12

附录－1 续表5

地州市	一般公共预算收入(亿元)			
	2017年	位次	增长%	位次
乌鲁木齐市	400.78	1	8.4	8
昌吉州	133.96	2	10.4	6
石河子市	44.01	10	13.2	3
克拉玛依市	87.45	4	10.6	5
吐鲁番市	36.18	11	10.3	7
哈密市	49.81	8	－12.2	15
伊犁州	88.39	5	19.3	2
阿勒泰地区	33.97	12	8.3	9
塔城地区	45.46	9	3.7	13
博州	21.63	14	7.8	10
巴州	80.66	6	7.4	11
阿克苏地区	93.97	3	10.8	4
克州	12.64	15	6.1	12
喀什地区	58.16	7	－8.8	14
和田地区	26.26	13	24.5	1

地州市	一般公共财算支出(亿元)			
	2017年	位次	增长%	位次
乌鲁木齐市	458.58	2	9.8	12
昌吉州	265.00	6	－3.8	15
石河子市	51.16	15	2.6	14
克拉玛依市	111.29	12	11.8	10
吐鲁番市	88.60	14	16.7	8
哈密市	117.52	11	4.6	13
伊犁州	340.76	5	25.7	2
阿勒泰地区	176.12	8	23.7	3
塔城地区	171.35	9	10.3	11
博州	106.41	13	22.6	6
巴州	244.86	7	15.1	9
阿克苏地区	354.39	4	23.4	4
克州	143.35	10	19.1	7
喀什地区	602.96	1	23.1	5
和田地区	363.93	3	43.4	1

附录－1 续表6

地州市	金融机构贷款余额(亿元)			
	2017年末	位次	增长%	位次
乌鲁木齐市	6235.78	1	17.9	9
昌吉州	1127.69	3	9.2	14
石河子市	400.98	9	9.6	11
克拉玛依市	532.77	8	－10.4	15
吐鲁番市	211.99	14	23.3	6
哈密市	579.25	7	9.4	13
伊犁州	1204.17	2	20.1	8
阿勒泰地区	322.11	11	23.6	5
塔城地区	375.59	10	10.8	10
博州	250.74	13	31.6	3
巴州	799.14	5	21.9	7
阿克苏地区	929.51	4	31.4	4
克州	116.67	15	37.0	1
喀什地区	797.51	6	9.5	12
和田地区	309.19	12	35.8	2

地州市	城镇居民人均可支配收入(元)			
	2017年	位次	增长%	位次
乌鲁木齐市	37028	3	8.3	3
昌吉州	30201	7	8.0	9
石河子市	37200	2	7.5	12
克拉玛依市	39000	1	9.0	1
吐鲁番市	30550	6	8.3	3
哈密市	32902	4	8.0	9
伊犁州	28241	9	8.0	9
阿勒泰地区	27892	11	8.5	2
塔城地区	27836	12	4.5	15
博州	29235	8	8.2	6
巴州	30853	5	7.1	13
阿克苏地区	28211	10	8.1	7
克州	26467	14	8.1	7
喀什地区	24103	15	6.0	14
和田地区	26496	13	8.3	3

附录－1 续表7

地州市	农村居民人均可支配收入(元)			
	2017年	位次	增长%	位次
乌鲁木齐市	17839	2	9.1	1
昌吉州	17316	3	5.3	14
石河子市	22304	1	9.0	2
克拉玛依市				
吐鲁番市	12230	9	8.9	4
哈密市	15387	5	8.1	6
伊犁州	12290	8	7.5	9
阿勒泰地区	11077	10	9.0	2
塔城地区	15272	6	5.6	13
博州	15163	7	7.2	10
巴州	16337	4	6.9	11
阿克苏地区	10982	11	8.0	8
克州	6524	14	8.7	5
喀什地区	8013	12	6.1	12
和田地区	7441	13	8.1	6

地州市	居民消费价格指数(%)			
	2017年	位次	增长%	位次
乌鲁木齐市	102.80	3	2.8	3
昌吉州	102.60	5	2.6	5
石河子市	101.70	12	1.7	12
克拉玛依市	100.60	14	0.6	14
吐鲁番市	102.30	7	2.3	7
哈密市	102.80	3	2.8	3
伊犁州	102.00	11	2.0	11
阿勒泰地区	102.30	7	2.3	7
塔城地区	103.20	1	3.2	1
博州	102.30	7	2.3	7
巴州	101.30	13	1.3	13
阿克苏地区	100.60	14	0.6	14
克州	102.20	10	2.2	10
喀什地区	102.60	5	2.6	5
和田地区	103.00	2	3.0	2

附录—2 全国省会城市主要经济指标

（2017 年）

城市	地区生产总值		第一产业	
	亿元	增长%	亿元	增长%
西部省会城市				
乌鲁木齐	2730.65	8.1	25.00	2.6
西安	7469.85	7.7	281.12	4.6
成都	13889.39	8.1	500.90	3.9
南宁	4118.83	8.0	404.18	4.1
昆明	4857.64	9.7	210.13	6.0
贵阳	3537.96	11.3	147.33	6.3
兰州	2523.54	5.7	61.47	5.9
银川	1803.17	8.0	61.38	4.2
西宁	1284.91	9.5	41.80	5.1
呼和浩特	2743.72	5.0	107.74	2.8
其他省会城市				
沈阳	5865.00	3.5	268.20	3.6
福州	7104.02	8.7	519.49	3.7
广州	21503.15	7.0	233.49	-1.0
海口	1390.48	7.5	63.72	3.7
哈尔滨	6355.00	6.7	688.80	3.7
武汉	13410.34	8.0	408.20	2.8
南京	11715.10	8.1	263.01	1.2
长春	6530.00	8.0	315.10	3.8
杭州	12556.16	8.0	311.67	1.9
济南	7201.96	8.0	317.40	3.3
南昌	5003.19	9.0	192.13	4.0
长沙	10535.51	9.0	379.45	3.0
合肥	7213.45	8.5	272.75	3.7
太原	3382.18	7.5	40.82	3.0
郑州	9130.20	8.2	158.60	2.6
石家庄	6460.90	7.3	480.50	2.4

附录-2续表1　　　　(2017年)

城　　市	第二产业		第三产业	
	亿元	增长%	亿元	增长%
西部省会城市				
乌鲁木齐	823.80	7.3	1881.85	8.4
西安	2596.08	5.5	4592.65	9.2
成都	5998.20	7.5	7390.30	8.9
南宁	1599.50	8.6	2115.15	8.4
昆明	1865.97	9.0	2781.54	10.5
贵阳	1375.18	10.0	2015.45	12.6
兰州	881.74	3.1	1580.34	7.2
银川	908.60	6.5	833.18	10.1
西宁	556.44	10.6	686.67	8.7
呼和浩特	755.75	2.6	1880.23	6.1
其他省会城市				
沈阳	2261.40	2.7	3335.40	4.0
福州	2962.94	6.9	3621.60	11.0
广州	6015.29	4.7	15254.37	8.2
海口	252.22	5.0	1074.54	8.4
哈尔滨	1820.70	3.6	3845.50	9.0
武汉	5861.35	7.1	7140.79	9.2
南京	4454.87	5.1	6997.22	10.3
长春	3175.20	7.5	3039.70	9.0
杭州	4387.19	5.3	7857.30	10.0
济南	2569.22	8.4	4315.34	8.2
南昌	2666.10	8.4	2144.96	10.2
长沙	4998.26	7.7	5157.80	10.9
合肥	3643.08	8.6	3297.62	8.9
太原	1271.42	7.0	2069.94	7.9
郑州	4247.50	7.6	4724.10	9.0
石家庄	2913.90	3.7	3066.40	11.6

附录 -2 续表 2

（2017 年）

城　　市	人均地区生产总值		工业增加值	
	元	增长%	亿元	增长%
西部省会城市				
乌鲁木齐	77756	11.8	633.96	8.4
西安	78346	6.0	1677.48	5.8
成都	86911	7.0	5217.20	8.4
南宁	57948	6.7	1189.89	9.5
昆明	71906	8.9	1159.20	10.1
贵阳	74493	9.2	872.57	9.5
兰州	67882	5.2	607.13	4.6
银川	81656	6.5	667.59	8.5
西宁	54800	8.5	413.34	9.7
呼和浩特	103000			
其他省会城市				
沈阳	70722	3.4	1819.30	2.5
福州	93290	7.6	2270.92	7.7
广州	150678		5459.69	5.2
海口	61583	6.2	142.22	4.3
哈尔滨	66301	7.0	1206.70	4.8
武汉				
南京	123831	6.6	3853.39	6.0
长春	86931	8.5	2677.60	8.6
杭州	134607	5.4	3982.10	6.5
济南	98967	6.6		
南昌				
长沙	135388	5.6		
合肥	91113		2952.20	9.3
太原	77536	6.7		
郑州	93143	6.5	3683.50	7.4
石家庄	59645	6.5		

附录-2续表3 (2017年)

城市	固定资产投资额		房地产开发投资额	
	亿元	增长%	亿元	增长%
西部省会城市				
乌鲁木齐	2020.15	25.6	428.74	18.3
西安	7556.47	12.9	2333.34	15.0
成都	9404.20	12.3	2487.90	-5.7
南宁	4307.95	12.6	958.09	12.2
昆明	4217.94	7.6	1683.33	10.0
贵阳	3850.60	18.1	1026.43	10.7
兰州	1315.35	-33.9		
银川	1719.05	1.4	402.82	-15.2
西宁	1600.03	14.3	351.33	11.0
呼和浩特	1490.78	-19.4	238.40	-54.2
其他省会城市				
沈阳	1484.00	-9.0	814.20	14.7
福州	5823.39	12.3	1694.18	0.9
广州	5919.83	5.7	2702.89	6.4
海口	1415.50	11.3	603.25	9.5
哈尔滨	5395.50	7.1	494.30	-3.5
武汉	7871.66	11.0	2686.34	6.7
南京	6215.20	12.3	2170.21	17.6
长春	5194.80	11.5	573.80	-3.8
杭州	5856.65	1.4	2734.00	4.9
济南	4363.60	13.5	1232.60	5.9
南昌	5115.18	12.7	790.69	17.2
长沙	7567.77	13.1	1489.69	18.2
合肥	6351.43	5.0	1557.41	15.1
太原	964.86	6.8	478.14	-29.9
郑州	7573.44	8.2	3358.84	20.9
石家庄	6310.10	6.7	1212.70	19.3

附录－2续表4　　(2017年)

城市	工业投资		社会消费品零售总额	
	亿元	增长%	亿元	增长%
西部省会城市				
乌鲁木齐	332.52	7.0	1317.12	6.5
西安	1072.06	-10.6	4329.51	10.5
成都	3008.72	33.9	6403.50	11.5
南宁	1074.13	7.5	2204.16	11.3
昆明			2590.95	12.2
贵阳	567.10	0.9	1335.28	11.7
兰州			1358.72	7.6
银川	600.22	-12.9	562.31	9.4
西宁	441.36	8.7	560.79	9.3
呼和浩特	266.51	-25.4	1570.95	6.0
其他省会城市				
沈阳	305.50	-29.5	3989.80	0.1
福州	1489.55	6.6	4193.87	11.4
广州	736.26	3.1	9402.59	8.0
海口	56.80	48.4	726.12	11.0
哈尔滨	1795.00	4.3	4044.80	8.0
武汉	2404.95	13.6	6196.30	10.4
南京	1778.79	1.0	5604.66	10.2
长春	2537.80	9.9	2922.80	10.3
杭州	861.48	0.5	5717.43	10.5
济南	1317.60	12.5	4146.10	10.1
南昌	1843.99	13.4	2096.96	12.3
长沙	2211.80	6.7	4547.68	10.5
合肥	2356.48	12.6	2728.51	11.6
太原	134.49	-13.2	1767.82	6.1
郑州	1353.76	-8.9	4057.22	10.7
石家庄	2563.60	-3.8	3296.00	10.8

附录 -2 续表 5 （2017 年）

城　　市	进出口总额		#出口总额	
	亿元	增长%	亿元	增长%
西部省会城市				
乌鲁木齐	460.34	45.2	360.67	33.3
西安	2545.41	39.1	1552.38	63.9
成都	3941.80	45.4	2064.90	42.3
南宁	607.09	48.8	275.69	35.8
昆明	528.71	21.0	199.15	-25.7
贵阳				
兰州				
银川	270.62	65.6	195.99	49.7
西宁	32.91	-61.4	19.13	-74.8
呼和浩特	108.14	25.1	51.63	14.7
其他省会城市				
沈阳	867.60	15.9	317.70	13.4
福州	2336.06	12.0	1482.40	5.1
广州	9714.36	13.7	5792.15	12.3
海口	210.22	-18.5	55.46	6.4
哈尔滨	201.40	-15.1	91.70	-8.7
武汉	1936.20	23.2	1157.60	27.8
南京	4143.00	24.8	2333.00	19.3
长春	952.50	1.9	129.80	2.8
杭州	5085.08	13.3	3455.61	4.3
济南	708.10	10.5	451.00	10.5
南昌	669.20	8.3	428.27	12.7
长沙	938.02	29.0	587.89	20.9
合肥	1687.91	36.8	985.65	18.2
太原	915.25	4.1	572.16	4.1
郑州	4015.65	10.1	2327.94	10.8
石家庄	862.20	12.3	531.20	14.8

附录 - 2 续表 6

(2017 年)

城市	一般公共预算收入		一般公共预算支出	
	亿元	增长%	亿元	增长%
西部省会城市				
乌鲁木齐	400.78	8.4	458.58	9.8
西安	654.50	9.8	1045.09	7.1
成都	1275.50	11.3		
南宁	332.15	6.2	646.31	10.1
昆明	560.86	8.2	775.90	12.7
贵阳	377.77	8.0	578.08	10.1
兰州	234.20	11.9	434.53	2.4
银川	177.46	9.2	341.53	2.9
西宁	79.16	18.2	560.79	9.3
呼和浩特	201.63	-23	402.27	-4.4
其他省会城市				
沈阳	656.20	5.7	848.00	2.7
福州	634.16	10.4	940.82	13.1
广州	1533.06	10.9	2185.99	12.5
海口	125.36	12.8	198.50	-4.8
哈尔滨	368.10	8.4	958.50	9.4
武汉	1402.93	11.2		
南京	1271.91	11.9	1353.96	15.3
长春	450.10	8.3	875.70	13.6
杭州	1567.42	17.4	1540.92	9.7
济南	677.20	10.5	834.20	12.6
南昌	417.08	3.7	654.28	12.2
长沙	800.35	11.5	1186.57	13.9
合肥	655.90	12.8		
太原	311.85	10.3	479.06	13.0
郑州	1056.67	9.6	1514.94	14.6
石家庄	460.70	12.2	804.20	8.7

附录－2 续表7　　　　　　　　　　　　（2017 年）

城　　市	金融机构人民币存款余额		金融机构人民币贷款余额	
	亿元	增长%	亿元	增长%
西部省会城市				
乌鲁木齐	8320.71	12.3	6235.78	17.9
西安	20047.62	5.1	16954.81	10.9
成都	34423.00	7.6	28359.00	12.4
南宁	9367.57	5.2	100470.44	11.1
昆明	13492.69	6.4	14830.89	9.4
贵阳	10814.51	8.9	10403.12	13.7
兰州	8612.69	－1.1	9643.55	14.8
银川	3587.23	7.3	4460.31	9.4
西宁	3883.79	3.3	5109.15	9.6
呼和浩特	6312.61	2.2	7646.01	8.4
其他省会城市				
沈阳	15559.20	9.2	12952.50	3.0
福州	13136.68	8.8	13320.41	9.9
广州	49332.53	7.4	33312.73	15.3
海口	5318.03	9.6	4538.22	8.6
哈尔滨	10512.60	7.2	9968.30	10.2
武汉	23967.69	10.0	22558.03	16.4
南京	29944.86	8.4	24578.25	13.4
长春	11467.60	3.9	10341.90	4.2
杭州	35321.94	8.6	28573.63	12.2
济南	15957.70	6.1	12883.70	13.3
南昌	10137.34	5.3	10364.58	19.0
长沙	17141.83		16027.07	
合肥	14235.41	5.6	13401.22	11.1
太原	11621.28	5.0	11340.29	12.2
郑州	20349.56	7.1	17992.36	16.7
石家庄	11703.00	5.7	8925.00	14.4

附录-2续表8

(2017年)

城市	城镇居民人均可支配收入		农村居民人均可支配收入	
	元	增长%	元	增长%
西部省会城市				
乌鲁木齐	37028	8.3	17839	9.1
西安	38536	8.2	16522	8.8
成都	38918	8.4	20298	9.1
南宁	33217	8.1	12515	9.8
昆明	39788	8.3	13698	9.1
贵阳	32186	9.1	14264	10.0
兰州	32331	9.0	11305	8.8
银川	32981	8.2	13087	8.7
西宁	30043	9.1	10548	9.0
呼和浩特	43518	8.2	15710	8.2
其他省会城市				
沈阳	41359	6.1	15461	7.5
福州	40973	8.3	17865	9.3
广州	55400	8.8	23484	9.5
海口	33320	8.3	13763	8.6
哈尔滨	35546	7.1	15614	8.1
武汉	43405	9.2	20887	9.1
南京	54538	9.1	23133	9.3
长春	33168	6.8	13431	6.8
杭州	56276	7.8	30397	8.9
济南	46642	8.3	16594	8.1
南昌	37675	8.8	16364	9.4
长沙	46948	8.4	27360	7.5
合肥	37972	9.0	18594	9.0
太原	31469	6.2	15595	6.9
郑州	36050	8.5	19974	8.4
石家庄	32929	8.1	13345	8.1

附录－2 续表9　　(2017年)

城　　市	实际利用外资		居民消费价格总指数	
	万美元	增长%	%	增长%
西部省会城市				
乌鲁木齐	577	-97.6	102.8	2.8
西安	530700	17.8	102.0	2.0
成都	1004000	16.5	102.0	2.0
南宁	96000	24.4	102.3	2.3
昆明	80100	8.3	100.5	0.5
贵阳	134500	20.1		
兰州			101.5	1.5
银川	3110	-13.8	101.7	1.7
西宁	78000	-40.5	101.4	1.4
呼和浩特			101.4	1.4
其他省会城市				
沈阳	1097000	24.1	101.4	1.4
福州	1317600	14.1	101.1	1.1
广州	628900	10.3	102.3	2.3
海口			103.3	3.3
哈尔滨	344000	7.3	101.6	1.6
武汉	964700	13.2	101.9	1.9
南京	367300	5.6	101.9	1.9
长春	742000	14.2	101.3	1.3
杭州	661000	-8.3	102.5	2.5
济南	187200	10.1	102.0	2.0
南昌	318100	10.1	102.1	2.1
长沙	525000	9.1	101.3	1.3
合肥	302000	7.5	101.4	1.4
太原	10700	-76.8	101.8	1.8
郑州	405000	0.4	101.8	1.8
石家庄	139000	9.9	101.4	1.4

中国统计出版社最新图书简目

(仅供参考,以实际出版为准)

统计资料

中国统计年鉴　中国统计摘要　中国第三产业统计年鉴
中国第三次全国农业普查综合资料　国际统计年鉴　金砖国家联合统计手册
中国-东盟国家统计手册　中国农村统计年鉴　中国县域统计年鉴
中国农产品价格调查年鉴　中国城市统计年鉴　中国价格统计年鉴
中国贸易外经统计年鉴　中国零售和餐饮连锁企业统计年鉴　中国商品交易市场统计年鉴
大中型批发零售和住宿餐饮企业统计年鉴　中国住户调查年鉴　中国工业统计年鉴
中国环境统计年鉴　中国能源统计年鉴　中国建筑业统计年鉴
中国房地产统计年鉴　中国固定资产投资统计年鉴　中国对外直接投资统计公报
中国人口和就业统计年鉴　中国劳动统计年鉴　中国社会统计年鉴
中国科技统计年鉴　中国高技术产业统计年鉴　全国企业创新调查年鉴
中国文化及相关产业统计年鉴　2018年时间利用调查资料　中国妇女儿童状况统计资料
中国基本单位统计年鉴　中国教育统计年鉴　中国教育经费统计年鉴
中国民族统计年鉴　中国残疾人事业统计年鉴

省级综合统计年鉴系列

北京 天津 河北 山西 内蒙古 辽宁 吉林 黑龙江 上海 江苏 浙江 安徽 福建 江西 山东 河南 湖北 湖南
广东 广西 海南 重庆 四川 贵州 云南 西藏 陕西 甘肃 青海 宁夏 新疆 新疆生产建设兵团

市(县)级综合统计年鉴系列

滨海新区 石家庄 唐山 邯郸 保定 沧州 邢台 廊坊 承德 衡水 秦皇岛 张家口 太原 大同 阳泉 长治 晋城
朔州 晋中 运城 忻州 临汾 吕梁 呼和浩特 呼和浩特新城区 鄂尔多斯 包头 沈阳 大连 长春 吉林 延吉 四平
通化 松原 哈尔滨 齐齐哈尔 黑龙江垦区 上海浦东新区 南京 无锡 徐州 常州 苏州 南通 连云港 淮安 盐城
扬州 镇江 泰州 宿迁 江阴 丹阳 海门 杭州 宁波 温州 嘉兴 湖州 绍兴 金华 衢州 舟山 台州 丽水 合肥
安庆 马鞍山 福州 厦门 宁德 漳州 龙岩 南昌 九江 上饶 新余 抚州 萍乡 赣州 吉安 景德镇 济南 青岛 潍坊
枣庄 日照 滕州 郑州 洛阳 平顶山 三门峡 商丘 信阳 济源 汝州 武汉 十堰 荆州 宜昌 荆门 咸宁 长沙 广州
深圳 惠州 东莞 汕尾 南宁 柳州 桂林 梧州 来宾 河池 防城港 海口 三亚 成都 贵阳 黔南 毕节 昆明 西安
咸阳 延安 宝鸡 安康 铜川 汉中 榆林 兰州 庆阳 银川 乌鲁木齐 兵团一师 兵团十师

调查年鉴系列

天津 内蒙古 上海 浙江 福建 河南　湖北 湖南 广东 广西 重庆 四川　云南 甘肃 宁夏

统计方法应用/实用手册

实用SAS统计分析教程　Python数据分析基础　统计公文知识问答　领导干部统计知识问答
乡镇统计人员岗位知识培训系列教材：辅助调查员岗位基础知识　乡镇统计人员岗位基础知识
县级统计人员岗位知识培训系列教材：Excel在统计工作中的应用　简明统计分析
地市级统计人员岗位知识培训系列教材：统计报告与演示　中国国民经济核算体系（2016）基础知识
全国统计专业技术资格考试系列考试用书：统计业务知识（第四版）　统计业务知识学习指导与习题
全国统计专业技术资格考试系列考试用书：统计相关知识（第四版）　统计相关知识学习指导与习题

统计通俗读物/统计科普图书

我国20个统计指标的历史变迁　联合国工业发展组织：2016年工业发展报告
中国古代统计发展史　理解国民账户

重点图书

波澜壮阔四十年　砥砺奋进铸就辉煌——改革开放40年与时俱进的中国统计
新编英汉汉英统计大词典　中国国民经济核算体系2016　国民经济行业分类注释
挑大学选专业2019—考研择校指南　挑大学选专业2019—高考志愿填报指南　中华医学统计百科全书